디지털게임의 사회적 상상력

디지털게임의 사회적 상상력

김겸섭

도서출판 지성인

김겸섭

처음에는 독일공연예술을 공부했다. 공연예술과 문화이론을 공부하고 여러 대학에서 강의하면서 공연기획과 축제 연출 등의 일을 병행하였다. 무천극예술학회와 현대사상연구소의 회원으로 활동하면서 여러 책과 논문을 쓰고 번역하였다. 박사논문으로『페터 바이스의 총체극 연구』를 썼고『억압받는 사람들의 비디오게임』,『컴퓨터게임의 윤리』를 번역하였다.『공감과 소통의 게임학』,『모두를 위한 놀이 디지털게임의 재발견』,『노동사회에서 구상하는 놀이의 윤리』와 같은 저술들과 다수의 논문들을 썼다. 지금은 경상국립대학교 교수로 있으면서 신화와 공연예술, 문화이론, 영화, 게임 등의 강의를 하고 있다.

디지털게임의 사회적 상상력

2022년 12월 28일 초판 1쇄 발행

저　자 ‖ 김겸섭
펴낸이 ‖ 엄승진
책임편집 ‖ 도서출판 지성인 편집실
펴낸곳 ‖ 도서출판 지성인
주　소 ‖ 서울 영등포구 여의도동 11-11 한서빌딩 1209호
메　일 ‖ Jsin0227@naver.com
연락주실 곳 ‖ T) 02-761-5915　F) 02-6747-1612
ISBN ‖ 979-11-89766-35-1 93300

정가　19,000원

잘못 만들어진 책은 본사나 구입하신 곳에서 교환하여 드립니다.
이 책은 저작권법에 의해 보호를 받는 도서이오니 일부 또는 전부의 무단 복제를 금합니다.

들어가며

최근 산업계와 대학은 물론 온 사회가 4차산업혁명에 대한 관심으로 뜨겁다. 현 정부도 코딩과 AI를 비롯한 디지털 전환과 반도체 산업의 중요성을 연일 강조하고 있다. 지난 정부도 '4차산업혁명위원회'를 꾸려서 구체적 정책 마련과 사업 개발에 박차를 가한 바 있다. 정부 출범이 채 1년도 안 되었음에도 정부 각 부처 역시 경쟁적으로 '4차 산업' 관련 사업들을 발굴하여 돈을 쏟아부을 태세를 보이고 있다. 가령 교육부만하더라도 대통령 공약사항이었던 'AI교육'을 중심으로 초중고 및 고등교육을 전면적으로 재편할 참이다.

그렇지만 이러한 열기에도 불구하고 4차산업혁명의 실체에 대해서는 다양한 의문이 제기되어왔다. 그도 그럴 것이 슬로건만 요란하고 공허한 기표로 소비될 뿐 4차산업혁명의 실체가 무엇이고 그것이 어떻게 현실화될 수 있을지, 그리고 그것이 주는 열매의 달콤함을 맛보기 위해 우리가 무엇을 준비해야 하는지에 대한 구체적인 논의는 많이 부족해 보인다. 그러니 우리나라에서 특히 뜨거운 4차산업혁명의 열기와 관련하여 쏟아지는 다양한 의문에도 나름의 타당한 이유가 있다. 한마디로 4차산업혁명이 "정치적 유행어일 뿐"(홍성욱)이라는 지적이 가장 대표적인 의문일 것이다. 공학기술이나 과학기술 분야의 다수 기술자들도 지금의 정보통신기술(ICT) 분야의 기술이 과거의 핵심적인 과학기술들로부터 분기하여 연속적으로 발전해온 것임에도 불구하고 전대미문의 새로운 것이라고 너무 호들갑스럽게 과장하는 데에는 어떤 저의가 있는 것이 아니냐는 불편함을 감추지 않는다.

물론 4차산업혁명을 의미 있는 변화로 읽는 이들의 반론도 만만치 않다. 지금은 혁신적인 변화의 시대이며 그 수준은 ICT 기반의 3차 산업혁명을 훌쩍 능가하고 있다는 것이다. 디지털 대전환의 속도가 현기증을 유발할 정도로 빠르다는 점, 다양한 과학기술 사이의 융합과 학문들 사이의 통섭 정도와 범위가 전례를 찾아볼 수 없을 정도라는 점, 나아가 국가와 기업, 산업, 사회 전체에 던진 파장의 정도와 충격이 엄청나다는 점을 인정해야 한다는 주장이 나온다.

사실 이러한 논쟁 구도는 새롭지 않다. 과학기술의 새로운 성취들과 혁신적인 발전이 이루어질 때마다 유사한 담론 구도가 반복된 바가 있기 때문이다. 우리는 역사적으로 새로운 과학기술이 등장하고 새로운 미디어가 등장할 때마다 신/구 '두 문화' 사이의 대립과 긴장을 경험하곤 했다. 19세기 초 대중소설로부터 시작된 사진, 영화, TV, 게임 등 새로운 각각의 미디어를 둘러싼 '문화전쟁들'(Culture Wars)은 그러한 대립 구도를 보여주는 대표적인 사례들이라 할 만하다. 그런데 최근 첨단기술 환경을 둘러싼 논쟁들에서 사람과 사회에 그것들이 가져온 변화와 의미에 대한 심층적인 고민이 부족하다는 지적들이 끊이지 않는다. "로봇, 자율주행차, 미래자동차, 스마트 기기, 5G, 사물인터넷, 스마트 시티, 바이오산업, U헬스케어, 소프트웨어, 신소재 2차 전지, 3D 프린팅, 원자력 발전" 등이 가져다 줄 경제 효과에만 주목할 뿐이라는 것이다. 여전히 기술결정론과 경제결정론의 신화 혹은 미몽에 갇힌 채 삶과 노동의 미래나 사회 문제들(양극화, 환경, 여가 등)에 끼칠 영향에 대한 성찰이 부족하다는 비판은 귀담아들을 만한 것이 아닌가 생각된다. 그런 의미에서 새로운 기술과 새로운 문화에 대한 열광을 잠시 식히고 약간은 냉정하게 '사람의 자리'를 고민해야 할 시점이다. 결국 디지털 전환을 가능하게 하는 것도 사람이고 그것을 향유할 주체도 사람이라는 점을 복기할 필요가 있겠다. 인문학적 고민과 성찰이 병행되어야 할 것이다.

그런 의미에서 『디지털게임의 사회적 상상력』이라는 제목의 이 책은 우리의 일상과 삶에 필수적인 매체로 자리 잡은 디지털게임을 경유하여 매체의 진화와 변이가 갖는 의미를 짚어보고자 한다. 물론 구글, 아마존, 페이스북 등의 글로벌 빅테크 기업들이 주도하는 첨단 테크놀로지 관련 기술혁신들을 일별하거나 그 의미를 짚고자 하는 것은 아니다. 이미 그러한 작업은

십 수년 전부터 익히 들어온 이야기들이다. 그리고 그러한 기술에 대한 비판과 그것들이 가져올 미래에 대한 우려는 다른 지면을 필요로 할 것이다. 여기에서는 다만 과학기술이 늘 문화와 공진화(co-evolution)를 해오고 있으며 디지털게임이야말로 과학기술의 과거와 현재를 반성하고 미래를 엿보는 하나의 계기가 될 수 있음을 살펴보고자 한다. 아케이드게임부터 지금의 스마트 모바일게임에 이르기까지, 그리고 VR과 AR 기반의 게임에 이르기까지 과학기술의 성취를 제일 먼저 전유한 매체는 게임이다. 조금의 과장을 섞어 말하면 당대의 첨단 기술은 디지털게임으로 수렴된다. 인공지능(AI)과 빅 데이터, 사물인터넷과 5G 기술, 가상현실과 증강현실 기술이 어우러져 보여주고 있는 게임 콘텐츠의 '지금과 미래'는 여가문화의 미래를 예견하게 한다. '호모 루덴스'(homo ludens)로서 인간은 우리시대 게임 안에서 그리고 게임을 경유하여 다양한 문화들을 구성하고 있다. 그리고 우리시대의 주요한 문화형식들은 놀이와 게임의 형식을 취하고 있다. 나는 그 게임을 즐기는 사람들의 모습과 그에 담긴 의미를 이야기하고 싶었다.

이동연은 4차산업혁명에 대한 기술결정론과 경제결정론에 대한 반성을 촉구하면서 새로운 패러다임('신흥익인간'론)을 통해 그것에 접근할 것을 주문한 적이 있다. "기술결정론과 경제결정론에 경도되지 않고 기술과 과학, 문화와 예술이 통섭하는 중층적인 사회구성체의 면모를 그려내기 위해서는 무엇보다도 개인 라이프 스타일의 변화와 그로 인한 인간 삶의 관계들의 혁신을 상상해보아야" 할 시점이라는 것이다. 게임 콘솔의 비약적인 발전, MMORPG에서 모바일 MMORPG로의 중심이동, SNG 게임에서 대체현실게임(ARG)으로의 확장, VR게임과 AR게임의 확산, 트랜스미디어스토리텔링과 게이미피케이션의 점진적 증가 경향 등 게임 정보계(infosphere) 혹은 놀이계(ludicsphere)에는 매일매일 변화가 끊이지를 않는다. 이에 대한 온전한 수용과 바람직한 기능전환(Umfunktionierung)을 위해서는 "인간의 감각적·감성적 역능의 활성화와 라이프 스타일을 즐기는 엔터테인먼트 환경의 미래에 대해 현상학적인 차원을 넘어 심층적인 차원에서 인지적 지도를 그리는 것이 중요하다." 이 책의 저자는 이러한 주장들을 결국 '사람의 자리'와

'사람의 무늬'에 대한 고민과 기술이 상호작용하며 공진화해야 한다는 주문으로 이해한다. 첨단기술에 대한 낙관적 기대보다도 그것을 온전하게 쓰기 위한 인문학적 공부를 멈추지 말아야 한다는 요구로 읽고 싶은 것이다.

저자는 디지털게임이 이미 와 있는 미래, 과학기술과 놀이의 동행을 공부할 수 있는 최적의 매개자라고 생각을 해왔다. 디지털게임의 플랫폼과 콘텐츠가 발전하면서 게임의 시공간은 우리 일상사회를 반영하며 그것 너머의 놀이적 체험을 가능하게 해주고 있다. 놀이로서의 게임은 우리 라이프스타일의 변화를 보여주는 문화적 바로미터이며 인간 삶의 관계들을 성찰하고 실험할 수 있는 매개가 될 수 있다. 그런 점에서 게임은 과학과 문화예술의 융합을 통해 '중층적 사회구성체'를 재현하면서 새로운 라이프스타일을 선취할 수 있다. 우리는 지난 코로나 19 팬데믹의 시대를 지나며 게임이 여가산업의 중추임을 재확인하고 있다. 게임을 질병으로 분류하고 등재한 WHO마저 '따로 같이 게임을 하자'(Play A Part Together)라고 권고하고 있지 않은가?! 대한민국 70% 이상의 국민들은 '홈 루덴스'(home ludens)로서 이러한 제안에 동참한 바 있다.

물론 우리는 그 어떤 미디어도 순기능만을 하지는 않는다는 것을 안다. 모든 미디어는 사람을 죽일 수도 있고 살릴 수도 있다는 점에서 '파르마콘의 독'과 같다. 우리시대의 첨단 놀이미디어로서 게임 역시 부정적인 프레임에 갇혀 그 가능성에 대해 제대로 논의해볼 기회가 부족했다. 하지만 게임이라는 미디어는 우리가 공포를 느끼고 포기한다고 해서 없어질 수 있는 매체가 아니다. 그런 점에서 게임의 다양한 측면을 알고 그것이 지닌 다양한 잠재성(virtuality)을 발굴하려는 노력을 멈추어서는 안 될 것이다. 이미 외국에서는 게임의 고유한 속성을 알고 그것을 유용하게 활용하고자 하는 노력이 우리보다 훨씬 앞서 진행된 바 있다. 그리고 늦었지만 국내에서도 게임을 통해 교육과 의료, 사회캠페인, 심리치료 등의 분야에서 나타나는 문제들을 해결하려고 노력해오고 있다.

그런 의미에서 이 책은 게임이 내장한 다양한 가능성들을 현실화하고 있는 상호작용의 미디어로서 플레이어의 실천에 주목하고자 한다. 디지털게임 속의 세계는 무조건적 유토피아는 아니지만 헤테로토피아(héterotopie)라 할만하다. 영화 〈레디 플레이어 원〉의 가상현실 '오아시스'가 보여주듯 그곳은 동일성의 동질적인 공간(isotopie)은 아니다. 주체들의 수만큼이나 다양한 사건과 서사들이 연출되기 때문이다. 재미라는 단 하나의 목표를 위해 모인 주체들이 벌이는 요란한 사건들은 생성 및 창조의 카오스적 공간에 비견될 만하다. 그런 점에서 디지털 퍼포먼스가 이루어지는 무대인 게임 공간은 '없는 곳'(utopie)이 아니라 "현실에 존재하는 장소이면서 동시에 모든 장소들의 바깥에 있는 곳"이라는 점에서도 헤테로토피아이다. 현실에 대한 핍진성(verisimilitude)의 기술을 기회로 인식하면서 탈일상적인 놀이를 가능하게 하려는 게임개발자들의 노력은 내부/외부의 경계를 모호하게 한다. 최근의 메타버스는 가상과 현실의 경계를 지우며 공간을 확장하고 있다. 그리고 플레이어들이 게임의 가상현실을 "우리가 살고 있는 공간들에 대한 이의제기인 다른 공간"으로 만들려 할 때 게임 공간은 '반-공간'(counter-space)의 의미를 띠기도 한다. 그곳은 우리가 살아가는 '직설법적 공간'에 대항하는 '가정법적 공간'의 다른 이름이다. 디지털게임이 등장하기 전에도 인류는 놀이를 통해 산문 같은 현실에 이의를 제기하며 다른 현실을 그려 보였다. 그리고 낙관적인 전망이 아직은 시기상조이긴 하지만 언젠가 게임이 놀이가 해온 역할을 조금이라도 해주었으면 하는 바람을 가지고 있다. 그러자면 해야 할 공부를 해야겠다. 누군가의 친구가 된다는 것은 내가 그 우정을 감당할 만한 그릇이 되어야하는 것이듯 게임의 친구가 되기 위해서는 진정으로 그를 이해하려는 공부에서 시작되어야 할 것이기 때문이다. 많은 사람들이 그의 장점은 물론 허물까지도 알아가면서 우정의 파이를 키워 나갔으면 하는 소망을 담아 미숙한 결과물을 내놓게 되었다.

책을 마무리하면서 많은 분들의 얼굴이 떠오른다. 가르침을 주었던 나의 스승들, 그분들에게 누가 되지 않았으면 한다. 그런데 그것이 참 어렵다. 학과의 동료 교수들은 나침반이면서 거울이며 교사이다. 그들로부터 늘 가야할 길과 해야 할 공부를 고민한다. 한 발을 담그고 있는 문화콘텐츠학과의 동료 교수들과 학생들에게도 연대의 인사를 전한다. 두 발을 담그고 싶으나 나의 공부와 사람됨이 부족하다. 노력할 게 한 두 가지가 아니다. 경상국립대학교에 온 지 거의 10년이 되어간다. 이 책은 〈디지털게임과 문화〉, 〈사이버텍스트와 문화〉라는 강의 준비 과정에서 태어났다. 그러니 그 동안 강의에 참석했던 학생들에게도 얼마간의 지분이 돌아가야 한다. 감사한다. 대학원 제자 이미은과 학과 조교 김한나 선생, 두 사람은 이 책의 탄생에 큰 도움을 주었다. 아마 나와 인연을 맺은 것을 후회하지 않나 모르겠다. 그들의 도움에도 불구하고 이 정도의 결과물 밖에 내놓지 못한 것은 모두 저자의 책임이다. 그만큼 공부가 부족하다는 증거일 것이다. 앞으로의 공부를 통해 성장하도록 노력하겠다는 지키지 못할 공약으로 면피를 하련다. 네 분 부모님들께도 인사를 드린다. 늘 건강하셨으면 좋겠다. 마지막으로 김연주와 김보민에게 사랑의 인사를 전한다. 그들 덕분에 사람노릇을 한다. 세상에 책을 놓을 때마다 감사할 사람들이 차고 넘친다. 그만큼 나는 사랑을 받고 배움을 얻었다. 그래서 열심히 살아가려 노력하고 있다. 세상 사람들이 그러한 나의 노력을 인정하든 하지 않든.

2022년 12월

진주 가좌에서 저자가

들어가며   5

I. 게임의 시대   13

게임의 핵: 상호작용성   19
게임의 주체   27
게임의 즐거움: 몰입과 중독의 경계   29

II. 놀이와 게임   39

호모 루덴스: 하위징아의 '놀이하는 인간'   41
놀이의 사회학: 로제 카이와의 놀이이론   50
놀이와 게임: 디지털게임의 게임성   54

III. 디지털게임의 장르와 역사   63

게임의 장르   70
게임의 역사   93
   게임의 탄생   93
   최초의 비디오게임기   97
   게임 산업의 아버지   99
   집으로: 아케이드에서 가정으로   102
   일본의 공습: 시장의 형성   105
   아타리 쇼크: 미국 게임 산업의 위기   115
   좀 더 편하게, 더욱 많은 현실감을!!   121
   게임의 미래: 새로운 강자들   133

IV. 디지털게임 연구의 두 패러다임: 서사학과 놀이학   143

서사학 vs. 게임학   146
이야기와 게임   152
서사학과 상호작용적 서사   157
디지털게임과 서사   163
톨킨과 디지털게임   165

영웅 서사의 내러티브 구조: 게임의 내러티브	171
디지털게임과 인터랙티브 서사의 특징	188
상호작용적 서사: 'MMORPG'를 중심으로	190
디지털게임의 시·공간성	201

V. 디지털 퍼포먼스로서의 디지털게임   219

디지털게임과 연극	221
인터랙티브 드라마와 디지털게임의 매체미학	227
신-아리스토텔레스적 디지털게임	237

VI. 디지털게임의 사회적 상상력   247

디지털게임의 이데올로기	250
상호작용하는 자율적 주체라는 '환상 가로지르기'	264
대중매체의 기능전환: 벤야민과 브레히트	274
대중문화에 대한 부정적 입장들	276
대중문화에 대한 긍정론	280
벤야민과 브레히트: 매체의 기능전환과 서사극	286
아우구스토 보알과 '억압받는 사람들의 연극'	304
민주적 학습 프로그램으로서의 연극	306
억압받는 자들의 비디오게임: 게임의 사회적 지평 확장	323
정치적 에듀테인먼트와 시사 게임 프로젝트	324
억압받는 자들의 비디오게임	330
〈억압받는 자들의 심즈〉	332
'PMO' 프로젝트: 나의 억압을 플레이하라!	339
아우슈비츠 이후의 비디오게임: '오스곤' 프로젝트	351

VII. 디지털 퍼포머로서의 플레이어와 그의 세계   361

디지털 퍼포먼스와 관계의 미학	370
게임의 규칙성과 리미널 세계	375
플레이어의 수행적 실천 사례들	382

글을 마치며	**388**
• 참고문헌	392

I. 게임의 시대

게임의 핵: 상호작용성
게임의 주체
게임의 즐거움: 몰입과 중독의 경계

디지털게임이 대중오락으로 자리를 잡게 된 것은 1970년대 후반 일본 타이토(Taito)의 〈스페이스 인베이더〉, 1980년대 초반 남코(Namco)의 〈팩맨〉과 〈갤러그〉 같은 아케이드 게임이 보급되면서부터이다. 물론 이들 게임들은 상가나 호텔, 공원 같은 공공시설에 마련된 동전 투입형 슈팅 게임으로서 지금의 복잡하고 다양한 형태의 디지털게임과는 차이가 있다. 그도 그럴 것이 컴퓨터 하드웨어의 발전과 소프트웨어 용량의 증가, 게임 콘솔의 진화와 온라인 네트워크 환경의 발전, 인공지능(AI) 기술의 향상과 발맞추어 게임의 메커닉과 세계관, 미학적 수준 역시 정교해지고 복잡해졌기 때문이다. 디지털게임이 이렇게 대표적인 대중문화 및 문화산업의 총아로 자리를 잡게 된 것은 PC의 대중적인 보급과 발전에 힘입은 것으로 소위 역할수행게임(RPG, Role Playing Game)과 실시간전략게임(RTS, Real Time Strategy)이 등장하면서부터라고 할 수 있다. 특히 우리나라에서 디지털게임이 대중적으로 보급되고 또 하나의 문화적 현상으로 급부상하게 된 것은 RTS 게임인 블리자드(Blizzard)의 〈스타크래프트〉가 출시되면서부터이다. 먼 미래의 우주를 배경으로 지구인 종족 '테란', 집단의식을 지닌 원시생물 '저그', 고도로 발달한 문명의 '프로토스'가 은하계 지배권을 놓고 전쟁을 벌이는 〈스타크래프트〉는 전 세계 판매량의 절반 정도가 우리나라에서 판매되었을 정도로 대중적인 붐을 일으킨 게임이었다.

〈스타크래프트〉 이후 우리에게 디지털게임은 더 이상 낯선 단어 혹은 철없는 아이들의 유치한 장난거리가 아니게 되었다. 〈스타크래프트〉는 하나의 문화적 현상이었으며, 새로운 문화적 풍경의 전조였고 또한 일시적 해프닝으로 마감되지 않는 새로운 풍속이 되었다. IMF 외환위기 사태 당시 〈스타크래프트〉는 대규모 구조조정으로 직장을 잃은 사람들의 PC방 창업에 용기를 주었다. 1998년 전국 100여개에 불과했던 PC방은 2년 뒤 1만 5천여 개로 폭증했다. 이후 한국의 대표적인 국민 스포츠로 자리 잡은 '스타리그'는 프로 게임단의 창단으로 이어졌다. '테란의 황제' 임요환을 비롯해 이윤열, 최연성 등은 프로 게임계의 스타들로서 이들이 참여하는 게임 대회에는 수만 명의 관중이 몰리며, 게임 전문 채널을 통해 방송되는 게임 실황은 200

만 명에 가까운 사람들이 시청하기도 했다. 게임을 하는 것만이 아니라 보는 것도 재미있음을 입증함으로써 '게임하기'(gaming)의 지평을 넓혔고 게임에 대한 부정적 인식을 불식시키는 데도 나름 기여를 했다. 〈스타크래프트〉를 통해 아이들이 고액 프로 게이머를 장래 희망 1순위로 삼게 된 것도 기억할 만하다. 당시 공군, 해군에 이어 육군까지도 온라인 게임단을 창설할 정도로 e-sports는 확고한 자리를 잡았고, 이를 주도한 게임이 〈스타크래프트〉였다. 2010년 〈스타크래프트Ⅱ: 자유의 날개〉에 이어 2017년 〈스타크래프트: 리마스터〉가 출시되었다. 이 게임을 즐긴 일부 플레이어들이 이제 60대 '그레이 게이머'(grey gamer)로 불릴 만큼 이 게임의 나이는 4반세기에 이르게 되었다. 〈리그오브레전드〉(LoL), 〈배틀그라운드〉 등의 종목에 가려 그 인기가 예전 같지 않지만 그래도 PC방 점유율 10위 안에 올라 있으며, 최근에는 30만명의 시청자가 관람하는 '스타대학대전'이라는 e-sports 이벤트로 전설을 다시 쓰려고 기지개를 켜고 있다.

〈스타크래프트〉 이후 대한민국이 온라인 강국으로 발돋음하면서 디지털 게임은 어느새 우리 삶의 필수적인 소비재가 되었다. 그후 PC MMORPG가 대한민국 게임산업의 주류로 확고하게 자리를 잡던 시절 어느 일간지에 실린 에피소드는 한국 사회에서 게임이 얼마나 삶과 현실 속에 깊숙이 자리잡았는가를 생생하게 보여준다.

"2006년 초여름 32세 남자와 29세 여자가 강남 커피숍에서 선을 보았다. 남자는 회계사였고 여자는 대기업 회사원이었다. 서로 호구조사를 하고 나니 할 말이 없었다. 어색한 침묵이 흘렀고 얼굴이 달아올랐다. 그러다 여자가 입을 열었다. "혹시 게임하세요?" "하죠. 와우해요" "어머 전 마비해요" 두 사람은 2시간 동안 쉬지 않고 떠들었고 PC방으로 자리를 옮겼다. 상대의 게임에 캐릭터를 만들고, 서로 아이템과 게임 머니를 선물하고 미션을 같이 하며 하하하 깔깔깔 즐겁게 놀았다. 집에 돌아오니 새벽 1시. 여자의 부모가 자지 않고 기다리고 있었다. 자초지종을 설명하자 여자의 엄마는 불같이 화를 냈다. "너 미쳤니? 남자 집에서 너를 어떻게 보겠니? 게임 중독자라고, 폐인이라고 생각할 거 아니니!""

전 세계를 강타한 코로나 전염병의 시대를 살아가며 게임 인구가 국민의 75%에 육박하는 지금 여전히 슈퍼 IP(지적재산)로서 그 영향력을 간직하고 있는 게임들과 관련된 이러한 일화들은 게임이 대표적인 대중문화로 성장하기까지의 분위기를 증언하고 있다. 가령 게임을 아이들의 오락거리로 생각하는 일반적인 관행에도 불구하고 2·30대 성인들이 디지털게임 플레이어의 상당수를 차지하고 있다는 사실, 그리고 게임이 사회적 의사소통의 주요한 수단이 되기 시작한 것과 같은 사실들을 말하고 있는 것이다. 당시 가장 잘 팔리는 히트 상품 중 하나가 닌텐도 휴대용 게임기이고 그 고객의 절반 정도가 3·40대라는 사실은 아이들의 유치한 장난감 정도로 폄하되어 온 게임을 다시 생각하게 하였다. 게임 기기와 플랫폼에 상관없이 최상의 게임을 할 수 있는 '클라우드 게임'과 '크로스 플레이'까지 거론되는 마당에 게임을 둘러싼 전설 같은 무수한 일화들도 이제는 아득한 옛이야기가 되었다.

예나 지금이나 네트워크로 연결된 게임 속 가상현실은 또 하나의 사회였다. 여기서 플레이어들은 '제2의 삶'(Second Life)을 살아갔다. 대규모 플레이어들이 '동접'(동시접속)하는 온라인 게임에서 벌어진 예측하지 못했던 사건들은 '가상현실'을 넘어 '지금 여기' 현실로까지 확장하는 게임 서사의 힘을 보여주었다. 게임 플레이어들은 게임에서 만나 결혼을 하기도 하고 실패한 연애에 좌절하여 자살한 동료 플레이어를 위해 사이버 조문을 하기도 하였다. 백혈병에 걸린 동료 플레이어를 위해 사이버 공지를 통해 모은 헌혈증으로 선행을 펼치는가 하면 상대방의 아이템을 노린 캐릭터 살해 행위인 'PK'(Player Killing)에 대해 직접적인 육체적 공격으로 복수를 하기도 하였다. 가령 온라인 게임을 하던 학생이 자신의 캐릭터를 죽이겠다는 협박을 받자 상대 여성 플레이어의 집에 불을 지른 사건, 실직 뒤 2년간 게임에만 열중하던 한 플레이어가 돌연사를 한 사건 등은 드물지 않은 뉴스였다. 긍정적이든 부정적이든 디지털게임이 삶의 일부가 된 것은 분명한 사실인 듯하였다. 이미 PC 기반의 MMORPG가 국내 게임산업의 대세로 잡아가던 시절 게임은 'first life'와 'second life'의 영역을 넘어 'third life'의 시대를 선취하고 있었던 셈이다. 많은 사람들이 '메타버스'(Metaverse)의 시작점에서 온라인 게임과 조우하는 데에도 이유가 있는 것이다.

〈리니지〉, 〈라그나로크〉, 〈검은사막〉, 〈아키에이지〉, 〈블레이드&소울〉 등의 큰 성공 이후 온라인 게임은 한국의 '국민산업'으로 자리매김했다. 그것은 한국을 '세계 게임의 수도'라고 평가한 영국 BBC의 보도처럼 한국 문화산업의 전략 산업으로 성장하기도 했다. 이에 고무받은 문화관광부는 한때 문화산업국 안에 '게임 산업과'를 별도로 신설함으로써 게임산업은 여타 다른 문화산업이 누리지 못한 특혜까지 누릴 기미를 보이기도 했다. 이는 디지털 시대에 걸맞게 산업구조를 재편함으로써 경제적으로 살아남아야겠다는 절박함의 표현이었을 것이다. 정부의 지원이 얼마나 기여를 했는지는 모르겠지만 하여튼 한국의 게임산업은 비약적으로 성장을 했고 오늘날에는 이른바 'K-Culture'로 대표되는 '한류 붐'을 주도하고 있다. 물론 모바일 MMO로 게임 플랫폼과 콘텐츠가 대거 이동하고 게임사들이 과금 비즈니스 모델(BM)에 몰두하면서 게임산업의 위기가 이야기되고 있지만 전체적으로 국내 문화콘텐츠산업의 위상과 영향력은 여전하다.

물론 지난 20여 년간 진행된 디지털게임의 문화적 부상은 한국만의 현상은 아니었다. 유엔개발회의(UNDP)는 "오락산업이 항공 우주산업을 제치고 미국 최대의 수출산업으로 부상하고 있다"고 강조한 바 있으며, 비디오게임의 아성을 굳건히 지키고 있던 일본은 전자오락 산업 주도의 여가산업을 "21세기 일본 산업의 횃불"로까지 평가하기도 했다. 이른바 엔터테인먼트, 에듀테인먼트, 인포테인먼트 등의 새로운 여가와 오락산업, 즉 디지털 멀티미디어 문화산업은 고부가가치의 창출은 물론이고 지식집약적이고 환경친화적인 대안산업으로까지 각광받기도 했다. 21세기 문화의 시대를 선도하고 있는 것이 바로 게임 산업이며 기존의 문화·예술 및 대중문화가 제공하지 못한 새로운 경험을 제공해줄 것이라는 장밋빛 기대가 폭발적으로 제기되어 왔다.

1990년대 이후 학계 역시 디지털게임의 문화적·학술적 가치에 주목하기 시작했다. 하지만 초기에 학자들은 주로 디지털게임의 경제적 가치나 컴퓨터 정보과학과 응용기술의 이해에 집중해 왔는데, 이는 게임 산업의 비약적 발전이라는 전 세계적 현상을 반영한 것이었다. 이와 대조적으로 심리학자나 교육학자들은 디지털게임의 사회적 부작용이나 심리적 중독 등 게임의 부정적 측면을 지적해왔다. 디지털게임의 경제적 가치에 대한 낙관론과 그것의 심리적·교육적 비관론은 초기 게임연구의 소박한 양면을 보여주는 것이기도 하지만 그러한 연구 동향은 지금도 큰 위력을 발휘하고 있다. 하지만 디지털게임을 우리 삶을 구성하고 우리의 구체적 경험을 형성하는 '문화'의 한가지로 대접하려는 시도가 2000년대 이후 서서히 흐름을 형성한다. 대중의 실천과 경험 방식, 그 삶의 패턴이며 하나의 텍스트로서 문화적 연구의 가치가 있음에도 불구하고 디지털게임은 너무 늦게 연구가 시작된 셈이다. 물론 2001년을 게임 연구의 원년으로 선포한 『사이버텍스트』의 저자 올셋(Espen Aarseth)의 경우가 말해주듯, 디지털게임 연구를 독립적인 분과학문으로 자리매김하려는 외국의 노력도 일찍 시작되었다고는 할 수 없다. 그렇지만 그 이전인 1990년대 중후반에도 로렐(Brenda Laurel)이나 머리(Janet Murray) 등의 연구자들에 의해 디지털게임에 인문사회과학적인 호흡을 불어넣으려는 시도는 계속 있어 왔다. 그러한 성과들이 모여 게임 연구는 제법 조직적인 모습을 갖추기 시작한다.

2000년대 한국에서도 게임산업의 경제적 성장과 더불어 게임에 대한 학문적 접근의 필요성이 제기되면서 점점 디지털게임에 대한 인문사회과학적 연구들도 증가해 왔다. 그 결과 디지털 스토리텔링이나 게임의 서사(narrative), 게임 플레이 고유의 메커니즘과 특성 등에 관한 연구들이 점점 더 늘었다. 게임에 대한 연구방법이나 그 내용도 일정한 수준의 자질을 확보해가면서 학제간 융합과 대화에 기초한 분과학문으로서 '게임학'(Game Studies, ludology)이 자리를 잡을 수도 있겠구나 하는 전망이 나오기도 하였다. 국내 대학들의 문예창작과에서는 게임시나리오 작성이나 게임창작론 관련 강좌들이 개설된 지 오래되었고, 연세대나 서울대의 경우에도 '디지털게임과 문화'나 '게임의 이해'라는 교양강좌가 개설되기도 했다. 지금에야 전국 여러 대학에 게임 관련 학과가 다수 개설된 상황이고 그렇지 않은 경우에도 게임을 지식 융합과 학문간 통섭의 수단으로 활용하는 사례가 많다. 특히 게임은 신화나 스토리텔링과 같은 인문학적 모티브를 시나리오로 삼고 공학기술의 로직(logic)을 통해 구현되며, 여기에 음악과 디자인 등의 요소들이 더해지는 종합 예술의 속성상 학문간 협력(Co-work) 연구와 개발의 필요성이 강조되어 왔다. 이러한 변화들은 디지털게임이 뉴미디어의 특성과 가능성들을 이해하는데 가장 적절한 수단이라는 점, 전 세계 문화산업의 향방이 디지털 문화산업에 달려있으며 그것은 결국 디지털게임과의 연관되어 있을 것이라는 현실 분석과 진단을 반영한 것이기도 하다. 특히 게임을 과거의 놀이문화나 이전의 예술들과 비교하는 과정을 통해 디지털 시대의 문화·예술에 대한 종합적인 이해를 할 수 있다는 판단도 작용했을 것이다. 흔히 게임을 21세기형 지식산업이라고 부른다. 게임 안에는 이야기(스토리)는 물론이고 음악, 영화, 그래픽 등 거의 모든 종류의 문화 예술들이 녹아 있기 때문이다. 그만큼 학문적 접근의 가능성들도 광범위하고 다양할 수 있다. 게임의 경제적 가치나 사회적 부작용과 관련해서 제기되었던 근거가 약한 부정론을 넘어서 새로운 가능성들에 대한 담론들이 제출될 때 디지털 게임 연구는 제 궤도에 오를 수 있을 것이다. 게임을 법적으로 '문화예술'의 범주에 포함시키기로한 2022년 문화예술진흥법 개정안이 새로운 전환점이 될 수 있을지 궁금하다.

게임의 핵: 상호작용성

디지털게임은 '컴퓨터 장치를 매개로 하는 일종의 놀이물'이다. 게임을 하나의 규칙 시스템으로 보면 게임은 논리적으로 작동하며 외부 세계와 분명하게 분리된 경계를 갖고 있다. 또한 게임 안에 존재하는 모든 요소들(코드, 이미지, 규칙 단위 등의 모든 게임 내 오브젝트) 사이의 관계는 논리, 수학적 규칙으로 맞물려 있다. 간단하게 말하면 게임은 알고리즘의 작동에 기초한 시스템이다. 하지만 게임은 플레이어의 경험을 핵심 요소로 갖는 매체이며 콘텐츠이다. 플레이어는 게임과 상호작용하며 플레이를 경험한다. 플레이어는 게임을 진행하는 과정에서 게임 세계와 외부 세계를 구분하는 경계를 인지한다. 이 경계는 분명히 존재하고 또 이것으로 게임 규칙과 현실 규칙이 나누어지지만 실제로는 매우 모호하기 때문에 하위징아는 이것을 '매직 서클'(magic circle)이라 하였다.

이처럼 디지털게임은 컴퓨터장치에 기반한 놀이로서 플레이어 스스로의 선택과 결정을 반드시 필요로한다. 다시 말해 디지털게임은 게임 플레이라는 플레이어의 직접적인 육체적 개입, 즉 '상호작용'(interaction)을 필요로 하며 그의 행위에 대해 컴퓨터가 피드백 반응을 하는 등의 일반적 구조를 지니고 있다. 영화나 텔레비전 등의 아날로그 미디어가 제공하는 재미와는 전혀 다른 디지털게임의 재미는 바로 디지털게임 특유의 '상호작용성'(interactivity)에 기반한 즐거움이다. 게임의 플레이어-주체들은 상호작용성 덕분에 게임 속의 인공지능(AI) 소프트웨어 에이전트(가령 몬스터나 NPC)나 네트워크 상의 다른 플레이어들과 능동적인 소통을 할 수 있다. 그런 점에서 "게임은 플레이어들의 자발적 참여로 시작되고 실제 세계와 구분된 규칙을 가지며 플레이어가 목표를 향한 과정에서 대립 충돌하며 양적 결과를 얻는 상호작용적인 시스템이다."

'상호작용성'은 '사이'와 '상호적'을 의미하는 'inter'와 '행위'를 의미하는 'act'의 합성어이다. 이렇게 이루어진 'interact'라는 말은 어떤 대상 혹은 인물들에 어떤 작용을 가하고 그것들 혹은 그들이 다시 나에게 작용을 가함으로써 어떤 효과나 영향을 상호적으로 주고받는 과정을 의미하게 된다. 이에 주목하는 이관민은 "상호작용성은 의사소통 과정에서 최소 한 명 이상의 지능적인 존재가 차례를 돌거나(turn-taking), 반응을 보이거나(feedback) 어떤 행위를 선택함(choice behaviors)을 통해 다른 의사소통 참가자에 대해 상호 효과를 부여하는 인식상의 정도"라고 정의한다. 디지털게임에서 '의사소통 과정'은 컴퓨터를 이용하여 게임을 하거나 다른 플레이어들과 대결 혹은 채팅을 하는 것, 더 나아가 게임에서의 시각적 공간의 탐색과 분석 등을 포괄하는 복합적인 과정이다. '차례를 도는 것'은 플레이어의 주인공 캐릭터(protagonist)와 반동적 캐릭터(antagopnist) 혹은 게임 디자이너의 소프트웨어가 구현하는 컴퓨터상의 적대자가 서로 반대되는 역을 맡아 행위를 취하는 것이다. 이러한 상반된 행동들은 장기나 바둑처럼, 그리고 〈문명〉처럼 한 번씩 순서를 번갈아가며 이루어지는 '턴' 방식도 있지만 〈스타크래프트〉처럼 동시에 이루어지는 '실시간' 방식도 있다. 게임에서의 '지능적 존재'는 RPG 게임의 아바타나 싱글 플레이 시의 소프트웨어 에이전트, '플레이어 대 플레이어'(PvP) 게임에서의 사람 등 게임 내의 다양한 주체들을 의미한다. '상호효과'란 게임 과정에서 플레이어나 다른 존재들이 행위를 가할 경우 그것이 즉시 반응하여 가시적 변화를 가져오는 것을 말한다. 가령 내가 다른 플레이어의 캐릭터를 죽이거나 다른 행동을 취할 경우 즉시 능력치의 변화나 상황의 변화가 일어나는 식으로 말이다. 플레이어의 행위가 거의 동시에 스크린의 반응, 즉 피드백으로 확인되는 가운데 얻는 즐거움을 머리(Janet Muray)는 '에이전시'라고 개념화한바 있다.

그리고 '인식상의 정도'는 상호작용성이 컴퓨터 고유의 기술적인 특징보다는 게임 플레이어의 주관적 인식 혹은 그의 주관적 의지 및 개입을 더 중시함을 의미한다. 상호작용성을 주관적인 것으로 볼 경우 게임에 대한 플레이어들의 기술적 숙련도에 따라 그리고 그들의 의도에 따라 상호작용성의 정도가 달라지는 현상을 설명할 수 있다. 플레이어는 여러 번의 반복적인 플레이를 통해 해당 게임에 더욱 익숙해질 수 있으며 획득된 기술적 숙련도에 따라 더 높은 수준의 상호작용을 경험할 수 있는 것이다. 또한 어떤 게임에 따라 동일한 기술적 수준을 가진 플레이어들의 경우에도 다양한 수준의 상호작용이 있을 수 있다. 이를테면 온라인게임의 효시가 된 〈MUD〉를 처음 만든 리차드 바틀(Richard Bartle)은 플레이어들이 게임을 즐기는 동기나 유형에 관심을 가지고 게임 주체들을 '성취형'(Achiever), '모험형'(Explorer), '사교형'(Socializer), '살인형'(Killer)으로 나눈 바 있다. 사실 플레이어들의 플레이 유형은 바틀이 제시한 4가지로 국한되지는 않는다. 그 사이에 수많은 변주와 변형이 존재하며 게임의 규칙과 세계를 초과한다. 플레이어들의 자유로운 플레이와 해석, 해독, 전유에도 불구하고 바틀은 플레이어의 다중적, 다층적 실천 연구에 유익한 준거를 제공한다. 그것은 간단하게 다음과 같이 도식화할 수 있을 것이다.

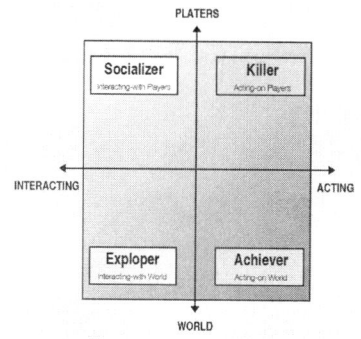 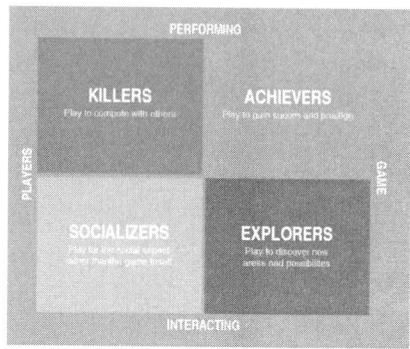

    1895년 뤼미에르 형제가 '그랑 카페'에서 처음 영화를 상영했을 때, 관객들에게 충격과 색다른 즐거움을 준 것은 바로 움직이는 사물과 인간들을 물리적으로 재현할 수 있다는 사실이었다. 텔레비전은 이러한 영상 경험을 일상의 공간으로 가져옴으로써 영상문화 대중화에 획기적인 진전을 가져다 주었다. 하지만 이들 아날로그 미디어는 영상 자체가 재현하고자 하는 대상과 '필연적인' 관계를 맺고 있다는 점, 그리고 일방적인 커뮤니케이션(one way communication)이라는 태생적 한계를 안고 있었다. 즉 디지털게임처럼 사용자가 직접 콘텐츠의 일부를 바꾸거나 크건 작건 사건 자체를 바꿀 수 없는 매체들이었던 것이다.

    물론 책, 라디오, TV, 영화 등 디지털게임 이전의 미디어나 예술의 경우에도 독자의 '해석적 참여'를 허용한다는 점에서 소극적이나마 '상호작용성'을 허락한다고 말할 수 있다. 가령 독자는 책을 읽어가면서 내러티브를 구축하는데 심리적·연상적으로 참여한다. 책에서 해리 포터는 날지 않는다. 그렇지만 독자는 물질적으로 재현되어 있지 않은 추상적 움직임과 사건들을 머릿속의 연상활동을 통해 이미지화한다. 바로 문자적 추상 기호들에 구체적인 이미지의 몸을 빌려주는 것이 독자의 몫으로 남겨져 있다는 점에서 소극적인 상호작용성을 이야기할 수 있다. 그러나 여전히 작가/독자(관객)의 일방적 지배 관계는 바뀌지 않는다. 사용자들은 그저 제작자가 설정해놓은 내러티브의 빈틈들을 메울 수 있을지언정, 그 이야기 틀을 벗어나는 것은 불가능하기 때문이다.

그러나 디지털게임 고유의 '상호작용성'은 이전과 다른 색다른 재미를 제공한다. 일반적으로 디지털게임의 가장 뚜렷한 특징은 반복 플레이를 통한 무한한 변형가능성과 상호작용성이다. 이는 디지털게임이 플레이어의 직접적인 참여를 필수적으로 요청하기 때문일 것이다. 상호작용성은 사용자가 직접 어떤 표현물의 내용을 통제할 수 있는 가능성이다. 이러한 상호작용성은 저자가 절대적인 주권을 지니는 다른 예술들과 다른 경험을 제공한다. 이러한 상호작용성 덕분에 플레이어는 게임 세계 '안으로' 직접 들어가 보고 들으며 행동할 수 있기 때문이다. 게임에 대한 플레이어의 직접적인 참여와 행동적 개입의 가능성이 바로 디지털 미디어 고유의 '상호작용성'이다. 상호작용적 엔터테인먼트로서 디지털게임은 플레이어들을 환상과 상상의 공간으로 인도해서는 놀라운 일들을 직접 몸소 경험하게 해준다. 영화나 텔레비전 등에서처럼 미리 완성된 사건을 구경하는 경험이 아니라 주체 스스로 사건을 구성하며 참여하는 경험을 가능하게 해주기 때문이다. 영웅의 이야기를 읽고 구경하는 것과 직접 영웅이 되는 것의 차이라 할까?!

물론 〈스타워즈〉 혹은 〈레디 플레이어 원〉 같은 영화나 〈반지의 제왕〉, 〈스노우 크래쉬〉 같은 대중소설의 경우에도 판타지의 세계를 보여주기는 한다. 하지만 이들은 우리가 그 세상의 일부가 되어 창조에 가담할 수 있는 직접 참여의 가능성을 제공하지는 않는다. 플레이어가 직접 새로운 세계를 창조하고 그 안에 살 수 있도록 해주는 것은 바로 디지털 미디어 특유의 '상호작용성'의 경험 덕분이다. 디지털게임은 현실을 재현할 수 있는 능력을 지니고 있을 뿐만 아니라 대리만족이 아닌, 이루고자 하는 바를 플레이어가 직접 구현할 수 있도록 해주는 시뮬레이션 기능도 가지고 있다. 게임 속 가상현실이 '가상'임에도 우리 몸의 움직임이 그대로 스크린에 전달되고 반응을 일으키면서 상호작용적 몰입감은 극대화되는 것이다. 게임의 역사는 다양한 방향에서 쓰일 수 있다. 그중 과학기술과의 공진화(co-evolution) 과정이라는 관점에서 보면 게임은 플레이어의 실(재)감 증강을 향해 꾸준하게 노력해왔다. 최근의 VR게임과 AR게임은 시각과 청각, 나아가 촉각까지 구현함으로써 핍진성과 실재감을 강화하며 상호작용 경험을 극대화하는 방향으로 나아가고 있다.

　이러한 상호작용성은 디지털 미디어 고유의 특성에서 시작된 것이었다. 즉 무한한 변형가능성(유동성)과 사용자의 다차원적인 참여 가능성이라는 매체 고유의 특징이 디지털게임에 고스란히 녹아들어 있기 때문인 것이다. 가령 우리가 처음 게임을 구매할 때에는 게임의 사용가치가 거의 드러나지 않는다. 그것이 의미 있는 텍스트가 되기 위해서는 플레이어의 행위가 필요하다. 우리가 조이스틱이나 마우스 같은 컨트롤러의 도움을 빌어 그것을 플레이했을 때에야 비로소 갈등과 함께 사건이 유발되며, 내러티브를 발생시킬 수 있는 것이다. 이는 〈테트리스〉와 같은 단순한 게임의 경우에도 마찬가지다. 그것을 실행하기 위해서는 우선 플레이어가 직접 시작 혹은 플레이 버튼을 눌러야 하며 내려오는 블록들을 적재적소에 끼워 맞춤으로써 계속적인 게임을 진행할 수 있는 것이다. 하지만 플레이어가 참여하기 전이라면 게임은 '말이 없다.'

　물론 뒤에서 자세하게 보겠지만 디지털게임도 기존의 소설이나 영화처럼 캐릭터, 배경, 행위, 플롯 등을 가지고 있다. 그래서 많은 논자들은 게임을 소설과 영화같은 전통적인 내러티브의 확장 혹은 변형으로 설명한다. 그러나 이러한 설명 다수는 디지털게임의 상호작용성에 대한 충분한 이해를 결여하고 있다. 상호작용성은 플레이어가 어떤 표현물의 내용을 조작하고 변형할 수 있는 가능성을 의미한다는 점에서, 디지털 미디어의 상호작용성은 저자의 의도가 절대적 권위를 지니는 소설이나 영화 같은 기존의 매체들과 판이하게 다른 면모를 획득한다. 흔히 디지털게임을 퍼즐 풀기 놀이나 소프트웨어 장난감(software toy), 혹은 스토리텔링의 수단으로 보는 이들이 있는데 이는 디지털게임 상호작용성의 다양한 요소들과 기능들 중 어느 한 측면만을 부각시키고 있는 것에 불과하다.

　물론 디지털게임, 특히 '어드벤처 게임'이나 보다 복잡한 MMO 게임의 경우에도 퍼즐들이 존재한다. 하지만 퍼즐은 그것을 해결했을 경우 사건을 더욱 진행시킬 수 있는 실마리를 제공하거나 플레이어 캐릭터의 능력치 향상을 위한 퀘스트로 기능할 뿐 디지털게임의 '쌍방향적' 상호작용은 플레이어와 텍스트의 지속적인 작용/반작용이라는 훨씬 더 역동적인 층위에서 이루어진다. 디지털게임을 소프트웨어 장난감으로 보는 입장은 퍼즐놀이로 보는 것보다는 진척된 입장이라고 볼 수도 있다. 프리드맨은 플레이어의 자유도가 높은 시뮬레이션 게임 〈심시티〉를 소프트웨어 장난감의 예로 든 적이 있다. 〈심시티〉는 플레이어가 주어진 자원들을 적절하게 경영하여 주거지역, 상가, 도로, 철도 등을 건설하는 게임이다. 어떤 요소에 비중을 두고 도시를 꾸밀 것인가는 전적으로 플레이어의 몫인데, 플레이어는 '레고' 장난감처럼 자유자재로 자신만의 세계를 창조할 수 있다. 하지만 〈심시티〉같은 게임의 '자유도'란 제한적인 것일 수밖에 없다는 점에서 디지털게임을 장난감으로 보는 입장에는 무리가 따른다. 왜냐하면 게임의 규칙과 제한은 게임을 게임으로 만들어주는 본질적인 자질이며, 이것이 없다면 게임의 존립 기반이 사라져 버릴 것이기 때문이다. 따라서 장난감 특유의 무제한적 사용가능성은 디지털게임의 존립기반을 해칠 것이다. 디지털게임은 주어진 규칙의 강제성 정도에는 차이가 있겠지만 어쨌든 규칙에 기반해 있다는 공통점을 지닌다. 특히 '오픈 게임'이나 '샌드박스' 게임으로 분류되는 자유도가 높은 게임들의 경우 그 상호작용의 양상은 퍼즐이나 소프트웨어 장난감의 차원을 훌쩍 넘어선다.

디지털게임을 설명하는 또 다른 중요한 입장으로 디지털게임의 '이야기성' 혹은 '서사성'을 강조하는 이들이 있다. 일찍이 플레이어들은 〈스페이스 인베이더〉나 〈스트리트 파이터〉처럼 단순한 '배경 스토리'를 제공하거나 아니면 스토리 라인과 게임을 완벽하게 통합한 〈갓오브워〉, 〈페르소나〉, 〈더 라스트 오브 어스〉 시리즈와 같은 PS(Playstation) 게임들처럼 보다 정교한 스토리에 관심을 보여왔다. 사실 대부분의 MMORPG 게임들도 탄탄한 배경이야기와 세계관에 그 바탕을 두고 있다는 점에서 서사는 게임의 상수로 존재하기도 한다. 이는 뉴미디어의 영향력에 주목하는 문학과 영화 전공자들에게 문학이나 영화와 게임을 비교 분석하게 하는 강력한 동기를 제공하기도 한다. 이러한 게임들은 '안정-위기(안정의 파괴)-극복'의 과정이 반복되는 통속적인 내러티브 구조를 취하고 있기 때문이다. 하지만 이러한 입장은 디지털게임이 제공하는 스토리만을 강조할 뿐 디지털게임의 재미에 있어 가장 본질적인 '상호작용성'을 상대적으로 간과하고 마는 한계를 드러낸다.

물론 디지털게임의 서사성을 강조하면서도 상호작용성을 그것의 핵심적인 자질로 보는 시각도 존재한다. 이러한 입장은 디지털게임이 영화나 텔레비전처럼 생산자의 의도가 일방적으로 전달되는 이야기물과 달리 플레이어의 참여와 순간적 결정, 이에 대한 컴퓨터의 즉각적인 반응을 통해 이야기가 생성됨을 중시한다는 점에서 어느 정도 논의의 진척을 보여준다. 이들은 전통적인 이야기물들의 선형적 이야기 전개와 달리 사용자(User), 혹은 플레이어의 선택에 따라 이야기의 다양한 전개를 보여주는 하이퍼텍스트(hypertext)처럼, 디지털게임 역시 플레이의 다양한 가능성들을 마련해놓고 플레이어에게 직접 선택하고 실행하게 함으로써 매번 새로운 이야기를 생성시킬 수 있음을 강조한다. 다시 말해 게임은 작가가 시간적 선형성의 원리에 따라 미리 구성해놓은 이야기가 아니라 캐릭터, 행위, 다양한 대상들 등을 맘껏 조작함으로써 플레이어의 선택과 행위의 결과가 여러모로 달라질 수 있다는 것이다. 한 차례 '엔딩'을 맞보고서도 다시 그 게임을 하게 되는 이유도 바로 여기서 찾을 수 있을 것이다.

하지만 이러한 입장은 디지털게임의 상호작용성에 소극적으로 접근하고 있다. 디지털게임의 상호작용은 단순히 플레이어가 주어진 이야기의 재료들을 이용하여 새로운 스토리를 재구성하는 데 있는 것이 아니기 때문이다. 오히려 게임 플레이의 상호작용성은 게임의 행위와 그 과정에서 이해해야 하며, 이러한 게임 행위의 쌍방향적 반복 실행 가능성(replayability) 속에서 규칙을 발견하고 학습하며 조작, 시험할 수 있는 것이 게임의 매력일 수 있다. 그런 의미에서 예스퍼 율(Jesper Juul)은 디지털게임을 상호작용적 시네마나 상호작용적 픽션으로 이해하는 것은 '게임성'에 대한 배반이라고 비판한다.

게임의 주체

디지털게임의 핵심적인 특징인 '상호작용성'은 기존 예술의 저자/독자의 단순한 이분법적 틀을 뛰어넘어 다중적인 주체성을 가능하게 한다. 현실의 한 구성원(person)인 나는 게임을 조작하는 한사람의 게이머(player)로서 아바타 혹은 플레이어 캐릭터라는 가면(persona)을 쓰고 가상현실 혹은 '제2의 현실'에 입장하는 것이다. 그런 점에서 게임 주체는 '독자'와 '게이머', '사회적 행위자' 등 다양한 면모를 지닌다고 할 수 있다. 게임 플레이어들은 게임이라는 텍스트의 신비한 공간을 탐색하고 복잡한 규칙들의 비밀을 밝혀내는 가운데 그것이 담고 있는 의미들을 만끽하는 독자이면서, 게임을 시뮬레이터(simulator)로 삼아 자신의 행위를 모델링하는 게이머이며, 네트워크를 통해 혹은 주변에 모여든 구경꾼들과 상호작용함으로써 나름의 관계를 형성하는 사회적 행위자이기 때문이다. 사실 상호작용성의 소극적 의미는 플레이어가 게임 텍스트에 직접 행위를 가함으로써 그것을 변형시킨다는 것이었다. 하지만 상호작용성은 디지털 미디어 혹은 컴퓨터와 플레이어 사이에만 작용하는 것은 아니다. 특히 네트워크 기술의 발전과 더불어 디지털 미디어로 연결되어 있는 이용자 사이에 팀 게임도 가능하게 되었으며, MMORPG 게임은 다른 사용자들과의 상호 교류 가능성을 최고로 높여주었다. 최근에는 '5G 시대'에 접어들면서 '초연결사회'로의 전환에 부응하는 게임생태계 내부의 움직임도 더욱 활발해지고 있다.

'독자', '게이머' 그리고 '사회적 행위자'의 관계는 특정한 게임의 양상에 따라 어느 한 부분이 우세할 수 있지만, 기본적으로는 게임하는 주체를 중층적으로 구성하는 세 가지 층위이다. 이를테면 극히 간단한 서사와 게임 세계관을 가진 〈슈퍼마리오〉를 플레이하는 '게이머'의 경우에도 '쿠파'로부터 공주를 구출해야 한다는 내러티브에 참여하고 있는 '독자'이며, 그의 어설픈 플레이에 훈수를 두는 주변 사람들에 둘러싸인 '사회적 행위자'이다. 온라인 게임의 경우 이러한 '사회적 행위자'의 면모는 더욱 분명하게 드러난다. 가령 물보다 진하다고 하는 피로 뭉친 '혈맹'이나 '길드' 같은 사이버 공동체는 게임의 규칙에 충실하면서 혹은 게임의 규칙을 넘어서서 다양한 사회적 상호작용의 가능성을 제공하기 때문이다. 유명한 〈리니지〉 '바츠해방전쟁'의 전설은 우리의 온라인 게임 역사에 지워지지 않을 흔적을 남겼다.

화면 안의 모든 우주인들을 깨끗하게 청소해야 하는 〈스페이스 인베이더〉나 〈갤러그〉와 같은 게임에서와 마찬가지로 플레이어들이 하는 일이란 대개는 허구적 공간을 탐험하고 정복하는 일이다. '안개'(war fog)를 뚫고 적의 위치를 정찰 탐색함으로써 정복의 전략을 수립하고 결국 땅따먹기 하듯 조금씩 공간을 정복해 나가야 하는 〈스타크래프트〉나 〈워크래프트〉에 있어서도 이는 마찬가지이다. 어떠한 면에서 디지털게임은 땅따먹기의 다른 형태이며, 가상공간에서 펼쳐지는 퍼즐이다. 그러므로 게임 주체들인 플레이어들은 공간을 읽고 그 위에서 움직이며 그곳에서 다른 주체들과 관계를 맺는다. 게임하는 주체들은 공간의 탐색자들이며 항해자이고 포식자이다. 물론 몬스터 사냥꾼이라는 직업이 보태지기도 하겠지만, 그 역시 또 다른 공간으로 나아가기 위한 방편일 경우가 대다수다.

물론 공간의 포식 즉 게임하는 주체들의 욕망은 이상적 주체와 현실적 주체 사이의 괴리라는 결핍에 근거한다. 게임은 허구의 세계이며 게임 속 공간은 또한 그 자체로 현실과는 다른 가상의 세계이다. 상상적 차원의 이상적 주체는 상징적 차원의 현실적 주체에 순치하지 않는다. 온갖 화려한 콤보 기술을 구사하여 상대를 한 방에 거꾸러뜨리는 어떤 게이머에게 허락된 곳이란 〈철권〉이 제공하는 비트의 공간일 뿐이다. 그렇지만 게이머는 현실의 결핍으로부터 벗어나기 위하여 혹은 게임이 한낱 가상 혹은 환영에 불과한 것이었음에 절망하지 않기 위하여 게임 속에 계속 머물러 있기를 욕망한다.

리빙스톤의 말처럼, 게임 주체들은 게임을 통해 통제(control), 도전(challenge) 그리고 자유(freedom)의 희열을 느낀다. 이러한 희열은 물론 현실의 세계 속에서는 누리지 못하는 것이다. 주체들은 이러한 현실 세계에서의 결핍을 충족시키고자 게임 세계에 발을 들인다. 게임이라는 허구적 공간에서나마, 그들은 자신들이 꿈꾸는 이상적 주체를 구성하고자 한다. 하지만 게임은 또한 현실 속에서 수행되는 하나의 실천이다. 그러므로 이러한 실천의 성과는 결코 상상만으로는 획득되지 않는다. 영화 〈매트릭스〉의 네오에게도 자각과 훈련이 필요했듯이, 주체는 부단한 노력을 통해 게임을 통달하지 않으면 안 된다. 이러한 게임 안과 밖에서 이중적으로 형성되는 결핍의 구조는 주체를 게임으로 불러들여 늘 게임 속에 있으려 욕망하게 만든다. 과거의 축제적 놀이가 그랬듯이, 디지털게임 역시 새로운 주체화 과정의 한 대안이 될 수 있는가 하는 문제는 앞으로 구성될 '게임학'이 줄곧 관심을 가져야 할 주제이다. 그것이 불가능하다면 그 원인은 어디에 있고, 일말의 가능성이라도 있다면 그 근거는 어디서 찾을 수 있는가 하는 문제는 문화연구를 지향하는 게임연구가 해결해 나가야 할 숙제인 것이다. 과연 주체가 게임을 통해 이데올로기에 순응하는 존재인가 아니면 그 너머의 영역을 상상적으로 재구성하고 전유할 수 있는 주체인가 하는 문제는 문화연구로서의 게임연구가 반드시 짚고 넘어가야 할 과제이기도 하다. 이는 디지털게임이 사회적으로 '기능전환'할 수 있는 가능성과 관련한 중요한 문제이기도 하다.

게임의 즐거움: 몰입과 중독의 경계

지난 2019년 세계보건기구(WHO)가 '게임이용장애'를 질병코드로 등록한 국제질병분류 11차 개정안이 올해 초부터 본격 시행됐다. 우리나라는 2025년까지 한국표준질병사인분류(KCD)에 게임 중독 등재 여부를 결정해야 한다. 보건복지부는 적극적으로 나서서 게임이용장애 질병코드 등록 작업을 추진해오고 있었다. 하지만 2022년 9월 문화예술법 개정안이 국회 본회의를 통과하면서 게임은 애니메이션, 뮤지컬과 함께 대중 문화예술로 자리매김하게 됐다. 그리고 "게임은 국내 콘텐츠 산업 수출의 절반 이상을 차지하는 효자산업"이라며 "게임이 문화예술로 인정되면 부정적 인식이 개선되고, 게임산업에 활력이 더해지리라 기대한다."는 각계의 기대가 쏟아졌다. 하지만 여전히 게임의 폭력성과 중독성에 대한 맹신 속에서 그것을 마약과 같은 중독재로 보려는 시각은 여전하다. 그 주장의 과학성 부족과 근거 부재라는 문제에도 불구하고 WHO의 개정안 수용을 결정해야 하는 시점이 다가올수록 유권자 학부모와 그 지지를 구하는 정치인, 나아가 보건 의료계와 기성 언론의 반발이 더욱 거세질 것으로 보인다. 이 책에서 그러한 반발의 타당성을 세세하게 이야기할 수는 없다. 다만 중독과 몰입의 차이부터 디지털게임 플레이 경험의 고유한 성격에 대해서는 고민해볼 필요가 있을 것이다.

게임의 즐거움은 이상적 주체와 현실적 주체의 괴리를 허구적 공간에서나마 충족시킬 수 있다는 긍정적 가능성으로부터 나온다. 어떻든 주체들이 수많은 시간을 투자하는 까닭은 게임이 즐겁기 때문이다. 게임의 즐거움 혹은 주체들이 게임을 지속하게 만드는 어떠한 이유에 대하여 가장 일반적으로 제기되어온 개념은 '몰입'(immersion, flow)이다. '몰입'이라는 개념은 흔히 게임과 관련하여 이야기되는 '중독' 경험에 대칭되는 개념으로 게임의 긍정적 효과를 부각시키기 위해 본격적으로 쓰이기 시작한 개념이다. 정신의학적으로 '중독'은 주로 병적인 현상을 가리키는 것으로 부정적 의미를 담고 있다. 정신과 의사 윤경일은 중독을 "어떤 물질에 의존된 상태를 말하는데, 여기에는 내성과 금단증상이라는 두 가지 특성을 포함하고 있다. 내성이라는 것은 동일한 효과를 얻기 위하여 사용하던 물질의 양을 계속 높여 나가야 하는 성질을 말하는 것이고, 금단증상이라는 것은 사용하던 물질을 중단했을 때 일련의 심리적, 신체적 증상이 일어나는 상태"라고 정의 내린다.

하지만 중독의 개념이 사회 문화적으로 적용될 때 그것이 담고 있는 의미는 맥락에 따라 다양해질 수 있다. 흔히 게임 중독을 문제 삼는 사람들은 게임 등의 사이버 미디어가 현실과 가상의 경계를 구분하지 못하는 현실 부적응 상태를 수반함으로써 정상적인 생활을 파괴한다고 비판한다. 하지만 이러한 태도 속에는 현실과 가상의 벽을 허묾으로써 얻어지는 새로운 경험이 누락되어 있다. 디지털게임이 인간과 세계의 의미를 새롭게 규명하는 훌륭한 경험일 수 있고, 게임 과정에서의 '몰입'이 현실에서 맛볼 수 없는 즐거움을 가져다준다면 이것을 부정적으로만 평가할 수는 없는 일 아닌가 하는 문제가 남는 것이다. 물론 '몰입' 역시 무조건 긍정할 수 있는 개념인 것만은 아니다. 지금의 대다수 주류 게임들의 경우처럼 몰입의 메커니즘은 현실에 대한 그릇된 의식을 심어줄 수 있으며 자본주의의 경제적 가치들을 의식뿐만 아니라 몸에 까지 각인시킬 수 있는 힘을 지니고 있기 때문이다. 하지만 이러한 효과를 두고 부정적인 것으로만 치부할 수는 없다. 오히려 중요한 것은 몰입 효과를 사회적·문화적 선용의 수단으로 전용할 수 없을까를 타진해보는 것일 터이다. 그리고 그것은 게임의 속성들을 게임이 아닌 영역, 교육과 마케팅 및 사회적 의제 등에 응용하려는 '게임화'(Gamification)의 실천들 속에서 현실화되고 있다.

사실 대중문화에 대한 유해성 논쟁은 하루 이틀의 일이 아니다. 영화가 처음 나왔을 때에도 보수적인 지식인들은 물론이고 진보적인 지식인들의 경우에도 대부분 부정적인 태도로 일관했다. 더욱이 축음기의 발명 이후 음반 산업이 활성화되고, 라디오와 텔레비전을 통해 고급문화의 영역을 잠식하자 그 비판의 강도는 더욱 거세졌다. 대중문화 비판론자들이 보기에 대중문화의 거의 모든 문제들은 그것의 '상업주의적 속성'에서 비롯된 것이었다. 그들은 상업주의적인 대중문화의 대량생산 대량소비의 관행이 일반화되면서 생산자와 소비자가 분리되었고, 취향의 평준화 내지 획일화가 나타났다고 비판한다. 대중문화는 인간의 삶을 밝혀보려 하기보다는 오히려 일상적 삶의 어려움을 잊게 함으로써 현실도피를 조장하고 시장의 유혹이 증대됨에 따라 생산자나 소비자의 예술적 창조력이 고갈될 수밖에 없으며 그것의 예술적 질도 저하될 수밖에 없다는 것은 차라리 대중문화에 대한 고전적인 비판이라 할 수 있다. 지금이야 대중문화가 '살아있는 예술'로서 대접을 받고 있는 형편이지만, 이러한 인정을 얻기 위해 대중문화가 통과해야 했던 과정들은 눈물겨운 것이었다.

이른바 '문화전쟁'(culture war)라 불리는 '신/구 매체 논쟁' 중 가장 흔한 것이 새로운 미디어나 콘텐츠의 폭력성을 둘러싼 대립일 것이다. 사회적인 폭력이나 학교 폭력, 총기사고 등의 사건이 일어날 때마다 영화나 방송은 그 사건들의 진원지로 비판받았다. 20년대 이후 미국 의회에서 이러한 사건들의 원인을 진단하고 그 대안을 마련하기 위해 무수한 청문회가 열렸고 제작자들이나 감독들은 청문회에 출석해서 자기방어의 논리를 펴야했지만 여전히 그러한 사건들은 줄어들지 않고 있다. 그러나 엄청난 정치자금으로 로비활동을 펴는 총기제작업자들이 의회 청문회에 거의 소환된 적이 없었다는 사실은 아이러니하다. 이런 점에서 영화나 방송, 게임 등의 대중 미디어에 대한 상투적인 비판은 '정치적 게임'의 성격을 띤다고 할 수 있다. 대중문화의 폭력성과 관련해서 가장 많이 여론의 뭇매를 맞아야 했던 이들이 바로 게임산업 종사자들이었다. 청소년들이 영화나 게임의 폭력적인 스펙터클에 중독되어 그것을 모방하여 벌어진 일이라는 식의 보도나 진단은 수십 년간 반복되고 있는 담론이다. 가령 조지아 공대 유학생 조승희의 총격 사건 당시에도 그 사건과 게임의 관련성이 거듭 언급되었던 것은 이러한 경우의 대표적인 예라 할만하다.

물론 우리의 경우 엄격한 총기규제 덕분에 미국의 총기사고 같은 사고는 잘 일어나지 않지만, 그럼에도 불구하고 게임의 폭력성에 대한 논의는 그치지 않고 있다. 게임 관련한 국내의 진단들을 살펴보면 게임 행위가 (어린이와 청소년들의) 신체에 미치는 영향이라든지 게임이 게임 주체들의 사회적 고립을 심화시키고 자폐적 질병을 양산할 수 있다는 주장이 자주 발견된다. 디지털게임을 통해 얻어지는 성취감과 정복감, 우월의식 등의 비현실적 즐거움에 매몰된 나머지 현실 속의 다양한 인간관계들을 소홀히 한다는 것이다. 하지만 MMORPG의 경우처럼 디지털게임을 통해 더 활발한 사회적 관계를 형성한다는 점에서 드러나듯이 이러한 비판은 별 유효성이 없는 주장으로 보인다. 뭐니 뭐니 해도 게임에 대한 부정적 평가 중 단연 게임의 폭력성과 중독성이 단골 레퍼토리이다. 하지만 게임의 중독성과 관련하여 명확한 검증이 이루어진 적이 없고 게임에 중독된 사람들은 다른 분야들에도 쉽게 중독되는 성향을 보인다는 지적은 경청할만한 지적이다. 게임의 폭력성도 마찬가지이다. 물론 게임 플레이어들이 게임 속 폭력을 모방하거나 학습하는 경우도 분명 존재하고, 디지털게임이 주체들의 공격본능을 부추김으로써 폭력을 현실화하게 만드는 경우도 존재한다. 그러나 이러한 사례들은 개별적인 경우들일뿐 이를 일반화시키는 것은 무리가 있다. 여가의 대부분을 디지털게임에 바치고 있음에도 불구하고 폭력적인 성향을 드러내지 않거나, 오히려 무의식적 공격성향을 주저앉힌다는 견해도 등장하기 때문이다.

　물론 게임의 주제를 폭력 속에서 찾는 게임들이 다수를 차지하는 지금의 상황이 바람직한 것은 아니다. 그러므로 폭력과 중독의 원인이 과연 게임 자체에서 비롯된 것인지, 아니면 게임을 플레이하는 사람들의 환경적, 교육적 요인에서 기인하는 것인지를 면밀하게 조사할 필요는 있을 것이다. 최근에는 게임 이용자가 과몰입 행동을 보여도 대부분 1년 이내에 정상 범위로 돌아온다는 연구 결과가 나왔다. 게임 과몰입은 일시적인 현상이며, 특정 콘텐츠나 취미 생활에 몰입하는 형태와 유사하다는 것이다. 이 연구에 따르면 게임 과몰입 행동은 '주의력 결핍'이나 '과잉 행동 문제'가 완화되면 함께 해결되는 것으로 나타났다. 과몰입 문제의 원인이 게임 자체에 있다기 보다 개인의 특성에 있다는 이야기다. 사정이 이러함에도 게임의 부정적 효과에 대한 담론들 대부분은 여전히 미리 마련된 도덕적 잣대에 의거하고 있는 경우가 대부분이며 엄격한 객관성과 과학성을 결여하고 있는 경우가 다반사이다. 비판론자들 대다수는 디지털게임을 경험해보지 못한 사람들로서 게임의 내적 메커니즘이나 그것의 복잡한 경험들을 이해하지 못한 채 부정적 주장을 반복하고 있다. 디지털게임과 플레이어-주체가 맺는 관계는 매우 복잡한 양상으로 이루어지거니와, 게임의 효과에 대한 연구는 게임 과정에 대한 직접적이고도 면밀한 관찰과 분석이 전제되어야 한다. 게임의 부정적 양상들에 대한 파악은 게임의 발전을 위해서도 반드시 필요한 일이다.

　많은 이들이 게임을 하는 이유는 현실의 불만족을 해소하기 위해서이다. 플레이어들은 가정이나 학교, 직장 등 현실에서 받은 스트레스를 풀기 위해 게임을 한다. 하지만 게임은 더 나아가 현실 도피의 측면만이 아니라 새로운 세상을 창조하는 경험을 제공하기도 한다. 게임은 게임 주체들에게 무의식적·의식적 욕망 실현의 무대와 계기들을 제공한다. 게임 주체들은 게임의 새로운 세계, 즉 현실에서는 맛볼 수 없는 일들을 경험하기 위해 가상현실의 일원이 되어야 한다. 현실의 도덕과 규칙, 법이 넘볼 수 없는 이 세계의 구성원이 되어 규칙을 훈련하고 연마해서 자기 것으로 만들어야만 그는 이 공간에서 생존할 수 있기 때문이다. 이렇게 되었을 때 그는 그만의 세계, 그 자신이 주인공인 세계, 꿈과 욕망을 실현할 수 있는 '게임 주체'로 거듭나게 되는 것이다.

가령 〈레이시티〉는 기존의 레이싱게임에 RPG 게임 특유의 성장 요소를 도입한 게임이다. 이 게임에서 플레이어는 자기가 선택한 차량을 몰고 지도 이곳저곳을 돌아다니며 임무를 수행한다. 여기서 그는 택시기사도 될 수 있고 택배 아르바이트도 할 수 있다. 특히 카레이서가 되어 서울 도심을 질주하는 경험은 새로운 현실 창조의 몰입감을 극대화한다. 플레이어는 '아줌마 쇼핑보내기', '배달소년 태워주기', '학원가는 아이 태워주기' 등의 임무를 수행하면서 획득한 돈으로 자기 차의 성능을 개선할 수 있다. 이 게임의 몰입 요인은 자신의 캐릭터를 성장시키는 것은 아니지만 직접적인 행위를 통해 자기 자동차를 성장시킬 수 있다는 점일 것이다. 서울 시내를 모니터에 그대로 옮겨놓은 듯한 사실적인 영상 속을 세계적인 명차에 몸을 싣고 드라이브하면서 플레이어는 현실과 다른 대안적 현실을 상상하게 되는 것이다. 게임을 긍정적으로 평가하면서 몰입성을 강조하는 사람들은 기본적으로 게임 자체를 즐기며, 게임을 다양한 자기실현의 장으로 활용하는 주체들에 주목하는 경향이 있다. 몰입 경험을 배움으로 이끄는 힘이며 새로운 수준의 과제와 실력으로 올라가게 만드는 힘으로 보는 '몰입이론'(flow theory)의 대가 칙센트미하이(Csikszentmihalyi)와 게임 개발자이자 연구자인 제인 맥고니걸은 게임의 힘이 세상을 유익하게 하는 데 일조할 수 있다는 주장을 하는 대표적인 인물들이다. 특히 맥고니걸은 코로나19 팬데믹을 비롯해 앞으로 닥칠 기후 변화, 인공지능, 로봇, 알고리즘과 같은 새로운 도전 과제에 맞서기 위해 "우리는 지금과는 많이 다른 상황을 대비하는 습관을 길러야 하고, 이러한 변화를 더욱 빨리 감지하려면 게임을 즐기는 게 가장 좋은 방법"이라고 주장하기도 한다.

칙센트미하이에 따르면 몰입이란 어떤 활동에 집중할 때 발생하는 최적의 심리적 현상이다. 플레이어의 적극적 참여를 위해 치밀한 계산 하에 만들어진 게임 상황은 이러한 몰입의 최적 조건일 수 있다. 게임을 하면서 게임 주체들은 수십 시간의 노동량이나 노동 강도, 주변의 인식이나 평가에 아랑곳하지 않고 시간적 흐름에도 상관하지 않으며 몸과 마음이 하나가 되는 합일 상황을 만들어 낸다. '잘 만들어진'(well-made) 게임들의 경우 초보부터 고수에 이르기까지 플레이어의 게임 수준을 고려하여 각각의 레벨 조정을 통해 게임의 균형을 맞추고 별도의 다채로운 장치들을 통해 흥미로운 많은 놀거리들을 마련하고 있다. 일반적으로 게임에서의 몰입은 플레이어의 '수준'(능력치)과 게임 목표가 비례할 때, 게임의 퀘스트와 플레이어의 실력이 비례할 때 발생한다. 게임이 너무 어렵거나 플레이어의 실력이 터무니없다면 게임의 몰입은 일어나지 않을 것이며 지루한 노동으로 전락할 가능성이 클 것이다.

칙센트미하이의 주장대로라면, 몰입은 곧 상상적 주체와 상징적 주체가 합일함으로써 인간적 한계를 뛰어넘는 초월의 경험이다. 이러한 초월의 경험은 게임에 있어서는 자넷 머리가 말한 '기술이 투명해짐으로써 오직 스토리의 힘만을 보게 되는 순간'일 것이다. 가령 게임을 반복적으로 플레이하면서 우리는 게임의 규칙보다는 공간의 변화와 내러티브의 진행에만 관심을 갖게 되면서 자기 자신을 의식하지 못하고 주체와 세계의 구분을 벗어난, 강도 높은 '동일화'(identification)와 '환영'(illusion)의 경험을 하는 것이다.

하지만 게임의 즐거움은 이렇게 낙관적이지만은 않다. 우선 플레이어 각각의 주관적 조건이 여의치 않음으로 인해 몰입 자체가 어려울 수도 있다. 하지만 더욱 심각한 문제는 이러한 몰입이 24시간 365일 지속될 수 없다는 사실에 있다. 다시 말해서, 게임의 즐거움은 한편으로 게임을 하지 않는 시간으로부터 영향을 받을 수 있다는 말이다. 게임은 일상의 한 부분일 뿐 그 전부는 아니다. 그러므로 만약 게임의 즐거움이 일상의 다른 부분들과 순치하지 않는다면, 그것은 즐거움의 원천이 아니라 오히려 고통과 괴로움의 원인이 될 수 있다. 그리고 과거의 축제나 놀이가 그랬듯이, 게임의 경험이 해방을 의미하는지 혹은 게임을 통한 해방의 경험이 사회적 인식과 개선을 위한 구체적 실천으로까지 이어질 수 있는지 의문을 가져볼 수 있다. 오히려 순간의 몰입 체험이 탈각의 과정에 지나지 않고, 그것이 부당한 현실의 재생산에 기여하는 것은 아닌지 지속적인 물음을 던질 필요가 있다. 게임 속 놀이와 축제의 경험이 현실 반성과 극복의 방향으로 발전하지 못하고 1회적인 만족으로 끝나버릴 위험도 분명 존재한다는 사실을 기억할 필요가 있는 것이다.

'몰입'은 게임의 규칙, 즉 '루두스'(Ludus)를 뛰어넘음으로써 얻어지는 '파이데이아'(paidea)의 즐거움이다. 이는 마치 바르트의 '플레지르'(plaisir)와 '쥬이상스'(jouissance)의 관계와 같다. '쥬이상스'는 그 자체로 밑도 끝도 없는 즐거움이지만 현실의 상징들이 요구하는 규범과 규칙의 바깥에 있다. 그러므로 그것은 규범과 규칙으로 구성된 즐거움인 '플레지르'를 초월한다. 각각 '상상세계의 즐거움'과 '상징세계의 즐거움'을 의미하는 '쥬이상스'와 '플레지르'는 일상의 규칙과 규범-일상 자체가 규칙이고 규범이기도 하다-을 경계로 그것으로부터 벗어나는가 혹은 그것에 투항하는 가에 따라 서로 다른 즐거움을 만들어낸다. 그리고 이러한 즐거움의 차이는 곧 이들 사이에 정치적 긴장을 야기한다.

일상을 지배하는 '규칙과 규범'의 목소리에 어떻게 반응하느냐 그리고 그로부터 어떠한 양상의 즐거움을 이끌어내느냐에 따라 주체는 '착한' 주체가 될 수도 '못된' 주체가 될 수도 있다. 이러한 즐거움의 문제는 주어진 규칙과 규범을 뛰어넘음으로써 그것을 '브리콜라주'(bricolage)하거나 그러한 위반과 초월의 즐거움을 또 다른 상징적 규칙으로 다시 '전유'(appropriation)하는 문화-정치적 전략으로 연결된다. 규칙에 대한 주체들의 다양한 해석과 수용은 게임에 대한 플레이어들의 고유한 저마다의 '게임하기'의 실천속에서도 확인된다. 이는 물론 게임 자체가 지니는 문화적 위치에 따라서 결정되기도 하며, 게임이 주체들에게 부여하는 규칙에 그들이 어떻게 반응하느냐에 따라 달라질 수 있는 문제이다. 사회의 지배적인 규범들을 허물고 새로운 대안적 가치들을 창출하는 수단으로 게임을 전용하는 일, 즉 '디지털

'게임의 기능전환'은 게임의 방대한 세계 안에서도 이루어지고 '머시니마'(machinima)와 같은 자기 플레이에 대한 재창작을 통해서도 이루어진다. 나아가 〈하프라이프〉 시리즈에 대한 '모드'(mod)에서 시작한 〈카운터 스트라이크〉는 게임 재전유의 가장 대표적인 사례로 기억할 만하다.

게임을 문화연구의 대상으로 환대하는 일은 매우 흥미로운 일이다. 새로운 소재 혹은 대상의 발견이라는 측면에서 뿐만 아니라, 게임에 대한 보다 균형 있는 연구를 위해서 문화연구가 기여할 바가 분명하기 때문이다. 게임은 서사적 텍스트이며 실행적 놀이이다. 하지만 그것은 기본적으로 사회적 현상이고 따라서 사회 문화적 맥락 바깥에서는 아무런 의미도 가질 수 없다. 흔히 하는 말대로 '아타리 신화'의 개척자 부쉬넬(N. Bushnell)이 발명한 것은 '게임이 아니라, 게임산업'이었다. 게임은 예술이 되기 전에 먼저 상품이 되어야 했다. 게임은 그 자체로는 아무런 의미가 없다. 하나의 사회 문화적 현상으로서 그것은 우리 삶의 일부인 것이다. 문화연구는 게임에 맥락을 부여한다. 이러한 사회·정치적 맥락에서 게임의 정치학을 구상해야 한다.

게임은 이미 하나의 사회 문화적 현상이며, 따라서 그 이유만으로도 문화연구의 대상이 될 만한 충분한 이유를 지니고 있다. 하지만 게임은 이전의 다른 문화적 현상들과는 다르다. 그것은 내러티브이며 동시에 행위일 뿐만 아니라, 특정한 하나의 미디어에 고정되지도 않는다. 강력한 상호작용적 특성은 기존의 한 방향의 선형적인 콘텐츠들과는 전혀 다른 양상으로 그것의 텍스트를 구성한다. 그러므로 게임에 대한 문화연구의 접근은 이전과는 다른 긴장감을 요구한다. 그것은 기존의 모든 텍스트 양식을 포함하며 동시에 그것들을 이전과는 전혀 다른 방식으로 구성함으로써 그 새로움을 시위한다. 게임은 과거의 서사/놀이와 도래할 서사/놀이 사이의 변증법적 길항작용과 열린 종합의 산물이다. 디지털게임은 특히나 빠른 속도로 변화하고 있는 문화양식이다. 물론 변화가 없었던 것은 아니지만, 근본적인 측면에 있어서 커다란 변화를 겪지 않았던 다른 문화양식들과 다르게, 디지털게임의 변화는 극적이며 과격하다. 그리고 이러한 변화의 산물들이 시간의 흐름 속에서 사라져 버리지 않고, 어떠한 형태로든 살아남아 공존하고 있다는 점

또한 게임만의 유별난 특성이다. 디지털게임은 과거 전통적인 놀이의 양태들을 그 규칙 속에 변용하여 보존하면서도 그것을 둘러싼 기술과 환경의 변화에 가장 빠르게 응답하려는 노력을 기울여 왔다. 그리고 그것은 제4차 산업혁명의 급변하는 기술적 현기증 속에서도 다양한 재미의 장으로 플레이어-주체들을 유혹해 들일 것이다.

II. 놀이와 게임

호모 루덴스: 하위징아의 '놀이하는 인간'
놀이의 사회학: 로제 카이와의 놀이이론
놀이와 게임: 디지털게임의 게임성

인간은 선천적으로 놀이에 강한 끌림을 느낀다. 아무래도 인간의 이성적이고 지적인 면모를 강조하는 '호모 사피엔스'나 '호모 파베르'로서의 모습보다는 놀면서 상상하는 인간이 우리의 본성에는 더 잘 어울린다. 물론 난해한 철학 공부에서 쾌감을 느낄 수 있고 어려운 수학 문제를 풀면서 퍼즐을 풀 때의 재미를 느낄 수도 있겠지만, 그리고 그만큼 재미의 내용이나 형식이 무척 다양할 수는 있지만 인간의 원초적인 감정구조는 놀이에 더 가까이에 있다고 할 수 있다. 우리는 지겨운 수업 시간에도 어떻게 놀 것인가를 고민하고, 일을 하면서도 퇴근 후의 놀거리를 생각하지 않는가?! 인간의 이러한 원초적 욕망에도 불구하고 인류의 지성사는 놀이에 크게 관심을 기울이지 않았다. 인류의 역사가 신화적인 '뮈토스의 시대'에서 각박한 '로고스의 시대'로 발전해오는 동안 놀이는 거의 학문적 관심사가 되지 못했고, 오히려 아무런 쓸모없는 비생산적인 영역으로 '왕따' 당하기 일쑤였다. 이성 중심적 사회에서 그리고 노동에 목숨을 거는 사회에서 '놀이'를 이야기하는 것은 의심의 눈총을 받거나 비주류로의 퇴출을 감내해야 하는 것이었다. 이는 생산성과 효율성을 신주단지 모시듯 하는 신자유주의적 자본주의 사회에서도 그렇다.

하지만 각박한 현실에도 불구하고 인간은 결코 놀이를 부정할 수 없다. 인간에게 있어 놀이는 존재론적 지위를 갖는 것이기 때문이다. 인류의 문화와 예술은 항상 놀이와 짝을 이루고 있었고, 이성과 일상 너머를 꿈꾸게 해주는 상상 활동의 보고였다. 사람들은 놀이를 통해 사회의 조직과 질서를 진단하며 그 결과를 상쇄해줄 새로운 현실을 실험했다. 놀이의 '마법의 원'(magic circle) 안에서 사람들은 서로의 결속을 다졌으며 자신들의 놀이 안에 고단한 일상 '너머'를 새겨넣었다. 놀이가 갖는 이러한 가치를 가장 적극적으로 옹호하고 연구한 학자들이 하위징아(Johan Huizinga)와 카이와(Roger Caillois)이다. 이들은 문화의 다양한 영역들을 관찰하고 분석함으로써 놀이의 성격을 규명하고, 그것이 인간의 삶에 갖는 의의와 가치들을 밝혀내려 했다.

하위징아와 카이와는 디지털게임 연구에서도 중요한 의미를 갖는다. 디지털게임도 놀이의 일종이다. 현실 속의 놀이터냐 가상현실 속의 놀이터냐 하는 차이만 있을 뿐 여기서 놀이는 유사한 기능을 하기 때문이다. 실제로 많은 디지털게임들은 과거의 놀이를 차용하고 있기도 하다. 아마 많은 독자들은 어릴 적 전쟁놀이의 경험을 갖고 있을 것이다. 공들여 깎은 나무칼이나 총을 들고 온 산을 뛰어다니며 적들을 제압했던 경험에 비추어보았을 때, 그것은 실시간 전략게임이나 RPG 게임과 너무 유사한 규칙을 갖고 있다. 당시 우리 모두가 나름의 계급과 역할을 가지고서 적들을 제압해가는 과정은 역할 놀이로서의 RPG 게임의 성격을 고스란히 간직하고 있다. 시대가 변하여 놀이는 컴퓨터 기술에 힘입어 '현실보다 더 현실적인' 시뮬레이션의 공간으로 옮겨왔을 뿐이다. 이 장에서는 놀이에 대한 두 학자의 선구적인 작업들을 살펴보면서 그 결과를 통해 '기술적 상상력'의 징후인 디지털게임의 특성들을 재조명하고자 한다.

호모 루덴스: 하위징아의 '놀이하는 인간'

하위징아는 네덜란드 출신의 문화역사학자이다. 그는 놀이학의 고전으로 평가되는 『호모 루덴스』를 썼다. 이 책에서 그의 주된 관심사는 독특한 행위 형식으로서 놀이가 빚어내는 의미들을 탐색하고 그것이 사회적으로 어떤 기능을 하는지 밝혀내는 것이다. 그가 보기에 인간 사회의 중요한 원형적 행위에는 모두 놀이의 흔적을 지니고 있다. 물론 이것이 새로운 견해는 아니다. 가령 우리의 굿 문화나 전통적인 민중문화, 민속놀이 등만 하더라도 '놀이성'은 종교적 '제의성'과 더불어 핵심적인 의미를 갖는다. 이는 서구의 축제문화나 놀이문화의 경우에도 마찬가지이다. 하위징아에 따르면 인류 역사에서 문화는 놀이의 형식을 하고 있고 놀이 안에서 그리고 놀이를 통해서 발전을 해왔다. 이는 인류가 놀이의 규칙 속에 현실의 규칙을 벗어나는 새로운 규칙을 설정해 놓음으로써 '제2의 세계'를 창조해 놓았고 '제2의 삶'(second life)을 살아왔다는 말로 바꾸어 쓸 수 있다. 그가 보기에 이러한 놀이 경험은 인간들이 문화를 형성시키고 발전시키는 결정적인 동력이 되었다. 하위징아가 놀이를 문화의 원천으로 간주하는 것도 그러한 이유에서 이다.

『호모 루덴스』에서 하위징아는 놀이를 "어떤 고정된 시간과 공간의 제한들 내에서 실행되는 자발적 활동이나 소일거리다. 이는 자유롭게 수용되지만 절대적 구속력을 갖는 규칙을 따른다. 그 자체가 목표이고 긴장과 재미의 감정 및 일상적 삶과 다르다는 의식을 수반한다."고 정의 내린다. 여기서 알 수 있듯이 놀이의 첫 번째 본질은 '자발적 행위'라는 점이다. 놀이는 결코 임무나 의무가 아니고 강요되지 않는 활동이다. 그것은 언제고 연기될 수 있고 중지될 수 있다. 놀이는 물리적인 필요나 도덕적 의무와 상관없이 행해지는 것이고 아주 자유로운 행위이다. 누가 시켜서 하는 것은 놀이가 될 수 없다. 이 책을 쓰기 위해 게임을 잘하는 후배나 제자들을 불러놓고 〈스타크래프트〉나 〈LoL〉, 〈배틀그라운드〉 등의 디지털게임을 플레이해보라고 부탁을 하곤 했다. 그 때 그들의 마음은 어땠을까? 모르긴 몰라도 죽을 맛이었을 것이다. 그러나 스스로 게임이 당기면 새벽 두시까지 술을 마시다가도 PC방으로 향하는 것이 그 친구들이다. 마음이 동할 때 게임을 하며 컴퓨터 스크린을 바라보는 그들의 표정은 자못 성스럽게까지 느껴진다.

놀이는 또한 '비일상성' 혹은 '탈일상성'을 특징으로 갖는다. 이는 놀이의 '무관심성' 혹은 '무상성'을 의미하는 것으로서 놀이 자체는 금전적 보상과 같은 현실의 물질적 이해관계와 거리가 멀다. 이런 의미에서 현실적 보상을 추구하는 〈바다이야기〉나 〈파친코〉같은 사행성 게임들은 놀이의 범주에 들어오기 어렵다. 하위징아는 놀이의 최고 형식을 축제나 제의의 '성스러움'(the sacred)과 관련짓는데, 이러한 투기적 게임들은 '성스러움'이 사라진 이후 나타난 자본주의 사회의 놀이 세속화와 소외를 보여주는 대표적인 사례라 할 수 있다. 심지어 하위징아는 19세기말 이후 프로스포츠의 등장마저도 놀이의 타락으로 본다. 하지만 온라인게임에서의 아이템거래나 모바일 MMO에서 일반화된 수익구조, 즉 과금모델(BM)은 놀이가 비경제적 활동이라는 주장에 반론으로 작용할 수도 있다. 특히 코로나19의 상황에서 관심

대상으로 급부상한 메타버스는 '게임경제'나 '가상경제'에 대해 다시 생각을 하게 한다. 심지어 디지털게임은 'P2W'(Pay to Win)에서 더 나아가 게임을 통해 돈을 번다는 'P2E'(Play to Earn)로까지 직행을 하고 있지 않은가?!

마지막으로 놀이는 '장소의 격리성'과 '시간의 한계성'을 갖는다. "놀이는 제한된 시간과 장소에서만 '놀이하는 것'이기 때문이다." 다시 말해 놀이의 고유한 과정과 의미는 탈일상적 시·공간성 덕분에 생겨난다. 하위징아의 말처럼 놀이는 시작되면 어느 순간에 이르러 끝나게 된다. 계속해서 놀 수는 없는 일이기 때문이다. 축제의 경우처럼 놀이 속에서 주체는 감정의 고양과 하강, 전환을 경험하지만 이것이 계속될 경우 놀이를 가능하게 해줄 실제적 조건들이 고갈되고 만다. 때문에 놀이는 정해진 시간 안에서 몰입을 극대화하기 위한 일정한 순서와 규칙을 다듬어야 하며, 놀이 속에 포함된 이러한 요소들은 문화 형성의 바탕이 된다. 더욱이 놀이와 축제를 경험한 주체는 자기가 살아왔던 지금까지의 현실과 자기의 삶을 반성할 기회를 얻고 새로운 주체로 거듭나기도 한다. 왜냐하면 놀이와 축제는 놀이 참여자들의 현실 이탈의 욕망을 규칙화하고 있고 그러한 욕망의 가상적 실현은 그것을 가로막고 있던 장애물들에 대한 의식의 상승으로 이어질 것이기 때문이다. 빅터 터너의 개념을 잠시 빌리면, 놀이는 우리의 고단한 '직설법적 현실'에 대한 '가정법적 질서'로의 초대장이라 할 수 있다. 놀이의 '마법의 원'은 현실에서 할 수 없었던 소망들을 일시적으로나마 풀어서 행할 수 있는 장(場)일 수 있는 것이다.

하위징아에 따르면 시간의 제한성보다 더 두드러지는 특징은 '공간의 한계성'이다. 놀이란 모두 "그 자신의 놀이 공간, 놀이터 속에서 움직이는, 이러한 놀이공간은, 현실상으로나 혹은 관념상으로나, 의도적으로나 저절로나, 미리 구획되어져 있는 공간"이다. 놀이의 공간은 옛날의 신성한 사원처럼 현실로부터 떨어져 나온 고유한 영역으로서 거기에는 현실의 법과 규칙이 미치지 못한다. 이곳에서 노는 사람들은 일상적인 효력을 갖는 법칙과 금기들을 포기하고 '성스러운' 공간에 걸맞은 특수한 규칙들을 따른다. 물론 일상적인 시각에서 봤을 때 그 규칙들이 어처구니없는 것일 수 있다. 놀이의 규칙들이 현실을 반영하기도 하지만 대체로 그것을 벗어나기 때문이다. 놀이의 시간과 공간, 규칙들이 갖는 허구성 혹은 비현실성을 의심하면 놀이는 불가능하다. 가령 성당에서 신의 사제인 신부(神父)의 존재를 인정하지 않고 '그저 우리와 같은 인간에 불과한 주제에'라고 생각하게 되면 미사가 성립하지 않는 것처럼 말이다. '불신에 대한 자발적 중지'는 놀이의 전제 조건인 셈이다.

디지털게임의 가상공간 역시 세속 세계와 구분되는 신성 세계를 꿈꾸는 신화적 상상력의 결과물이다. 이는 다수의 디지털게임이 J.R.R. 톨킨의 신화적 판타지나 북유럽신화, 혹은 우리의 경우처럼 삼국 신화를 소재로 삼고 있다는 사실만을 염두에 둔 지적은 아니다. 사람들이 주로 게임을 하는 이유는 현실에서 도피하고 싶은 욕망 때문이다. 이러한 욕망의 충족을 가능하게 해주는 것이 게임의 가상공간이다. 여기에는 현실에서 통용되지 않는 허구적인 규칙과 규범이 지배한다. 세속적인 법과 질서와 구별되는 신성한 법의 질서가 플레이어들에게 현실에서 맛볼 수 없는 경험을 제공한다. 여기서 나는 군주가 될 수 있으며 전사가 될 수도 있고 장인(匠人)과 명인(名人)의 반열에 오를 수도 있다. 그리고 아름다운 여인과 거창한 로맨스를 벌일 수도 있고 비정규직 노동자 주제에 대기업의 CEO가 될 수도 있다. 물론 마음에 들지 않는 군주에 대해 다른 플레이어와의 연대를 통해 혁명을 벌일 수도 있다. 현실에서는 도무지 불가능했던 욕망의 파노라마들이 실현될 수 있는 곳이 바로 '가상공간'이다. 이것이 가능한 이유는 가상공간 역시 한계성을 지닌, 즉 세속적인 현실 원칙이 아닌 쾌락원칙에 기반한 공간이기 때문이다.

하위징아의 말처럼 놀이는 아름다워지려는 경향이 있다. 이러한 미적 요소는 균형 잡힌 질서를 창조하려는 충동과 유사한 것으로서 놀이에 생명력을 부여한다. 놀이는 사물과 현실들을 이미지와 관념, 상상적 연상 활동을 통해 결합하고 해체한다. 놀이 속에는 욕망을 가로막는 현실과 추구해야할 상상적인 비현실이 변증법적으로 교차하고 있는데, 상상된 현실이기는 하지만 여기에는 극복되어야 할 현실이 반영되어 있다. 그러한 문제적인 현실에서 벗어나 '멋진 신세계'를 경험하는 것이야말로 새로운 자유를 만끽하려는 놀이꾼들을 매혹한다. 최유찬의 말처럼 놀이는 "시공간적으로 실제의 삶에서 분리되어 있을 뿐만 아니라 현실적인 이해관계에서도 벗어나 있다. 그것은 순수하게 자발적인 행위로 성립하는 가상세계의 창조 행위이다." 앞서 말했던 것처럼 놀이를 통해 직설법적 현실에 대해 가정법적 대안을 그려볼 수 있다. 그리고 놀이자는 주어진 놀이의 장과 규칙을 가지고 무한의 재밋거리를 찾아낼 수 있는 능동적인 향유자일 수 있다.

특히 놀이에서 중요한 것은 긴장이다. 긴장은 불확실함이며 위태로움이다. 일종의 카오스적인 상태인 셈이다. 놀이란 그러한 불확실성을 해결함으로써 새로운 질서를 만들어 가는 활동이고, 그러한 과정에서의 '재미'를 목표로 한다. 몸을 움직이고 직접 머리를 써서 어려운 수수께끼나 퍼즐을 해결하고 가상의 평화로운 우리 영토를 침입한 외계인과 괴물들을 물리치며 우리의 골문을 위협하는 상대편 선수들을 제압하고 다시 평화롭고 안전한 상황, 즉 질서를 회복하는 일은 플레이어의 몰입을 가능하게 한다. 놀이와 질서의 내적 결합은 놀이와 예술의 상관성을 입증한다. 혼란과 모순을 이기고 질서 잡힌 세계를 창조하고자 하는 충동은 곧 아름다움을 창조하려는 충동이기도 하기 때문이다. 그러한 충동은 잔잔한 재미부터 격렬한 흥분에 이르기까지 다양한 정동(情動, affect)을 일으킨다.

놀이 세계에 존재하는 고유의 게임 법칙은 놀이꾼의 무제한적 자유를 제한하는 것처럼 보일 수도 있지만 오히려 거듭되는 긴장을 해결하고 이상적인 질서를 회복하려는 놀이-행위자에게 즐거움을 가져다주는 필요조건이기도 하다. '자유'와 '질서라는 한계'는 충돌하는 것들이 아니라 함께 가는 역설이라 할 수 있고, 이로 인해 놀이는 재미를 양산하고 몰입을 가능하게 한다. 규칙의 제한을 받지 않는다면 행위자는 마음먹은 대로 모든 것을 할 수는 있겠지만 게임의 긴장은 사라져버릴 것이다. 장기를 두면서 졸(卒)이 차(車)의 길을 가게 하거나 축구를 하면서 손으로 공을 잡고 냅다 골문으로 달려 들어가는 사람은 게임을 위태롭게 하는 '놀이 파괴자'(spoil-sport)이다. 물론 규칙이 군대의 규율처럼 엄격하면 게임의 재미는 반감될 것이다.

그러나 어떤 놀이나 게임에서 엄격한 규칙이 플레이어의 자유도를 억압할 것 같지만 또 다른 재미의 원천이 되기도 한다. 그것이 가능한 이유는 놀이와 게임이 가지는 가상성 때문이고, 그 규칙은 가상의 게임성을 강화하는 역할을 하기 때문이다. 어릴 적 전쟁놀이나 〈리니지〉 시리즈 게임의 혈맹 등의 행동 규칙이 현실에서의 군대조직이나 사회조직만큼이나 엄격함에도 불구하고 그것이 스트레스가 아니라 재미를 주는 이유도 이들이 '놀이'이고 '게임'이기 때문이다.

하위징아는 놀이의 기능을 "어떤 것을 얻기 '위한' 투쟁"과 "어떤 것에 '관한' 표현" 두 가지로 설명한다. 고대의 성스러운 행사로서의 축제와 굿은 "울타리가 쳐진" 놀이 공간 속에서 환희와 자유로운 분위기에서 뭔가를 표현하는 요소가 강하였다. 현실로부터 울타리가 쳐져 있다고 해서 신성한 의식-놀이가 파한 후의 효과마저 사라지는 것은 아니다. 그것은 일상 세계에 빛을 던져주며 그 의식을 행한 집단에게 안전과 질서와 안녕을 보장하기 때문이다. 나아가 현실적으로 그것은 함께 놀이를 벌인 집단들의 공동체적 소속감을 강화하고 공동체 의식을 심어주기도 한다. 대표적인 성스러운 행사로는 '드로메논'(dromenon)이 있다. 그것은 "행위된 어떤 것"으로서 연극, 즉 드라마의 기원이 된다. 하지만 드라마는 성스러움이 약화된 놀이로서 기원전 5세기 비극 경연대회의 형태로 발전하고, 경쟁 혹은 경기의 모습을 띠면서 표현과 대결의 이중성을 지니게 된다. 하지만 배우의 '연기'에 의한 표현이든 경연대회로서 치루어진 것이든 현실과는 일정한 거리를 둔다는 점에서는 공연 역시 놀이적 성격을 그대로 간직한다고 볼 수 있다.

하위징아에 따르면 축제적 제의는 극적인 표현이고 형상화이며 대리적 현실화이다. 동서양을 떠나 계절적으로 반복되는 성스러운 축제들은 인간의 종교적 본성과 놀이적 본성의 통일체이다. 축제 때에는 공동체 성원들 모두 자연적인 큰 사건들을 경축한다. 그러한 의식에서는 계절의 변화, 별자리의 운동, 곡식의 성장, 사람과 짐승의 출생과 삶과 죽음이 통과의례의 상징을 통해 표현된다. 고대인들은 그들 스스로 의식한 자연의 질서, 즉 신화적 상징들을 놀이의 형식으로 승화시켜낸다. 근대 스포츠들의 기원도 물론 그러한 제의적 놀이에서 찾아볼 수 있다. 중세 카니발의 필수적 요소였던 '유혈 스포츠'(bloody sports)가 근대적 규칙의 옷을 입으면서 탈일상적 성스러움을 완전히 잃어버렸는데, 이는 '하는' 스포츠에서 '보는' 스포츠로의 변화가 가져다 준 필연적 결과였다. 하위징아나 카이와 모두 이러한 '대리만족'에 대해 비판적이다. 물론 프로 축구나 월드컵처럼 프로게이머의 대결을 관전하는 것만도 재미를 줄 수 있지만, 아무래도 직접적인 참여의 재미에는 못 미칠 것이다. 최근 e-sports의 관람자나 시청자가 비약적으로 증가했다. 이들이 '게임하기'의 외연을 넓혔다는 평가도 있고 그것을 부인할 수는 없다. 하지만 게임에 대해 느끼는 이들의 재미와 게임을 직접 실행하는 플레이어의 재미를 또 다른 층위에서 살펴보는 것도 유의미할 것이다.

어쨌든 문화의 뿌리가 놀이에 있다는 하위징아의 진술은 사실 낯선 것은 아니다. 왜냐하면 그는 법률과 지식 및 문학과 예술, 심지어 전쟁의 근원마저도 놀이정신, 즉 놀이성 속에서 찾을 수 있다고 보기 때문이다. 최유찬의 지적처럼 문화가 노동에서 비롯된 것이라는 견해가 우세한 것을 고려한다면 하위징아의 이러한 지적은 참신한 면이 있다. 하지만 문화가 놀이에서 비롯되었다는 그의 진술을 놀이에서 문화로의 발전이라는 식으로 단계적으로 이해하는 것은 곤란하다. 오히려 문화는 구체적인 놀이의 형식에 '항상' 내재되어 있었지만 우리가 사후적으로 문화라는 이름을 붙인 것일 뿐이기 때문이다. "문화가 그 초기 단계에서는 놀이적 성격을 가지고 있으며 놀이의 양식과 기분으로 문화가 진행한다."는 진술은 그것을 재확인하고 있다.

문화와 놀이의 상관성은 '사회적 놀이'에서 더욱 극명하게 나타난다. 사회적 놀이란 한 집단 혹은 대립하는 두 집단 사이의 질서 있는 활동이다. 집단적 놀이는 본질상 대립적 성격을 갖는다는 것이 하위징아의 견해이다. 물론 춤, 가장행렬, 공연 등 대립적 성격을 갖지 않는 놀이들도 있다. '대립적'이라는 말이 반드시 '경쟁적', '투기적'임을 의미하는 것도 아니다. 그리고 경쟁적 성격을 갖지 않는 이러한 이벤트들도 경연대회, 가령 그리스 시대의 비극경연대회처럼 겨루기 놀이로 바뀔 여지는 있다. 놀이가 응용력, 지식, 기술, 용기, 힘 등 고도의 능력치를 요구할 경우 그 놀이는 문화의 발전에 기여할 수 있다. 하위징아가 보기에 이들 놀이의 미적인 가치도 중요하지만 그것의 육체적, 지적, 도덕적 혹은 정신적 가치도 개인이나 집단의 삶의 향상에 기여할 수 있다면 문화의 수준으로 격상될 수 있다.

하지만 놀이가 진정한 놀이가 되기 위해서는 '공정한 놀이'(fair play)가 되어야 한다. '페어 플레이'라는 것은 높은 수준의 능력치에 도달함으로써 얻어질 수 있는 것이 아니라 놀이를 놀이로 만들어주는 존재 조건이다. 이후 살펴보겠지만 디지털게임의 경우 이는 '밸런싱'(valancing) 작업에 해당한다. 만일 게임 플레이어에게 해당 게임이 너무 쉽거나 영원히 해결할 수 없을 만큼 어려우면 게임에로의 몰입은 불가능하다. 어쨌건 공정한 수준에서의 균형을 맞추는 것이 중요하다. 그리고 먼저 게임을 시작한 이들과 뒤늦게 게임에 입문한 이들의 균형을 맞추어 주는 배려도 필요하다. 〈리니지〉의 경우처럼 길드의 군주가 신참 플레이어를 보살피며 단련시키는 것도 그러한 페어 플레이의 요건으로 기능할 수 있다. 페어 플레이를 통해 공동으로 재미를 만들어가는 것은 게임에 참여하는 플레이어들의 에티켓이다. 각자의 재미를 위해 함께 놀기로 결정하고 참여한 이들은 놀이공동체의 안전과 보존을 위해 일종의 연대책임을 갖는다. 이른바 공생공락(共生共樂) 혹은 공환(共歡, conviviality)은 예나 지금이나 즐거움과 재미를 위한 알파와 오메가라 할 수 있다.

하위징아는 페어플레이가 각종 겨루기 놀이나 스포츠 등에만 해당되는 것이 아니라고 역설한다. 이는 전쟁이나 지식, 과학의 경우에도 마찬가지다. 가령 전쟁이 동등한 권리를 갖춘 경쟁자들 사이에서 일어나는 것이 아니라 "인간으로서 인정받지 못하고 따라서 인간적인 권리를 박탈당한 집단-야만인, 악마, 이교도, 이단자, 법도 갖지 못한 열등한 존재들-에 대적하여 수행될 때" 그 전쟁은 놀이 고유의 규칙성, 놀이성을 잃어버리게 된다. 그런 점에서 현대로 올수록 전쟁은 페어플레이 정신을 상실하고 말았다는 하위징아의 지적은 여러모로 곱씹을 만하다. 미국이 중동에서 벌인 온갖 대테러 전쟁, 극단적 이슬람주의자들의 전쟁, 특히 최근 우크라이나에 대한 러시아 푸틴의 침략 등은 이미 상호간의 권리에 대한 원칙, 외교적 형식, 명예조약에서의 상호 의무 등 놀이의 공정한 진행을 위한 전제를 제대로 이행하지 않았기 때문이다. 지식의 추구나 과학적 탐구 행위도 놀이와 유사하다. 어떻게든 남보다 연구 성과를 내고 논증으로 상대방을 말살시키려는 충동은 놀이의 고유한 규칙 안에서의 재미를 약화 시킨다. 왜냐하면 "진정한 진리의 추구자는 경쟁자를 이기는 데 큰 신경을 쓰지 않는"법이기 때문이다. 어느 분야든 고수는 경쟁 안에서도 거기에 매몰되지 않고 자신만의 놀이거리를 찾는다. 놀이 규칙의 준수는 놀이 상대들과의 관계에서 가장 필수적인 것이다. 그 규칙이 무시되어버리면 놀이는 존재할 수 없게 되며, 사회의 경우에는 야만성과 혼란을 불러올 것이다. 전투와 액션을 주요 요소로 갖는 디지털게임에서도 규칙의 의미와 역할, 페어플레이의 윤리는 각별한 의미를 갖는다. 어쩌면 게임에서 문제는 개발자들이 제공한 콘텐츠의 설정이나 세계관의 폭력성과 선정성에만 있는 것이 아닐 수도 있다. 〈GTA〉시리즈나 〈레드 데드 리뎀션〉 시리즈의 게임들은 우리에게 게임에서의 규칙과 페어플레이를 성찰하게 해주는 매개자일 수도 있다.

그런 점에서 비교적 오래 전에 나온 전쟁 게임들은 여전히 우리에게 생각거리를 제공한다. 이를테면 미국의 세계적인 게임 회사 EA의 〈아미 오브 투 Army of Two〉는 2명의 용병이 전 세계 각지에서 임무를 수행하는 내용의 게임으로 북한군이 악당 역할을 도맡는다. 쿠마 리얼리티게임스의 〈이란공격〉은 무료로 발표된 게임으로 미군이 이란의 나탄즈 우라늄 농축시설을 파괴한다는 내용을 담고 있다. 이외에도 게임의 페어플레이 정신을 잃어버린 게임들이 다수 존재한다. 하루에도 수십편의 게임이 발매될 만큼 커진 디지털게임 시장에서 인종과 젠더, 계급 등의 문제와 관련하여 논쟁을 부르는 게임들도 그만큼 증가하고 있다. 이는 게임과 그 이데올로기에 대한 플레이어들의 비평적 개입이 필요한 이유이기도 하다.

놀이의 사회학: 로제 카이와의 놀이이론

카이와(Roger Caillois)는 놀이와 문명발전의 상관성에 대한 하위징아의 연구를 높이 평가하는 동시에, 그의 놀이이론 자체의 한계를 지적하는 데서 자신의 놀이이론을 구성한다. 그에 따르면 놀이의 몇몇 기본적인 성격을 분석하고 놀이의 본질적인 특징을 규명하려 한 점, 문화와 놀이가 한 몸을 이루고 있고 문화에 본질적인 생동감이 놀이 덕분이었음을 밝혀낸 점은 하위징아의 공적이다.

그러나 카이와가 보기에 하위징아는 몇몇 본질적인 결함을 안고 있다. 우선 카이와는 하위징아가 놀이의 정의 속에 '신비'를 포함시킨 점을 비판한다. 놀이와 신비 혹은 비밀 사이의 친화성을 파악한 것은 의미 있는 시도지만 놀이가 '항상 보이는 것'이라는 점을 놓치고 있기 때문이다. 카이와가 보기에 놀이 활동은 반드시 비밀과 신비를 희생시키면서 행해진다. 즉 비밀을 발견하고 폭로하며 그것을 '소비'하는 것이 놀이라는 것이다. 물론 신비나 모의(模擬)의 성질을 갖는 모든 것은 놀이에 가깝다. 그러나 카이와가 보기에 놀이에서는 허구와 기분전환이 우선이며 신비가 존중되거나 변신과 홀림의 시작이나 징후여서는 안 된다. 이런 관점에서 보면 성스러움 혹은 신비의 옷을 입고 홀림을 목표로 하는 제의나 굿은 놀이의 범주에 포함되지 않고 탈춤이나 연극의 경우에만 놀이에 포함될 수 있다. 둘째, 하위징아의 문제점은 놀이를 그 어떤 물질적 이해도 없는 행위라고 했지만 카이와는 도박장, 카지노, 경마, 복권 등의 내기와 우연 놀이를 놀이의 범주에 포함시켜야 한다고 주장한다. 이는 디지털게임상의 도박게임이나 게임 아이템의 현금 거래, 〈세컨드 라이프 Second Life〉의 경우처럼 린덴 달러의 현금화, 최근 〈미르4〉의 경우와 같은 NFT 기반의 P2E 등도 게임 활동의 일환으로 바라보아야 함을 말해준다. 무엇보다 카이와가 보기에 하위징아의 가장 큰 결함은 놀이의 일반론과 놀이 정신의 문화적 역할에 집중한 나머지 놀이의 다양한 양태들과 각각의 놀이들이 갖는 특수성을 간과했다는 점이다. 그리고 하위징아는 특정 종류의 놀이, 즉 규칙이 있는 경쟁 놀이의 창조성에 연구를 제한함으로써 다양한 '규칙 없는 놀이'를 소홀히 하고 만다는 것이다. '내기'와 '우연놀이', '흉내'('연기' 演技)같은 놀이 말이다.

놀이론의 구성에 있어 카이와의 가장 큰 성과는 놀이의 체계적 분류를 위한 단초를 제공했다는 점일 것이다. 그는 경쟁, 우연, 모의, 현기증이라는 가장 기본적인 자질들 중 어느 것이 우위를 점하느냐에 따라 아곤(Agôn, 시합이나 경쟁), 알레아(Alea, 요행이나 운), 미미크리(Mimicry, 흉내와 모방), 일링크스(Illinx, 소용돌이나 흥분)으로 구분한다. 축구나 야구, 자치기, 레이싱을 하며 경쟁에서 '이기기' 위해 노는 놀이는 아곤에 해당하며, 룰렛이나 제비뽑기에서처럼 기회나 운을 가지고 놀 경우 알레아, 롤러코스터나 청룡열차, 회전목마는 일링크스, 가장 행렬이나 소꿉놀이, 코스프레의 경우 미미크리에 해당한다. 그리고 이러한 놀이들은 뚜렷이 구별될 수 있는 것이 아니라 복합적으로 뒤섞여 나타날 수 있다는 사실도 잊지 않고 강조한다. 이를테면 고스톱이나 포커 게임은 운에 의지하는 '알레아'이면서도 스킬을 겨루는 '아곤'이다.

카이와는 또한 모든 놀이가 파이디아(Paidia)와 루두스(Ludus)의 두 극 사이에 놓일 수도 있음을 강조한다. 파이디아는 "기분전환, 소란, 자유로운 즉흥, 대범한 발산이라는 공통원리가 거의 전적으로 지배"하는 것으로서 "통제되지 않은 어떤 일시적인 기분이 표출되는" 경향을 의미한다. 이는 놀이 본능의 자발적 표출로서 규칙으로부터 자유로운 "고삐 풀린" 놀이의 경향을 의미하며, 놀이의 원형에 가까운 것이라 할 수 있다. 당연히 여기서 중요한 것은 비교적 엄격한 놀이규칙 하에서 승자와 패자를 가려내는 것이 아니라 놀이의 '희열' 그 자체이다. 하지만 놀이가 제도성을 획득하면서 규칙이 놀이의 본질로 자리 잡기 시작한다. 이는 "바라는 결과에 도달하는 것을 점점 더 어렵게 만들기 위해 이 변덕스러운 성질을 자의적이지만 강제적이고 일부러 불편한 약속에 따르게 하고, 이 성질 앞에 더욱더 거추장스러운 장애물을 끊임없이 놓음으로써 그 성질을 구속하려는 욕구의 증대이다". 카이와는 이를 그리스어 루두스(Ludus)로 부르는데, 이로써 파이디아의 장난기 있고 충동적인 활기가 거의 사라지고 질서화하기 시작한다. 파이디아를 길들이는 것이 루두스의 몫이었던 셈이다. 여기서는 파이디아에 비해 규칙이 엄격하며, 승자와 패자 혹은 득과 실을 분명히 하고자 하는 목표를 드러낸다. 이 두 가지 경향은 앞서 말한 네 가지 유형의 놀이 모두에 공존한다. 문제는 어느 경향이 우세한가 하는 것인데, 최유찬은 놀이의 규칙성 여부뿐만 아니라 놀이하는 사람의 의지가 어느 정도 작용하고 있는가를 동시에 포함함으로써 카이와의 분류표를 좀 더 구체화하고자 한다.

이 그림에서 알 수 있듯이 아곤에는 정해진 한계로서의 규칙과 의지가 동시에 작용한다. 여기서 규칙은 힘을 공정하게 발휘하도록 강제할 뿐만 아니라 승리자의 우월성을 확실히 하는 기능을 한다. 그리고 승리자는 규칙이 정해놓은 공정한 대결에서 자신의 우수성을 인정받고 싶어 하며 그렇기 때문에 피나는 훈련과 연습, 즉 승리를 향한 의지를 불태운다. 반면 알레아의 경우 이상적인 규칙은 있지만 의지를 포기하고 운에 모든 것을 거는 놀이이다. 이는 연습량과 그에 따른 플레이어의 능력치가 중요한 역할을 하는 아곤의 경우와 달리 승패가 놀이하는 사람에게 달려 있지 않고 '운'에 달려 있다.

반면 미미크리의 경우 자유, 약속, 현실의 중단, 공간 및 시간의 제한 등 놀이의 특징 모두를 갖고 있지만 강제적이며 명확한 규칙은 존재하지 않는다. 미미크리는 법칙이 정해놓은 가상의 세계에서 경쟁을 하거나 운에 자신을 맡기는 것이 아니라 놀이꾼 자신이 가공의 인물이 되어 관객에게 그 인물을 사실로 믿게 하는 것이다. 따라서 규칙은 없지만 완벽한 변신을 통해 관객을 완전히 끌어들이려는 의지는 있다. 이 놀이의 궁극적 목표는 관객의 완벽한 동일시이다. 마지막으로 일링크스에는 규칙도 없고 의지도 없다. 이 놀이는 "일시적으로 지각의 안정을 파괴하고 맑은 의식에 일종의 기분좋은 패닉(panique, 공포) 상태를 일으키려는 시도"이다. 카이와는 이를 "고문으로부터 쾌감을 기대하는 것"이라고도 하는데, 그런 점에서 루두스와 일링크스의 결합은 불가능하며 파이디아에 가까운 것이라고 말할 수 있다. 아이들 놀이에서처럼 규칙으로부터 자유로운 놀이, 혹은 규칙 안에서 최대의 자유를 얻어내려는 플레이어의 의지 안에서 흥분 역시 커질 수 있기 때문이다. 놀이공원에서 '자신을 괴롭혀' 흥분을 얻고자 하는 놀이기구 탑승자들은 카이와의 파이디아 개념에 부응하는 사례일 수도 있겠다. 하지만 〈리니지〉, 〈라그나로크〉, 〈검은사막〉 등에서의 공성전처럼 디지털게임에서는 자신을 괴롭히지 않고도 강력한 몰입과 흥분에 이를 수 있는 경우도 많다.

　카이와의 이론에서 더욱 중요한 것은 놀이를 지배하는 이들 네 가지의 기본적 태도들이 홀로 나타나지 않고 서로 조합되어 나타난다는 점이다. 가령 "경쟁과 운"(아곤=알레아), "경쟁과 모의"(아곤=미미크리), "경쟁과 현기증"(아곤=일링크스), "운과 모의"(알레아=미미크리), "운과 현기증"(알레아=일링크스)가 조합되어 나타난다는 것이다. 복권이나 장학금에 당첨된 사람이나 그것을 애써 기다렸지만 실패한 사람에게나 성격은 다르겠지만 현기증에 비견될 수 있는 흥분이 따른다. 아곤과 미미크리의 조합도 가능하다. 경쟁이나 경기는 관중을 필요로 하며 그들의 싸움에는 드라마와 같은 일종의 극적인 서사가 있기 때문이다. 특히 손에 땀을 쥐게 하는 경기를 두고 우리는 '극적'이나 '드라마틱'과 같은 표현을 쓰지 않는가? 카이와는 경기의 챔피언과 드라마의 인기배우는 상동적 인물이라고 주장한다. 특히 스포츠가 현대의 대표적인 문화산업으로 자리 잡으면서 아곤과 미미크리, 심지어 일링크스의 조합까지도 가능하게 되었다. 가령 멀티미디어에 힘입어 축구

경기의 동시적·집단적 관람이 가능하게 되었고 광장이나 도로에서의 공동 응원은 혼란과 희열의 축제판을 자아내었으며, 이 이벤트를 통해 베컴이나 토티의 헤어 스타일이 대중적 유행 현상이 된 것은 이를 입증해준다. K1이나 e-sports의 경우에도 고유의 캐릭터 의상을 입고서 플레이하는 것은 미미크리와 아곤을 결합하고 있는 훌륭한 예라고 할 수 있다. 디지털게임의 경우에도 테크놀로지의 발전 및 콘텐츠의 비약적 발전에 힘입어 분화된 장르의 게임들이 '복합 장르화'하면서 각각 놀이 요소들의 조합은 더욱 자명한 사실이 되었다.

놀이와 게임: 디지털게임의 게임성

일상적으로 '게임'이라는 말은 우리가 매우 자주 사용해왔고 사용하고 있는 어휘이다. 이는 스포츠를 비롯한 문화산업이 우리의 삶 속에 광범위하게 자리 잡았음을 말해준다. 그렇지만 게임이 무엇이고, 그것과 놀이는 어떤 관련이 있는지에 대해서는 크게 관심을 두지 않는다. 그냥 게임은 게임일 뿐이라는 생각, 게임이나 놀이 모두 그것이 그것이라는 생각이 일반적인 관행처럼 통용되고 있다. 하지만 이러한 태도는 디지털게임의 놀이 혹은 게임으로서의 성격을 밝히고, 그것이 다른 놀이와 갖는 차별성이나 특성을 드러내는 데 별 도움이 되지 않는다.

어원학적으로 '게임'(game)이라는 말은 인도-유럽어 계통의 'ghem'에서 나왔으며, 이는 '흥겹다', '놀다'의 의미를 지녔다고 한다. 애초에 놀이와 게임은 유사한 의미를 지니고 있었던 셈이다. 물론 우리나라의 경우 '유기', '오락', '놀이' 등의 명칭이 일반적으로 사용되어 왔지만, 미국을 비롯한 서구문화의 유입과 더불어 게임이라는 말의 사용 관행도 일반화되어 왔다. 이로써 게임은 우리의 전통적인 놀이 양식과 다른 새로운 문화로서의 차별성을 획득하게 된다. 게임은 선진화된 외국 문물로서 가령 소풍이나 중·고등학교 시절 단체미팅에서 어색한 분위기를 없애기 위해 즐겨하던 '손수건 돌리기'나 운동회나 단체 응원 때 했던 '매스게임'이나 '카드 섹션'같은 놀이문화 역시 모두 게임이라는 이름으로 불렸다.

하지만 서구에서도 '게임'이 지금의 의미로 본격적으로 쓰이게 된 것은 18세기, 이른바 자본주의적 근대화가 시작되면서부터이다. 그 전만 하더라도 놀이와 게임의 구분은 그리 엄격하지 않았다. 놀이와 게임이 달리 쓰이게 된 것은 '다 같이 노는 스포츠'로서의 놀이가 '보는 스포츠'로 변하면서 관중의 긴장과 재미를 위해 규칙을 강화하는 과정과 관련이 있다. 전통적인 공동체 사회에서 모든 구성원들이 별 규칙 없이 경기를 벌이던 '유혈 스포츠'(bloody sports)가 세련된 규칙의 '무혈 스포츠'로 변한 것을, 하지만 스포츠가 상업화한 나머지 대다수 대중들이 스포츠 행위로부터 소외된 것을 긍정적으로만 평가할 수 있을까? 두고두고 생각해 볼 일이다.

우리의 경우 '게임'이라는 명칭이 대중적으로 자리를 잡게 된 것은 아무래도 90년대 이후 아케이드 게임이나 비디오게임 등이 하나의 문화적 제도로서 자리를 잡으면서부터라고 할 수 있다. 이를테면 80년대까지만 해도 아케이드 게임장은 '전자오락실', '지능개발실' 등의 명칭을 달고 있었지만, 90년대 이후 '게임장'이나 '게임랜드' 등으로 이름을 바꿔달게 된 것은 이를 말해준다. 게임이라는 용어가 일반화된 것은 '오락'이나 '유기' 혹은 '놀이'가 주는 부정적인 인식을 탈피하면서도 디지털게임이 경제적·문화적으로 긍정적인 자산으로 취급받게 된 정보화 시대로의 진입을 반영한 결과라고 할 수도 있다. 가령 게임을 "게임 기타 오락물 등", "컴퓨터 프로그램에 의한 것" 등의 법적 표현은 그러한 사정을 말해주고 있다. 참고로 1999년 제정된 '음반·비디오물 및 게임물에 관한 법률'에 의하면 '게임물'은 "컴퓨터 프로그램에 의하여 오락을 할 수 있도록 제작된 영상물(유형물에 고정 여부를 가리지 아니한다)과 오락을 위하여 게임 제공업소 내에 설치·운영되는 기타 게임 기구"라고 되어 있다.

김창배는 90년대 이후 게임에 대한 문화 정책적 규정들을 분석하는 가운데 게임에 대해 나름의 규정을 제공한다. 그에 따르면 "어느 게임에나 반드시 필요한 요소로는 게임의 당위성으로서의 재미, 규칙, 참여, 목적추구성을 들 수 있다. 그러므로 게임은 특정 목적을 추구하기 위하여 만들어진 '규칙'에 의거하여 직접 참여하고 진행하여 나가도록 구성된 놀이라고 할 수 있다. 좀 더 줄여서 말한다면 '최상의 결과를 얻기 위해 규칙에 의거해 즐기는 놀이'이다. 게임의 규칙으로는 모사, 적응, 확률, 문제해결, 경쟁, 성장, 성취, 판단, 반응속도 등을 들 수 있다. 또한 디지털게임은 컴퓨터라는 하드웨어와 결합되어 나타나는 게임이다."

『게임대학』의 저자 아카오 고우이치에 따르면 게임은 "놀이를 목적으로 한 프로그램"이다. 그에게 프로그램은 규칙, 소재, 테마의 묶음이다. 이를 테면 단순해 보이지만 치밀한 규칙과 소재를 갖춘 〈가위, 바위, 보〉는 훌륭한 게임이다. 그리고 어느 한 경우가 일방적으로 승리하지 않고 가위와 바위와 보가 서로 물고 물리며 승리하도록 되어 있다는 점에서 그 테마도 훌륭하다. 사실 〈가위, 바위, 보〉는 주사위 놀이와 더불어 게임 규칙 구성의 기본 원리요 원형으로 여겨질 수도 있다. 하여튼 고우이치에게 게임의 본질적인 성분은 '놀이'와 '프로그램'이다. 디지털게임의 역사를 보면 이야기의 확장과 스펙터클의 강화가 두드러지는데, 그럼에도 불구하고 게임을 게임답게 해주는 것은 프로그램, 즉 게임의 규칙이다.

디지털게임 개발자이자 이론가인 프라스카(Gonzalo Frasca)는 "게임과 놀이 활동들을 연구하는 학문"으로서 '놀이학' 혹은 '게임학'(ludology)의 필요성을 언급하면서 놀이나 게임과 같은 놀이학의 연구 대상에 대한 현재의 개념 정의들이 매우 모호하고 모순적임을 지적한다. 그러면서 그는 디지털 게임의 이론적 정립을 위해서는 놀이와 게임을 엄밀하게 규정하고 구분할 필요가 있음을 강조한다. 그래서 그는 영어 'play'의 동의어로 '파이디아'(paidea)를, 그리고 'game'의 동의어로 '루두스'(ludus)를 제안하는 카이와의 입장을 '비판적으로' 받아들인다. 주지하다시피 카이와에게 모든 놀이는 파이디아와 루두스라는 두 극 사이에 위치하고 있다. 파이디아는 기분전환과 소란, 자유로운 즉흥성, 대범한 발산을 공통적인 요소들로 갖는 놀이들로서 규칙이 없거나 매우 느슨한 것들이 포함된다. 반면 루두스는 파이디아의 변덕스러운 자의성을 극복하고 규칙을 엄격히 한 놀이들이다. 즉 놀이본능을 날 것으로 표출하려는 파이디아의 충동을 사회적으로 길들인 게임인 것이다. 이를 디지털게임에 원용해본다면 플레이어들에게 많은 자유와 소망성취의 기회를 주려고 하는 오픈 게임이나 샌드박스의 경우 파이디아로의 경향이 두드러지는 반면, 엄격한 규칙을 바탕으로 비교적 적은 선택지를 제공하는 게임들은 루두스로의 지향성이 강하다고 할 수 있다. 게임 개발자들은 게임의 기획 단계에서 이 두 가지 경향 사이에서 어느 지점에 설 것인가를 결정해야 한다.

일반적으로 통용되고 있는 놀이 혹은 게임 개념들은 대개 카이와의 이론에 직·간접적으로 기대고 있는데, 대체로 '놀이/게임'의 경계를 분명하게 구분짓고자 한다. 전통적으로 '놀이'(play) 개념은 "즐거움 혹은 즐거움을 위해 행해지는 것", "게임의 플레이, 플레이 방법", "게임 속의 변화 혹은 움직임", "노동과 대조적으로 재미있는 것"을 의미해 왔다. 반면 게임은 "특히 규칙을 갖춘 놀이의 형식"으로 정의된다. 이런 전통적인 시각에서 보았을 때 '놀이' 활동은 아이들의 활동으로, 그리고 '게임'은 성인의 활동으로 이해된다. 왜냐하면 '게임'들의 경우 강력한 사회적 요소를 지니고 있고 아이들의 경우 게임을 하자면 그런 규칙을 수용하고 인지할 만큼 사회화되어 있어야 하는데 그렇지 못한 경우가 많다고 보기 때문이다.

가령 피아제(J. Piaget)는 아이들의 성장과정을 관찰하면서 놀이와 게임의 각기 다른 역할에 주목한다. 관찰 결과 그는 게임을 '흥미의 게임들'과 '상징적 게임들', '규칙을 가진 게임들'로 구분한다. '흥미의 게임들'은 대략 생후 2년 동안 행해지는 게임들로서 대체로 반복적인 성격을 가지며 환경과 대상들을 탐색하고자 행해지는 놀이들이다. VTR 안에 계속 동전이나 볼펜같은 것을 집어넣는 행위처럼 말이다. 2세에서 7세에 이르기까지 아이들은 '상징적 놀이'를 행하는데 소꿉놀이 같은 역할놀이들이 대표적이다. 여기서는 아이들의 상상력이 중요한 역할을 하는데 가령 나무 조각이 총이 되거나 곰돌이 인형이 아기가 되는 것처럼 어떤 대상을 다른 것과 연관시키는 특징이 두드러진다. 하지만 아이들이 사회화되면서 축구나 레이스 같은 비교적 엄격한 규칙의 게임들이 주 종목으로 등장한다. 이를 카이와의 이론에 접목시켜보면 앞의 두 놀이들은 '파이디아'의 범주에, 그리고 '규칙을 가진 게임들'의 경우 '루두스'에 포함시킬 수 있을 것이다. 결국 파이디아의 경우 규칙의 부재 혹은 느슨함 때문에 '놀이'의 요소가 강하고 '루두스'의 경우 엄격한 규칙성 때문에 '게임'으로 분류되는 것이 하나의 관행으로 자리잡고 있다. 그러나 성인기에도 '흥미의 게임들'이나 '상징적 게임들'은 '규칙을 가진 게임들'의 다양한 유형들과 공존할 수 있음을 기억할 필요가 있다. 사회화가 완성된 성인들의 경우에도 놀이를 하긴 하지만 게임에 비했을 때 그 비율은 매우 적을 뿐이기 때문이다.

하지만 인류학자 비다르(Daniel Vidart)의 말처럼, 놀이 역시 엄격한 규칙을 가질 수 있기 때문에 전통적인 이해방식에는 문제가 있다. 비다르는 장난감도 없이 두 팔을 벌려 비행기를 조종하는 척하는 아이를 예로 든다. 그에 따르면 이러한 놀이에도 어떤 규칙이 자리하고 있는데, 왜냐하면 그 아이는 비행사를 흉내 내면서 놀고 있는 것이지 의사나 자동차 운전수처럼 행동하거나 흉내 내는 것은 아니라는 규칙을 따르고 있기 때문이다. 프라스카의 고민은 바로 여기, 즉 '놀이'와 '게임' 모두 규칙을 가지고 있다면 이 두 개념의 차이는 어디서 찾을 수 있을까에 있다. 그는 프랑스어 'jeu'가 갖는 이중적 의미, 즉 '놀이'와 '게임'을 모두 포괄하는 그 단어의 차이를 규명하려 했던 철학자 랄랑드(Andre Lalande)에 기대어 고민을 해결하려 한다. 랄랑드에 따르면 놀이와 게임은 규칙이 있고 없음에 의해서 정해지는 것이 아니라, 그 규칙의 결과에 의해 구분된다. 즉 게임은 결과를 갖고 승자 혹은 패자를 정하지만 놀이는 그렇지 않다는 것이다. 그에 따르면 '파이디아'는 "당장의 유용한 목적도 규정된 목표도 없는 풍부한 육체적 혹은 정신적 활동이다. 그것의 유일한 이유는 플레이어에 의해 실험된 즐거움에 기반을 두고 있다." 반면 '루두스'는 특수한 종류의 '파이디아'로서 "승리와 패배, 이익과 손실을 규정하는 규칙들의 체계 하에 조직된 활동"이다.

디지털게임에서 규칙들이 있고 승리와 패배의 조건들을 갖춘 '루두스' 게임들의 예를 들기란 어려운 일은 아니다. 〈팩맨〉, 〈둠〉, 〈마리오 브라더스〉, 〈미스트〉, 〈철권〉 등의 게임들처럼 말이다. 하지만 궁극적 '승리'의 요건이 갖추어지지 않은, 열린 결말의 게임도 존재한다. 영속적 시·공간을 특징으로 갖는 〈심시티〉나 〈리니지〉 시리즈의 경우가 그러할 것이다. 특히 시뮬레이션 게임들은 게임 자체에 내장된 승리의 규칙들이 존재하지 않는다. 이들 게임에서의 규칙은 다만 플레이어 자신이 설정한 목표일뿐이다. 가령 〈심시티〉를 플레이하면서 플레이어는 "오늘 나는 거대한 도시를 건설할 거야", 아니 "아름다운 생태 도시를 만들거야" 등의 무한한 자기 목표들을 상상할 수 있는데, 이처럼 미리 디자인된 목표가 없다는 점에서 보면 '파이디아' 게임들은 주체들에게 많은 '자유도'를 허락한다고 볼 수 있다. 물론 '파이디아' 게임들의 경우에도 플레이어가 승리와 패배의 규칙들을 스스로 설정하게 되면 루두스 게임으로 변한다. 이를테면 내가 '생태도시'를 만드는 데 실패하게 되면 패배한 것이 되기 때문이다. 이렇게 보면 루두스와 파이데아의 경계도 유동적이고 가변적인 것임을 알 수 있다.

뿐만 아니라 디지털게임에서는 카이와가 말한 게임의 4가지 유형도 모두 통합적으로 재현될 수 있다. 가령 디지털게임은 미미크리, 즉 역할놀이로 시작된다. 우리는 자신의 분신으로서 게임을 하면서 우선 캐릭터나 종족을 선택한다. 디지털게임 플레이어들은 모두 자신의 캐릭터, 즉 아바타를 통해 욕망을 실현한다. 그들은 전사가 되어 적을 물리칠 수 있고 베컴이 되어 월드컵에서 우승을 할 수도 있으며 시장이 되어 친환경 도시를 만들 수도 있다. 어릴 적 소꿉놀이처럼 가상의 역할을 맡아 그 속에 자기의 상상적 욕망을 채워 넣는 것은 미미크리의 본질적 특징이기도 하다. 연극이나 공연예술처럼 모방행위를 통해 즐거움을 주는 〈DDR〉, 〈PUMP it UP〉, 〈드럼 매니아〉 등의 리듬 액션 게임 역시 미미크리적인 요소가 강한 게임이라 할 수 있다.

디지털게임 중 가장 그 성격이 분명하게 나타나는 것이 아곤, 즉 경쟁놀이의 측면이다. 일정한 규칙 안에서 사람이든 기계든 모든 참여자들이 서로 경쟁하고 승리를 다투는 유형의 놀이는 초기 게임부터 지금까지 가장 일반적인 게임 양식이라 할 수 있는 것이다. 디지털게임의 경우 미미크리는 플레이어에게 캐릭터를 선택하여 꾸미게 하고 게임의 전반적인 배경과 상황 및 목표를 설정하게 하는 것과 관련이 있다면, 아곤의 경우는 게임 플레이의 전제 조건으로서의 규칙과 명령을 의미한다. 즉 게임을 플레이하겠다는 욕구를 불러일으키고 긴장과 승부욕을 동시에 가져다주는 '잘 짜여진' 게임 규칙의 마련은 디지털게임의 '아곤'적 요소라 하겠다.

알레아는 그리스어로 원래 '주사위 놀이'를 의미하는 것이었다. 이는 플레이어의 의지보다는 '운'에 의해 그 승패가 결정되는 놀이로서 우리의 윷놀이, 마작, 야바위, 복권의 경우가 이에 해당한다. 그리고 어릴 적 우리가 즐겨하던 〈사다리 놀이〉나 〈부루마블〉 같은 보드 게임은 '알레아'적 요소가 강한 게임들이다. 롤플레잉(Role-Playing Game, RPG) 게임도 주사위 놀이의 변형이다. 특히 '펜 앤 페이퍼'(pen-and-paper) 게임의 원조이고 이후 RPG 게임과 어드벤처 게임에도 중요한 영향을 미친 〈던전스 앤 드래곤스 Dungeons & Dragons〉도 주사위를 던져 게임을 진행했다. 이것보다 훨씬 간단한 보드게임이었지만 우리나라의 〈사다리게임〉도 무척 몰입성이 강한 게임으로서 주사위 놀이 고유의 '운'에 기반한 게임이었다. 문방구에서 50원을 주고 산 마분지 위의 세계는 정말 꿈과 같은 세계였다. 주사위 한판에 에스컬레이터를 타고 50계단을 급상승할 수도 있었고 '엔딩'을 바로 앞에 두고 뱀을 타고 미끄러져 출발지로 추락할 수 있었던 이 게임은 도박과 비슷한 감흥을 주기도 했다.

사실 주사위놀이의 매력은 공평함에 있다. 가진 자나 못가진 자, 강자나 약자, 다수자나 소수자 모두 주사위 앞에서는 평등하다는 것 말이다. 이는 게임의 '밸런싱'(valancing) 작업과도 관련이 깊다. 사실 우리는 주사위를 순전히 운으로만 결정되는 게임으로 알기 쉽지만, 그것은 착각에 불과하다. 오히려 그것은 '확률 놀이'에 더 가깝다. 가령 100번 주사위를 던져서 그 결과를 기록하고 분석을 해보면 일종의 반복적 패턴이 발견된다. 확률과 통계는 디지털게임 '밸런싱' 작업의 핵심이다. 플레이어와 NPC(Non Player Characters) 그리고 여타 오브제들의 '행태'(behaviors)가 여기서 결정된다. 게임에서의 '알레아'는 순수한 운이라고 할 수 없고 일정한 예측가능성을 전제로 한다. RPG 게임이나 시뮬레이션게임 등도 확률과 통계를 고려한 게임플레이를 요구하는데, '우발적 패턴' 속에서 게임의 전략을 짜는 일은 게임의 승패에 크게 영향을 미친다. 〈온라인 고스톱〉이나 〈온라인 포커〉의 경우처럼 알레아적 요소가 강한 게임들은 도박성도 두드러진다. 최근 유행하는 로그라이크(Rougelike) 게임들에서 플레이어는 매번 게임을 시작할 때마다 랜덤하게 생성된 지형, 적, 아이템 등을 만나게 되는데 이들 게임에서 운은 재미의 주요 요소로 작용한다.

일링크스, 혹은 '버티고'(vertigo)는 일상적인 지각을 변형시켜 의식을 바꾸는 활동이다. 고도의 집중력을 요구하는 몰입놀이로서 여기에는 롤러코스터, 눈썰매, 그네, 회전목마 등의 놀이가 있다. 이는 소용돌이 속에서의 현기증 같은 경험에서부터 어려운 수학문제를 해결한다거나 암벽타기, 파도타기 같은 난관을 극복할 때의 몰입상태까지 폭넓은 의미를 띠기도 한다. 디지털게임은 플레이어에게 계속적으로 과제나 퀘스트를 부여한다. 이를 해결하여야 그는 목표에 도달할 수 있다. 이러한 한계에 맞서 싸우면서 플레이어는 스스로 어려운 문제를 해결하고 자신의 능력치를 키우는 가운데 더 강한 자아로 거듭난다. 이러한 경험을 하는 가운데 그는 자연스럽게 고도의 집중력을 발휘하게 되며 흡사 '엑스터시'의 상태에 빠지기도 하는데 이는 일링크스의 감정에 다름 아니다. 〈롤러코스터 타이쿤〉에서 가상의 놀이기구를 탈 때의 기분이나 〈DDR〉을 하면서 느끼는 희열감들도 일링크스의 경험이라 할 수 있다. 매우 단순화시켜 말하자면 일링크스는 놀이의 과정에서 얻게 되는 강력한 '스릴'의 감정이라 할 수도 있겠다.

디지털게임의 특징은 미미크리, 아곤, 알레아, 일링크스의 유형들이 상호보완적으로 뒤섞여 있다는 것이다. 사실 상업적 성공을 꿈꾸는 모든 게임은 일링크스의 경험을 추구한다. 이를 위해서는 나머지 미미크리와 아곤, 알레아가 적절히 균형을 이루어야 한다. 가령 'FPS' 게임의 경우 플레이어는 게임 속의 가상 캐릭터가 되어(미미크리) 다른 플레이어와 '내기'를 한다. 그리고 그가 어떤 종류의 아이템을 얼마나 획득하고 얼마의 명중률을 기록할 것인가에는 '운'이 일정 정도 작용한다. 특히 게임의 영상이 3D로 발전하고 게임의 속도가 더욱 긴박하게 흐르는 가운데 느껴지는 멀미는 바로 '일링크스'의 그것이라 할 수 있다. 대부분의 'MMORPG' 게임들은 이러한 유형들이

한데 어우러진 게임으로서 게임의 복합성을 맘껏 맛볼 수 있는 게임이라 할 수 있다. 이러한 디지털게임의 중층적 다양성은 최근 게임 디자인의 원칙이기도 한데, 김정남과 김정현은 이를 다음과 같은 그림으로 나타낸 바 있다. 게임이 콘솔과 PC 온라인, 모바일 네트워크 등으로 플랫폼 중심 이동을 감행하고 서서히 크로스플레이, 클라우드 게임, VR과 AR 게임으로 진화하고 있지만 아래 그림이 보여주는 원칙들은 게임 디자인의 기본이라 할 것이다.

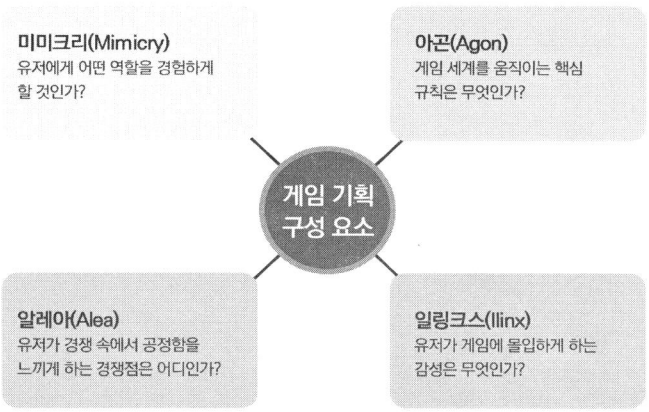

Ⅲ. 디지털게임의 장르와 역사

게임의 장르
게임의 역사

놀이의 한 형식인 게임은 매우 오랜 역사를 가지고 있다. 게임의 상위범주로서 놀이는 규칙이 없건 있건 모든 비일상적인 오락 이벤트를 포괄한다고 볼 수 있다. 놀이와 제의의 상관성을 말하는 하위징아를 굳이 들먹이지 않더라도 인류의 문화 대부분은 놀이의 양태를 지니고 있었다. 가령 '소놀이굿'처럼 과거 전통문화를 보면 요즘의 시각에서 전혀 놀이 같지 않은 무형의 문화유산에도 '놀이'라는 개념이 따르는 경우를 흔히 볼 수 있다. '게임'이라는 말도 어원학적으로 놀이와 같은 뜻을 지니고 있거나 한 배에서 나온 개념임에 주목할 때 놀이와 게임을 분리해서 논의하기는 어려울 것이다. 그러나 언제부터인가 게임은 특정한 시대, 특정한 테크놀로지에 기반한 놀이 활동으로 이해되는 경향이 있다. 즉 컴퓨터의 역사와 결부된 놀이 활동이 '게임'이라는 용어로 일반화되는 경향을 볼 수 있는 것이다. 이는 한국 사회의 경우에도 마찬가지인데 한국 게임의 역사는 대개 '전자'(electronic) 오락이 게임으로 이해되면서 시작된 것으로 보인다.

사실 '놀이'와 '이야기' 혹은 '서사'는 유구한 인류의 문화적 실천과 커뮤니케이션 활동을 이해하는 핵심 키워드라고 할 수 있다. 인류는 다양한 놀이를 개발하는 가운데 현실의 제반 문제들을 반성하고 '현실 너머'의 다른 현실을 꿈꾸어왔다. 놀이는 꿈과 이상을 표현하는 방법으로 그 본질은 비일상적인 것이지만 일상의 삶을 풍요롭게 해줄 뿐만 아니라 현실의 사회적·개인적 스트레스의 원인들을 진단하고 극복할 수 있는 계기를 마련해주기도 했다. 특히 축제와 같은 집단 놀이는 사회 성원들이 살아가면서 부닥치는 '막힘'이나 '맺힘'을 풀어주는 '풀이'('푸리')였을 뿐만 아니라 집단의 꿈과 이상을 표현하는 방법으로서 숭고한 꿈, 즉 사회적 이상의 표출 통로였다. 물론 놀이는 그 자체로 비일상적인 것이었지만 그 안에는 삶의 전체적인 패턴이 반영되어 있을 뿐만 아니라, 놀이는 고단한 '현실 저편의' 이상 사회의 '역할 모델'(Role Model)로서 훌륭한 기능을 해왔다.

하지만 놀이의 이러한 중요성에 비해 그것은 제대로 된 대접을 받지 못했다. 특히 자본주의 이후 노동 윤리의 헤게모니가 관철되면서 놀이 혹은 유희는 범죄로 취급받기도 했다. 18세기 산업혁명 이후 기술을 개발하고 생산성을 높이면 자연스럽게 인류의 행복 역시 주어질 것이라는 그릇된 진보 관념이 우세했다. 금욕과 절제를 중시하고 노동을 새로운 '신앙'으로 선포한 프로테스탄트의 신앙과 윤리는 놀이를 탄압하는 이데올로기의 역할을 했다. '축제의 시대'였던 중세의 온갖 민중적 놀이문화가 금지의 대상이 된 것도 이러한 상황 때문이었다. 수도원에서나 통용되던 '시간표'가 직장은 물론 일상생활에 까지 적용되었으며 이에 따라 사람들의 몸과 정신도 '노동하는 인간'에 맞게 길들여진다. '시간은 금이다'라는 벤자민 프랭클린의 격언은 노동이라는 새로운 신앙의 제1계명이었다.

  노동과 기술을 통한 진보라는 그러한 이상이 인류에게 우리가 누리는 경제적 발전과 생활의 풍요로움을 가져다주었을 가능성이 크다. 테크놀로지에 의한 사회 발전이라는 기술결정론이 우세한 사회 환경 속에서 이상, 즉 꿈의 실현은 '노동과 생산' 속에서나 가능한 것이었다. 생산력 예찬은 공산주의나 자본주의 어디 할 곳 없이 발견되는 현상이었고 결국 노동과 놀이 모두의 소외를 초래하게 된다. 노동만이 강요되고 놀이가 죄악시되는 사회에는 꿈과 희망, 자유가 없다. 우리의 경우에도 90년대 이전만 하더라도 '잘 살아 보세', '근면·자조·협동' 등의 담론이 우세했는데, 이러한 생산력주의는 삶의 형편을 개선했을지언정 '삶의 질'(Quality of Life) 향상에는 별 기여를 하지 못했다. 오히려 노동으로부터의 소외, 놀이성의 상실, 양극화 문제의 심화 등을 가져왔을 뿐이다. 이런 점에서 노동과 유희의 행복한 만남을 통해 일체의 소외를 극복하고자 했던 마르크스의 '꿈'은 여전히 현재성을 지닌다고 할 수 있다. 그의 사위 폴 라파르그가 '게으를 수 있는 권리'를 선언하며 노동자들 스스로 자신을 착취하기 위해 만든 노동의 윤리를 거부하고 '하루에 세 시간만 일하고 나머지 낮과 밤은 한가로움과 축제를 위해 남겨두어야 한다!'고 주장했던 것은 현재의 자본주의적 분배구조와 사회구조의 재구성이 전제되어야 가능한 일이지만 진정한 놀이의 회복이라는 과제와 관련하여 시사해주는 바가 많다.

  물론 21세기를 전후하여 찾아온 포스트모더니즘의 시대, '문화의 세기'를 맞이하면서 모더니즘 시대의 노동윤리가 의문의 대상이 되고 놀이성에 대한 새로운 관심이 일고 있는 현상은 반가운 일이라 할 수 있다. 해체주의적 우연성, 혹은 즉흥성과 유희성이 새로운 시대정신으로 자리 잡으면서 대중문화에 대한 대접도 상당히 개선되었다. 한때 범죄와 탈선의 온상으로 대접받던 오락실이 게임장으로 긍정적인 대접을 받게 된 것도 이러한 시대적 변화와 무관하지 않다. 그러나 디지털게임을 비롯한 대중문화에 대한 관심은 심각하게 자본의 논리에 종속되어 있다. 영화나 디지털게임과 관련한 다수의 논문이나 저작들이 그것의 경제적 가치에만 주로 집중하고 있다는 점은 그것을 입증하고 있다. 뿐만 아니라 현재의 놀이담론을 주도하고 있는 이들은 문화산업 종사자들이고, 다국적 문화자본은 놀이와 유희의 담론을 자본주의 체제 안으로 포섭함으로써 놀이 정신을 배신하고 있다. 이전과는 다른 모습이긴 하지만 여전히 놀이와 유희의 소외 현상은 우리의 삶과 자유를 현저하게 제약하고 있는 것이다. 사실 2022년 9월 '문화예술진흥법' 개정안이 통과됨으로써 게임도 예술의 한 영역으로 평가받게 되었지만 한국의 게임산업이 플레이어들에게 만족스러운 놀이의 장을 제공하고 있는지는 의심스러운 대목이 있다. 창의적인 게임 개발에 투입되어야 할 아이디어가 수익 모델 개발에 집중되고 있다는 비판은 귀담아 들어야 할 대목이다.

어쨌든 대중문화에 대한 낙관론자들이 보기에 21세기 문화의 시대는 경제와 정치라는 근대적 패러다임에서 '문화와 유희라는 새로운 해방과 자유의 영역으로'라는 탈근대적 패러다임의 전환을 가져왔다. 그들은 우리 사회가 '결여의 사회', '생산의 사회'로부터 '잉여의 사회', '소비의 사회'로 진입함으로써 다원주의와 민주주의의 확장, 경제적 불평등을 넘어서는 문화적 평등주의가 도래했다고 한다. 그러나 그들은 다국적 문화산업의 신자유주의적 경영전략으로 인한 전 세계적 문화 불평등과 개인적 문화 양극화의 문제를 애써 외면하고 있다. 놀이가 자본 창출의 일등공신으로 대접받는 현실에서 놀이에 대한 접근성 역시 현저하게 빈익빈 부익부 현상에 종속될 가능성이 크다.

디지털게임의 경우에도 우선 미국과 일본이 주도하고 있다. 물론 컴퓨터의 높은 보급률과 인터넷의 접근성이 광범위하게 개선되면서 한국도 '온라인 게임 산업'의 강국으로 자리하게 되었지만 퇴조의 징후가 도처에서 발견되고 있다. 개인의 차원에서 보더라도 빈익빈 부익부 현상이 두드러지는데, 게임에서의 승패가 돈으로 결정되는 게임 시스템의 도입은 단적인 예라 할 수 있다. 이를테면 〈리니지〉 시리즈는 과거에도 '아이템 현금 거래'나 확률형 아이템의 양산으로 비판을 받곤했는데 모바일 MMO 게임으로 게임 기기의 무게 중심이 이동한 이후에는 더욱 그러한 형상이 강화되었다는 비판에 봉착해 있다. 디지털게임의 가상공간은 원칙적으로 합리적인(?) 자본주의적 경쟁 시스템에 입각한 게임 플레이를 지향한다. 즉 이론상으로는 플레이어가 자유의사에 따라 자신의 행위와 동기, 위치를 변화시켜가는 합리화된 경제활동이 게임 플레이의 이상이고, 게임 디자이너는 게임의 규칙을 통해 그러한 경제활동을 보증하려 하는 것이다. 하지만 다사용자 온라인 게임 MMORPG서의 아이템 '현금거래'(현피)는 외관상 합리적 자본주의의 룰에 충실한 것 같지만 어느 정도를 넘어서면 사행성을 띨 뿐만 아니라 양극화로 인한 차별의 공간으로 전락하기도 한다. 여기서 더 나아가 게임 회사는 'P2W'(pay to win)을 게임의 핵심 요소로 당연시하기까지 한다. P2W는 '돈을 써야 이기는 게임'을 말한다. 이용자가 돈을 쓸수록 캐릭터의 능력치가 높아지고, 좋은 아이템을 획득할 수 있다. 그간 P2W 시스템은 국내 게임사들의 대표적인 수익 모델이었지만, 과도한 과금을 유도한다는 이유로 이용자들에게는 거센 비판을 받고 있다.

가령 PC MMORPG 〈리니지〉 시리즈의 게임에서 중요한 게임 행위는 전투 행위와 더불어 아이템의 수집 및 거래였다. 원래 아이템은 주로 몬스터와의 전투를 통해 획득하지만 이를 위해서는 많은 시간과 노력이 필요했다. 그래서 게임 플레이어들은 전투를 통한 아이템 수집보다는 플레이어들간의 거래를 통해 아이템을 구입하곤 했다. 〈라그나로크〉에서처럼 게임 자체에 아이템 시장이 형성되어 있고 상인 캐릭터들이 활동하는가하면 채팅을 통해 아이템을 사고팔기까지 했다. 어찌 보면 여기까지의 게임 플레이와 경제활동은 그나마 자본주의적 원리에 충실한 것일지 모른다. 그리고 게임연구에서는 이를 '가상경제'(virtual economy)라는 말로 개념화하기까지 했다.

〈로블록스〉나 〈제페토〉에서 사용자들이 만든 아이템이나 콘텐츠를 사고파는 행위 역시 이 개념으로 설명할 수 있을 것이다. 하지만 얼마나 좋은 아이템을 보유하느냐가 자기 아바타의 경제적 신분과 능력을 표시하기 때문에 이를 얻기 위해 플레이어들이 수단과 방법을 가리지 않을 때 문제점들이 나타났다. 게임에서 이루어지는 'PK'의 상당 부분이 상대 플레이어의 아이템을 빼앗기 위한 것이며 아이템과 관련한 분쟁과 사기 거래, 해킹, 아이템 절도 등의 문제도 무척 빈번하게 발생했다. 아이템 하나가 수백만 원을 넘어 수천만원에 이르는 가격에 현금 거래되며 게임 회사들은 계속 새로운 아이템이라는 것을 내놓으면서 막대한 이득을 챙기기도 했다. 중국에서는 아예 회사를 차리고 많은 플레이어들을 직원으로 채용하여 이른바 노가다식 몬스터 사냥을 시키고 얻은 아이템을 한국으로 역수출하는 일도 벌어졌다. 이런 일들이 일어난 지 10년이 훌쩍 지났음에도 한국 게임산업 생태계는 건전한 놀이환경의 구축을 위해 커다란 진전을 보여주지는 못했다. 사용자 확률형 아이템의 불투명성이나 과금모델 운영에 대한 플레이어들의 '트럭시위'와 '마차시위' 등은 한국 게임산업에 보내는 일종의 경고장으로도 해석할 수 있을 것이다.

물론 놀이와 산업의 결탁을 부정적으로만 볼 수는 없다. 어차피 대중문화라는 것이 상업적 토대 위에서 가능하다는 점을 인정한다면 말이다. 그러나 문화의 생산과 소비가 전적으로 상업적 기준 하에서만 이루어진다면 그것은 '문화다원주의' 혹은 '문화민주주의'라는 이상적 문화상황에 대한 훼손으로 귀결될 가능성이 크다. 자본주의의 속성상 문화산업 종사자들은 돈벌이에 골몰할 수밖에 없고 그것이 문화적 취향의 획일성을 초래할 것이 자명하기 때문이다. 디지털게임의 역사 역시 이러한 문제로부터 자유롭지 않다. 디지털게임의 역사는 업계에서 살아남고자 한 일종의 비즈니스 전투 게임인 동시에 여타 대중문화가 걸어온 시스템화, 대작화, 돈벌이를 위해서는 뭐든지 한다는 상업주의 논리에 대한 종속의 강화를 여실히 보여준다. 놀이의 상업화 그 정점에 디지털게임이 있는 셈이다. 이윤 창출에만 골몰하는 것은 게임 산업의 장기지속적 발전에도 유익하지 않다.

상업주의를 향해 정점으로 치닫는 지금의 게임 산업은 게임의 창의성을 말살함으로써 그것의 예술적 가치를 깎아먹는다. 가령 오랜 경험의 게임 디자이너는 미국의 게임 산업을 진단하면서 미국의 게임 업계를 "기본적으로 심장은 뛰고 있으나 머리는 죽은 상태", 즉 뇌사상태로 단정 지은 바 있다. 왜냐하면 "게임은 사물에 관한 것이고 이야기 전개는 사람에 관한 것"이며 이 두 가지가 조화를 이룬 상호작용 기반의 이야기 전개가 게임의 본질이어야 함에도 불구하고 지금의 게임 산업은 그렇지 않다는 것이다. 게임 개발자들의 상업주의적 욕심이 게임의 창조성을 말살하고 있으며 독립영화가 대접받는 환경을 조성하고 있는 영화계로부터 배워야 한다는 주장, 게임에 감성을 심어야 한다는 주장 등은 모두 복제와 모방이라는 관행을 되풀이해 온 게임 업계의 관행을 역설적으로 입증해주고 있다. 이는 한국의 경우도 마찬가지다.

그러나 디지털게임의 역사 속에서 이른바 '쩐의 전쟁'만 보는 것은 불후의 명작 게임을 만들기 위해 온갖 노력을 기울여 온 게임 디자이너들에 대한 온당한 대접은 아닐 것이다. 가령 '스튜디오 시스템', '장르시스템' '스타시스템' 등의 체계적인 이윤창출의 수단 찾기를 향해 달려온 할리우드 영화의 상업주의 때문에 할리우드 영화 모두를 관심 밖으로 밀어낸다면 이는 영화 연구에서 무척 불행한 일인 것처럼 말이다. '뉴저먼시네마'같은 세계적으로 유명한 영화운동이나 바쟁 같은 유명한 영화이론가들의 영화적 감수성을 키운 8할 이상이 할리우드 영화였음은 잘 알려진 사실이다. 이는 주류 영화들이나 주류 제작 시스템들이 한결같이 엉터리 영화들을 양산하는 것만은 아님을 반증한다. 주류 영화 내에는 '주류'의 관습을 벗어나는 다양한 예술 언어들과 정치적 입장들이 경합을 벌이고 있거니와 그것의 합리적 핵심을 찾아내는 일은 균형 잡힌 영화연구에 꼭 필요한 일이다. 그것은 게임도 마찬가지다. 윌 라이트나 시드 마이어, 미야모토 시게루, 리차드 게리엇, 존 카멕 등의 개발자들도 그렇지만 게임은 시리어스 게임, 인디게임, 소셜 임팩트 게임 등 오락과 상업적 편향에서 벗어나려는 실험들을 지속하고 있다. 굳이 이런 이유가 아니더라도 게임 연구의 1차 작업으로서 디지털게임 자체의 형식과 스타일을 이해하기 위해 게임의 지난 진화과정을 함축하고 있는 복잡성을 고려한 입체적인 조망이 필요하다. 게임의 역사는 장르의 형성, 그 이후의 변주 혹은 변형, 그런 후의 장르 확장의 과정이다. 반복의 누적 속에서 차이를 만들어내고 그 차이가 쌓여 새로운 장르로 분기하는 과정은 상업적 성공의 욕망에 의해서만 추동된 것은 아니었다.

게임의 장르

라틴어 '게누스'(genus)에서 나온 '장르'는 사물의 종류나 집합이라는 뜻을 담고 있다. 다른 한편 장르는 'gener'라는 어원을 갖기도 하는데, 거기에는 무엇인가를 만들어낸다는 의미가 담겨 있다고 한다. '장르'(genre)는 대개 '형태'나 '종류'를 뜻하는 뜻으로 통용되는 듯하다. 장르는 복잡하고 다양한 문화·예술 형식들과 사회적 행위들을 분류하고 분석하기 위한 수단으로서 널리 활용되어 왔다. 그것은 대상의 분류와 조직화를 통해 체계를 세우고 의미를 명확히 하는데 무척 큰 기여를 하였다. 가령 문학의 경우 이미 그리스 시대 아리스토텔레스가 『시학』을 통해 서사문학과 시, 드라마로 분류하면서 각각의 특성을 규명한 바 있고 오랜 역사 동안 이론적 권위를 얻은 바 있다. 하지만 어떤 복잡한 사물이나 사태에 대한 분류와 분석의 관습은 더 이른 시기로 거슬러 올라간다. 프랑스 구조주의 인류학자 레비-스트로스는 모든 분류체계 이면에 놓인 기본적인 대립의 원리를 '이원적 대립항'(binary oppositions)으로 명명한 바 있거니와, 이러한 사고의 이분법적 분류틀은 원시사회에만 존재하는 것이 아니라 현대 선진사회의 곳곳에서도 자주 발견된다고 지적한다.

그렇다면 인간은 왜 간단한 것부터 복잡한 것에 이르기까지 다양한 분류의 체계를 만들어낸 것일까? 최유찬에 따르면 "분류는 사물의 이해를 위해 인간이 밟아야 할 첫 단계 과정"이고 "그것이 인식활동에서 일종의 토대구조를 형성하기 때문"이라고 지적하고 있다. 우리가 어떤 예술 형식을 이해하기 위한 출발 지점으로 장르 연구에서 시작하는 이유는 그것이 학문의 방법론을 제시할 뿐만 아니라 그 예술에 속하는 다양한 형식과 양식들의 상동성과 상이성을 구별할 수 있는 근거를 제시해주고 해당 예술 형식의 고유성을 해명하는 결정적인 역할을 해주기 때문이다. 디지털게임의 장르 연구의 필요성은 게임이 바로 문화적으로 의미 있는 실천 행위로 인정을 받기 시작했고 그 결과 '게임학'의 정립을 요구받고 있는 상황에서 디지털 게임을 객관적이고 입체적으로 조명할 수 있는 단초를 마련하해야 한다는 요구 속에서 제기되었다.

그러나 지금까지의 게임 장르 구별 관행들은 어떤 일관성과 통일성을 갖추지 못해 아쉬움을 준다. 그 이유는 여러 가지가 있을 수 있겠지만, 일단 다른 예술이나 콘텐츠에 비해 게임의 역사가 짧고 더욱이 그것을 인문·사회과학적 관점에서 접근하려는 시도 역시 채 20여년 정도 밖에 되지 않는다는 사실에서 찾을 수 있다. 그리고 디지털게임은 그 속성상 문자와 이미지, 사운드 등이 동시에 작용하는 멀티미디어이고 문학이나 영화 등과 달리 플레이어가 게임 텍스트의 완성에 결정적인 영향을 미치는 새로운 유형의 표현 매체라는 점도 게임의 장르 확정을 어렵게 만드는 요인이다. 특히 디지털게임이 영화 같은 다른 매체보다 더 현저하게 기술 의존적 미디어라는 사실은 게임의 장르 구분이 확정적이기보다는 지속적인 변화와 타협 속에서 더욱 다변화될 것임을 예고하고 있다. 우리는 기술적 환경 요인에 의해 아케이드게임이 쇠퇴하고 VR게임이나 AR 게임 장르가 자리잡아가는 과정을 지켜보고 있다. 하루에도 수십 편의 게임이 쏟아지고 다양한 장르들 간의 융합이 빈번하게 발생하는 점도 장르 규정의 어려움을 증가시킨다.

지금까지 장르 연구는 문학이나 영화 혹은 만화와 같은 선형적 이야기물의 전유물이었다. 물론 디지털게임을 새로운 '스토리텔링'(storytelling)의 수단으로 보면서 이야기를 전달하고 구성하는 역할을 강조하는 입장에서 게임의 테마나 내용을 기준으로 작품들을 분류할 수 있을 것이다. 하지만 그렇게 될 경우 놀이로서의 게임, 규칙을 생명으로 하는 게임의 환경이나 게임의 설정, 즉 게임성과 놀이성이라는 게임의 핵심적 요건은 사라지고 말 것이다. 뿐만 아니라 기존 서사물로 게임을 재단해버릴 경우 게임이 지니는 복잡성 역시 지나치게 단순화되고 말 것이다. 디지털게임은 서사 이외에도 그래픽, 음향, 게임의 메커닉 등 어느 관점에서 장르를 분류하느냐에 따라 다양하고 중층적인 위치를 갖는다. 또한 게임이 플레이되는 플랫폼에 따라, 그리고 그것이 네트워크 환경에서 플레이되느냐, 혼자냐 여럿이냐 아니면 접속에 참여한 대규모 인원이냐에 따라서도 분류가 달라진다.

여기서 우리는 "장르는 특정한 텍스트를 이해하기 위한 가장 기본적인 정보를 파악하게 할 뿐만 아니라 장르 형성의 과정에서 작용하는 다양한 사회문화적 요인들을 고려토록 한다는 점에서 중요한 의미를 가진다. 장르를 텍스트적인 특징에만 기반해 파악하는 것은 장르가 형성되는 과정을 간과하는 한계가 있어 장르가 형성되는 물질적 조건 전체를 파악할 필요가 있다"는 전경란의 지적에도 귀를 기울여야 한다. 전경란은 종래의 장르구분의 시도들을 비판적으로 접근하는 가운데 디지털게임의 장르를 새롭게 구축하기 위해 고려해야 할 기준들을 다면적으로 제시하고 있다. 물론 그것이 최종적인 해답은 될 수 없다. 디지털게임은 진화적인 형태로건, 아니면 혁신적인 형태로건 여전히 새로워져가고 있는 매체이고 더욱이 미래의 게임을 예측하기란 〈심시티〉의 '엔딩'을 보기보다 까다로운 일일 것이기 때문이다. 최근 게임 장르의 경계 넘나들기, 즉 게임의 혼종화 혹은 혼성화로 인한 '복합장르'의 등장은 사태를 더욱 어렵게 한다. 하지만 "장르의 분류와 명명은 절대적으로 중립적이거나 객관적인 과정이 아니며, 어떤 유형의 장르이든 그 정의에 있어서도 상당한 이론적 불일치가 존재하는 등 모든 연구자가 동의하는 확실한 구분은 존재하지 않는다 [....] 장르는 다양한 연구자에 의해 설정된 각각 다른 기준에 의해 성립될 수 있는 것이다. 따라서 하나의 텍스트는 하나 이상의 장르에 속할 수 있을 뿐만 아니라 같은 텍스트라도 시기별로 혹은 상황에 따라 매번 다른 장르로 구분될 수 있는 것"이라는 전경란의 제안을 인정할 수밖에 없다.

그런 점에서 지금 우리가 할 수 있는 일이란 지금까지 게임을 구분해왔던 몇몇 분류들을 살펴보고 그 문제점을 살펴보는 가운데 자기 나름의 '인식의 지도'를 그려보는 것뿐이다. 물론 그 지도 역시 최종적인 것은 아닐 것이다. 게임에 대한 여러 논의를 개관하다보면 그것들의 공통점과 차별점이 드러날 것이고 그 틈새를 메울 수 있는 방편이 무엇인지에 대한 힌트를 암시받을 수도 있을 것이다. 물론 그 힌트를 대안으로 구체화시키는 것 역시 독자들의 몫이다. 무책임하지만 어쩔 수 없다. 그것이 게임 장르 연구의 현 단계이니까!?

　게임 관련 서적들을 보다보면 게임을 구분하기 위해 가장 일반적으로 적용되는 것은 아케이드 게임, 어드벤처 게임, 롤플레잉 게임으로 분류하는 것이다. 이는 주로 게임업계나 게임 개발자들이 사용해오던 틀로서 그 내부로 들어가면 약간의 차이가 보이기도 하지만, 대체로 그 큰 틀은 유지되고 있는 편이다. 하지만 최근 구글 플레이스토어나 스팀, 에픽게임즈 등의 주요 상점과 연구자들의 분류를 보면 게임 분류의 방법이나 내용이 저마다 차이를 보인다. 장르, 플랫폼, 규모, 연결 형태, 판매 형태에 있어 통일되지 못한 것은 그만큼 장르 규정을 위해 고려해야 할 기준이 많다는 이야기이기도 할 것이다. 일단 이 책에서는 일반적으로 사용되어온 분류에 기대어 설명을 이어가고자 한다. 다만 게임의 장르를 이야기할 때 안진경의 다음 진술은 기억하도록 하자. "게임 개발자들은 장르 관습을 무조건 수용하거나 답습하지 않으며, 의도적으로 비틀어 새로운 장르를 개척하거나 변형과 조합을 통해 혼종 장르를 만들어낸다. 신생 장르나 혼종 장르는 장르 간 경계를 해체하며 기존 장르의 관습을 일부 장르 요소로 품는다. 기술적 발전에 따른 장르 변화 문제와 더불어, 장르 담론은 유사성을 가진 일련의 집합을 산출하는 것에 그치지 않고 새로운 개체가 덧붙여져 가는 진화 과정을 살필 수 있어야 한다." 이는 게임의 고유한 특성에서 기인하는 장르 생성의 개방적이고 역동적인 과정을 기억하라는 제안으로 받아들일 수 있을 것이다. 따라서 장르 구분에 궁극의 기준은 없고 열린 '체계화의 과정'에 놓여있다는 전제를 깔고 아케이드 게임으로 시작해보자.

　우선 아케이드 게임의 경우 미국의 오락실을 '아케이드'라고 부른데서 연유한 개념이다. 이는 오락실에서 유행하는 게임의 특징을 장르화한 것으로서 키 조작이 간단하며 신체의 일부, 혹은 미리 주어진 물건이나 무기를 사용하여 적을 공격하거나 장애물을 통과하는 등의 목표를 달성하는 게임이다. 일반적으로 오락실 게임들은 지적인 측면보다는 플레이어의 순발력과 신속한 적응력과 판단을 요구한다. 게임의 플레이를 위해 많은 시간을 필요로 하는 RPG 게임이나 다양한 전략 게임들의 경우 오락실 게임에는 적합하지 않다. 이는 오락실의 수익모델과 관련이 있는데, 동전 투입(Coin-op)을 통해 이익을 창출하는 방법이 아케이드 게임의 특징이기 때문이다. 플레이어가 빨리 한 판을 끝내고 다시 동전을 투입하여 게임을 여러 번 해야만 더 많은 이윤을 뽑아낼 수 있는 것이다. 저자가 어릴 적 오락실 주인아저씨가 게임을 잘하는 아이들의 게임을 중단시키기 위해 몰래 게임기의 전원을 끄곤 했던 흔한 사건들은 그러한 사정을 잘 보여준다. 어떤 친구들은 동전을 한 번 만 넣고도 〈갤러그〉를 한두 시간씩 거뜬히 해내곤 했는데 아저씨의 입장에서 보면 전기세도 안 나오는 그런 녀석이 달갑지 않았을 것이다. 게임기를 여러 번 회전시킬수록 이익이 커지는 게임이 바로 아케이드 게임인 것이다.

이러한 수익 모델로 인해 오락실 게임들은 게임 세계가 지극히 제한될 수밖에 없다. 슈팅, 퍼즐, 액션, 시뮬레이션, 레이싱 등의 특정 게임들에 국한될 수밖에 없는 것이다. 이들 게임들이 단시간 내에 게임이 끝나고 게임의 진행 속도가 빠르며 게임의 서사성이 두드러지기보다는 단편적인 에피소드 위주로 게임이 구성되어 있는 것도 이러한 사정과 무관하지 않다. 〈갤러그〉, 〈둠〉, 〈보글보글〉, 〈너구리〉, 〈하드볼〉, 〈NBA농구〉, 〈스트리트 파이터〉 등의 '고전적인' 게임들이 있다. 그 외에도 〈테트리스〉, 〈철권〉, 〈펌프잇업〉, 〈비트매니아〉, 〈태고의 달인〉, 〈스노우브로스〉 등의 인기게임들이 있다. 요즘 게임장에는 인형을 경품으로 뽑는 일명 '크레인게임'의 자리가 커지고 있다. 일부 게임장에서는 VR 게임들을 들여와 고객들을 유혹하기도 한다.

다음으로 어드벤처 게임이 있다. '텍스트형 어드벤처 게임'이나 '그래픽 어드벤처 게임'의 경우처럼, 플레이어가 직접 단어를 입력하거나 주인공 캐릭터에 명령을 내림으로써 프로그램에 설정된 스토리를 완성해가는 게임이다. 환상적이고 신비에 싸인 미로 세계 속에서 플레이어가 상상력과 논리력을 사용하여 모험을 펼치는 게임이다. 어드벤처 게임에서 그래픽이 차지하는 비중이 높아지고 3D 디지털 영상기술이 발달하면서 그래픽이 무척 화려해지고 있고 마법이나 괴물, 우주선 등을 등장시켜 다양한 복합장르의 게임을 만들어낼 수 있다. 가령 몬스터를 퇴치하면서 미로를 개척해나가는 액션 혹은 슈팅 어드벤처 게임의 경우가 그렇다. 사실 거의 모든 게임들에는 이야기의 전개가 시간적 인과성의 법칙을 따르는 것이 아니라 공간 탐색과 이동의 성격이 강하기 때문에 일정정도 어드벤처적 요소가 내재해 있다고 볼 수 있다.

원래 '어드벤처' 게임에는 경쟁적인 요소나 시뮬레이션의 요소가 없었다. 어드벤처 게임의 경우 '전략 시뮬레이션' 게임들처럼 무엇을 계속해서 관리하거나 전략, 전술로써 상대방을 제압해야 한다는 규칙도 제시하지 않는다. 물론 어드벤처 게임에도 전투적인 요소가 존재하고 최근 이러한 요소가 강화되고 있다. 그러나 전투가 중요한 것이 아니라, 중심적인 것은 탐색과 사냥, 그리고 탈출이다. '어떻게 머리를 쓰는가'라는 지적인 행위를 통해 문제를 극복하고 탐험의 공간을 '정복'하는 것이 관건인 셈이다. 어드벤처 게임의 구성 요소들로는 탐험과 수집, 여러 요소들을 조종하는 것, 퍼즐풀기, 최소한의 전투적인 요소 등을 들 수 있다.

어드벤처 게임의 탄생에는 인터넷이 중요한 역할을 했다. 인터넷의 역사는 미군이 적의 공격 시 커뮤니케이션을 구축하고 보호하기 위한 '아파넷'(ARPANET) 프로젝트에서 시작된다. 미국 내 수백 개의 군사대조직과 대학의 부설 연구 기관들을 접속시켜준 이 시스템은 인터넷은 아니었지만 프로그래머 크라우더(William Crowther)의 엉뚱한 아이디어에 의해 디지털게임의 역사에 결정적인 영향을 준다. 그는 대중적으로 매우 인기 있던 RPG 보드 게임 〈던전스 앤 드래곤스〉(Dungeons & Dragons) 같은 게임이 컴퓨터로도 구동될 수 있다는 생각을 해냈다. 이것이 바로 오리지널 〈콜로설 케이브 어드벤처〉였고, 이로부터 장르의 이름으로 굳어졌다. 그가 생각해낸 게임은 게임을 관장하는 '던전 마스터'(Dungeon Master, DM)가 마련해 놓은 이차원적 판타지 세계를 탐색하면서 그가 설정해놓은 적들이나 몬스터들과 한판 대결을 벌이거나 과제들을 수행하고 퍼즐들을 풀면서 던전을 탐색하는 게임이었다.

당시 '아파넷'을 통해 유포된 이 게임이 의미 있는 것은 이 게임이 넷(Net) 망을 통한 협동창작의 과정을 보여준다는 점이다. 즉 한 사람이 아이디어를 얻고 또 다른 사람은 그것을 프로그래밍하여 유포하면, 또 다른 사람이 수정하고 개선시켜 또 유포하고 다시 개선해나가는 반복 순환의 과정을 거치며 지속적으로 진화하는 게임이었던 것이다. 이는 이후 (MMO)RPG 게임과 온라인 게임의 역사에 뚜렷한 각인을 남긴 '머드'(MUD)와 관련해서도 중요한 의미를 갖는다. 크라우더의 게임이 대중적인 인기를 확보할 수 있었던 데에는 우즈(Don Woods)의 역할이 컸다. 버클(Marry Ann Buckle)은 직접 만나지 않으면서 '넷'을 통해 예술적 생산과 소통을 이루어나가고 그것을 발전시켜나간 점에 착안하여 이러한 실험을 '민속예술'(folk art)로 분류하기도 한다. 그 옛날 설화나 민요 등의 구전예술이 집단적인 창작과 소통의 과정을 거치면서 변형과 가공을 통해 이야기가 풍부해지고 다양해졌던 것처럼 말이다. 이는 이후 나타난 대중적인 상업 장르로서의 어드벤처 게임들과는 사뭇 다른 점이기도 하다. 기업들이 이윤의 안정적 확보를 위해 저작권을 고집하면서 대중문화는 생산자와 소비자를 엄격하게 분리시키는 경향이 있는데, 이로써 게임에 대한 전권은 기업이 가지게 되며 대중들은 그저 게임을 사서 플레이할 것만을 강제하기 때문이다. 이는 디지털게임 자체 역사의 경우도 마찬가지다.

1976년 크라우더의 버전을 향상시킨 우즈의 버전은 큰 성공을 거두게 되고 급기야 1970·80년대에는 디지털게임의 대중적인 유형으로 자리 잡기도 한다. 텍스트 기반의 오리지널 어드벤처 게임은 완전한 소설 구조를 가지고 있었다. 이를테면 주인공은 탐험가로서 보물과 모험으로 가득 찬 수많은 동굴을 탐색한다. 물론 많은 장애물들이 주인공의 진행을 가로막는데, 그가 이 난관을 극복하고 보물을 가지고 동굴을 탈출하게 되면 게임은 끝난다. 이 게임은 최근의 기준으로는 미흡한 정도이지만 플레이어가 자유도를 느끼게 한 최초의 게임이었는데, 왜냐하면 플레이어는 원하는 무엇이든 타이

평할 수 있었기 때문이었다. 물론 컴퓨터 인공지능의 한계 때문에 컴퓨터 프로그램의 동문서답이 주를 이루기도 했지만, 이러한 엉뚱한 질문과 그에 반응하는 컴퓨터의 진행을 보는 재미도 쏠쏠한 것이었다.

어드벤처 게임의 활성화는 디지털 시대의 문학 장르로 간주되는 '하이퍼텍스트 소설'이나 '인터랙티브 소설'같은 다양한 미디어 양식들과 문학들에도 큰 영향을 주었다. 70년대 말 PC 시장의 큰 성장과 더불어 아케이드 게임보다 프로그래밍이 간편했던 어드벤처 게임은 한 때 디지털게임의 주류로 부상하기도 했다. 이들 게임은 그래픽을 별로 사용하지 않기 때문에 개발비도 저렴했고 게임 개발자나 플레이어에게 상상의 나래를 펼칠 수 있는 공간을 제공해주었다. 1978년에는 '어드벤처 인터네셔널 Adventure International'이 마이크로컴퓨터 TRS-80을 위한 최초의 어드벤처 게임 〈어드벤처랜드 Adventureland〉를 제작하기도 했다.

초기의 어드벤처 게임들은 매우 단순한 스토리 공식을 가지고 있었다. 그것들은 탐정소설과 같은 대중문학들의 이야기들을 바탕으로 '배경이야기'(back story)를 구성하고 플레이어들이 행동해야 할 공간, 즉 미로의 지도를 그리며 플레이어들이 다루어야 할 대상들과 서로 소통해야 할 캐릭터들을 디자인했다. 초기 어드벤처 게임들의 서사(narrative)는 '스테레오타입'의 경향이 강하면 강할수록 더 좋았는데, 왜냐하면 골치 아픈 별도의 학습 과정 없이도 이전에 다른 매체를 통해 얻은 정보만으로 게임을 플레이할 수 있을 것이었기 때문이다. 당시 큰 인기를 끌던 톨킨(J.R.R. Tolkien)의 판타지 소설들이 어드벤처 게임의 서사로 즐겨 차용되었던 데에는 이러한 이유도 작용했을 것이다. 당시 게임들은 플레이어가 '용을 처치해라', '북으로 가라' 등의 명령어를 입력하면 그 결과를 메시지로 알려주는 식이었는데, 요즘에서 보면 웃기는 일이겠지만 당시로서는 몰입성이 강한 게임으로 많은 인기를 끌었다.

초기의 가장 영향력 있는 어드벤처 게임에는 '인포콤'(Infocom)의 〈조크 Zork〉시리즈가 있었다. 이 게임은 크라우더나 우즈의 것과 유사한 게임이었지만 플레이어와 컴퓨터 간의 상호작용이 우수했고 공간의 시뮬레이션에 있어서도 훨씬 개선된 것이었다. 이후 어드벤처 게임들에도 '시에라 온라인'의 〈미스터리하우스〉처럼 그래픽이 점점 더 많이 도입되면서 게임의 외관도 화려해졌고 다른 장르와 접속되면서 규모도 커지게 된다. 특히 〈미스트 Myst〉는 최고의 베스트셀러가 되었다. 어드벤처 게임의 대표적인 예들로는 〈인디아나 존스〉, 〈가브리엘 나이트〉, 〈래리 시리즈〉 등을 들 수 있다. 초기 어드벤처 게임의 스타일은 대체로 '포인트 앤 클릭'의 방식, 즉 화면 안에 수상해 보이는 지점을 클릭해서 아이템을 얻거나 퍼즐을 풀며 스토리를 진행시키는 방식이었다. 요즘에는 '어드벤처'를 전면에 내세우는 게임들은 거의 없다. 그렇다고 어드벤처의 시대가 갔다고 단언할 수는 없다. 〈P의 거짓〉, 〈붉은 사막〉과 같은 대부분의 AAA게임들에는 그 흔적이 역력하게 남아 있기 때문이다. 거대한 비밀을 찾아가는 스토리텔링, 게임 곳곳에서 만나게 되는 퍼즐, 등장인물이나 지형지물과의 상호작용 등이 그렇다. 그리고 '인디 게임'(indie games)에서도 깊은 주제와 밀도 있는 서사를 전달하기 위한 도구로 다시 관심을 얻고 있으며 미스테리나 공포의 테마와 어울려 '작지만 강한' 콘텐츠들로 탄생하고 있다. 텍스트 어드벤처 게임 〈서울 2033〉과 소셜 임팩트 어드벤처 〈30일〉, 공포 어드벤처 게임 〈야자〉, 해저 탐사 어드벤처 〈서브노티카〉 등 많지는 않지만 수작들이 지속적으로 이어지고 있다.

다음으로 '롤플레잉 게임'(RPG)이 있다. '역할 수행' 혹은 '역할 연기'를 의미하는 'Role-Playing'이라는 말처럼, 플레이어가 플레이를 시작하면서 스스로를 대신해줄 캐릭터를 선택하고 그 역할을 수행함으로써 일정한 목적을 달성해가는 게임이다. 다시 말해 컴퓨터상의 가상 세계를 무대로 주어진 상황이나 장애를 극복하며 등장인물을 자유롭게 움직여 목표달성을 하는 게임이다. 이 장르의 게임들은 캐릭터의 성장, 깊이 있는 이야기와 인물, 살아있고 변화하는 세계 등을 공유한다. 주지하다시피 롤플레잉 게임은 전략 게임처럼 펜과 종이로 하는 '펜 앤 페이퍼'(pen & paper) 게임에서 생겨난 게임이다. 대부분의 롤플레잉 게임은 서로 다른 장르와의 뒤섞임 현상이 두드러진다. 그렇지만 많은 롤플레잉 게임은 경험치를 통해 플레이어의 캐릭터를 성장시킨다거나 이야기성이 강하다는 특징을 공유한다. 캐릭터를 키우고 성장시킨다는 점은 어드벤처 게임과 롤플레잉 게임을 구별시켜주는 중요한 차이점이다. 스토리성이 강하다는 사실은 많은 플레이어들을 이 장르에 끌어들이는 요인이기도 하다. 특히 플레이어가 중심 캐릭터를 자신의 분신으로 선택하여 스토리를 발생시키면서 게임 속으로의 동화, 게임 캐릭터와의 동일시가 가장 분명하게 나타나는 장르이기도 하다. 그래서 많은 연구자들이 RPG 게임을 영화나 TV 드라마의 대중서사와의 상호 비교를 통해 이해하려고도 하고 연극이나 소설 등의 서사예술과 비교하여 연구하기도 한다.

롤플레잉 게임의 테마로 가장 흔한 것은 세상 구원의 영웅 서사이다. RPG가 톨킨의 『반지의 제왕』이나 〈스타워즈〉 류의 SF를 게임 세계로 자주 전용하고 있는 것은 그것을 말해준다. 여기에는 프로프의 민담의 서사구조나 캠벨의 신화 혹은 영웅 이야기와 유사한 서사 구조가 통용되고 있는데, 〈마리오〉 시리즈처럼 납치당한 피치 공주를 구하거나 〈반지의 제왕〉처럼 세계 파멸의 위험이 있는 위험한 물건을 처치하는 것 등 다양한 변주가 있을 수 있다. 판타지나 SF는 이미 오랫동안 대중들의 흥미를 자아내왔거니와 디지털게임은 플레이어가 초현실적인 세계에서 직접적인 행동을 통해 세계 구원의 서사를 주도할 수 있다는 가능성에 큰 관심을 가져왔다. RPG는 가급적 이용자들을 현실에서 멀리 떼어놓으려는 성향이 강한데 게임의 배경을 먼 미래나 신화시대로 설정함으로써 '현실 도피적'이라는 비판을 받기도 한다. 그렇지만 MMORPG와 같은 온라인 게임의 등장과 더불어 게임 고유의 전투와는 별도로, 현실을 반영한 사회적 활동이 활발해지고 오히려 새로운 토론 문화의 징후를 보이는 것은 과거의 '사회적 MUD'의 부활을 예고하고 있다고 볼 수 있다. 온라인 게임에서 플레이어는 게임 고유의 전투가 끝나면 생활 공간으로 돌아와 생활을 위한 다양한 활동을 해야 한다. 이러한 생활 공간은 또 다른 사회로서 여기서는 다른 플레이어들과의 교류나 여가활동, 특히 다양한 경제 활동이 이루어진다. 게임사들은 게이머들에게 전투의 스릴 이외에 복합적인 재미 요인 제공을 위해 이른바 생활형 콘텐츠 개발에 큰 신경을 쓰고 있기도 하다.

RPG 게임의 또 다른 중요한 특징으로 극단적으로 긴 플레이 타임이 있다. 수십 시간은 기본이고 심지어 100시간을 훌 넘겨야 게임의 끝을 볼 수 있는 게임이 있다. 그래서 이들 게임들에는 '세이브' 기능을 두어 게임을 끝내고 싶을 때 저장해 두고 다시 플레이할 때 그 레벨에서 시작하게끔 하기도 한다. 게임을 여러 조각의 에피소드로 나누어 병렬적으로 구성하는 것도 RPG 게임의 장시간 플레이 타임이 갖는 플레이어의 피로도를 줄여보려는 노력의 일환이다. 하지만 이렇게 할 경우 게임 서사의 응집성을 해칠 수 있고 게임의 집중도를 떨어뜨릴 위험도 있다. RPG 게임은 화려하고 뛰어난 오프닝으로 초장부터 플레이어들을 사로잡아야 하는데, 그들의 흥미도가 이후의 지속적인 플레이를 보장하기 때문이다. 그래서 규칙과 절차에 따라 랜덤하게 생성된 던전을 돌파하는 것을 목표로 삼는 〈로그〉 유형의 게임들이 나오기도 했다. 이들 게임에서는 한 번 죽으면 그동안의 모든 진행 상황이 다 사라지고 다시 처음부터 새롭게 만들어진 던전을 탐험해야 한다. 〈던전 크롤〉과 〈넷핵〉 등의 게임들이 기억할만하고 최근 다수의 게임들도 이 장르의 특성들을 적극적으로 반영하려 하고 있다. '로그라이크'(Rougelike)라는 장르를 형성하기도 한 이러한 게임들은 난이도가 너무 높아 플레이어들의 불만을 사기도 했는데, 이후 '로그라이트'(Rougelite)라는 하위 장르가 형성되는 계기가 되기도 했다. 〈하데스〉와 〈다키스트 던전〉 등의 게임도 기억할 만하다.

RPG 게임의 캐릭터는 이미 주어진 일정한 시나리오에 따라 성장하기도 하고 또 플레이어가 획득한 '아이템'을 통해 능력이 신장되기도 한다. 어드벤처 게임과 달리 RPG 게임은 이러한 성장 요소들로 인해 이야기의 변수들이 많고 플레이어의 자유도가 높다. 가령 내가 마법사의 캐릭터를 가지고 플레이하거나 기사의 캐릭터를 통해 플레이할 경우 그 이야기는 전혀 다르게 진행될 수 있다. 여기에다 플레이어의 개별적인 선택들 하나하나가 이야기를 더욱 다채롭게 한다. 최초의 RPG 게임에는 〈던전스 앤 드레곤스〉이며, WRPG에 속하는 〈울티마〉, 〈위저드리〉 시리즈는 가장 유명한 작품들이고 〈파이널 판타지〉 시리즈는 대표적인 일본식 JRPG이다. 〈WoW〉는 서양 RPG

의 역사와 성과가 집대성된 MMORPG의 대표작으로 영화와 게임소설로 확장되며 게임연구의 단골 대상이 되고 있다. 한국 온라인 게임의 신화 〈리니지〉 시리즈도 넓게는 RPG 장르에 포함시키기도 한다. 한국은 〈바람의 나라〉를 개발한 온라인게임의 종주국으로서 〈아이온〉, 〈블레이드 앤 소울〉, 〈아키에이지〉, 〈미르〉, 〈검은 사막〉 등의 인기작들로 큰 사랑을 받아오고 있다. 무엇보다 이 게임들은 게임의 주요 기기가 PC에서 모바일로 이동하면서 '슈퍼 IP'로서 기업들에 막대한 이윤을 안겨주고 있기도 하다. 이는 게임사들이 영화, 드라마, 캐릭터산업, 웹툰, 공연 등으로 확장될 수 있는 IP와 세계관 개발에 힘을 쏟고 있는 이유가 되기도 한다.

게임업계에서 가장 즐겨 사용하는 장르 명칭 중 마지막으로 〈시뮬레이션〉 게임이 있다. 시뮬레이션은 '모의실험' 혹은 '모의게임'을 뜻한다. 이는 현실과 닮은 조건을 컴퓨터상에 구현하고 그러한 조건과 상황에서 실제로 일어날 수 있는 일들을 실험하는 게임이다. 현실을 흉내내어 모델을 만들고 그 모델을 통해 원래 탐구하고자 했던 대상이 어떻게 변하며 어떤 결과를 내어올지를 예측하는 것이기도 하다. 이는 사회 문제들을 예측하고 대책을 마련하는 '디지털 트윈'(Digital Twin)과 관련하여 관심의 대상으로 재조명되고 있다. 어떤 점에서 대부분의 게임은 시뮬레이션의 속성을 가지고 있기도 하다. 게임 디자인에서 핵심적인 것은 "실제와 닮은 가상의 세계, 현실의 모델이라고 할 수 있는 가상현실의 창조"라는 면을 가지고 있기 때문이다. 물론 각종 시뮬레이터와 〈왕좌의 게임: Beyond the Wall〉의 판타지 세계 사이에는 큰 차이가 있다. 그럼에도 시뮬레이션의 요소는 어떤 점에서 게임 대부분의 필요요건이라 할 수 있다.

어쨌든 이 장르에 속하는 게임들에서 플레이어는 현실과 닮은 게임 세계에서 주어진 일정한 목적을 수행한다. 우리가 살아가는 현실이 그런 것처럼 시뮬레이션의 세계에도 너무나 많은 변수가 개입하기 때문에 그에 잘 대처하여 게임이 제시한 목표에 도달하는 것이 중요하다. 이 장르의 게임들은 가장 자유로운 게임이며 '열린 결말'을 지향한다. 즉 정해진 결말이 따로 있는 것이 아니고 정해진 목표가 있다 하더라도 그것에 도달하는 방법은 무수히 많다. 그렇기 때문에 이 게임은 게임의 엔딩을 본다는 목적보다는 그 과정을 중시한다. 이 게임의 장점이라면 현실과 흡사한 가상 세계에서 현장감을 맛볼 수 있고 일종의 학습효과가 크다는 점이다. 그래서 많은 시뮬레이션 게임들이 교육이나 훈련의 목적으로 활용되기도 한다.

'시뮬레이션 게임'은 그 형태에 따라 전략 시뮬레이션 게임, 육성 시뮬레이션 게임, 운송 수단 시뮬레이션 게임, 경영 시뮬레이션 게임, 연애 시뮬레이션 게임 등 다양한 하위 장르들을 지닌다. 전략 시뮬레이션 게임도 그 뿌리는 보드게임으로 거슬러 올라간다. 이 게임은 가장 PC 중심적인 게임이기도 한데, 그 게임의 특성상 아케이드나 콘솔을 통해 실행하기가 어렵기 때문이다. 특히 컴퓨터의 뛰어난 인공지능은 너무나 복잡한 나머지 게임의 재미를 반감시킬 수 있는 게임의 규칙을 공정하게 관리할 수 있는 장점이 있다. 하지만 스마트폰의 용량과 성능이 PC 못지않게 좋아지면서 모바일로도 서비스가 이루어지고 있다. 시드 마이어의 〈문명〉시리즈는 대표적인 '턴 방식'의 전략 시뮬레이션 게임이다. 원래 전략 시뮬레이션 게임은 장기나 체스의 원리를 이용하여 제작된 게임 방식이다. 한 번씩 번갈아가며 게임을 진행하는 장기나 체스처럼, '턴 방식'의 게임 역시 플레이어가 일정한 조작을 하면 컴퓨터가 반응을 하고 또 다시 되풀이하는 게임이다. 〈문명〉에서 플레이어는 로마나 종족의 지도자가 되어 문명을 발전시켜나간다는 내용을 담고 있다. 문명의 발전은 군사적 정복을 통해서만 이루어지는 것이 아니므로 정치, 경제, 사회, 문화, 과학, 외교 등을 총체적으로 바라보고 알맞은 전략을 짜내는 것이 게임의 관건이다. 〈문명〉은 코에이의 〈삼국지〉 시리즈에 비견할 만한 훌륭한 전략 시뮬레이션 게임이다. 이들 게임들은 고전 시뮬레이션이지만 최근에도 계속 그 시리즈를 이어가며 진화하고 있다. 한 때 '〈문명〉하다 운명하셨습니다.'라는 유행어는 이들 게임의 생명력을 증언하고 있다.

턴 기반의 전략 시뮬레이션은 긴장감이 떨어질 수 있기 때문에 여기에 시간의 제한이라는 요소를 도입한 게임이 '실시간 전략 게임'(Real-time Strategy, RTS)이다. '웨스트우드'의 〈Dune Ⅱ〉를 원조로 하는 이 게임은 '정해진 시간' 안에 여러 가지 모양의 말판 위에 자신의 군대를 만든 후 적재적소로 옮겨 적들과 전투를 벌여 영토나 영역을 차지하는 방식의 게임이다. RTS 게임은 시간이 계속 압박을 가해오기 때문에 심사숙고해서 일을 결정하고 처리할 수 있는 '턴'이 없으므로 빠른 판단과 결단, 신속한 행동이 중요한 게임 요소가 된다. 〈워크래프트〉나 〈디아블로〉, 〈토탈워〉, 〈커맨드 앤 컨커〉 시리즈, 〈스타크래프트〉 등의 성공으로 RTS는 게임의 대작화를 가져왔고 게임 시장의 주류로 자리 잡고 있다.

 실시간 전략 시뮬레이션 게임의 기본적인 테마로는 '정복'과 '탐색', '거래'가 뒤섞여 나타난다. 물론 이들 중 어느 한 가지 요소가 우세할 수 있고, 그것은 게임의 분위기와 '세계관'을 규정하기도 한다. 이를테면 〈스타크래프트〉의 경우 '정복'을 핵심 테마로 삼고 있다. 물론 거기서도 플레이어는 정복할 곳을 탐색하고 무기와 유닛을 얻기 위해 거래해야 할 자원을 채취하기도 하지만 그것들은 효과적인 정복을 위한 보조 수단들일 뿐이다. 물론 효과적인 전략의 설계, 즉 빌더오더의 작성은 필수이다. 반면 턴제 시뮬레이션 게임인 〈문명〉은 신세계의 '탐색'을 핵심 테마로 삼고 있다. 식민지를 만들고 추방당한 원주민이나 다른 식민국가로부터의 공격을 방어하는 것은 다음의 일이다. RPG 게임과 달리, 전략 시뮬레이션 게임의 경우 플레이어는 개별적인 아바타 혹은 캐릭터를 선택하지 않는다. 그는 일종의 '전지적 시점'을 유지하는 가운데 신과 같은 지위에서 전체를 조망하고 각 상황에 맞게 정복과 탐색, 거래 등의 다양한 전술을 펼칠 수 있다. 물론 부분적으로 전투 중 1인칭 시점으로 플레이해야 할 경우도 있지만, 중요한 것은 전체를 보고 게임의 규칙들과 각 세력들의 복합적인 관계들을 파악하여 자신만의 가상 왕국을 성공적으로 꾸려나가는 것이다.

 다음으로 육성 시뮬레이션 게임이 있다. 이 게임은 전략 시뮬레이션에 롤플레잉 게임이 복합적으로 혼합되어 만들어진 장르이다. 이 장르의 게임들은 RPG에 포함시키기도 하고, 심지어 어드벤처로 분류하는 경우도 많다. 이 게임들에서 플레이어는 전략 게임들과 달리 캐릭터를 선택해야 하고 성공적으로 키우기 위해서는 적절한 전략을 짜야 한다. 육성 시뮬레이션은 말 그대로 누군가를 그리고 뭔가를 육성하거나 키우는 게임인 것이다. 플레이어들은 마음에 드는 캐릭터나 대상을 선택하고 그것을 각자의 목적에 맞게 성장시키거나 발전시켜야 한다. 가령 실제동물을 시뮬레이트하고 있는 〈펫즈 Petz〉 시리즈나 한국에서도 큰 인기를 얻은 바 있는 '반다이'의 〈다마고치〉 같은 게임들이 있다. '가이낙스'의 〈프린세스 메이커〉 시리즈는 딸을 키우는 게임이고 〈도끼메끼 메모리얼〉은 고등학교 3년 동안 자신을 갈고 닦는 게임이다. 〈프린세스 메이커〉를 즐겨 한다는 'A군'은 이 게임을 하면서 부모의 마음을 어렴풋이 알게 되었다고 고백을 하기도 했다. 좀 더 좋은 옷을 입히고 싶고 좋은 곳에 데려가고 싶고, 보다 좋은 교육을 시키고 싶고 등등의 부모의 의무감을 느꼈다는 것이다. 그러나 많은 남성 플레이어들은 애써 키운 여성 캐릭터에 성적인 욕망을 투여하기도 한다. 즉 선택한 캐릭터를 자신의 평소 성적 이상형에 가깝게 육성하는 과정에서 성적 욕망을 분출하는 계기로 삼기도 하는 것이다. 요즘 큰 인기를 얻고 있는 〈우마무스메〉는 말로 의인화된 미소녀를 육성하는 시뮬레이션의 속성을 도입한 게임이다.

〈스포어〉와 〈심시티〉를 만든 윌 라이트의 〈심즈 Sims〉는 육성 시뮬레이션과 경영 시뮬레이션을 성공적으로 혼합시켜낸 게임이다. 이 게임은 '심'이라 불리는 사람들을 관리하고 더 나은 삶을 살도록 육성시켜냄으로써 '성공적인 삶'을 살도록 하는 게임이다. 그야말로 '사람을 육성하고 키우는' 게임인 것이다. 라이트는 이 게임을 통해 인간관계나 시간관리, 가족관계가 게임 속에서 인간들이 사회적으로 어떻게 상호작용하는지를 보여주고자 했다. 그는 인생을 시뮬레이션하고자 하는 원대한 계획을 세운 것이다. 우리의 사회 속 생활세계를 시뮬레이트한 가상현실 안에서 플레이어는 마음에 드는 '심'을 선택하여 게임 속의 한 인물이 되거나 가족을 이뤄 삶을 살아간다. 이 게임의 캐릭터들은 질투나 분노, 사랑 같은 원초적인 감정뿐만 아니라 '세련됨, 외향적임, 활동적임, 쾌활함, 친절함' 등의 성격들을 지니고 있다. 이러한 변수들이 상호작용하면서 다양한 인간관계들을 연출한다. 이 게임은 엄청난 성공을 거두었는데, 성공 요인은 교외의 보통 가정이라는 현실적이고 친숙한 설정 속에서 플레이어가 맘껏 창의성을 펼칠 수 있을 만큼 자유도가 높았던 점, 게임의 주요 캐릭터들인 가상 영웅이나 우주인, 괴물 등의 비현실적인 캐릭터가 아니라 바로 인간의 이야기라는 것, 인터넷을 통한 사회적 상호작용의 가능성을 열어주었다는 점 등을 거론할 수 있을 것이다.

다음으로 운송수단 혹은 '탈 것'(vehicle) 시뮬레이션 게임이 있다. 이 장르는 실제 혹은 가상의 이동수단을 통해 달리거나 날거나 하는 등의 느낌을 만들어내는 것이다. 이 시뮬레이션 게임은 운송수단들의 기능을 알고자 하고 실제로 그것을 조종하는 느낌을 체감하고자 하는 플레이어들의 욕구를 반영한 게임이다. 이동수단 시뮬레이션의 역사는 플레이어의 실감나는 추체험을 위해 중력이나 비행기의 중력가속도(〈G-포스〉), 연료의 소모 등까지도 실제의 운송수단들과 유사하게 디자인을 발전시켜온 역사이기도 하다. 이 게임의 절대 다수는 비행 시뮬레이션과 드라이빙 시뮬레이션이고, 보트(〈파워보트〉)나 배(〈하푼 Harpoon〉), 잠수함(〈어택 섭 688 688 Attack Sub〉), 탱크 등의 시뮬레이션도 있다. 이들은 특히 교육적 효과가 커서 군대나 항공회사, 운전학원 등에서 자주 활용된다. 〈그란투리스모〉시리즈는 가장 인기 있는 레이싱 시뮬레이터로 평가받고 있으며, 〈레일로드 타이쿤〉과 〈레일그레이드〉는 철도와 경영 시뮬레이션을 결합한 게임들이다.

하지만 이동수단 시뮬레이션에서 비행기가 등장하는 게임, 가령 2차 대전 당시 활약했던 비행기가 등장하는 〈배틀혹스 1942 Battleharks 1942〉같은 게임을 포함시킬 것인지 아닌지에 대해서는 논란이 있을 수 있다. 어떤 점에서 이들 게임들은 전략/전투의 요소와 액션의 성격을 강하게 띠기 때문이다. 사실 모든 디지털게임에는 시뮬레이션의 요소가 가미되어 있다고 볼 수 있는데, 이렇게 시뮬레이션 게임의 범위를 넓게 잡으면 이 장르 자체가 별 의미가 없을 것이기 때문이다. 배틀혹스 1942는 플레이어가 역사적 사실에 근거한 임무를 수행하면서 연합군의 편에 속할 수도 있고 독일군의 일원으로도 싸울 수 있다. 하지만 어느 편에서 싸우든 이 게임에서 중요한 것은 전투의 실상을 파악하는 것이라는 점에서는 시뮬레이션적 요소가 강한 게임으로 볼 수 있다. 시뮬레이션 게임의 대가 시드 마이어의 〈F-15 스트라이크 이글〉은 전쟁 시뮬레이션 게임이면서 비행기 조작의 시뮬레이션에 더 많은 비중을 두었다는 점에서 대표적인 비행 시뮬레이션 게임이라고 할 수 있다. 마이크로소프트의 〈마이크로소프트 플라이트 시뮬레이터〉는 비행 시뮬레이션 게임의 대명사가 된 게임으로서 비행학교나 공군 등에서 교육적 목표로 많이 활용되었던 게임이다.

드라이빙 시뮬레이션 게임에는 흔히 볼 수 있는 레이싱 게임을 들 수 있다. 여기에는 '조직적인 레이싱 게임'과 '가상적인 레이싱' 게임이 있다. 전자의 경우 〈인디카 Indycar〉, 〈나스카 NASCAR〉, 〈포뮬라 원 Fomula 1〉처럼 실제로 열리고 있는 레이싱 경기들의 실감나는 체험을 목표로 한다. 공식적인 경주대회를 게임 명칭으로 사용하고 있으므로 〈NBA Live〉나 〈FIFA 2002〉 같은 스포츠 게임처럼 해당 협회에 라이센스비를 지불해야 하는 게임이다. 반면 '가상적인 레이싱' 게임의 경우 가상적인 상황, 즉 도시나 한적한 지방이나 가상적 환경에서 미친 듯이 드라이빙을 겨루는 게임이다.

하지만 비행 시뮬레이션이든 레이싱 게임이든 플레이어들은 일반적으로 '순수파'와 '캐주얼 플레이어'들로 구분한다. 순수파의 경우에는 레이싱의 황홀경적 스릴감이나 몰입감보다는 실제 자동차의 특징과 한계를 매우 정확하게 사실적으로 재현한 시뮬레이션을 원한다. 반면 캐주얼 플레이어들의 경우 〈GTA〉 시리즈나 〈카트라이더〉 시리즈처럼 날거나 달리면서 마구 쏘고 다니는데 문제가 없다면 세밀한 부분의 사실성 여부에는 별 관심을 두지 않는다. 순수파의 취향을 반영하는 시뮬레이션 게임들의 경우 교육적 효과가 크고 탈 것들을 익숙하게 조작하는 데 목적을 둔다면, 아무래도 캐주얼 게임들의 경우 오락적인 효과에 더 비중을 둔다고 할 수 있다.

시뮬레이션 게임의 특징 중 하나는 목표 지향적이라기보다는 과정 지향적이라는 점이다. 물론 RPG 게임의 경우에도 그렇지만, 시뮬레이션 게임에는 어떤 특정한 목표를 부여하기보다는 과정 속에서의 추체험을 중시하는 면이 강하다. 특히 그 중에서 건축·경영 시뮬레이션(Construction & Management Simulation, CMS)은 과정지향성이 가장 강한 게임이라고 할 수 있다. 이 게임은 적이나 경쟁자를 물리치는 것이 아니라 진행형으로 변화하는 방법과 절차 속에서 무엇인가를 만들어내는 것이다. 이 장르의 최고 성공작은 윌 라이트의 〈심시티 SimCity〉일 것이다. 이 게임은 성공적인 디지털게임이 반드시 격렬한 액션이나 폭력을 필요로 하는 것은 아니라는 사실, 게임이 남녀노소 누구에게나 어필할 수 있다는 것을 보여준 게임이었다.

〈심시티〉는 어느 도시의 시장이 되어 빈 공간에 도시를 만들어 경영하는 게임이다. 도로나 전기 설비 등 도시의 기반 시설을 건설하고 산업시설, 상업시설, 위락시설 등을 알맞게 계산적으로 건설하는 어려운 작업을 플레이어가 도맡아야 하는 것이다. 현실에서처럼 개발에 너무 치우칠 경우 교통체증이나 환경문제 등이 나타날 수 있다. 이 게임의 목표는 가능한 한 많은 사람들이 골고루 편하게 살도록 도시를 건설하고 운영하는 것이다. 하지만 이 시뮬레이션이 현실을 충실하게 반영하고 있는 것은 아니다. 왜냐하면 건설과 경영이 권력과 자본의 이해에 따라 이루어지는 것이 현실이고, 슬럼가에 빈민들이 살 수 밖에 없는 공간적 불평등의 문제가 반영되어 있지 못하기 때문이다. 미국의 사회적 골칫거리인 인종적 갈등도 여기에는 없다. 그런 점에서 〈심시티〉의 현실을 바라보는 눈이 비현실적이고 이상주의적일 뿐만 아니라, 오히려 미국 사회의 다양한 모순을 은폐하는 게임이라는 비판이 제기되기도 한다. 도시 설계와 관련해서는 〈하이라이즈 시티〉도 기억할 만하고, 인류 종말 이후의 서바이벌 도시건설 시뮬레이션 게임인 〈플러드랜드〉는 건설 시뮬레이션의 진화를 보여주는 사례로 평가할 수 있을 것이다.

〈롤러코스터 타이쿤〉 시리즈도 놀이공원을 디자인하고 경영하는 게임이었다. 이 게임은 꿈꿔왔던 테마파크를 직접 만들어 볼 수 있는 시뮬레이션 게임으로, 〈롤러코스터 타이쿤 3 컴플리트 에디션〉으로 재발매되기도 했다. 이 게임 역시 〈심시티〉처럼 플레이어의 종합적 사고능력을 요구하는 게임으로서 플레이어는 스스로 공원의 성격을 어떻게 바꿀지 결정하고 디자인해야 한다. 가령 롤러코스터 시설을 증축할 경우 필요한 재정은 얼마나 될지 그리고 필요한 다른 부대시설은 어디에 얼마나 건설해야 할지를 결정해야 한다. 하지만 어느 특정 시설에 집중적으로 투자할 경우 다른 시설물들은 천덕꾸러기가 될 수 있으므로 전략적인 사고와 계획이 요구된다. 플레이어가 경영 전략을 설계하면서 제일 고려해야 할 것은 공원 이용자들이 최적의 공원 체험을 할 수 있도록 놀이공원을 설계하는 것과 이윤을 창출할 수 있도록 시설들을 배치하는 것이다. 이와 유사한 게임으로 〈테마파크월드〉가 있는 데, 특히 이 게임은 플레이어가 건설·경영자의 시점으로뿐만 아니라 방문객의 시점으로도 플레이할 수 있다는 차별성을 갖는다. 이 게임에서 플레이어는 공원의 축제 분위기를 연출하고 좋은 직원들을 고용할 수 있을 뿐만 아니라 스스로 설계한 멋진 놀이기구를 탈 수도 있는 것이다.

〈캐피탈리즘〉은 참으로 문제적인 경영 시뮬레이션 게임이다. 이 게임의 시스템은 회사의 경영, 재고관리와 부동산, 금융 및 주식까지 구현하고 있어 그야말로 현대 시장경제의 축소판이라고 할 수 있다. 플레이어는 경영과 경제 양쪽에서 실전 경험을 쌓을 수 있다. 심지어 무언가 사업을 벌이기 위해서는 일단 대출부터 받고 본다는 사실까지 반영되어 있다. 거의 모든 디지털게임이 자본주의적 경쟁의 시스템에 근거하여 게임 규칙을 마련해 놓고 있고, 플레이어들이 게임을 하는 가운데 그러한 규칙 속의 이데올로기를 '자연화'할 가능성이 크다. 그중 〈캐피탈리즘〉이나 〈군주론〉같은 시뮬레이션 게임들은 공공연하게 자본주의적 경영의 학습을 목표로 하고 있다. 특히 〈캐피탈리즘〉은 자본주의 시스템하에서 성공적으로 기업을 경영하는 게임이다. 〈캐피탈리즘〉은 하버드대학에서 경영학 보조교재로 활용하기도 했고 국내의 대학들에서도 경영 실무에 대한 교재로 활용된 바 있다. 이 게임을 즐기기 위해 플레이어는 제조, 유통, 기업 합병, 재무회계, 주식 동향 등 경영 일반에 대한 지식을 갖추어야 한다. 플레이어는 모든 수단을 활용하여 초국적 독점자본을 건설하고 다른 기업을 제압함으로써 경영의 승자가 되어야 하는 것을 과제로 삼는다. 그야말로 성공적인 자본가가 되어야 하는 게임인데 그러기 위해서는 자본의 논리에 충실해야 한다. 이 게임을 하다 보면 자연스럽게 플레이어는 최고경영자가 된 것 같은 환상에 빠져 자본주의의 실상을 보지 못할 수 있다. 그리고 이 게임에는 자본주의 사회의 복잡한 현실들이 기업 활동만으로 환원되어 있기 때문에 노동자의 삶 따위는 유닛이나 숫자로 처리된다. 구조정리나 정리해고의 엄연한 현실이 플레이어의 가벼운 조작으로 이루어지는 것이 실제 대기업 경영자의 일처리 방식일 수도 있겠지만 비딱하게 보면 비판적으로 해석될 수 있는 게임이다.

이외에도 직업 체험이나 의료 훈련 등을 위한 시뮬레이션 등 다양한 콘텐츠가 있다. 마지막으로 연애시뮬레이션 게임으로 마무리를 짓도록 하겠다. 이 게임은 앞서 설명했던 '육성 시뮬레이션' 게임과 많은 부분 겹치는 게임이지만 '육성'에 방점을 찍느냐 아니면 '연애'에 방점을 찍느냐에 따라 차이가 있을 수 있다. 이 장르의 게임은 여러 캐릭터들과 연애를 추체험해 볼 수 있는 게임이다. 잘 토라지는 애인에게 선물공세와 애정공세 등 현실보다 더 정성스러운 처신이 필요하며 말 한마디도 제대로 해야 한다. 여성의 환심을 사기 위해서 갖추어야 할 것도 한두 가지가 아니다. 농담이지만 요즘 여성들의 눈높이가 올라가고 있다고 하는데, 남성들은 이 장르의 게임을 통해 두고두고 연습을 해 볼 일이다. 연애, 그 어려움에 대해 학습을 할 수 있는 게임들이 많다. 이 게임은 대체로 예쁘고 귀여운 소녀들이 많이 등장한다고 해서 '미소녀 연애시뮬레이션'라고 불리기도 하는데, 〈스키쇼〉처럼 여성들이 이상적인 남성 캐릭터와 로망을 벌이는 게임도 있다. 이 게임의 매력은 플레이어가 직접 연애를 가상 체험할 수 있고, 플레이어의 내밀한 욕망을 게임의 진행에 반영시킬 수 있다는 점이다. '18禁 게임'이니 '연애 게임', '에로 게임', '비주얼 노블' 등은 모두 이 장르와 연관이 있다. 이 장르에는 육성의 요소와 연애의 요소가 공존하는 경우가 많고 대표적인 작품으로는 〈도키메키 메모리얼〉이 있으며, 〈동급생〉이나 〈하급생〉 시리즈도 유명한 작품들이다. 일반적으로 플레이어들이 평소 이상형으로 생각했던 이성상에 맞도록 캐릭터를 육성하고 능력치를 키워 나가는 게임이다. 〈동급생2〉의 경우 플레이어가 화면의 커서를 클릭하면 일정한 반응이 나타난다. 플레이어는 동네 여기저기를 돌아다니며 우연히 여성과 만나고 이벤트 과정에서의 대화를 통해 연애도를 높여나간다. 〈나만의 작은 아이돌〉이나 〈러브언홀릭〉, 〈구운몽〉 등은 이 장르가 다양한 변주를 통해 어떻게 확장되어 가며 여전한 관심을 끌고 있는지를 보여준다. 그 점에서 〈모태솔로〉는 특기할 만한 실험이다. 이 게임은 남중, 남고, 공대, 군대, IT회사 취업 테크트리를 타면서 30년간 연애를 해본 적 없는 남자 주인공 '강기모'가 여주인공 '김유미'와 소개팅을 하면서 벌어지는 다양한 에피소드를 담아낸 연애 시뮬레이션 게임이다. 이 게임은 선택지가 많지 않아 자유도는 떨어지지만 그래픽이 아니라 실제 배우들이 연기하는 영상을 기반으로 제작되어 나름의 참신성을 획득하고 있다. 플레이어의 선택에 따라 소개팅의 전개와 결말이 달라지는 것에서 잔잔한 반향을 일으킨 콘텐츠이기도 하다.

위에서 설명한 장르 구분은 가장 널리 사용되는 구분법이긴 하지만 그 기준이 모호하다는 비판에 직면하기도 한다. 이를 형식에 따른 분류로 보기도 하고 또는 용도별 분류라고 하기도 하며, 또는 주제에 따른 분류라고 하기도 하는 등 비슷하게 장르를 구분하면서도 그 기준에 대해서는 모두 명확하지 않기 때문이다. 이는 디지털게임의 장르 구분이 절대적인 체계를 가질 수 없음을 말해준다. 그래서 『게임대학』을 쓴 아카오 고우이치는 게임에서는 끊임없이 새로운 복합장르가 나오기 때문에 분류라고 하는 것이 큰 의미가 없다고 지적하면서 다음과 같은 대안적인 분류법을 제시하기도 한다.

1) 시뮬레이션 게임: 플레이어의 의지가 게임의 흐름을 만들어 가는 게임
2) 롤플레잉 게임: 경험 값의 개념이 있고 시나리오가 준비되어 있는 게임
3) 어드벤처 게임: 게이머가 이야기의 주인공이 되어 스토리를 엮어나가는 게임
4) 액션 게임: 게이머의 반사 신경에 많이 의지하고 캐릭터를 조작하여 즐기는 게임, 격투게임, 슈팅게임 등의 하위범주가 있다.
5) 스포츠 레이스 게임: 스포츠나 레이스를 제재로 한 액션 게임
6) 퍼즐 게임: 주어진 명제를 풀어 가는 게임
7) 보드 테이블 게임: 장기나 마작 등 기존의 게임을 재현한 게임
8) 버라이어티 게임: 점, 퀴즈 등 어떤 분류에도 해당되지 않는 게임

새로운 게임 장르의 이론을 요구하면서 아카오 고우이치 자신도 지적하고 있는 것처럼 이러한 분류 역시 문제가 있다. 가령 '아케이드'의 항목을 포기하고 게임의 내적 형식에 따라 액션, 스포츠, 퍼즐, 보드 게임으로 세분

화 한 것은 의미 있는 시도이지만, 액션 게임이 스포츠 레이싱 게임에서 반복되어 거론되는 것은 문제가 있다. 그리고 버라이어티 게임이라는 항목도 기존의 장르를 벗어나는 게임들이나 복합장르의 게임들을 설명하기 위한 고육지책의 산물이겠지만 모호하기는 마찬가지다.

이외에도 게임이 구동되는 기기, 즉 '플랫폼'을 기준으로 아케이드 게임, 콘솔 게임, PC 게임, 온라인 게임, 휴대용/모바일 게임 등으로 구분하기도 한다. 아케이드 게임은 일반적으로 오락실, 즉 게임센터에 존재하는 게임들로서 게임 콘텐츠를 기판에 하드웨어적으로 고정시킨 형태로 제작된 게임이다. 콘솔 게임(console game)은 비디오게임이라고도 불리며 전용 게임기를 텔레비전이나 컴퓨터 모니터의 화면에 연결시켜 플레이하는 게임을 말한다. 일본의 '테레비 게임'이 바로 비디오게임이다. 아타리의 마그나복스 이후 아타리, 닌텐도, 세가, 소니, 마이크로소프트가 경쟁을 벌여왔다. 오늘날에는 닌텐도의 스위치, 소니의 플레이스테이션5, 마이크로소프트의 엑스박스 시리즈X/S가 콘솔전쟁을 벌이고 있다.

반면 퍼스널 컴퓨터(PC)에서 CD롬 등의 저장장치에 수록된 게임물을 작동하여 즐기는 PC 게임이 있다. 이들 게임은 입력 장치로 전용 컨트롤러가 아니라 키보드와 마우스를 사용한다. 온라인 게임 역시 PC으로 볼 수 있겠지만 달리 구분하는 것이 일반적이다. 왜냐하면 온라인 게임은 PC게임처럼 게임 패키지를 구입하지 않더라도 원격 서버에 접속하여 게임을 플레이할 수 있기 때문이다. PC 기반의 MMORPG는 최근 무게 중심을 모바일 MMORPG로 옮기고 있는데 모바일 게임의 장치로서의 성격이 게임과 플레이의 양태에 영향을 주기도 한다. 이를테면 PC에서는 예외적이었던 '자동사냥'을 게임의 상수로 활성화한 것이 대표적이다. 모바일 게임은 휴대폰 단말기 혹은 네트워크로부터 게임 콘텐츠를 다운로드하여 이용하는 게임 형식이다. 이외에도 '게임보이'나 '닌텐도 DS'처럼 휴대할 수 있는 게임기가 있다. 이 게임기는 액정 화면이 달려있어서 들고 다닐 수 있는 작은 게임기이다. 〈다마고치〉도 카트리지 기반의 게임은 아니지만 일종의 휴대용 게임기로 볼 수 있다. 스마트폰의 등장 이후 휴대용 게임기는 거의 사양길에 접어들었지만 벨브 코퍼레이션의 '스팀덱'이 고사양 PC 게임들을 구동할 수 있도록 하면서 새로운 기대를 갖게 한 바 있다. 차세대 게임 플랫폼으로 '스트리밍 서비스'도 기억할 만 하다. 이는 5G로 진화한 초고속 통신망을 이용해 고성능 게임기가 없더라도 양질의 게임을 즐길 수 있도록 해준다. 클라우드 게이밍 기술과 더불어 플랫폼이 없어도 원하는 게임을 즐길 수 있는 시대를 예고하고 있다. 실감 콘텐츠를 즐길 수 있는 VR 게임과 AR 게임은 장치들이 갖고 있는 여러 기술적 문제들이 완벽하게 해결되지 않아 아직 본격적으로 대중화되지 않았지만 빠르게 개선되고 있으며 콘텐츠의 양도 늘어나고 있는 추세이다.

그리고 이외에도 게임의 상호작용 방식에 따라 플레이어와 게임 텍스트(콘텐츠) 간의 상호작용이냐, 아니면 플레이어와 다른 플레이어 사이의 상호작용이 가능하냐에 따라 오프라인 게임과 네트워크 게임(멀티 게임, 온라인 게임)으로 나누기도 한다. 울프(M. Woolf)의 경우에는 게임이 영화와 유사한 영상성을 구현하는 경향이 있고 이야기적인 요소, 즉 서사성이 강화되는 경향이 있다며 영화의 장르 구분 관행을 참조할 필요가 있다고 진술한다. 물론 그는 기존 서사 예술의 경우 이용자의 의지가 거의 반영되지 않기 때문에 게임의 상호작용성을 고려한 장르 구분이 필요하다는 단서를 달기는 한다. 그래서 그는 〈테트리스〉와 같은 '추상형 게임', 기존의 스포츠를 게임으로 재현한 '채택형 게임', 아이템 모으기 같은 '수집형 게임', '비행게임', '격투게임', '시뮬레이션', '롤플레잉 게임', '보드게임', '슈팅게임', '레이싱게임' 등 게임의 목적과 플레이어의 게임 행위 유형 등을 기준으로 모든 게임 유형을 망라한 게임 장르를 제시하기도 한다.

그러나 게임 장르를 구분함에 있어 고려해야 할 중요한 기준들은 더 많이 존재한다. 게임이 갈수록 정교하고 다양해짐에 따라 게임 행위의 유형을 더욱 다양하게 세분할 필요가 있고, 이외에도 게임의 시점(1인칭/3인칭)이나 게임 커뮤니케이션의 형태(게임 내 커뮤니케이션/게임 외 커뮤니케이션), 게임 세계의 도상성(2D/3D) 등 고려해야 할 본질적 요소들이 존재하는 것이다. 혹자는 게임 플랫폼들이 다양해짐에 따라 다각화된 게임의 판매 방식들을 기준으로 구분을 하기도 한다(패키지/확장팩, 월정액제/게임구독, Free to Play(F2P), 부분유료화, 클라우드펀딩/앞서 해보기). 여기서도 드러나듯 몇몇 개념들로 디지털게임의 복잡한 상황들을 포괄하여 구분하기란 거의 불가능하다. 더욱이 텍스트와 그래픽, 이미지와 사운드 등 콘텐츠 정보들의 자유로운 변경과 접속을 자유자재로 할 수 있는 멀티미디어성이 강화되고 기존의 상호작용성을 능가하는 플레이어들의 참여폭이 무한히 확대되어 가는 경향 등 게임은 지속적으로 진화하고 혁신하는 중이다. 이러한 흐름과 더불어 기존의 게임 분류법도 역동적으로 변화할 가능성이 크다.

게임의 역사

게임의 탄생

우리는 '게임', 즉 디지털게임이 겉으로는 매우 단순한 규칙을 가지고 있어서 그 자체로 과연 어떤 의미가 있을까 의문을 던지게 된다. 하지만 플레이어가 참여하여 조작을 하는 순간 멀티미디어인 디지털게임의 복잡성은 끊임없이 증폭된다. 따라서 그 역사를 단 몇 장의 지면으로 정리하기란 쉬운 일이 아니다. 이는 게임플랫폼과 콘텐츠가 하루하루 변화하고 늘어나는 상황에서 거의 불가능한 작업이라 할 수 있다. 그 시작은 우발적이고 초라한 것이었지만 반세기 동안 지속적으로 변해왔고 지금도 계속해서 진화 중이기 때문이다. 영화나 방송 등의 '아날로그적' 매스미디어들도 그렇지만, 특히 디지털게임은 더욱 더 기술의존적 매체이다. 디지털게임의 발전은 컴퓨팅 기술의 발전에 결정적으로 의존해왔고 네트워크 기술이 보태지면서 거듭 증강의 역사를 써나가고 있다. 이외에도 컨트롤러를 비롯한 인터페이스, 영상 및 디스플레이 기술 등의 기여 역시 무시할 수 없다.

하지만 테크놀로지의 발전과정만으로 게임의 역사를 이해할 수는 없다. 발전된 과학기술의 성과가 있었기 때문에 다양한 대중들의 취향을 반영하고 실현할 수 있었겠지만, 오히려 복잡한 과학기술에 생명력을 부여한 것은 동시대를 살아가는 대중들의 욕망구조 혹은 감정구조일 것이다. 상업적 성공을 위해 게임 디자이너들은 대중들의 흥미가 어디로 흐르는지를 신중하게 파악하는 가운데 당시의 컴퓨터기술이 허락하는 내에서 복잡다양한 재밋거리들을 채워나갔던 것이다. 결국은 사람이 문제였던 셈이다. 그런 점에서 게임의 역사에는 게임 시장과 게임 산업의 역사 및 컴퓨터 테크놀로지의 역사 외에도 게임이 대중들에게 어떻게 수용되었는지를 포함하는 통합적인 역사 서술이 되어야 한다. 그래야 게임의 역사는 문화의 역사로 자리매김할 수 있을 것이기 때문이다.

디지털게임의 역사를 살펴보면 일종의 몇몇 '획기적인'(epoch-making)인 분기점들이 존재함을 알 수 있다. 60년대 게임의 탄생부터 70년대 아케이드 게임, 80년대 가정용 콘솔 게임, 90년대 PC 시디롬 게임과 인터넷 게임, 최근의 VR/AR 게임 등의 획기적인 국면 전환의 변화들이 있어왔던 것이다. 박근서는 이를 '시간의 마디'로 표현하면서 그것을 "게임이라는 전체 다발에 참여하고 있는 그 각각의 계기들"이라고 정의한 바 있다. 그에 따르면 "이러한 계기들은 게임을 이전과는 전혀 다른 모습으로 변모하게 하는 혁신들로 나타난다. 이러한 혁신들이 초래하는 다양한 변화들이 곧 게임이라는 전체 다발을 새로운 모습으로 만든다."고 하는데, 이 점에서 '시간의 마디'를 당시 게임들의 '핵심 고리'라고도 할 수 있을 것이다. 박근서는 이러한 혁신들이 가져온 새로운 게임의 등장을 '게임 패러다임의 전환'으로 정리하였다.

어찌 보면 '패러다임의 전환'은 '결정적으로' 컴퓨터 기술의 비약적인 발전 덕분에 가능한 것이었을 것이다. 하지만 문화산업으로서 게임 산업은 대중들의 사회적 정서와 취향을 무시할 수 없다. 게임 개발자들은 인정을 받기 위해 대중들이 좋아할 만한 게임이 무엇인지를 끊임없이 고뇌할 수밖에 없다. 할리우드의 역사도 그랬던 것처럼 이 과정에서 상업적 성공에 절대적 관심을 두는 제작자와 창의성을 보장받으려는 개발자들 사이에 모종의 갈등이 생겨나기도 했다. 하지만 더 많은 자극과 더 많은 현실감(핍진성), 더 많은 참여가 게임의 모토가 되고, 이러한 욕구가 당시의 컴퓨터 기술과 만나면서 게임의 발전은 획기적인 도약을 이루기도 했다. 그런 점에서 게임의 역사에 있어서 '패러다임의 전환'은 기술과 사회적·문화적 변화를 포함하는 종합적인 과정일 수 있다. 짧은 지면에 이러한 사정을 모두 담기는 불가능하다. 최근 10여년의 현란한 역사를 담을 수 없어 안타깝다. 여전히 역동적으로 열린 역사를 만들어 가고 있는 게임의 중요한 국면들을 정리하는 것으로 만족하고자 한다. '지금 여기', 그리고 '도래하는 미래'의 게임 역사는 독자들이 이 장 전후의 행간을 통해 유추하기를 소망해 본다.

최초의 디지털게임은 흔히 히긴보덤(Willy Higgingbotham)의 1958년 게임 〈테니스 포 투 Tennis for Two〉로 알려져 있다. 그는 저명한 과학자로서 원자폭탄 개발 프로젝트인 '맨하튼 프로젝트'에 참여한 바 있고 1947년 미국 부룩헤이븐 국립 연구소가 설립되면서 이곳으로 옮겨온 인물이었다. 그는 연구소 방문객들을 위한 인터랙티브 게임을 구상하는데, 그 결과 만들어진 게임이 오실로스코프와 아날로그 컴퓨터 그리고 몇 개의 버튼을 조합한 게임이었다. 요즈음의 관점에서 볼 때 무척 조잡하게 보일 이 테니스 게임은 관람객들이 줄을 서서 기다려야 할 정도로 대성황을 이루었다. 하지만 히긴보덤은 이 아이디어를 이용하여 돈을 벌 생각이 전혀 없었다고 한다. 〈테니스 포 투〉는 실제 바둑판이나 장기판에서처럼 컴퓨터 앞에 앉은 두 사람이 서로 공을 주고받는 식으로 진행되는 간단한 게임이었다. 우리가 알고 있는 것처럼 컴퓨터의 연산장치를 매개로 한 '기계와 인간의 상호작용'(computer-human interaction)이라는 의미의 게임은 아니었던 것이다. 그런 점에서는 1959년 존 매카시(John McCarthy)가 개발한 체스 게임 역시 이러한 컴퓨터-인간 상호작용과는 거리가 먼 게임이었다.

최초의 '인터랙션' 디지털게임인 〈스페이스워〉는 1961년 MIT의 대학생 스티브 러셀(Steve Russell)과 동료 학생들의 유쾌한 놀이에서 나온 결과물이었다. 러셀과 그의 동료들은 '해커'의 효시이기도 한데, 그들의 모임 'Tech Model Railroad Club'(TMRC)는 대학 안에 설치된 12만 달러 짜리 PDP-1 컴퓨터의 성능을 효과적으로 보여줄 방안을 구상하던 중 이 게임을 개발하게 되었다. 당시 컴퓨터들은 보통 천공카드나 종이테이프를 통해 입출력을 했지만, 이 컴퓨터는 모니터를 갖춘 특별한 장치였기 때문에 그들의 호기심을 자극했다. 원조 해커로서 러셀과 그의 동료들은 스티브 잡스처럼 '60년대의 아이들'로서 소유권 없이 정보를 공유하는 유토피아적 공동체를 꿈꾸었다. 이러한 '해커'의 정신은 그들이 게임을 만들면서 제기했던 다음의 원칙들에서 잘 드러난다.

- 이 컴퓨터가 지닌 모든 능력을 보여주어야 하며, 또 그 능력을 최대한 발휘하도록 해야 한다.
- 각각의 데모는 일관된 틀을 유지하면서도 다르게 보여야 하고 흥미를 유발해야 한다.
- 일반인들도 관심을 보일 수 있도록 재미있어야 하고, 게임의 형태를 갖추도록 한다.

B급 과학소설의 매니아였던 스티브 러셀은 우주공간을 배경으로 한 인터랙티브 게임을 만들 결심을 하게 되고 이 계획이 TMRC 내부에 알려지자 흥분이 일기 시작한다. '게으름뱅이'(slug)라는 별명을 지니고 있던 러셀은 6개월을 훌쩍 넘기고서야 〈스페이스워〉를 완성한다. 이 게임에서 플레이어는 PDP-1에 장착된 토글 스위치로 우주선의 방향과 속도를 조종하고 어뢰를 발사했다. TMRC 회원들은 해커 행동수칙에 따라 이 게임을 수정하기 시작했다. 러셀이 프로그래밍한 이 게임의 원래 배경은 점들을 그냥 배열해놓은 것이었다. 하지만 피터 샘슨(Peter Samson)은 실제 은하계와 유사한 배경을 프로그래밍해 넣었고, 또 한 동료는 중력 옵션을 넣었으며 로켓이 시스템 영역을 벗어났음을 알리는 경고 시스템과 공간이동 시스템 등을 보완하여 게임의 완성도를 높였다. 동아리 회원들은 조이스틱의 원조격이라 할 수 있는 최초의 게임 조종 장치도 개발했다. 이러한 게임 수정 과정은 한마디로 모임 내부의 놀이였으며, 장난기어린 과학자들의 창의성이 〈스페이스워〉에 십분 반영되었다.

〈스페이스워〉는 MIT 내에서 선풍적인 인기를 모았지만 러셀은 한 푼도

벌지 않았다. 컴퓨터 한 대의 가격이 12만 달러인 상황에서 게임 산업을 생각하는 것 자체가 무리이기도 했다. 물론 TMRC 회원들이 이 게임을 상품화할 방안이 없을까 고민을 하기도 했지만, 원조 해커 러셀의 대답은 'No!'였다. 러셀은 자신의 작품을 지적 재산권으로 보호하려 하지도 않았고 그것을 이용해 로열티를 받으려고 하지도 않았다. 결국 〈스페이스워〉는 PDP 장비 테스트를 위한 진단용 프로그램으로만 이용되었고 PDP 컴퓨터 구매자들에게 무료로 제공되었다. 하지만 게임 산업의 도래와 함께 원조 해커들의 유토피아적 비전은 설 자리를 잃게 되는데, 이는 게임의 역사에서 거듭된 법적 분쟁들을 통해 확인된다. 그러나 〈스페이스워〉는 이후의 수많은 게임 개발자들에게 영감을 주었고 오늘날에도 재미를 줄 수 있는 게임 디자인의 원형(prototype)으로 평가받고 있다. 대략 20년 뒤에 개발된 〈아스테로이즈 Asteroids〉라는 아케이드 게임은 바로 이 게임을 발전시킨 것이었는데, 〈스페이스워〉의 게임성이 그대로 보존될 만큼 뛰어난 것이었다. 그리고 게임 산업의 아버지로 불리는 아타리(Atari) 창립자 놀런 부쉬넬(Nolan Bushnell)도 이 게임에서 큰 영감을 얻었다.

최초의 비디오게임기

최초의 비디오게임기는 방위산업체였던 샌더스 사의 엔지니어 랄프 배어(Ralph Baer)에 의해 개발되었다. 회사에서는 게임 개발에 대한 베어의 계획에 거세게 반발했기에 몰래 이 프로젝트를 추진해야 했다. 라디오와 텔레비전 설계 업무를 맡고 있던 그는 TV와 게임이 서로를 위해 존재한다고 생각했다. "뉴욕으로 출장을 가려고 이스트 사이드의 버스터미널에 앉아 있었는데, 그때 갑자기 TV 수상기로 또 다른 일을 할 수 없겠는가 하는 생각이 떠올랐어요. 재미없는 방송이 나올 때 채널을 돌리는 것 말고 말이에요. TV 수상기에 기계 장치를 추가해서 게임을 즐긴다면 어떨까 하는 생각이 떠오른 것이지요."라는 말에서 그의 당시 생각을 떠올릴 수 있을 것이다. 이후 배어는 빌 러시(Bill Rush)라는 직원과 함께 미로에서 한 플레이어가 다른 플레이어를 추적하는 2인용 게임을 만들었다. 그리고 이 게임을 발전시켜 〈여우와 사냥개 Fox and Hounds〉를 만든다. 물론 이 게임의 화면에는 실제 여우나 사냥개가 등장하는 것은 아니었고 그저 두 개의 점만이 표시되어 있었다. 하나의 점은 여우를 또 하나는 사냥개나 사냥꾼을 의미했다. 게임의 목적은 사냥개 점이 여우 점을 쫓아 잡는 것이었다. 배어의 말처럼 이 게임은 매우 원시적인 것이었지만 아무튼 비디오게임이었고 재미있었다. 이 게임이 더 중요한 것은 이후 테니스 혹은 핑퐁 게임의 기반이 되어주었다는 것이다. 러시는 배어에게 점말고 공을 이용하자고 제안했는데, 이러한 아이디어의 결과물이 바로 2인용 탁구 게임 〈브라운 박스 Brown Box〉라는 시스템이었다.

　이 게임기는 마그나복스(Magnavox)사에 팔려 〈오디세이 Odyssey〉라는 이름으로 매장에 나온다. 하지만 이 최초의 가정용 비디오 게임 시스템은 상업적으로 큰 성공을 거두지 못한다. 랄프 배어는 이 게임을 20달러에 팔려고 했는데 마그나복스 사는 100달러나 받으려 했기 때문이다. 그러나 이 게임은 놀런 부쉬넬의 〈퐁 Pong〉에 지대한 영향을 미치는데, 〈퐁〉을 통해 디지털게임 산업이 본격적인 시작을 맞는다. 배어는 특허권에 세심한 관심을 가지고 있었기 때문에 지적 재산권 보호의 대변자로 인정된다. 게임의 판매권이나 독점권을 인정하지 않았으며 정보의 공유를 주장했던 투철한 해커 정신의 소유자 러셀이 게임 비즈니스의 훼방꾼으로 인정받는 것에 비하면 배어 본인으로서는 돈과 명예를 동시에 쥘 수 있으니 얼마나 좋았을까? 나중에 살펴볼 디지털게임의 사회적 효용성을 중시하는 프라스카(Gonzalo Frasca)의 '억압받는 자들의 비디오게임' 프로젝트는 바로 이러한 해커 정신을 전제로 한다. 그리고 그것은 인디게임들을 통해 부분적으로 계승되고 있기도 하다. 물론 제작자들이 자기 게임이나 게임의 아이디어를 '오픈-소스'로 제공하고 그것이 다른 게임 디자이너에게 새로운 영감을 줄 수 있다면 제일 좋겠지만 당시로서는 기대할 수 없는 일이었다. 이는 디지털게임 초창기에나 가능했던 전설 같은 이야기이기 때문이다. 아직 '모드'(mod)는 시기상조였던 셈이다. 게임의 특허권에 큰 관심을 두었던 랄프 배어는 60년대 해커 전설의 균열을 입증하는 인물이었다.

게임 산업의 아버지

랄프 배어가 '비디오게임의 아버지'라면, 놀런 부쉬넬은 '게임 산업의 아버지'다. 유타대학교 공대에 입학한 부쉬넬은 철학에 관심 있는 학생이었다. 그는 포커 게임으로 등록금을 모두 날려 놀이공원에서 게임기 운영을 맡았다. 이 게임은 길가에서 공으로 우유병을 넘어뜨리는 게임이었으며 우리나라의 놀이공원에서도 자주 볼 수 있던 것으로 25센트를 받았다. 부쉬넬이 보기에는 이런 물리적 게임이나 비디오게임이나 마찬가지였는데, "야구공 대신 게임을 판다는 사실"만 다를 뿐이었다. 여기서 더 나아가 그는 아케이드 게임기나 핀볼 같은 실내 게임으로 사업영역을 넓히는데 이러한 경험들을 통해 게임 비즈니스를 익혀나갔다.

이후 부쉬넬은 컴퓨터를 공부하면서 러셀의 〈스페이스워〉에 탐닉하게 되고 동료 학생들의 도움을 받아 게임을 설계하기도 한다. 그러나 그는 게임 설계보다는 〈스페이스워〉의 플레이에 더 많은 정성과 시간을 들였는데 덕분에 게임의 ABC를 익힐 수 있었다. 대학 졸업 후 그는 회사에서 엔지니어로 일하면서도 엔지니어링과 아케이드 게임의 접목이라는 꿈을 포기하지 않았다. 그는 범용 컴퓨터 대신 게임 전용 장치를 설계하는 것을 당장의 목표로 삼았다. 그렇게 해서 나온 게임이 1971년의 〈컴퓨터 스페이스〉였다. 이 게임은 스티브 러셀의 〈스페이스워〉를 본딴 게임으로서, 러셀도 이 게임이 자신의 게임을 훌륭하게 재현하고 있음을 인정했다. 하지만 〈컴퓨터 스페이스〉는 더욱 복잡한 게임이었고 비행선의 조작, 중력장의 이용, 하이퍼스페이스 점프 등을 설명하는 안내문이 붙어 있었다. 이 게임은 일부 사람들의 호기심을 자극했을 뿐 상업적으로 인기를 얻지는 못했다. 하지만 실패에도 불구하고 부쉬넬은 테드 대브니(Ted Dabney)와 더불어 이제는 신화가 되어버린 게임 회사 '아타리'(Atari)를 세운다.

부쉬넬은 알 알콘(Al Alcorn)을 영입하여 패들을 이용한 단순한 게임을 제작할 것을 지시한다. 원래 이것은 알콘에게 게임 개발 과정을 연습시키기 위한 일회성 프로젝트였지만, 부쉬넬은 이것이 제너럴 일렉트릭과 정식 계약이 된 프로젝트라고 속인다. 처음에 주어진 것은 텔레비전 화면에 볼 하나, 라켓 둘, 점수판이 전부였다. 디지털게임의 본격적인 시작을 알렸고 게임의 산업적 가능성에 확신을 준 〈퐁 Pong〉은 이렇게 해서 탄생했다. 하지만 이 게임에 대한 부쉬넬의 구상은 오래된 것이었다. 그는 마그나복스의 가정용 비디오 게임 시스템, 즉 〈오디세이〉의 시연회에 참가할 당시 이를 게임화할 결심을 했기 때문이다.

알콘은 부쉬넬이 생각하지 못했던 것들을 추가적으로 작업하면서 게임의 게임성과 완성도를 위해 다양한 시도를 한다. 이를테면 볼이 날아 오면 그냥 라켓으로 쳐내는 부쉬넬의 단순한 아이디어가 덜 재미있다고 판단해서 공을 비껴 치는 방법을 고안하는 식이었다. 알콘은 라켓을 8개의 부분으로 분할하여 공의 각도를 달리 할 수 있도록 하였다. 그 결과 실제의 탁구에서처럼 공을 라켓의 어느 부분에 맞추느냐가 중요한 게임 전략이 되었다. 게다가 알콘은 볼을 받아치면서 볼의 속도가 점점 빨라지게 함으로써 게임의 스릴을 극대화하고자 했다. 부쉬넬은 수많은 군중들의 함성소리를, 대브니는 야유소리까지 넣자고 제안을 했고 알콘은 부족한 게임기 공간에도 불구하고 기발한 착상을 통해 그러한 문제들을 해결해 나갔다.

부쉬넬은 이 게임을 〈퐁〉이라고 이름 짓고 게임기에 동전통을 부착한 후 주점이나 바에 설치했다. 이 게임기에는 "볼을 놓치지 말고 최고 점수에 도전하라"라는 안내문이 붙어 있었는데, 이것이 게임의 주된 규칙이었던 셈이다. 탁구나 스쿼시를 연상시키는 이 게임은 오락성이 강한 게임이었고 걷잡을 수 없는 공전의 히트를 기록한다. 〈퐁〉의 시제품이 폭발적인 반응을 보이자 부쉬넬은 직접 게임기를 만들기로 결심한다. 자체로 모니터와 조종기를 내장한 이 게임기는 세계 최초의 아케이드 게임이라는 명예를 얻는다. 이후 1974년 〈홈 퐁 Home Pong〉이라는 이름의 가정용 버전으로도 출시됨으로써 아타리사는 아케이드 게임과 가정용 게임을 동시에 생산한 최초의 회사가 되었다. 〈퐁〉의 성공은 아케이드 업계에 일대 파란을 불러 일으켰지만 다른 회사들이 아타리의 독점을 좌시하고만 있지는 않았다. 그중 아타리에게 가장 치명적인 것은 〈퐁〉을 모방한 아류 게임들의 폭발적인 증가였다. "만약 그 때 10,000개의 퐁이 있었다면, 3,000개 정도만 우리가 만든 것이었을 겁니다"라는 알콘의 회고는 아타리의 당시 고민을 잘 말해준다. 부쉬넬은 이런 복사판 제조사들을 '재칼' 무리로 혐오하였다. 그는 독창성과 혁신만이 이 재칼들을 물리칠 수 있는 무기라고 생각한다. 그렇지만 엄청난 복사판들의 양도 결국은 〈퐁〉의 인기를 반증하는 것이라 할 수 있다. 이후 아타리는 〈퓬 퐁〉, 〈닥터 퐁〉, 〈퐁 더블스〉 등의 게임을 양산하는데 어찌 보면 이들 게임도 〈퐁〉의 리메이크에 불과한 것이었다. 아타리 스스로 '재칼'이 되어버리는 이 역설?!

첫 게임이 '잭팟'을 터뜨린 이후 아타리는 〈트랙 10〉과 같은 최초의 레이싱 게임을 설계한다. 이 레이싱 시뮬레이션은 투박한 것이었지만 레이싱 게임이라는 새로운 장르의 물꼬를 텄다. 그 다음 〈고차 Gotcha〉라는 미로 게임이 나왔고, 급기야 〈스페이스 레이스 Space Race〉를 출시함으로써 게임 장르의 확장에 기여한다. 이 게임은 작은 우주선을 조종해서 유성들을 피하는 게임이었는데 흥행에는 실패했다. 이러한 실패에도 불구하고 부쉬넬은 10년 넘게 계속해서 새로운 테마의 게임들을 실험하는데, 이는 흥행을 향한 안전주의를 지향하던 다른 회사들과 차별되는 미덕이었다. 이로써 아타리는 많은 시행착오에도 불구하고 비디오게임 개발사로서 단단한 입지를 구축한다.

아타리의 회사 모토는 '열심히 일하며 논다'는 것이었다. 많은 직원들이 히피의 이념을 공유하고 있었고 마약을 피웠다. 영민한 CEO 부쉬넬 역시 직원들의 자유정신이 회사 발전에 더 유리하다고 확신했다. 아타리의 이러한 모토에 가장 잘 어울리는 회사의 직원이 스티브 잡스(Steve Jobs)였다. 그는 긴 머리카락에 수염을 기른 히피로서 사교보다는 테크놀로지 자체에 관심을 둔 인물이었다. 회사 직원들은 그에게서 역겨운 냄새가 난다고 불평했고 멍청이라고 공공연히 비난을 하고 다니기도 했다. 그러나 부쉬넬은 그의 천재성에 주목했고 이에 부응하듯 1976년 잡스는 부쉬넬이 아이디어를 제공한 〈브레이크아웃 Breakout〉을 완성하였다. 이 게임은 그해 최고의 흥행작이 되었다. 이미 1975년에는 일반에게 판매된 최초의 개인용 컴퓨터인 알테어 8800(Altair 8800)이 출시되어 있었다. 그러나 퍼스널 컴퓨터의 신기원을 이룩한 것은 아타리를 나온 스티브 잡스와 〈브레이크아웃〉 프로그래밍에 결정적 역할을 했던 스티브 워즈니악(Steve Wozniak)이 함께 설립한 애플사의 '애플Ⅱ'(Apple Ⅱ) 컴퓨터였는데 이는 말 그대로 퍼스널 컴퓨터의 혁명을 가져왔다.

집으로: 아케이드에서 가정으로

1974년 아타리는 〈퐁〉이 아케이드에 던졌던 획기적인 파장을 일반 가정으로 옮기려는 프로젝트에 돌입한다. 원래 이 프로젝트는 다른 회사의 복제 시도를 막기 위한 아타리만의 칩을 설계하는 과정으로부터 발전된 계획이었다. 알콘과 해롤드 리(Harold Lee)는 "지금까지 발표된 모든 종류의 〈퐁〉을 하나의 칩에 담아 그 칩을 이용한 시스템을 TV에 연결하는 것이 가능하다"는 생각을 했고 그 결과로 나온 것이 '시어스 텔레-게임즈'(Sears Tele-Games)였다. 이런 가정용 〈퐁〉 게임은 별 노력 없이 바로 플레이할 수 있을 만큼 간단한 조작법으로 엄청난 성공을 가져왔고, 이후 가정용 비디오게임기 개발에 박차를 가하는 계기가 되었다.

1976년은 비디오게임 혹은 디지털게임의 폭력성과 관련하여 최초의 논란이 일어난 해였다. 문제의 발단은 엑시디(Exidy)의 데스 레이스(Death Race)라는 드라이빙 게임이었다. 영화 '데스 레이스 2000'의 영향을 받은 이 게임은 플레이어가 점수를 얻기 위해 공동묘지를 탈출한 해골들을 자동차로 치고 달리면 그 자리에 십자가 모양이 나타나는 게임이었다. 요즘 디지털게임과 비교해서 보면 무척 유순한 게임이었던 이 게임은 처음에는 별 인기가 없었지만 학부모들이나 언론들의 성토가 이어지면서 오히려 판매량이 급증했다. 이러한 스캔들 덕분에 회사는 엄청난 돈을 벌어들였고 동일한 테마의 후속편이 출시되기도 했다. 노이즈 마케팅의 전형적 사례였다. 하지만 부쉬넬은 이 사건에서 불길한 예감을 받았다. 오랫동안 사행성 도박 기계라는 이유로 핀볼 게임기가 입었던 치명적 상처가 비디오게임에서 반복될 것을 우려했기 때문이었다. 의회나 주정부의 간섭과 금지 조치는 물론이고 일부 시민단체들과 힘든 싸움을 벌여야 하는 것은 모든 대중문화의 천형같은 것이었고, 그 중 게임은 단연 폭력성과 선정성, 사행성의 결정체로 대접받았다. 더욱이 게임은 상호작용적 미디어가 아니던가?!

"우리는 〈데스 레이스〉를 보고 기분이 언짢았어요. 아타리 사에는 사람들에 대한 폭력은 허용하지 않는다는 내부적인 규약이 있었거든요. 탱크나 비행접시를 쏠 수는 있었지만 사람을 쏴서는 안 되었죠. 우리는 그것이 좋지 않다는 생각을 가졌고, 내가 있는 동안에는 그러한 방침을 고수했어요."

이 해에 가정용 〈퐁〉은 최고의 히트 상품이었다. 한 시즌 동안에만 15만 대를 판매한 이 게임으로 인해 가정용 비디오게임의 시대가 찾아왔고, 이후 많은 회사들이 가정용 게임 산업에 뛰어들었다. 아동용 풀장이나 장난감을 만들던 '콜레코'(Coleco) 같은 회사가 '비디오게임의 아버지인' 랄프 배어의 도움을 받아 '텔레스타'(Telestar)를 만들어 아타리에 도전했고 일정한 성공을 거두기도 했다. 트랜지스터 시장 선두 업체였던 페어차일드(Fairchild)도 '채널 F'(Channel F)라는 새로운 비디오게임기를 내놓았다. 이 게임기의 가장 큰 특징은 게임이 교환 가능한 카트리지에 저장된다는 점이었는데, 이는 게임기 시장에 일대 혁신을 가져왔고 소비자들로 하여금 한 가지 게임밖에 없는 게임기에서 등을 돌리게 함으로써 '카트리지 기반의 게임' 개발에 불을 당겼다. 지금도 끝나지 않은 콘솔 전쟁의 예고편이었다.

아타리도 채널 F에 대적하기 위해 카트리지 기반 시스템의 개발 프로젝트에 착수한다. 하지만 아타리는 컴퓨터처럼 정보를 읽고 처리하며 텔레비전 화면상에 정보가 나타나게 함으로써 더 향상된 성능을 선보이려 했다. 그 과정에서 개발된 것이 '게임 브레인'(Game Brain)이라는 멀티 콘솔이었는데, 그것 자체로는 별 새로운 것이 없었고 이미 각각의 게임 카트리지 안에 게임에 필요한 모든 것들이 저장되어 있는 초보적인 카트리지 게임기였다. 하지만 이 게임기는 아타리의 후속 게임기로서 비디오게임 산업에 혁신적인 변화를 가져온 'VCS'(Video Computer System, 이후 Atari 2600으로 불림)에 밀려 출시되지 못했다. 'VCS'는 단순한 게임기만은 아니었고 8비트 프로세서가 달린 컴퓨터와 다름이 없었다. 이것은 게임 업계에 하드웨어와 별도로 소프트웨어의 판매라는 새로운 장을 열었다. 한 번 게임기를 개발하면 그것으로 이후 지속적으로 출시될 카트리지만 사면 새로운 게임을 즐길 수 있다는 것은 큰 매력이었다. 면도기보다 면도날이 더 큰 수익을 거두는 '질레트식' 마케팅 전략이 게임 산업에서도 빛을 발할 수 있게 된 것이다. VCS의 특징은 기존의 가정용 콘솔 기기에 비해 더 컬러풀한 화면을 보여주었고, 〈채널 F〉처럼 테니스 게임용 다이얼 컨트롤러와 별도로 가정용 기기로는 처음으로 '조이스틱'을 선보였다는 점이다. 조이스틱은 상하좌우로 움직이는 막대장치로서 〈탱크〉의 변종인 〈컴뱃〉(Combat) 게임과 〈에어-시 배틀〉(Air-Sea Battle)이나 〈스타 십〉(Star Ship) 같은 비행 시뮬레이션 게임에 이용되었다. 하지만 기술적 참신함에 비해 VCS에게 돌아가는 몫은 매우 적었다. 아타리는 하드웨어의 손실을 소프트웨어의 판매로 만회하는 전략을 씀으로써 "면도기를 싸게 팔아야 면도날을 팔 수 있다"는 비디오게임 산업의 마케팅 원칙을 수립한다. 그러나 유통 문제와 소비자들의 관심 부족으로 이러한 전략도 쉽게 먹혀들지 않고 이미 회사를 다른 사람에게 넘겼던 부쉬넬이 아타리를 떠나는 원인을 제공한다. 그리고 당시에는 교환용 카트리지(게임 소프트)가 풍부하지 않았던 것도 실패의 이유였다. 그럼에도 불구하고 VCS는 하나의 하드웨어로 한 가지 게임 밖에 즐길 수 없었던 이전의 시스템과 달리, 카트리지만 교환하면 다른 게임 역시 즐길 수 있는 획기적인 시스템이었다.

일본의 공습: 시장의 형성

〈스페이스워〉 이후 많은 미국인들이 게임 산업의 잠재성을 인정하고 시장에 뛰어들었지만 그 가능성을 실현시킨 사람들은 미국인들이 아니라 일본인들이었다. 특히 일본 타이토(Taito)사의 1978년판 아케이드 게임 〈스페이스 인베이더 Space Invader〉는 미국 시장을 순식간에 잠식했다. 이는 60년대 비틀즈와 롤링 스톤즈 등의 영국 록그룹이 미국의 음반시장을 잠식했던 '영국 대공습'(British Invasion)에 비견될만한 사건으로 '일본 대공습'(Japanese Invasion)으로 불리기도 한다. 이 게임은 타이토의 엔지니어였던 니시카도 토모히로가 아타리의 〈브레이크아웃〉의 성공에 자극받아 만든 게임으로 플레이어가 일방적으로 쏘기만 하는 게 아니라 우주인도 반격을 하는 최초의 양방향 전투 게임이었다. 화면을 가득 채운 외계인과 영화 〈죠스〉의 음악을 연상시키는 사운드 효과는 〈스페이스 인베이더〉의 강력한 몰입 요인이었다. 이 게임은 어느 누구도 이길 수 없는 게임이었다. 게임의 끝에 가서는 외계인이 플레이어의 기지와 마지막 포탑까지 파괴하고 승리하게끔 설계되어 있었기 때문이었다. 문제는 얼마나 오래 버티느냐 하는 것이었다. 이 게임에는 승리 대신 게임의 또 다른 경쟁 요소로서 '하이 스코어'(High Score)를 도입하여 게임성을 높였다. 다만 하이 스코어를 기록한 플레이어의 이름 약자를 새겨 넣는 시스템이 아직은 없었기 때문에 그 기록이 누구의 것인지를 입증할 방법은 없었다.

〈스페이스 인베이더〉의 성공을 보여주는 유명한 에피소드가 있다. 우선 일본에서 이 아케이드 게임기는 10만 여대가 판매되었는데 어찌나 장사가 잘 되었는지 100엔짜리 동전이 부족할 지경이었다. 수많은 동전들이 게임기의 동전통에 쌓여 유통되지 못했기 때문에 일본의 통화 당국은 100엔짜리 동전의 주조량을 3배로 늘려야 했다. 또 동전 수거차가 동전의 무게를 견디지 못해 앞바퀴가 들리는 바람에 도로 한복판에 멈춰 서버렸다는 일화도 유명하다. 미국에서도 〈스페이스 인베이더〉의 인기는 대단하여 텍사스 주의 메스퀴트 주민들이 집단소송을 제기한 사건도 게임의 역사에서 자주 회자되는 이야기다. 이 게임을 하기 위해 몰려든 사람들이 사용한 시간과 비용 때문에 분노한 주민들은 지역 상가에서 게임장 '알라딘 캐슬'(Aladin's Castle)을 몰아내기 위한 시의 조례를 청원했다. 당국은 범죄 조직 또는 범죄 행위와의 연관 가능성을 거론하며 17세 이하 청소년의 게임장 입장 불가를 결정했다. 하지만 이후 연방법원에서 게임장의 자유로운 영업권에 손을 들어 주었고, 이로써 아케이드 게임의 전성기가 열리게 된다. 〈스페이스 인베이더〉는 우리나라에도 수입되어 유원지나 놀이공원부터 온 도시의 거리를 점령했다. 이는 또 미니 아케이드 게임기로 개발되어 동네 구멍가게나 문방구 앞에서 아이들의 발목을 붙잡기도 했다. 60대에 접어든 '그레이 게이머'들까지도 이러한 풍경들을 기억할 것이다.

기존 게임과는 비교할 수 없을 정도로 잘 만들어졌고 게임성이 강했던 〈스페이스 인베이더〉의 경쟁 상대로는 아타리의 〈풋볼〉 게임 정도가 있었다. 이 게임은 최초의 스포츠 시뮬레이션 게임으로서 플레이어가 공격과 수비 전략을 선택할 수 있는 게임이기도 했다. 하지만 이 게임은 풋볼 시즌에는 큰 성장세를 보이다가 시즌이 끝나면 급전직하(急轉直下)로 판매량이 떨어지고 만다. 축구공만으로 지구를 침공한 외계인을 막기에는 무리였던 셈이다. 〈스페이스 인베이더〉의 성공 이후 미국의 게임 회사들은 연속적으로 우주 공간에서 진행되는 슈팅 게임들을 출시한다. 우선 같은 해 시네매트로닉스는 〈스페이스 워즈〉(Space Wars)를 내놓는다. 이 게임은 스티브 러셀의 〈스페이스워〉를 벡터 그래픽을 이용해 아케이드 버전으로 개량한 게임이었다. 당시 그래픽 기술에는 벡터 vector 방식과 주사선 raster scan 방식이 있었다. 주사선 방식의 경우 TV에서 사용되는 기술로 전자빔이 수평으로 주사되면서 화면의 이미지를 그려내는 방식이다. 반면 벡터 방식은 점과 점 사이를 잇는 방식으로 그림 그리기에는 부적합하지만 고해상도 외곽선을 표현하는 데 탁월했다. 당시 주사선 방식의 게임들은 조잡하기 그지없어 전혀 현실감을 주지 못했지만, 벡터 그래픽을 통해 〈스페이스 워즈〉는 깔끔한 그래픽 이미지를 선보일 수 있었다. 이후 시네매트로닉스는 조지 루카스의 〈스타워즈〉의 흥행 이후 그 판권을 사들여 몇몇 게임들로 출시함으로써 톡톡히 재미를 보기도 한다. 특히 1981년 개발한 〈테일 거너〉(Tail

Gunner)는 조이스틱을 이용해 일인칭으로 진행되는 게임으로 사실감에 있어 대단한 기술적 진보를 보여주었다. 아직 3D 영상의 장래가 전혀 보이지 않던 시대에 그만큼 그래픽 기술이 축적되었음을 보여주는 성과였다. 이후 게임에서의 사실감, 즉 '핍진성'의 강화는 디지털게임 테크놀로지의 수준 향상과 더불어 점점 더 강화된다.

아타리 역시 아케이드 게임기에 사용되는 강력한 벡터 그래픽 발생기를 개발하는데, 〈루나 랜더〉(Lunnar Lander)는 이 장치를 활용한 첫 게임이었다. 우주 연락선을 달에 착륙시키는 이 게임은 제한된 연료와 달의 중력을 이용한 사실적 시뮬레이션 게임이었다. 이 게임은 상업적으로는 성공하지 못했지만, 여기에 사용된 벡터 그래픽 발생기는 기념비적인 아케이드 게임이 된 〈아스테로이즈 Asteroids〉의 밑거름이 되었다. 이 게임 역시 러셀의 게임에서 영감을 받은 작품이었다. 〈아스테로이즈〉는 작은 우주선이 화면 중앙에 나타나면서 시작된다. 사방에서 소행성들이 우주선을 향해 날아들면 그것을 쏘아 없애면 되었다. 하지만 큰 UFO와 작은 UFO가 나타나서 대형 미사일과 작은 총탄으로 플레이어의 우주선을 공격한다. 플레이어는 그 비행선들을 파괴하면 보너스 점수를 얻을 수 있었고 보너스 우주선을 제공받기도 하였다. 이미 대중들은 이런 류의 게임들에 익숙해져 있었기 때문에 게임 조작에 별 어려움을 겪지 않았다. 대부분 몇 분을 버티지 못하다가도 조종과 사격에 익숙해지면서 몇 시간씩 게임을 진행할 수 있었고, 한 소년은 36시간 연속 게임을 하며 세계신기록을 달성하기도 했다. 그는 게임 도중에 집에 달려가 밥을 먹고 다시 돌아올 수 있을 정도로 많은 보너스 우주선을 받았다.

한때 아타리의 일본 배급사였던 남코가 1980년 초에 개발한 〈갤럭시안 Galaxian〉은 게임 내용에 있어 〈스페이스 인베이더〉와 별 차별성을 보여주지 못했지만 최초의 '트루 컬러 아케이드 게임'으로서 컬러 화면이었다. 이 게임은 〈스페이스 인베이더〉보다 좀 더 어려웠는데, 외계의 우주선이 줄지어 행진하는 것이 아니라 대형을 바꿔가며 급강하했기 때문이었다. 여러 방향에서 적들이 공격해왔기 때문에 긴장감도 더했다. 〈스페이스 인베이더〉

만큼의 성공을 거두지는 못했지만 당시로서는 큰 성공을 거둔 이 게임은 이후에 있을 일본의 미국 대공습을 예비하는 서막의 의미를 지니고 있었다. 〈팩맨〉(PacMan)의 신화가 기다리고 있었던 것이다.

1960년대와 1970년대를 거치면서 비약적인 기술적 진보를 보여주었던 디지털게임은 관련 하드웨어 기술의 발전에 힘입어 소형 경량화되는 추세를 보이기 시작한다. 스티브 러셀이 PDP-1 컴퓨터를 이용해 〈스페이스워〉를 만들던 그 해, 알란 코톡(Alan Kotok)은 IBM 7090을 이용하여 'B.S 프로젝트'를 진행한다. 이것은 체스 프로그램으로 분당 1,100개의 수를 계산할 수 있게끔 프로그래밍 되어 있었다. 1966년 그린블렛(Richard D. Greenblat)이 '맥핵-6'(MacHack-6)을 설계하는데, 이것은 최초로 실제 체스 대회에 출전한 컴퓨터 프로그램으로서 1무 4패의 기록으로 전국 1243위의 순위를 기록한다. 이 프로그램은 1967년 최초로 사람을 상대로 승리를 기록하기도 한다. 1970년 존 호튼 콘웨이(John Horton Cornway)가 설계한 〈라이프〉(Life)는 플레이어가 설정한 방식에 따라 사각형 블록들이 생성되고 자라나는 모습을 지켜보는 일종의 '육성 시뮬레이션' 게임의 원형 게임이었다.

원래 컴퓨터 산업과 게임 산업은 뗄래야 뗄 수 없는 관계를 맺고 있었다. '애플' 컴퓨터를 만든 워즈니악만 하더라도 어릴 때부터 게임을 만든 경험이 있고 잡스와 함께 4일 만에 〈브레이크아웃〉을 완성함으로써 '4일만의 신화'를 가능하게 한 인물이다. 하지만 그들은 아타리의 구애를 거절하고 나와서 '애플' 컴퓨터 회사를 세우고 컴퓨터 개발에 박차를 가하는데, 그들이 개발한 컴퓨터에는 〈브레이크아웃〉을 비롯한 게임들을 내장하였다. 이미 PDP-1 시절에 스티브 러셀이 그랬듯이, 이들에게도 게임은 컴퓨터의 성능을 검증하는데 너무도 훌륭한 도구였던 것이다. 그리고 거꾸로 컴퓨터 기술의 발전은 게임의 표현 영역을 확장하고 플레이어의 참여를 확대하면서 게임의 상호작용성을 강화하였다. 메타버스의 시대, 이러한 '공생'은 지금까지도 계속되고 있다.

1972년 인터넷의 전신이라 할 수 있는 아파넷(ARPANET)의 라우터 소프트웨어를 개발하고 있던 프로그래머 크라우더(William Crowther)가 자신의 취미였던 동굴탐사 경험을 기초로 판타지 기반의 디지털게임, 즉 〈어드벤처 Adventure〉를 만들어 '어드벤처' 게임 장르에 큰 족적을 남긴다. 원래 아파넷은 적의 군사 공격이나 재해로 인해 네트워크의 일부가 파괴되더라도 컴퓨터 전산통신망이 제 기능을 발휘할 수 있도록 상호정보 교환 및 기술 교류를 촉진하기 위해 군사 작전용으로 구축한 컴퓨터 네트워크였다. 당시 아파넷은 각 대학과 방위산업체를 네트워크로 연결해 주고 있었는데, 〈어드벤처〉 게임이 각 대학과 산업체들로 퍼지면서 많은 게임 디자이너들에게 영향을 주었고 '어드벤처'라는 게임 장르의 형성으로 이어졌던 것이다. 1978년, 스콧 아담스(Scott Adams)의 〈어드벤처랜드 Adventureland〉, 1979년 인포콤(Infocom)의 〈조크 Zork〉, 존 라드(John Laird)의 〈하운트 Haunt〉 등은 〈어드벤처〉의 영향을 받은 게임들이다.

특히 〈어드벤처〉의 영향과 관련하여 중요한 게임이 1979년 로이 트럽쇼(Roy Trubshaw)와 리차드 바틀(Richard Bartle)이 설계한 〈에섹스 머드 Essex MUD〉이다. 특히 환상적인 중세를 배경으로 하는 '모험형 머드 게임'은 괴물이나 용의 퇴치, 금화나 각종 아이템의 수집 등 어드벤처 게임의 내러티브와 많은 공통점을 지닌다. 심지어 '어드벤처 머드'는 플레이어들이 스스로 선택한 캐릭터를 어떻게 가꾸고 양육할 것인지 그리고 다른 캐릭터들과 어떤 관계를 맺을 것인지의 문제를 게임의 세계 안에 끌어들임으로써 어드벤처와 '사회형 머드'를 통합하려 한다. 게임에서 캐릭터는 아바타이고 플레이어의 가상 인격이면서 가면이다. 요즘의 온라인 게임이 전투와 모험, 그리고 채팅 등을 통한 사회적 커뮤니티의 기능을 종합적으로 구현하는 것처럼, 이미 많은 머드 게임들은 플레이어로 하여금 전사, 매춘부, 정치인, 의사, 장인, 상인 등 다양한 캐릭터로의 변신을 허용하고 가상공간에서 익명으로 자유롭게 서로 커뮤니케이션하도록 유도하고 있다. 이쯤되면 머드의 가상공간은 물리적 공간의 성격을 띠면서 온라인게임의 단초로 평가할 수 있다. 여기서는 전투나 모험이라는 가상적 활동뿐만 아니라 현실의 사회 활동이 그대로 재연되기 때문이다.

하지만 컴퓨터 하드웨어 기술의 가장 큰 수혜자는 가정용 게임기 시장이었다. 1970년대까지만 해도 디지털게임 시장의 주요 판도는 오락실용 아케이드 게임이 장악하고 있었다. 하지만 하드웨어가 점점 더 작아지고 가벼워지면서 1980년대 이후 디지털게임은 점점 더 가정용 게임기 시장에 관심을 두게 된다. 1970년대 후반 전 세계에서 가장 큰 장난감 회사였고 바비 인형으로 유명했던 마텔(mattel)은 휴대용 게임기의 성공을 발판 삼아 1980년 '인텔리비전'(Intellivison)을 출시하면서 가정용 콘솔 시장에 본격적으로 진출한다. 그들은 VCS의 후신인 '아타리 2600'의 독점적 지위에 도전하면서 게임기 판매 전쟁의 시대를 열었다.

하지만 가정용 게임기가 서서히 기지개를 폈다고 해서 '아케이드' 게임의 몰락이 도래한 것은 아니었다. 오히려 아케이드 게임은 거의 매해 불후의 명작을 내놓으면서 게임 시장을 양분하고 있었고, 미국 가정용 게임의 몰락 이후에도 질기게 살아남는 생명력을 보여준다. 특히 1980년 한 해에만 100여종의 아케이드 게임이 등장했고 그 게임들 중 많은 수가 해당 장르의 표준을 제시하며 덕분에 '게임 장르'의 개념이 낯설지 않게 되었다. 뒤에서 다시 살펴보겠지만 할리우드 영화의 역사가 말해주듯 게임에서 '장르'의 형성은 시장이 그만큼 커졌고 개발된 게임 콘텐츠가 양적으로나 질적으로 성장하였으며 제작 시스템이 안착하고 있음을 말해주는 것이었다.

이들 아케이드 게임 중 기념비적인 작품들로 아타리의 〈배틀존 Battlezone〉과 〈미사일 코맨드 Missile Command〉, 그리고 지금은 신화가 되어버린 남코의 〈팩맨〉이 있다. 일단 〈배틀존〉과 〈팩맨〉만 살펴보자. 〈배틀존〉은 최초의 3D 게임으로서 아타리의 고전인 〈탱크〉 게임과 유사한 테마를 가지고 있지만 전혀 다른 시점을 제공하고 있다. 이 게임은 완전하지는 않지만 1인칭 시점에서 플레이어가 마음먹은 대로 자유롭게 공간을 이동할 수 있게 하고 있는데, 그 점에서 이후의 완벽한 '1인칭 슈팅 게임'(First Person Shooting Games, FPS)인 〈둠 Doom〉과 〈퀘이크 Quake〉의 먼 조상으로 대접받기도 한다. 〈배틀존〉에서 플레이어는 탱크의 사수가 되어 탱크, 슈퍼탱크, 비행접시 등으로 무장한 적의 공격을 피해가며 생존을 위해 공격을 하고 목표지점까지 도달해야 했다. 특히 활화산, 원근감을 주는 피라미드 등의 공간 묘사와 사실적인 전투묘사는 이 게임의 매력이었다. 이러한 선구적인 기술로 인해 아타리는 곤경을 겪기도 한다. 미 육군이 이 게임을 훈련용 시뮬레이션 게임으로 개조해 달라고 강제적인 요청을 했기 때문이다. 아타리가 군과 관련되는 것을 싫어한 게임 디자이너 로트버그(Ed Rotberg)는 이후 군과 관련된 제품 개발에 참여하지 않아도 된다는 조건으로 수락하고 만다. 군용 〈밀리터리 배틀존 Military Battlezone〉은 다양한 무기에 대한 물리학 지식이 총동원되었고 훨씬 실제에 가깝게 설계되었다.

〈스페이스 인베이드〉가 미국을 침공하여 미국의 게임 산업을 장악하기 시작하면서 70년대를 마감했다면, 〈팩맨〉은 80년대 게임 산업의 메가 히트를 기록하며 일본 게임 산업에 대한 미국의 종속 심화를 예고하였다. 이 게임은 대학을 갓 졸업한 남코의 프로그래머 이와타니 토루의 '우발적인' 작품이었다. 어느 날 토루는 점심 식사로 피자를 먹으면서 한 조각이 빠진 피자를 보고서 게임에 대한 영감을 얻었다. 당시에는 〈스페이스 인베이더〉의 대성공 이후 우주공간에서 뭔가를 죽이는 게임이 주를 이루고 있었지만, 그는 피자를 굶주린 캐릭터로 설정하고 그것이 스크린의 점을 먹어치우는 게임을 구상했다. 팩맨이 모든 점들을 먹어치우기 전에 유령에게 잡히면 게임은 플레이어의 패배로 끝났다. 하지만 그 캐릭터는 체리, 딸기 등의 과일을 먹거나 미로 중앙에 있는 '파워 알약'을 먹고서 잠시 파란색으로 변한 유령을 잡아 먹을 수도 있었다. 일종의 아이템 시스템이 작동하고 있는 셈이었다.

중요한 것은 이 게임이 여성용 게임으로 기획되었다는 것이다. 의도적으로 만들어진 비폭력 게임이었다는 바로 그 점이 여성 플레이어들에게 어필했고 이 게임의 전무후무한 성공을 가져다주었다. 여성을 염두에 둔 캐릭터의 모습도 이 게임의 매력이었다. 이전까지 게임에 등장한 캐릭터들은 주로 우주선이나 자동차, 몰개성적인 생명체들이 대부분이었지만, 〈팩맨〉은 뚜렷한 개성을 지니고 있어 사람들의 주목을 끌 수 있었고 상상력을 자극한 최초의 게임이 되었다. 뿐만 아니라 토루는 팩맨의 적으로 등장하는 다른 캐릭터들에게도 고유의 이름과 개성을 부여함으로써 게임의 흥미를 더했다. 팩맨의 인기는 〈타임〉지의 표지를 장식할 만큼 대단한 것이었고 장난감, 도시락통, 시리얼, 노래, 만화영화 등에까지 등장하여, 팩맨은 '디지털 슈퍼스타'가 되었다. 그야말로 '슈퍼IP'의 신화로 등극한 최초의 게임일 수도 있다. 이는 게임의 주인공 캐릭터가 미키 마우스와 같은 대중문화의 상징으로 부상한 첫 사건임과 동시에, 이른바 게임이 '원 소스 멀티유즈'(OSMU)가 될 수 있는 가능성을 보여준 최초의 모델이었다.

〈팩맨〉의 원래 이름은 〈퍽맨 Puck-Man〉이었다고 한다. 하지만 'Puck'이 미국에서 욕설을 연상시키기 때문에 게임의 이름을 바꾸게 된다. 〈팩맨〉의 게임기는 10만대 이상이 판매되었으며 게임의 전략집까지 출간되었고, 호텔, 식료품점, 병원의 환자 대기실, 심지어 장례식장에까지 게임기가 설치되기도 했다. 이후 이 게임은 '미로 쫓기'라는 장르로 자리를 잡게 되고 수많은 아류작들을 양산하기도 했다. 이 게임은 우리나라에도 수입되어 큰 인기를 끌었고 여성들을 '전자오락실'로 끌어들이는 계기가 되었던 걸로 기억한다. 〈스페이스 인베이더〉와 〈팩맨〉의 대성공은 미국 게임 산업을 50억불의 규모로 성장시켰고, 1981년 게임 디자인의 신화 미야모토 시게루가 개발한 닌텐도의 〈동키 콩 Donkey Kong〉이 가세하면서 일본은 게임 종주국으로서의 이미지를 얻기 시작한다.

1981년은 세계적으로 '아케이드 황금기'라고 할 수 있었다. 필리핀의 독재자 페르디난드 마르코스는 비디오게임 금지조치를 내리면서 업주들에게 2주일 안으로 게임기를 모두 치우라고 명령했다. 〈타임〉지는 1981년 한 해 동안 미국인들이 게임기에 쏟아 부은 동전이 200만개이고 '비디오게임 중독자들'이 게임기에서 보내는 시간을 환산하면 7만 5천년이나 되며, 비디오게임 산업이 라스베이거스를 포함 네바다 주 카지노의 수익을 2배나 추월했으며 영화산업의 2배 이상, 메이저 프로 스포츠보다 3배 이상 많은 돈을 벌고 있다고 보도했다.

이러한 아케이드 게임의 황금기는 우리나라에도 그 여파를 미쳤다. 당시 전두환 군사정권의 대중문화 유화정책 덕분인지 별 제제 없이 전자오락실이 성행했다. 그중 단연 인기를 끈 게임은 남코의 〈갤러그 Galaga〉였다. 초등학교 시절 친구들과 동네 형들이 아침밥을 먹자마자 오락실로 향하는 풍경은 일상적인 것이었다. 그들은 50원짜리 동전으로 중무장을 하고 게임기 투입구에 동전을 넣고서는 시간가는 줄도 모르고 게임에 열중했다. "갤러그가 좀 더 일찍 나왔다면, 사람들이 휘두르는 손목과 손가락의 충격으로 인해 지구가 파괴되었을지도 모를 일"이라는 농담처럼 이 게임은 빠른 손놀림과 지구력이 요구되는 게임이었다. 하지만 한국의 어린 플레이어들은 30cm 플라스틱 자의 탄력을 이용하는 기지를 발휘함으로써 손목 골절의 위험을 피할 수 있었다. 동전을 아끼기 위해 긴 철사를 동전 투입구에 쑤셔 넣어 수십 판의 게임을 예약해놓는 기발한 범죄도 〈갤러그〉가 남겨놓은 흔한 풍경이었다. 어떤 플레이어들은 2시간 넘게 생존하는 능력을 보여줌으로써 주인아저씨로 하여금 '전기세도 안 나온다'고 투덜대게 만든 장본인이기도 했다.

〈갤러그〉 역시 〈스페이스 인베이더〉를 계승한 슈팅 게임이었지만 플레이어들에게 각종 트릭들과 도전 과제들을 숨겨놓음으로써 강력한 몰입감을 제공했다. 화면 속 캐릭터들의 빠르고 부드러운 움직임 그리고 '챌린징 스테이지'(Challenging Stage)라는 중간 중간의 보너스 스테이지 역시 큰 매력거리였다. 어느 정도까지 버틸 때 주어지는 보너스 우주선, 스테이지가 올라갈수록 더욱 거세지는 적들의 공격도 〈갤러그〉의 묘미였다. 당시 이와 유사한 게임들로는 〈갤럭시안〉과 〈액스리온〉이 있었다.

이 해 최고의 아케이드 게임은 단연 〈동키 콩〉이었다. 이 게임의 개발자는 게임 '명예의 전당'에서 제일 윗자리를 차지하고 있고 지금도 전 세계 게임 디자이너들의 추앙을 한 몸에 받고있는 미야모토 시게루였다. 〈동키 콩〉은 얼간이라는 뜻의 'donkey'와 킹콩의 'kong'이 합쳐진 합성어로서 멍청한 고릴라에게 붙잡혀간 애인을 구하는 내용의 게임이다. 주인공 목수 캐릭터는 철창 안에서 울부짖는 애인을 구하기 위해 고릴라가 던지는 드럼통 등 온갖 장애물을 피해 목표지까지 올라가야 한다. 계속해서 날아 오는 장애물을 타이밍에 맞춰 점프해서 피하는 것이 이 게임의 핵심이다. 이 게임의 성공으로 이른바 '공주 구하기'를 테마로 삼은 게임들의 대중 장악력이 입증되었고 시게루는 이후 〈마리오〉와 〈젤다〉 시리즈에서도 이 테마를 계속 견지한다.

몇 가지 점에서 〈동키 콩〉은 게임의 '새로운 시대'를 예고하는 작품이었다. 우선 이 게임은 진정한 의미의 게임 캐릭터를 완성했다. 물론 이전에 팩맨이라는 성공적인 스타 캐릭터가 있었지만, 동키 콩의 캐릭터에 비할 바가 아니었다. 이 게임의 주인공 '마리오'는 당시 '점프맨'이라는 이름으로만 알려져 있었지만 이후 〈마리오〉 시리즈를 통해 '닌텐도'의 간판스타가 된다(직업도 목수에서 배관공으로 바뀐다). 그리고 이 게임은 진정한 의미의 스테이지 개념을 확립한다. 마지막으로 아직은 유치하지만 최초로 스테이지와 스테이지 사이에 동영상을 삽입하여 '컷신'(cut·scene)을 선취하고 있고 만화영화의 배경음악과 유사한 테마음악을 사용하기도 했다. 오늘날에도 일본 공항들의 요지에는 닌텐도 광고 모델 마리오 아저씨가 자리하고 있으며 2016년 브라질 올림픽 폐막식에서는 고(故) 아베 일본 수상이 다음 개최국을 대표하여 슈퍼 마리오 복장으로 깜짝 등장하기도 하였다. 그만큼 마리오는 일본의 자부심이요 상징으로서 전 세계인의 사랑을 받고 있다.

1981년은 최초의 'RPG 게임'(Role Playing Game)인 〈던전스 앤 드래곤스 Dungeons & Dragons〉와 〈위즈드리 Wizardry〉가 출시된 해이기도 하다. '롤 플레잉' 게임이란 말 그대로 '역할 수행' 게임이다. 즉 RPG 장르는 플레이어가 선택한 캐릭터에게 주어진 역할과 임무를 수행하고 해결해 나가는 과정에서 캐릭터의 경험과 능력치를 늘리고 다양한 몬스터들이나 적과의 전투 혹은 다른 캐릭터들과의 대화를 통해 목적을 달성하면서 아이템들을 획득해가는 게임이다. 대부분의 롤 플레잉 게임은 신화나 전설, 판타지 등에서 소재를 구하거나 게임의 '세계관'을 얻는다. 가령 〈던전스 앤 드래곤스〉는 신화나 판타지 소설, 특히 톨킨의 작품들에서 영감을 얻어 전사나 마법사, 엘프 등의 인물이나 종족들을 설정하고 있으며 게임의 아이템 역시 이러한 1차 자료들로부터 힌트를 얻었다. 게임의 이러한 설정은 이후 RPG 게임의 모델 역할을 했다. 〈위즈드리〉의 경우 계속 속편이 만들어져 2001년 8편 완결판이 출시되었다. 하지만 콘솔의 성능이 지속적으로 개선되면서 훨씬 업그레이드된 속편이 개발될 것이라는 소식도 들린다. 이 게임은 지속적으로 기술적인 진보를 선보였을 뿐만 아니라 RPG의 다양한 영역들을 개척해나가면서 장르의 외연을 넓혔다.

아타리 쇼크: 미국 게임 산업의 위기

　1982년 중반 이전만 하더라도 미국 게임 산업의 중추 역할을 하던 아타리는 황금기를 누리고 있었다. VCS 게임기의 누적 판매수는 2,600만대에 도달했고 인기 게임 카트리지의 경우 수백만 달러의 판매고를 기록했으니 말이다. 하지만 위기는 갑자기 찾아왔다. 이미 위기의 징후는 부쉬넬의 퇴사와 그에 따른 수많은 개발자들의 동반 이탈 과정에서 포착되었다. 무한한 호기심과 창의성, 자유로운 분위기의 아타리는 새로운 '전문' 경영진의 간섭 속에서 수많은 문제를 양산한다. 물론 회사 내의 갈등들에도 불구하고 아타리의 판매고는 계속 성장했다. 문제는 아타리가 창의적인 게임의 개발보다 판매나 유통에 더 비중을 두게 되었다는 점이었다. 오죽했으면 "아타리는 자유분방한 젊은 피의 수혈을 거부하고 MBA들의 천국이 되었다"고 아타리의 직원마저 호소했을까?! 새로운 게임을 개발하기보다 기존의 인기 게임들을 VCS 판으로 컨버전해서 파는 관행 때문이었다. 이를테면 아타리의 〈팩맨〉은 아케이드 버전의 보잘 것 없는 복사판에 불과했다. 옛날 '재칼'이라고 아류작들을 싸잡아 비난하던 아타리의 처지는 이제 말이 아니었다.

　결정적인 위기는 영화 〈ET〉의 게임화 과정에서 발생했다. 당시 아타리는 영화를 게임화하는 대가로 스필버그(Steven Spielberg)에게 2천만 달러라는 엄청난 금액을 지불했다. 아타리는 〈ET〉의 인기에 비추어 당연히 투자금액의 몇 배에 해당하는 수익을 거두리라 예상하고 내린 결단이었다. 5주라는 가장 짧은 시간 안에 게임을 만들어냈고 대히트를 생각해 엄청난 물량을 찍었지만 결국 그 결과는 대참패였다. 그도 그럴 것이 영화로 인해 이미 대중들의 눈높이는 한참 높아져 있었고, 그에 걸맞은 게임의 개발이란 당시 기술로서는 불가능했기 때문이다. 결국 아타리판 〈팩맨〉과 〈ET〉는 미국의 게임 산업으로부터 대중들이 등을 돌리게 만들었고 이러한 불신은 비디오게임 산업 전체를 흔들어놓았다. 이후 아타리는 엄청난 양의 카트리지를 재고로 떠안게 되었고, 급기야 뉴멕시코 사막의 쓰레기 매립지에 수백 만장을 버리기도 했다. 이러한 관행은 몇 년 동안 되풀이되었고 아타리는 몰락의 길을 걷게 된다. 이는 미국 게임 산업의 동반 추락을 불러온다. 이로써 전 세계 게임시장에서 미국의 입지가 축소되고 PC게임에서 그 활로를 찾으려는 시도들이 나타난다. '아타리 쇼크' 이후 미국의 게임 시장은 PC게임 산업과 아케이드·비디오 게임 산업으로 양분되고 전 세계 게임 시장은 미국의 PC 게임과 일본의 아케이드 및 비디오 게임으로 분할되는 양상을 보인다.

미국 게임 산업의 전반적 위기에도 불구하고 일본의 가정용 게임기 산업은 최고의 전성기를 누린다. 아타리사의 몰락으로 인해 일본은 게임의 신흥 강국으로서의 확고한 위치를 점하게 되며 1983년 닌텐도사의 8비트 가정용 게임기인 '패미콤'은 미국과 전 세계의 비디오게임기 시장을 장악하는 기염을 토하기도 한다. 이 비디오게임 콘솔은 '패밀리 컴퓨터'의 약자로 '패미콤'을 선택했고 아타리의 'VCS'('아타리 2600')과는 비교가 안 될 장점을 지니고 있었다. 〈퐁〉과 〈탱크〉처럼 작은 움직임들까지 조종하도록 설계된 VCS는 다이얼 조종장치와 조이스틱이 함께 부착되어 있어서 몹시 불편했다. 한 손으로 네모난 받침대를 붙잡고 다른 손으로 조이스틱을 움직여야 했기 때문에, 오래 게임을 하다 보면 손가락과 손목에 무리가 오기 일쑤였다. 이러한 문제를 해결하기 위해 닌텐도는 더욱 뛰어난 컨트롤러를 달았다. 이는 닌텐도의 수석 엔지니어인 요코이 굼페이의 작품으로서 플러스(+) 모양의 방향 패드였다. 이 게임기는 그 편리성 덕분에 한 해 650만대를 판매했고 당시 우리나라에서도 200만대 이상 보급되었을 것이라고 추정하기도 한다. 특히 패미콤의 장점은 롬팩만 바꾸면 새로운 게임을 쉽게 즐길 수 있는 장점이 있었다. 물론 아타리의 VCS도 카트리지 기반의 게임기였지만 플레이할 수 있는 게임의 수가 매우 제한되어 있었다. 패미콤은 이후 독창적인 게임 소프트웨어 확보의 중요성을 일깨우는 계기를 제공하기도 한다. 이후 이 게임기는 NES(Nintendo Entertainment System)로 이름을 바꾸고 지금도 전설에 빛나는 〈슈퍼 마리오 브라더스 Super Mario Bros.〉를 제공함으로써 닌텐도 제국 건국의 견인차 노릇을 한다.

거의 같은 때에 캡콤(Capcom)은 〈록맨 Rocman〉을 내놓고, 〈파이널 판타지 Final Fantasy〉의 출시와 더불어 스퀘어(Square)도 게임업계에 이름을 알리기 시작한다. 〈록맨〉은 록맨이라는 사이보그를 조종하여 사악한 기계들과 전투를 벌이는 횡스크롤 게임이었다. 화려한 그래픽과 편리한 게임 인터페이스로 지금까지 콘솔과 스마트폰으로 그 시리즈를 이어가고 있으며 기술의 발전과 함께 계속 성장하고 있다. 당시 주인공은 캡콤의 대표 캐릭터가 되었다. 〈파이널 판타지〉는 패미콤을 통해 1편이 나온 이후 2015년 MMORPG14로 지금까지 플레이어들의 사랑을 받고 있다. 특히 이 게임은 게임성은 물론이고 뛰어난 스토리성으로 JRPG를 대표하며 영화화가 이루어지기도 했으며 게임의 서사(narrative)에 관심을 두는 '서사론적' 게임 연구자들의 단골 분석 대상이 되기도 했다.

같은 해 로버트와 리처드 개리엇(Robert & Richard Garriot)은 〈울티마 Ultima〉 시리즈로 유명한 오리진 시스템스(Origin Systems)를 설립한다. 〈울티마〉 시리즈는 오랜 역사의 RPG 시리즈물로서 〈던전스 앤 드래곤스〉, 〈위즈드리〉, 〈마이트 앤 매직〉 시리즈와 함께 WRPG의 계보를 주도하고 있는 작품이다. 리처드 개리엇이 게임을 개발하게 된 동기는 형수가 톨킨의 고전적 판타지 소설인 『반지의 제왕』을 사준 일, 원조 RPG 게임이자 이 장르의 틀을 제공한 〈던전스 앤 드래곤스〉을 알게 된 것, 컴퓨터를 사용하게 된 일이었다. 이미 고등학교 시절 개발하기 시작한 〈아칼라베스 Akalabeth〉를 모체로 삼은 〈울티마〉는 이후 속편이 제작될 때마다 새로운 혁신을 보여주었고 게임의 세계관과 이야기 구조 역시 이후 RPG 게임들의 모범이 되어주었다. 이 게임으로 개리엇은 대중적 영웅이 되었고 처음으로 게임 스토리와 게임 전략을 설명해주는 공략집이 나와 엄청나게 팔리기도 했다. 〈울티마〉라는 명칭은 영국 전설 속의 섬이름 'Ultima Thule'에서 따온 것이며, 1~3편이 '어둠의 시대', 4~6편이 '계몽의 시대', 7~9편이 '가디언 사가'라는 타이틀을 얻었다. 그리고 외전인 〈울티마 언더월드〉, 〈월드 오브 울티마〉 시리즈가 출시되었고 급기야 〈울티마 온라인〉이 나와 온라인게임으로도 그 생명을 이어가고 있다. 최근 리처드 개리엇은 신생 개발사 DeMeta를 설립하여 블록체인 NFT 기술이 적용된 온라인게임을 제작한다며 소식을 알리기도 했다.

한편 1984년 드디어 애플사가 애플Ⅱ 컴퓨터를 내놓은 지 5년 만에 다시 매킨토시 컴퓨터를 내놓으면서 PC 시장에서 IBM-PC와 대립적 경쟁 구도를 형성한다. 이 컴퓨터는 매우 훌륭한 디자인으로 대중들의 관심을 끌었다. 모니터와 본체를 한 몸으로 합한 매킨토시는 컴퓨터 음악과 그래픽, 전자출판 분야에서 두각을 나타냈다. 특히 매킨토시는 일종의 사전지식을 요구하던 이전 컴퓨터와 달리 초보자도 쉽게 접근할 수 있는 가능성을 열어주었다. 이 컴퓨터는 스크린에 책상을 옮겨놓은 것 같은 직관적인 시뮬레이션 효과를 발휘하고 있으며 아이콘만으로도 간단하게 프로그램이나 데이터를 이용할 수 있었기 때문이다. 이는 디지털게임의 대중화를 예고하는 것이었고 PC를 게임 콘솔로 사용하는 결정적 전기를 마련한다.

게임과 관련하여 매킨토시가 중요한 것은 2차원이긴 하지만 가상현실을 등장시켰다는 점이다. 이제 사용자는 헤엄을 치듯 정보 사이를 오갈 수 있게 되었다. 바탕화면 위의 아이콘과 같은 상호작용적 대상들을 조작하여 플레이어는 컴퓨터와 쌍방향 커뮤니케이션을 할 수 있게 되었고 이는 사람들과 대화하고 있다는 '착각'을 강화하기도 했다. 어떤 사람들은 매킨토시의 빠른 속도, 상호작용성, 음향과 그래픽, 역동적 화면에 반한 나머지 구름 위를 나는 기분이라고 하기도 했는데, 이 컴퓨터의 스크린 자체는 하나의 세계를 이루고 있었다. 사용자는 디스플레이상의 가상세계를 항해하는 가운데 시뮬레이션으로의 몰입을 경험할 수 있었다.

1985년 아타리의 '비디오 컴퓨터 시스템 VCS'이 완전히 역사의 뒤안길로 사라진 후 가정용 게임기의 공백을 메운 것은 패미콤의 후신인 'NES'였다. 이 게임기의 기하학적 판매에 기여한 게임, 즉 게임의 역사 사상 아직도 불후의 명작으로 남아 있는 닌텐도의 1986년작 〈슈퍼 마리오 브라더스〉가 발매된다. 이 게임의 주인공 캐릭터인 마리오는 〈동키 콩〉의 고릴라가 던지는 술통을 피하고 사다리를 오르는 콧수염의 점프맨에서 발전된 캐릭터였다. 〈슈퍼 마리오 브라더스〉에서 마리오의 직업은 목수가 아니라 배관공으로 바뀌었고 그의 활동 공간도 동굴, 성곽, 거대한 버섯이 뒤덮고 있는 산과 들 등 드넓은 공간으로 확장된다. 미야모토 시게루는 이 광활한 공간을 모두 한 화면에 담을 수 없었기 때문에 '횡 스크롤'(side scrolling)을 채택한다. 즉 화면이 마리오의 움직임을 쫓아다니면서 현실적인 공간감을 줄 수 있었던 것이다. 이 게임의 기본 컨셉은 '점프하는 즐거움'이었지만, 미야모토 시게루는 최초로 파란 하늘을 배경으로 넣고 마리오의 이동에 따라 배경이 변하게 함으로써 '횡스크롤 액션 게임'의 모범을 보여준다. 이외에도 〈슈퍼 마리오 브라더스〉에는 만화 같은 그래픽, 빠른 동작, 유머 감각 등 많은 인기 요소를 가지고 있었다. 특히 『이상한 나라의 앨리스』에 영감을 얻어 만든 수많은 '비밀방들'은 비현실적인 공간으로 탐색해 들어가는 재미를 가져다 주었다.

사실 게임 캐릭터의 정상에 서 있고 디즈니의 미키 마우스와 선두를 다툰 마리오만 하더라도 당시의 기술적 한계들이 만들어낸 우연적 캐릭터였다. 당시에는 기술적으로 캐릭터의 해상도가 많이 떨어져서 개성 있는 캐릭터의 개발이 무척 어려웠다. 가령 마리오가 달릴 때 마리오의 머리카락이 날리는 모습을 표현할 수 없어 모자를 쓰게 했고 영화 속 영웅과의 차별화를 위해 평범한 작업복을 입혔으며 체형에 통통함을 추가해 친근한 캐릭터를 만들었다. 마리오라는 이름도 닌텐도 미국 지사장이 사는 빌딩의 이탈리아계 주인의 이름에서 따온 것이었다. 〈동키 콩〉 시리즈와 〈마리오〉 시리즈를 통해 마리오는 닌텐도를 대표하는 캐릭터가 되었으며 〈슈퍼 마리오 64〉 이후 진화를 거듭하다 급기야 영화와 레고로 그 영역을 확장하고 있다. 최근 콘텐츠 산업의 화두가 되고 있는 '슈퍼IP', '트랜스미디어 스토리텔링'의 성공을 선취한 게임과 캐릭터라 할 수 있다. 이미 이 게임 발표 당시부터 다양한 캐릭터 상품에 이용되었으며 애니메이션으로 만들어지기도 했다. 〈슈퍼 마리오 브라더스〉는 천만 카피 이상이 팔렸고 마리오 시리즈 전체는 무려 1억 7천만 개가 팔렸으며 이후 미야모토 시게루는 〈젤다의 전설〉과 더불어 '게임의 신'으로 평가된다.

1980년대 중반 세계적으로 가장 유명한 게임 중 하나는 단연 〈테트리스〉였다. 물론 〈슈퍼 마리오 브라더스〉가 게임의 제왕으로 군림하고 있었지만 그것은 '패미콤'이라는 가정용 게임기만을 게임 플랫폼으로 삼고 있었다. 〈테트리스〉는 아케이드 게임기와 가정용 게임기 모두에서 두루 플레이할 수 있었으며, 이는 이후 PC게임이나 심지어 휴대용 게임으로까지 확장되어

왔다. 요즈음에도 이 게임은 모바일폰에 즐겨 내장되고 있고 게임의 '유비쿼터스' 시대에 일조하고 있다. 〈테트리스〉는 응용 수학을 전공한 알렉세이 파지노프(Alexey Pajitnov)라는 수학자의 게임이었다. 그는 원래 수학적인 퍼즐이나 놀이 같은 지적 게임에 관심이 있었는데 모스크바 과학 아카데미 컴퓨터 센터에서 일하게 되면서 컴퓨터를 이용해 게임이나 퍼즐을 만들게 되었다. 파지노프는 전통적인 퍼즐 놀이였던 〈펜토미노스〉(Pentominos)라는 5각형 게임을 4각형 게임으로 만들어 〈테트리스〉라 이름 붙였다. 2009년 한국을 방한하여 게임 개발자에게 있어서 고유성과 독창성을 강조하기도 했던 그는 최근 러시아의 우크라이나 침공에 대해 비판적인 목소리를 내기도 했다.

〈테트리스〉의 플레이어들은 화면 위에서 낙하하는 각종 모양의 4각형들을 이리 저리 조정하여 바닥에 채우는 데, 그것을 빈틈없이 채우게 되면 채워진 줄은 사라지게 되어 있는 게임이었다. 하지만 그 블록을 채우지 못하고 계속 블록들이 쌓여 꼭대기까지 쌓이게 되면 플레이어의 패배로 끝나게 되어 있었다. 게임이 진행되면서 블록의 낙하 속도가 빨라지는 만큼 플레이어는 빨리 그 블록들을 적재적소에 조립을 해야 했고 이는 게임의 긴장감을 더해주었다. 플레이어들은 빠른 두뇌 판단과 결정, 빠른 손놀림 등이 있어야 좋은 플레이를 할 수 있었다.

테트리스의 인기는 대단한 것이었다. 이 게임의 판권을 둘러싼 스캔들은 지금도 게임계에서는 매우 흥미로운 기억으로 남아있다. 게임의 라이센스를 두고 결국 아타리 게임스와 닌텐도가 한 판 법정 대결을 벌이게 되는데, 여기서도 닌텐도가 승리를 하면서 1993년 재판이 종결된다. 그리고 저작권은 아카데미 사이언스에 속했지만 1995년부터 개발자에 양도됐다. 이후 '게임보이'용으로 발매된 〈테트리스〉는 7천만 개 이상이 판매된다. 1996년 파지노프가 '테트리스 컴퍼니'를 설립하면서 〈테트리스〉와 관련한 모든 라이센스를 독점하게 된다. 아케이드와 가정용 게임, PC 게임 등을 포함하면 이 게임의 인기는 〈슈퍼 마리오 브라더스〉 그 이상이었을 지도 모를 일이다. 우리나라에서도 이 게임의 인기는 대단했다. 수많은 여학생들을 전자오락실로 불러들인 것도 결정적으로는 이 게임 덕분이었다. 심지어 〈테트리스〉가 자본주의 국가의 생산력을 떨어뜨리기 위해 소련에서 개발된 전략무기라는 근거 없는 농담들이 오가기도 했고 제법 똑똑한 운동권 복학생은 이 게임이 '유물변증법'의 '파괴와 창조'라는 변증법적 원리를 구현한 게임이라고 강변하기도 했다. 이 게임은 지금까지 〈전투 테트리스〉, 〈슈퍼 테트리스〉, 〈3차원 테트리스〉 등의 아류작들을 낳고 거듭 진화하고 있는 것 같지만 원본의 게임성을 따라잡지 못하고 있다고 평가된다. 이후 진화에 진화를 거듭한 이 게임의 몰입성은 지금도 대단하다.

좀 더 편하게, 더욱 많은 현실감을!!

80년대 중반 이후 아타리가 게임업계의 헤게모니를 내어준 뒤 다시 두 회사가 중원에서 게임업계의 맹주가 되기 위해 운명적인 접전을 벌인다. 그 두 주역은 이미 전 세계 게임 산업의 기대주로 평가받던 '닌텐도'와 '세가'(Sega)였다. 원래 닌텐도는 유서 깊은 화투 제작사였다. 하지만 60년대 장난감 제작업으로, 70년대 외국 게임의 수입 등으로 그 영역을 넓히더니 급기야 미야모토 시게루를 영입하며 '닌텐도 제국'의 초석을 놓았다. 반면 '세가'는 '서비스 게임스'(Servis Games)의 약자로서 미국의 슬롯머신이나 핀볼 게임기를 들여와 일본 미군기지에서 게임장을 운영하는 것으로부터 출발한 회사이다. 이후 세가는 즉석 증명사진기 〈포토맷〉, 〈포토라마〉로 큰 성공을 거두기도 했지만 회사의 주된 사업은 아케이드 게임기 수입과 아케이드 게임장 운영이었다. 1966년 최초로 잠수함 공격 시뮬레이션 게임인 〈페리스코프 Periscope〉를 개발하면서 성공을 거두게 되고 게임 개발 사업으로까지 그 영역을 넓히기 시작한다. 1980년대 중반 이후 지금까지도 세가는 예전만큼은 아니더라도 닌텐도의 강력한 적수로서 게임업계의 주요 회사로 활동하고 있다.

1986년 존 월든(John Waldern)은 'W 인더스트리'를 설립하고 〈버추얼리티 VR〉이라는 이름의 가상현실 게임기를 세계 최초로 개발한다. 아직 VR과

AR, 확장현실(XR)과 혼합현실(MR)의 기술적 한계가 뚜렷하지만 실감콘텐츠를 향한 게임산업의 실험 역사가 제법 오래되었음을 알 수 있다. 당시의 이러한 실험들이 이루어질 즈음 다시 게임 시장이 되살아나면서 가정용 비디오게임의 총 매출은 11억 달러에 도달한다. 물론 이중 8억 달러 이상이 닌텐도의 몫이었다는 점에서 '닌텐도 제국'의 아성은 여전히 확고하게 유지된다. 닌텐도의 'NES'는 미국에서만 1986년 180만대, 1987년 540만대, 1988년 980만대의 게임 콘솔을 판매했다. NES의 유명세가 높아지자 닌텐도는 심한 견제에 직면하기도 한다. 당시 대일 무역적자에 매우 심기가 불편했던 미국인들은 학생들의 심장 질환의 10퍼센트가 닌텐도 게임기 때문이라는 근거 없는 연구 결과를 발표하기도 했으며 게임 역사상 가장 완벽한 게임으로 평가받는 1987년의 〈젤다의 전설 The Legend of Zelda〉에 나오는 세 번째 던전(dungeon)이 나치의 표식과 비슷하다고 억지를 부리기도 했다. 하지만 닌텐도는 건전한 게임들을 자체적으로 개발함으로써 이러한 불신과 비난을 잠재울 수 있었다.

1987년 닌텐도는 8비트 휴대용 게임기 〈게임보이 Game Boy〉를 개발한다. 이 기기는 〈동키 콩〉의 하드웨어를 만든 요코이 굼페이의 작품으로 교환 가능한 카트리지를 바꿔주면 많은 게임들을 맘껏 즐길 수 있는 게임기였다. '게임보이'는 매우 가격이 싸고 가벼우며 경제적이었다. 크기도 계산기 정도였고 흑백 LCD 화면에 스테레오 사운드가 제공되었으며, 배터리 하나로 10시간 이상을 사용할 수 있었기 때문이었다. 특히 이 게임기의 '번들'로 제공된 〈테트리스〉는 여행이나 쉬는 시간의 단골 게임이 되었다. 그리고 이 게임기 이후 실력 있는 개발사, 즉 '서드 파티'를 영입하여 훌륭한 게임 소프트웨어를 확보하는 것이 메이저 게임회사들의 더욱 중요한 업무로 여겨지기 시작했다. 이후 이 휴대용 게임기는 '게임보이 컬러' '게임보이 어드밴스' 등으로 계속 업그레이드되면서 지속적인 인기를 끌었다. 지금은 탄탄한 킬러 콘텐츠들을 갖추고 최상의 게임 플레이를 보장하는 '닌텐도 스위치', '스팀 덱'이나 '로지텍 G 클라우드' 등이 치열하게 경쟁을 벌이고 있지만 당시에는 '게임보이'의 독주가 당연시되는 시기였다.

가정용 소프트웨어 개발에 집중했던 닌텐도는 1987년 〈젤다의 전설〉을 개발했는데, 역시 미야모토 시게루의 작품이었다. 〈젤다의 전설〉은 롤 플레잉 게임으로서 피터 팬에 착안하여 만든 링크라는 요정이 온갖 던전을 탐험하며 몬스터들과 싸우고 악의 괴물을 물리쳐 젤다 공주를 구출하는 게임이었다. 하지만 주인공 캐릭터는 먼저 마법의 책을 찾아야 했다. 이 게임은 지금까지 시게루의 개발팀이 지니고 있던 역량을 총체적으로 구현한 작품으로서 게임의 상상적 스토리는 물론이고 게임의 이야기를 구현하고 있는 기술력 역시 정상급이었다. 주인공 캐릭터는 전후좌우로 자유롭게 움직일 수 있도록 되어 있었고 위에서 아래로 내려보는 부감 시점은 게임의 현실감을 더욱 배가시켰다. 이 게임에서 미야모토 시게루는 감동적인 스토리 요소를 장착함으로써 RPG 게임에서 내러티브가 갖는 의미를 각인시켰다. 이 게임은 여전히 명작 '젤다의 전설' 시리즈를 이어가며 〈젤다의 전설 티어스 오브 더 킹덤〉으로까지 진화를 거듭하고 있다. 이 작품은 글로벌 2,500만장을 판매한 명작 〈젤다의 전설 브레스 오브 더 와일드〉의 시퀄이다. 젤다 시리즈는 "오픈월드 게임의 새로운 지평을 열었다"는 평가와 함께 역사상 최고의 게임 중 하나로 평가받고 있다.

하지만 미국에서 〈젤다의 전설〉이 처음 발매되었을 때만 해도 이 게임은 너무 어려운 게임으로 인식되었다. 그러나 닌텐도 미국 지사는 제품 박스 안에 게임의 몬스터들과 무기류를 해설한 두툼한 설명 책자와 지도를 넣었고, 게임에 관련하여 모든 것을 문의할 수 있도록 상담전화를 개설했다. 처음에는 무료 전화 상담으로 시작했지만 전화 부담이 급증하자 유료로 바꾼다. 그 이후에도 문의는 끊이지 않아 별도로 고객 지원 센터를 두어야 했고 1주일 평균 전화 10만통, 이메일 3,500통, 편지 1,900통을 소화해야 했을 정도였다. 이 정도로 〈젤다의 전설〉은 게임의 역사상 여러모로 의미 깊은 게임이었다. 이 게임은 이후 '액션 롤 플레잉' 게임의 모델을 제공했다. 그리고 게임의 전체적인 중심 내러티브 외에 별도의 '퀘스트'를 두었는데, 이는 게임의 엔딩을 보더라도 다시 게임을 플레이할 수 있는 동기를 제공했다. 그리고 이 게임을 재미있게 즐길 수 있기 위해서는 많은 시간이 소모되었기 때문에 '세이브'(save) 기능을 두었다. 이로써 게임을 처음부터 다시 시작해야 하는 부담 없이 언제든 게임을 저장할 수 있었고 원하는 부분에서 다시 시작할 수 있게 되었다. 이후 이러한 저장 기능은 다른 게임들보다 시간이 오래 걸리는 'RPG 게임'의 일반적 관행이 된다. 앞서 말한 것처럼 이 게임은 이후 시리즈로 계속 이어지면서 '게임은 진화한다.'는 명제를 스스로 실현해 보인다.

1988년 세가는 16비트 게임기 '제네시스'(Genesis)를 개발하면서 닌텐도의 아성에 도전한다. 이 게임기는 속도와 그래픽이 8비트 게임기인 닌텐도의 '게임보이'를 훨씬 능가했다. 처음 이 게임기는 미국에서 비교적 좋은 판매량을 보였다. 그러나 닌텐도에 일격을 가하기에는 역부족이었다. 왜냐하면 이 게임기는 '마리오'와 같은 결정적인 킬러 콘텐츠를 확보하지 못했기 때문이었다. 당시 새로 세가 미국 지사의 사장으로 취임한 칼린스케(Tomas J. Kalinske)는 "면도기를 싸게 팔아야 면도날을 팔 수 있다"는 이른바 '질레트 원칙'을 신조로 삼으면서 공격적인 마케팅을 위한 게임의 개발을 요구한다. 그래서 세가가 이 문제를 해결하기 위해 야심적으로 개발한 게임이 〈소닉 더 헤지호그 Sonic The Hedgehog〉였다.

〈소닉〉은 나카 유지라는 젊은 개발자의 작품으로서 〈슈퍼 마리오 브라더스〉보다는 단순한 게임이었다. 마리오 게임의 버튼은 두 개였지만 〈소닉〉은 하나였다. 나카 유지는 이 고슴도치 캐릭터에게 속도감과 독특한 자세를 부여함으로써 마리오와 차별화를 시도했다. 마리오 캐릭터의 경우 느리고 친근함을 주는 캐릭터였다면 속도감을 주무기로 삼은 〈소닉〉에서는 플레이어가 소닉을 움직여 주지 않으면 소닉이라는 캐릭터가 앞을 째려보고 땅바닥을 발로 구르면서 불편한 심기를 드러냈다. 미국인들에게 고슴도치가 낯선 동물이었음에도 불구하고 소닉은 널리 인기를 얻었다. 소닉이 내달리는 초현실적인 공간도 인기의 요인이었고 게임의 각 레벨에서 살아남기 위해 미리미리 판단해 빨리 대응해야 하는 것도 게임의 재미를 더해 주었다. 게임 잡지들은 〈소닉〉을 그해 최고의 게임으로 선정하기도 했다. 이후 닌텐도가 '슈퍼 NES'를 선보이면서 두 회사는 가정용 게임기 시장을 양분하면서 본격적인 16비트 게임기 전쟁이 전개된다.

  일본인들은 세가의 '제네시스'(일본에서는 '메가 드라이브')나 'NEC'의 'PC 엔진'보다는 닌텐도의 〈슈퍼 NES〉의 발매를 학수고대하고 있었다. 수만 명이 16비트 '슈퍼 NES'를 사기 위해 전날부터 줄을 서고 기다렸으며 교통이 마비되었다. 많은 부모들은 자식들을 위해 아프다는 핑계를 대고 결근을 하며 미리 줄을 서야 했으며 심지어 물량이 달린다는 소문이 일자 폭동의 조짐까지 보였다. 기술적인 수준에서 '슈퍼 NES'는 제네시스를 능가했다. 특히 이 게임의 '번들 게임'이었던 〈슈퍼 마리오 월드〉는 장점이 너무 많아 흠이라는 지적이 일만큼 우수한 게임이었다. 그러나 미국에서 '슈퍼 NES'의 인기는 그다지 높지 않았다. 그도 그럴 것이 우선 세가의 게임기가 닌텐도의 게임기보다 일찍 발매되었고 게임기의 가격을 대폭 인하했으며, 서비스되는 게임 카트리지의 수도 세가가 10배 이상 많았기 때문이었다. 특히 'EA'와 같은 '서드 파티'(third party)들은 제네시스의 든든한 자산이었다.

  1991년 캡콤이 '슈퍼 NES'를 플랫폼으로 〈스트리트 파이터 II〉를 개발하면서 '16비트 전쟁'은 더욱 가속화된다. 이 게임의 개발자 오카모토 요시키는 이미 태평양 전쟁을 배경으로 한 전투 슈팅 게임인 〈1942〉와 〈1943〉을 개발한 바 있는 실력자였다. 이 게임 역시 국내에서도 큰 인기를 끈 바 있다. 원래 이 게임은 〈스트리트 파이터〉(Street Fighter)라는 1대1 대전 게임의 후속작이었지만, 이 원작 게임은 당시의 기술적 한계로 인해 정교하고 만족스러운 조작 시스템과 부드러운 애니메이션을 만드는 데에는 많은 한계가 있었다. 오카모토는 원작의 필살기나 '캔'과 '류'의 주인공 캐릭터를 그대로 계승하는 데 그치지 않고 8명으로 캐릭터를 늘리고 그들 고유의 비밀 동작들을 만든다. 이로써 각각의 캐릭터들은 강점과 약점을 지니게 되고 게임의 플레이어들은 이를 잘 계산하여 대전에 응해야 했다. 격렬하고 풍부한 액션과 개성있는 캐릭터들, 만화를 게임으로 옮겨놓은 것 같은 훌륭한 그래픽, 다양한 비밀동작은 이 게임의 인기 비결이었다. 이 게임은 처음 아케이드로 소개되어 스필버그의 〈쥬라기 공원〉보다 많은 수입을 거두었다. 그러나 이는 슈퍼 NES 버전의 〈스트리트 파이터 II〉에 비하면 아무 것도 아니었다. 200만장 판매된 이 게임의 카트리지는 이후 수많은 아류작들을 낳으며 이른바 '대전형 액션 게임'의 원형으로 자리 잡게 된다. 물론 이들 게임들로 인해 게임의 폭력성과 선정성이 다시 사회적 이슈가 된다. 〈스트리트 파이터〉는 6편까지 거듭 쇄신을 해왔으며 실제 격투 게임대회까지 개최하여 e-스포츠를 생중계할 때마다 엄청난 시청자들을 모으고 있다.

〈스트리트 파이터 II〉 이후 많은 아류작들이 양산되는 가운데, 이러한 경쟁에서 우위권을 찾기 위한 방편으로 더욱 실감나는 게임이 요구된다. 이제 관건은 통상적인 애니메이션이 아니라 디지털 그래픽을 활용한 격투의 현실감을 갖추는 것이었다. '미드웨이'의 분(Ed Boon)과 토비아스(John Tobias)의 〈모탈 컴뱃 Mortal Kombat〉은 그러한 시도가 단연 빛나는 게임이었다. 그들은 캐릭터들이 거칠고 스케일 큰 동작들을 펼칠 수 있는 스크린 공간을 확보하는 한편 실제 격투기 선수들의 움직임을 시뮬레이션하려고 노력했다. 이 게임은 비밀 동작과 같은 〈스트리트 파이터 II〉의 장점들을 수용하면서도 더욱 다양한 격투 동작과 비밀 캐릭터, '필살기'(fatality moves)를 숨겨두었다.

그런데 〈모탈 컴뱃〉에서는 필살기가 문제였다. 처음 아케이드 게임기로 소개된 〈모탈 컴뱃〉의 필살기는 상대편 가슴에서 심장을 끄집어내거나 등뼈를 부러뜨리고 해골을 잡아 빼는 등 게임의 폭력성에 대한 비판적 여론의 빌미가 되기에 충분한 것이었기 때문이다. 물론 그러한 묘사가 영화의 사실적 재현이 아니라 극적 효과를 자아내기 위한 것이라 치더라도 말이다.

이 게임은 미국에 다시 〈스트리트 파이터 II〉를 능가하는 아케이드 열풍을 가져왔지만 게임의 폭력성에 대한 청문회의 빌미가 된다. 당시 닌텐도의 '서드 파티' 개발사 중 하나였던 '미드웨이'는 아케이드 버전의 〈모탈 컴뱃〉 게임을 그대로 재현하여 세가의 '제네시스' 버전과 닌텐도의 '슈퍼 NES' 버전을 동시에 제작한다. 하지만 아타리처럼 '지나친 폭력과 섹스' 등을 금지하는 내부 규정에 따라 닌텐도는 필살기 등 문제부분을 삭제하여 출시한다. 그러나 제네시스 버전은 슈퍼 NES 버전보다 세 배나 많은 물량을 판매하고, 급기야 닌텐도는 소비자들의 거센 항의에 직면하기도 한다.

이후 민주당 상원의원 조셉 리버만(Joseph Lieberman)의 발의로 청문회가 준비된다. 청문회의 골자는 "비디오게임은 폭력적이며 성차별과 인종 차별적인 내용으로 점철되어 있다"는 주장으로 요약될 수 있었다. 비판론자들은 비디오게임 산업이 영화산업과 똑같은 길을 가고 있으며 폭력과 엔터테인먼트를 동일시하고 있다고 맹비난했다. 이 청문회는 게임업계의 두 조직이 설립되는 것으로 귀결된다. 청문회 당시 자신들의 이해관계를 대변할 압력단체의 부재에 고통을 받은 게임 회사들은 '인터랙티브 디지털 소프트웨어 협회'(Interactive Digital Software Association: IDSA)와 자발적인 등급 위원회인 '엔터테인먼트 소프트웨어 등급 위원회'(Entertainment Software Rating Board: ESRB)를 설립했다. 〈모탈 컴뱃〉은 최초로 ESRB의 17세 이상가 등급인 M 등급을 받았다. 미드웨이는 계속 〈모탈 컴뱃〉의 시리즈물을 내놓고 있고 심지어 영화로도 만들었지만, 회사의 마케팅 전략인 '더욱 많은 자극' 때문에 여전히 논란을 이어가고 있다. 하지만 이 게임도 〈스트리트파이터〉, 〈철권〉 시리즈 등과 함께 20여년의 연륜을 지닌 격투게임 대회 '에볼루션 챔피언십 시리즈(Evolution Champion ship Series(이하 EVO))'의 인기종목으로 자리하고 있다.

1990년 마이크로소프트사가 '윈도우즈 3.0'을 출시하면서 본격적인 PC 게임의 시대를 예고한다. 이제 16비트 비디오게임기의 본격적인 성장과 아울러 PC 게임이 제작되면서 게임산업의 파이는 더욱 커지게 된다. PC가 새로운 게임 플랫폼으로 각광을 받으면서 1991년 게임 콘솔 회사들은 이른바 'CD롬 전쟁'을 벌인다. 세가와 닌텐도는 거의 동시에 CD롬 콘솔의 출시 계획을 발표한다. 세가는 '세가 CD' 프로젝트를 추진할 것이고, 닌텐도는 소니와 손잡고 '플레이스테이션'(PlayStation)이라는 콘솔을 제작할 것이라는 계획이었다. 하지만 이후 닌텐도가 소니와의 구두 약속을 뒤집고 필립스와 계약하면서 '플레이스테이션'의 개발은 지지부진 해진다. 세가 CD의 경우 거의 예정대로 1992년에 발매되었지만 닌텐도는 그러지 못했다. 주요 비디오게임기 회사들 중 CD롬 콘솔을 갖추지 못한 회사는 닌텐도뿐이었는데, 이는 '닌텐도 제국'의 수치였다. CD롬의 가장 큰 매력은 대용량이라는 점, 그 덕분에 이전의 카트리지와는 비교가 안 될 정도의 동영상 구현이 가능하고 이는 게임에 더 큰 핍진성 혹은 현실감을 가져다 줄 수 있다는 것이었다. 이는 게임의 멀티디지털화에 대한 게임 개발자들의 꿈을 드디어 실현할 수 있는 구체적인 가능성을 열어준다. 이러한 콘솔 전쟁은 이후 거의 10년 단위로 반복되며 현재 'PS5'와 MS '엑스박스 시리즈 X'로까지 이어지고 있다.

사실 1990년대 초까지만 하더라도 게임기 시장을 양분하고 있던 세가와 닌텐도의 가장 가공할만한 적수는 PC였다. 퍼스널 컴퓨터에 사운드 카드가 가미되면서 멀티미디어 시대의 첫걸음을 장식했고, 다음으로 CD롬이 장착되면서 '인터랙티브 시네마', '인터랙티브 만화' 등의 아이디어가 나오기 시작하며 관련 작품들이 쏟아져 나온다. 하지만 콘텐츠의 부실함과 캐릭터들의 연기 부족으로 인해 큰 성과를 거두지는 못한다. 그러나 멀티미디어로서의 PC는 게임 산업과 관계를 맺으면서 PC게임은 미국 게임 산업의 중추로 자리 잡게 된다. 〈미스트 Myst〉와 〈둠 Doom〉, 〈울펜슈타인 3D Wolfenstein 3D〉는 이러한 멀티미디어 초기에 나온 대표적인 '킬러 소프트웨어'(killer software)였다.

'사이언'(Cyan)의 밀러 형제(Rand & Robin Miller)가 만든 〈미스트〉는 처음 콘솔 버전으로 출시되었지만 평범한 인기를 얻는데 그쳤고, 이후 매킨토시 버전과 PC 버전이 대히트를 거두었다. 〈미스트〉는 최초로 100만장 이상의 판매량을 기록한 게임이었고 이후 3년 동안 400만장 이상이 판매된다. 이 게임은 판타지 세상을 배경으로 그 안에서 길을 잃고 헤매는 주인공이 등장하는 게임이었다. 〈미스트〉의 가장 큰 매력은 그래픽에 있었고 화려한 볼거리를 제공했다. 플레이어는 게임에 돌입하자마자 게임 속 세상이 바로 눈앞의 현실로 와있는 것 같은 현실감을 느낄 수 있었다. '현실을 뛰어넘는 모험의 세계가 당신의 것이 됩니다.'라는 게임팩의 문구는 이 게임의 매력을 가장 잘 표현한 것이었다.

1991년에는 드디어 '시뮬레이션' 게임의 대부라 불리는 시드 마이어의 〈문명〉이 제작된다. 게임 타이틀에 최초로 개발자의 이름을 단 바 있는 그는 슈팅과 시뮬레이션을 결합한 〈F-15 스트라이크 이글〉과 액션 RPG 게임인 〈해적〉으로 일찌감치 그 재능을 인정받은 인물이었다. 이제 시드 마이어는 인간 문명의 시작과 발전을 테마로 게임을 개발하겠다고 결심하는데, 이는 인간의 역사와 경제 및 정치, 외교 등의 인문사회과학적 지식과 컴퓨터 기술에 대한 능력 모두를 필요로 하는 프로젝트였다. 이것은 정치, 경제, 군사, 외교, 사회 등을 '재현'(representation)함과 동시에 그러한 영역들이 상호작용하는 규칙과 과정을 '시뮬레이트'(simulate)해야 하는 엄청난 작업이었기 때문이다. 하지만 무엇보다 플레이어가 큰 어려움을 겪지 않고 바로 게임을 플레이할 수 있는 훌륭한 인터페이스와 재미 요인들을 갖추는 것이 중요했고 시드 마이어는 그것을 해냈다. 〈문명〉은 플레이어가 지도자가 되어 세계를 정복하고 경영한다는 내용을 담고 있다. 문명의 발전을 위해 플레이어는 역사적 지식들을 활용하여 정치, 경제, 군사, 사회, 문화, 과학, 외교 등 다양한 분야의 계획을 세우고 정책을 실행한다. 게임의 이러한 점 때문에 게임의 교육적 효용성이 높은 평가를 받게 된다. 폭력성과 선정성으로 동네북이 되어 온 디지털게임의 긍정적이고 교육적인 기능이 이야기되기 시작한 데에는 이 게임의 역할이 컸던 셈이다. 도시 개발에 초점을 맞춘 〈심시티〉와 달리 〈문명〉은 역사와 철학을 결합하고 있었고 역사와 사회 한가운데에서 이루어지는 복잡한 인간사를 총체적으로 담아낼 수 있어 높은 평가를 받을 수 있었다. 최근 국내 게임사 넥슨은 〈문명〉의 IP를 활용한 모바일 다중접속시뮬레이션게임(MMOSLG) 〈문명: 레인 오브 파워〉를 선보이기도 했다.

뭐니 뭐니 해도 PC게임의 왕좌는 '컴퓨터 프로그래밍의 모차르트'라 불린 바 있는 'ID 소프트웨어'(ID Software)의 존 카맥(John Carmack)에게 돌아가야 한다. 그의 1992년 〈울펜슈타인 3D〉는 기존 게임의 2차원적 한계를 극복하고 3차원의 공간을 실현한 최초의 게임이었다. 이 게임에서 플레이어는 울펜슈타인 기지에 갇힌 주인공의 눈을 통해 복잡한 미로를 달리면서 나치 군인들과 전투를 벌이고 밖으로 탈출하는 내용의 게임이었다. 〈울펜슈타인 3D〉는 뛰어난 그래픽과 게임 진행의 속도감도 재미 요인이었지만, 총을 맞은 적군들이 피를 흘리는 장면의 연출은 상당히 충격적인 것이었다.

아이템 시스템도 당시로서는 무척 신선한 것이었다. 이 게임은 도스 버전으로 발매되었기 때문에 진정한 의미의 컴퓨터 3D 그래픽은 아니었지만 '1인칭 액션 슈팅'(First Person Shooter: FPS)이라는 게임 장르의 기본틀을 마련했다. 하지만 이 게임은 높은 완성도에도 불구하고 주인공의 움직임이 전후 좌우 4방향으로만 제한되어 있어 3D의 묘미를 제대로 보여주는 데는 한계가 있었다. 플레이어의 시선은 항상 똑같은 높이로 고정되어 있었고 그로 인해 게임의 무대는 늘 평지일 수밖에 없었기 때문이었다. 하지만 게임 디자인 기술의 발전과 함께 이러한 문제는 이후 시리즈에서 거의 극복된다. 최신작 〈울펜슈타인: 더 뉴 오더〉는 존 카맥의 〈울펜슈타인 3D〉의 뒤를 잇는 명작으로서 고유한 세계관 정립으로 '울펜슈타인' 시리즈의 재부흥을 이끈 것으로도 평가받기도 하였다. 이 게임은 2차 세계대전을 무대로 여러 오컬트(Occult) 이야기를 풀어나가는 전작에 이어 나치 독일이 승리한 세계관을 적용한 대체 역사물이다. 플레이어는 시리즈 주인공인 비밀정보국 요원 'B.J. 블라즈코위츠'가 돼 유럽을 지배하고 있는 나치에 맞서 싸워야 한다.

1993년 이미 닌텐도와 세가가 비디오게임 콘솔 업계의 맹주로 자리 잡은 시점에서 미국 '3DO사'(3DO Company)는 실험적인 3DO 프로젝트를 추진한다. 이 프로젝트는 콘솔 게임기뿐만 아니라 인터랙티브 비디오를 포함하는 제대로 된 멀티미디어 가전 기기를 만드는 것을 목표로 출발했다. 결국 마쓰시타가 발매한 'REAL 3DO 멀티플레이어'는 3차원 그래픽을 구현한 멀티미디어 가정용 게임기로서 새로운 세대의 하드웨어 탄생을 알리는 신호탄이 되었다. 특히 3DO의 실험은 한 기업이 모든 시스템 기술을 제공하고 다른 여러 기업들이 콘솔을 제작하는 제휴 형태로서도 언론의 큰 주목을 받았다. 그러나 높은 가격과 빈약한 번들 게임 등으로 고전을 면치 못한다. 이 게임기는 제네시스나 슈퍼 NES보다 4배나 비싼 가격이었고 하드웨어의 판매를 확실히 도와줄 만한 게임 소프트웨어, 즉 '킬러 애플리케이션'을 갖추지 못했던 것이다. 그나마 아시아에서는 약간 사정이 나았는데, 그것은 3DO의 디지털 처리능력이 다른 게임 콘솔에 비해 월등히 우수했고 아시아에서 인기 있는 포르노 CD를 보기에 안성맞춤인 하드웨어이었기 때문이었다.

1994년에는 닌텐도와 세가의 '비디오게임기' 전쟁이 점입가경으로 치닫는다. 1년 전만 해도 가격과 소프트웨어 확보의 부족으로 찬밥 신세였던 CD롬 게임들이 재발매되면서 더욱 경쟁이 복잡한 형태로 전개된다. 닌텐도는 64비트 게임기 '울트라 64' 프로젝트, '슈퍼 게임보이' 프로젝트, 16비트 슈퍼 NES 게임의 걸작 〈동키 콩 컨트리〉의 개발로 세가에 선전포고를 하였다. 이에 세가는 '마르스'(Mars)라는 '32X'로 반격을 시도했다. 이 시스템은 기존 제네시스의 성능을 40배나 향상시킨 하드웨어로서 가장 저렴한 '차세대 게임기'를 지향했다. 그리고 세가는 32비트 CD 게임기인 '새턴'(Saturn)의 출시계획을 발표하기도 했다. 하지만 승리의 여신은 닌텐도의 편이었다. 세가의 야심적인 32X 시스템이 기존의 제네시스보다 많은 개선을 보이기는 했지만 기본적으로 운용되는 게임들이 기존 제네시스 기반의 게임들과 똑같은 것에 불과했기 때문이다. 참신한 소프트웨어의 부족이 문제의 사단이었던 셈이다. 하지만 닌텐도는 〈동키 콩 컨트리〉를 900만장이나 판매했고, 이 게임으로 인해 소비자들은 아무리 좋은 차세대 시스템이라 하더라도 슈퍼 NES만 못하다는 인상을 심어주었다.

1994년 드디어 세가의 32비트 차세대 콘솔 '새턴'이 발매된다. 다행이 이 게임기가 크게 성공을 거두면서 세가는 재기의 발판을 마련할 수 있었다. 바로 이 게임기의 성공을 가져다 준 '킬러 소프트웨어'가 〈버추어 파이터 Virtua Fighter〉였다. 이 게임은 세계 최초의 아케이드 3D 격투 게임을 새턴 버전으로 업그레이드 한 것이었다. 〈버추어 파이터〉의 개발자 스즈키 유는 이미 1992년 세계 최초의 아케이드 3D 레이싱 게임인 〈버추어 레이싱 Virtua Racing〉을 개발함으로써 게임의 역사에 족적을 남긴 인물이었다. '가상적 virtual'이라는 말에서 온 'virtua'라는 신조어는 게임의 사실감과 실재감을 중시해온 스즈키 유의 게임관을 잘 보여준다. 이 레이싱 게임에는 유가 록히드마틴사의 주문을 받아 제작한 비행기 조종사 시뮬레이션 게임 〈모델 1 Model 1〉의 성과들이 고스란히 녹아 있었다. 〈버추어 레이싱〉은 네 가지 시점(視點)을 제공하는데, 이 기술은 특허권을 받게 된다.

〈버추어 파이터〉는 쿵푸에서 프로레슬링 선수까지 3D 폴리건 모양으로 만들어진 격투사들이 자기들만의 비장의 기술과 움직임으로 대전을 벌이는 게임이었다. 그는 이 게임의 개발을 위해 소림사를 방문하고 미국 특수부대를 직접 찾아가 무술을 배우는 등의 열성을 보였다. 사실감에 대한 그의 이러한 집념은 플레이어가 자기 캐릭터의 아픔까지 느낄 수 있어야 한다는 생각에서 절정에 달한다. 그 결과 나온 〈버추어 파이터〉는 직접 게임을 플레이했을 때 사실감의 극한을 보여주었다. 이 게임은 새턴의 '번들 게임'이 아니라 7,800엔짜리 독자적인 소프트웨어였음에도 불구하고 게임 시장에 일대 파란을 일으킨다.

처음 '타도 닌텐도!'를 외치며 나온 새턴의 성공은 기정사실로 여겨졌다. 하지만 소니의 '플레이스테이션'이 출시되면서 의외의 복병을 만나게 된다. 소니는 게임업계의 신참내기였음에도 불구하고 새턴보다 100달러 이상이 저렴했고 무엇보다 플레이스테이션의 개발 환경이 훨씬 더 좋았다. 이는 게임 소프트웨어 확보에 확실히 열세를 보였던 소니에 많은 '서드파티' 회사들이 몰리는 동기가 되었다. 특히 소니는 기존의 많은 흥행 게임 소프트웨어들을 플레이스테이션용으로 개작 출시함으로써 과거의 실패를 만회할 수 있게 되었고, 이후 게임기 시장은 소니, 세가, 닌텐도 3사에 의해 좌우되게 된다. 요즘 콘솔 전쟁을 이끌고 있는 마이크로소프트는 게임시장에 본격적으로 발을 들이기 전이었다.

1994년은 단연 〈둠〉의 해였다. 우주 공간 속의 악마와 괴물이라는 〈둠〉의 컨셉은 영화 〈에일리언〉과 〈이블 데드〉에서 차용한 것이었다. 이 게임은 ID 소프트웨어의 전작 〈울펜슈타인 3D〉의 디자인을 뛰어 넘는 완전히 새로운 게임으로서 '이전 게임에서 플레이어가 경험한 기술은 다시 사용하지 않는다.'는 내부 원칙이 유감없이 실현된 게임이었다. 가령 〈둠〉의 캐릭터는 전후좌우라는 평면상의 두 축에 상하라는 제3의 축을 첨가함으로써 플레이어는 실제 공간을 자유롭게 누비는 느낌을 받을 수 있었다. 그리고 뛰어난 레벨 디자인, 다양한 무기와 적들, 화려한 배경음악 등도 〈둠〉의 매력이었다. 물론 사탄의 상징들과 악마들로 채워진 게임 공간은 플레이어들의 긴장감을 상승시켰지만 저널리즘과 일부 비평가들의 분노를 불러오기도 했다. 이드 소프트웨어의 게임들은 '셰어웨어'(shareware)라 불리는 독특한 마케팅 방식으로도 유명했다. 이는 사용자들이 인터넷이나 우편으로 첫 번째 섹션을 무료로 받아 게임을 하고 그것이 마음에 들면 나머지 것들을 마저 구매하는 방식이었다. 이는 소규모 기업들이 판매 루트를 확보하기 위해 메이저 회사들과 경쟁을 하지 않고서도 게임을 판매할 수 있는 장점을 가지고 있었다. 이후 〈둠〉은 디지털게임 산업의 주류로 자리 잡은 '1인칭 슈팅 게임'의 기본 모델이 되었다. 특히 〈둠〉은 악마나 괴물을 퇴치하는 것뿐만 아니라 모뎀이나 랜을 이용하여 팀을 이뤄 싸우는 '데스 매치'(death match)를 선보인 것으로도 유명하다. 이러한 협동 플레이 모드는 멀티플레이의 잠재력을 입증했고 지금까지도 멀티플레이 게임의 대명사로 자리 잡고 있다.

게임의 미래: 새로운 강자들

1995년에는 마이크로소프트의 '윈도 95'와 '다이렉트 X'가 출시되어 디지털게임 산업의 지각변동을 예고한다. 윈도 95는 지금까지의 윈도 시스템 가운데 가장 업그레이드된 버전이었고 이는 게임 환경의 근본적 개선을 가져다준다. 윈도 95는 게임의 설치를 매우 간편하게 해주었고 윈도를 떠나지 않고서도 1인칭 슈팅 게임의 플레이가 가능했다. 그리고 이 덕분에 기존 도스 중심의 캐릭터 인터페이스는 그래픽 인터페이스로 바뀐다. 물론 컴퓨터보다는 게임 콘솔이 훨씬 더 간편한 게임 장치였지만, 윈도 95 덕분에 그 격차가 훨씬 줄게 된다. 판매량 면에서 아직 비디오게임을 따라잡을 정도는 아니었지만 게임 회사들은 윈도 95의 출시 이후 더욱 퍼스널 컴퓨터를 새로운 게임 플랫폼으로 주목하게 된다.

'윈도 95'와 함께 개발된 '다이렉트 X'는 기존 게임 프로그램의 치명적 한계였던 하드웨어 호환성 문제를 해결함으로써 게임 산업의 활성화에도 크게 기여한다. '다이렉트 X'는 일종의 라이브러리로서 기존의 게임 프로그램이 하드웨어들과의 호환성을 유지하기 위해 프로그램에 포함시켜야 했던 게임 콘텐츠 이외의 부가적 요소들을 운영 체제의 일부분으로 통합한 것이었다. 이로써 게임 개발자들은 PC에 장착된 하드웨어의 종류에 상관없이 프로그램을 제작할 수 있게 된다. 이제 개발자들이 표준화된 방식으로 게임을 만들 수 있게 된 점은 과히 혁명적인 사건이었다. 그리고 특정한 개발 하드웨어의 조합을 고민하지 않고서도 기기의 모든 성능을 테스트할 수 있게 되었고, 윈도우즈의 속도도 급격히 상승시킬 수 있었다. 기존 게임기 회사들의 암묵적인 횡포나 간섭으로부터 벗어나 게임 디자이너들은 좋은 게임의 개발에만 신경을 쓸 수 있게 된다. 그리고 〈다이렉트 X〉를 통해 개별 PC의 하드웨어와 게임이 궁합을 이루어 잘 작동될 수 있을지에 대한 개발자의 걱정이 상당 정도 줄어들었고 PC의 그래픽은 게임기의 그것을 추월하게 된다.

1995년 〈캐슬 Castle〉과 〈스타 트랙 Star Track: 25th Anniversary〉으로 유명한 '인터플레이 interplay'가 세계 최초의 완전 3D 슈팅 게임인 〈디센트 Descent〉를 출시한다. 이 게임은 〈둠〉으로 친숙해진 1인칭 슈팅 게임에 또 하나의 차원을 도입한 혁신적인 게임이었다. 같은 해 드디어 닌텐도는 차세대 64비트 게임 콘솔 '닌텐도 64'를 발표한다. 이 게임기는 특히 컨트롤러가 큰 주목을 받았는데, 여기에는 기존의 디지털 방향 패드와 새로운 아날로그 레버가 같이 부착되어 있었기 때문이었다. 디지털 방향 패드는 대전 게임에 적합한 것으로 캐릭터를 일정한 속도로 움직이게 하는 기능을 했다. 반면 아날로그 레버는 플레이어가 어느 정도 압력을 가하는가에 따라 다양한 반응을 했는데 한 방향으로 힘껏 당기면 캐릭터가 전속력으로 내달렸다. 〈닌텐도 64〉의 '킬러 소프트웨어'로 기대를 한 몸에 받은 게임이 미야모토 시게루 팀의 〈슈퍼 마리오 64〉였다. 이 게임은 과거 마리오 시리즈의 인기 캐릭터와 오브제들을 총동원하여 3차원 환경에 통합시켰다. 미야모토는 이를 놀이공원에 비유했는데 이 게임의 멋진 활강장면과 다양한 동작들은 많은 플레이어들의 탄성을 자아냈다.

'닌텐도 64'는 판매 첫 달 엄청난 성공을 거두며 닌텐도의 3D 게임 진출의 성공을 입증하는 듯했다. 하지만 이 게임기는 닌텐도의 전통에 따라 카트리지 시스템만을 채택하고 인터넷이나 CD롬은 지원하지 않는다는 결정적인 결함을 지니고 있었다. 닌텐도 64는 몇몇 인기 게임들 덕분에 초기에는 흥행몰이를 할 수 있었지만, 게임 종류나 추가 제작 기간, 가격, 용량 등 모든 것이 불리했다. 반면 CD롬 방식은 카트리지 시스템과 달리 추가 제작의 경우 1주일이면 충분했고 소량 생산도 가능하였으며 재고 위험으로부터 자유로울 수 있었다. 그런 점에서 소니 '플레이스테이션'의 승리는 어찌 보면 당연한 것이었다. 소니는 이 시스템의 가격을 대폭 인하하면서 경쟁에 뛰어든다. 플레이스테이션 버전과 닌텐도 64 버전 등 다양한 시스템으로 발매된 〈모탈 컴뱃 트릴로지 Mortal Kombat Trilogy〉에서 질적 차이가 분명하게 드러난다. 로딩 타임 면에서는 닌텐도 64가 빨랐지만, 멀티플레이의 경우 새로운 캐릭터를 로딩할 때 걸리는 시간에 있어 〈플레이스테이션〉이 훨씬 빨랐기 때문이었다. 몇 년 후 플레이스테이션은 닌텐도 64의 판매량을 추월한다. 그럼에도 닌텐도 64는 가장 인기 있는 비디오게임기였고 멋진 게임들을 서비스한 하드웨어였다. 2001년 '게임큐브'는 닌텐도 제국의 아성이 얼마나 견고한가를 보여주었다. 세가는 〈버추어 파이터 3〉를 선보이며 기울어가는 회사를 살려보고자 했으나 역부족이었다. 이제 게임기의 전쟁은 닌텐도와 소니의 대결로 압축된 것처럼 보였다. 마이크로소프트가 이 시장에 뛰어들기 전까지는 말이다. 그리고 이들 회사들은 거의 10년 간격으로 업그레이드된 신형 콘솔을 출시함으로써 콘솔 전쟁을 이어간다. 지금엔 닌텐도의 스위치, 마이크로소프트의 엑스박스 시리즈 X, 소니의 플레이스테이션5가 자웅을 겨루고 있다.

1996년 비디오게임에서 소니의 '플레이스테이션'이 급부상하고 인터넷 시대가 본격적으로 시작되면서 멀티 플레이 게임이 주종을 이루게 된다. 이에 발맞춰 우리나라와 인연이 깊은 '블리자드'(Blizzard)의 빌 로퍼가 인터넷을 통한 게임 플레이, 즉 '배틀넷'(Battlenet)을 이용한 〈디아블로 Diablo〉를 내놓으면서 시들해져가던 'RPG' 장르에 재기의 불을 놓는다. 블리자드는 이미 1994년 전설적인 〈워크래프트 Warcraft〉 시리즈로 본격적인 '실시간 전략 게임'(Real-time Strategy, RTS)의 시대를 선포한 바 있는 저력 있는 게임 회사였다. 〈디아블로〉는 '조이스틱'보다 간단한 마우스 하나만으로 게임을 진행하는 게임이었다. 마우스로 적을 선택하고 전투를 치르는 '포인트 앤 클릭' 방식의 전투는 비로소 'MMORPG' 게임에 최적의 환경을 제시했다. 한국에서 절대적 인기를 얻고 있는 'MMORPG' 게임은 블리자드의 게임들에 매우 큰 영향을 받았다. 이후 〈WoW〉로 계속되고 있는 '워크래프트 IP'는 콘솔과 온라인을 아우르며 모바일 MMO로의 확장이 전망되고 있다.

같은 해 출시된 '아이도스 Eidos'의 〈툼 레이더〉는 여러모로 흥미로운 게임이다. 이 게임은 PC와 플레이스테이션용으로 출시된 게임으로 라라 크로프트(Lara Croft)라는 섹스 심볼로 최고의 인기를 구가한 게임이다. 이 게임으로 인해 '플레이스테이션'은 하드웨어의 강자로 군림할 수 있었고 PC 게임의 성공 가능성을 여실히 보여주었다. 이 게임은 무덤 안에서 단서를 수집해가면서 보물을 찾는다는 '어드벤처'의 흥미로운 모험과 주인공 캐릭터의 육감적이고 현란한 동작, 매력적인 캐릭터가 삼박자를 이루며 엄청난 성공을 거두었다. 기존 게임들의 경우 근육질의 남성 캐릭터가 주류였고 뭔가를 파괴하고 죽이면서 게임을 진행시켰던 반면, 라라 크로프트는 유연성과 신체적 기술, 지성을 겸비한 캐릭터였다. 또 그녀는 고등교육을 받은 부유한 재산가의 딸이라는 성격을 부여받음으로써 어차피 '이야기성'(narrativity)이 강한 RPG 게임에 한층 더 큰 극적 동기를 제공했다. 라라 크로프트는 잡지와 CF 모델로 각광을 받았고 여성 플레이어뿐만 아니라, 아니 남성 플레이어들에게 더 강하게 어필하면서 팝스타 이상의 인기를 끌었다. 2001년 〈툼 레이더〉는 영화화된 몇몇 게임들 중 드물게 성공한 사례로 평가되기도 한다. 우리는 안젤리나 졸리를 통해 그 영화를 기억한다. 〈툼 레이더〉는 이후 〈라이즈 오브 더 툼 레이더〉, 〈새도우 오브 더 툼 레이더〉 등으로 시리즈를 이어왔고 '툼 레이더' 리부트 시리즈 3부작으로 유명한 개발사 크리스탈 다이나믹스가 에픽게임즈의 최신 게임 엔진 '언리얼 엔진 5'을 이용하여 신작을 개발 중이라고 한다. 캐릭터 라라 크로포트의 이미지 변천사는 영상 기술의 발전 과정을 고스란히 반영하고 있기에 게임 해상도가 어떻게 변화해왔는지를 증언해준다.

1998년에는 'PC방' 문화를 선도하며 한국 게임시장과 게임문화에 전설적인 영향력을 행사한 〈스타크래프트 StarCraft〉가 출시된다. 어찌 보면 이 게임의 컨셉은 〈디아블로〉의 판타지 배경을 우주로 옮긴 것에 불과했다. 그렇지만 이 게임은 〈디아블로〉의 단순한 우려먹기는 아니었다. 이 게임의 진짜 매력은 참신함보다는 '게임성'에 있었고, 그렇기 때문에 열악한 2D의 그래픽에도 불구하고 대성공을 거둘 수 있었다. 우리나라에서 거의 절반이 팔렸다는 말도 있을 정도였다. 이 게임은 싱글 플레이가 아닌 네트워크 플레이 과정에서 그 진가를 드러냈다. 특히 프로토스, 테란, 저그 세 종족 간의 완벽한 힘의 균형은 이 게임만의 차별화된 장점이었다. 아군과 적군의 단순한 이분법을 벗어나 어느 종족을 선택하느냐, 그리고 어느 종족과 전투를 펼치느냐, 어떤 전술을 사용하느냐 등에 따라 경우의 수가 거의 무한대로 될 수 있는 게임이기도 하였다. 그만큼 전략과 전술이 중요한 게임이었고 멀티플레이에 최적화된 게임이었다. 얼마 전 출시된 〈스타크래프트 2〉는 전작에 비해 큰 변화는 없지만 몇몇 세부적인 요소들에 변화를 주고 업그레이드를 시도한 바 있다. 원작 〈스타크래프트〉도 최신 기술에 발맞추어 〈스타크래프트: 리마스터 StarCraft: Remastered〉로 변신을 감행하였고 과거의 인기에 미치지 못하지만 e-sports 인기종목으로서 체면을 이어가고 있다.

같은 해 세가는 '드림캐스트 Dreamcast'를 소개하면서 시장에서의 재기를 노렸으나 결과는 실망스러운 것이었다. 이 게임기는 CD롬보다 2배나 큰 용량 등의 장점들에도 불구하고, 소니의 '차세대 플레이스테이션' 프로젝트에 묻히고 말기 때문이다. 이왕이면 사용자들은 좀 더 기다렸다 훨씬 더 나은 성능의 게임기를 구매할 생각을 한 것이다. 명불허전 '플레이스테이션 2'는 호환성과 다각적인 효용성이 돋보이는 시스템이었다. 특히 이전의 수천 가지에 이르는 플레이스테이션용 게임들을 계속 즐길 수 있다는 약속은 너무나 달콤한 소비자 유인책이었다. 다시 소프트웨어를 구입하지 않더라도 더 좋은 사양에서 게임을 즐길 수 있기 때문이었다. 특히 텔레비전 시청, DVD 영화 감상, 게임 플레이, 인터넷 서핑 등을 동시에 제공함으로써 종합 엔터테인먼트 디바이스로서의 가능성을 극대화하려 했다는 점은 향후 소니의 게임시장 주도권을 강화해주는 계기가 된다. 하지만 '플레이스테이션 2'의 출시는 2000년에야 이루어진다. 〈스타워즈〉 시리즈의 감독 조지 루카스는 플레이스테이션이 〈스타워즈 에피소드 1〉에서 사용했던 컴퓨터보다 실시간 렌더링 성능이 뛰어나다고 격찬한 바 있다. 심지어 일본 정부는 이 시스템을 슈퍼 컴퓨터로서 미사일을 유도하는 데 쓰일 수 있다고 결정하여 콘솔 시스템의 대외 수출을 금지하기도 했다. 허세에 불과한 거짓말 같은 이러한 이야기는 기업과 정부의 이해관계가 맞아떨어지면서 생겨난 신화 정도로 생각하면 어떨까? 2020년 소니인터랙티브엔터테인먼트(SIE)는 'PS5'와 함께 신기술 '적응형 트리거'와 '햅틱 피드백'이 탑재된 컨트롤러 '듀얼센서'를 내놓으면서 플레이어들의 요구를 충족시켜오고 있다. 무엇보다 〈더 라스트 오브 어스〉 시리즈, 〈갓 오브 워〉시리즈 등 강력한 서사성과 게임성을 고루 갖춘 게임들을 이른바 '플레이스테이션 IP'로 확보하기 위해 노력하고 있다.

한편 1998년 월드컵을 등에 업은 스포츠 전문 게임 회사 'EA'의 〈FIFA 2000〉이 선전을 하고, 〈하프 라이프 Half Life〉나 〈퀘이크 2〉, 〈언리얼 Unreal〉 등의 액션 게임 등이 대중들의 흥미를 자극하는데 성공했음에도 불구하고, 이후 게임은 '실시간 전략 시뮬레이션'(RTS)이 주도하게 된다. 마이크로소프트의 99년작 〈에이지 오브 엠파이어 2 Age of Empire 2〉와 블리자드 2000년작 〈디아블로 2〉, 2002년 〈워크래프트 3〉 등이 그러한데 이들 게임은 지금도 강력한 IP로서 그 인기를 이어가고 있다. 게임의 전체 역사를 복기해 보면 잘 만들어진 게임들은 오늘날에도 여전히 트랜스미디어 스토리텔링의 콘텐츠 원천으로서 매체와 영역을 확장하고 있다. 우리는 그러한 게임들을 '슈퍼 IP'라 부르며 미래 콘텐츠산업의 향방을 결정지을 핵심 무기로 평가하고 있다. 최근 굴지의 게임 관련 회사들이 세계관과 캐릭터 등의 IP 창안에 열을 올리고 있는 이유이기도 하다.

2000년대의 문턱에 이른 당시 이미 두드러진 현상 중에 하나는 장르의 복합화 혹은 혼성화 경향이다. 즉 단일 장르가 아니라 기존의 게임 장르가 서로 혼융됨으로써 복합적인 재미를 제공하게 된 것이다. 원래 전략 시뮬레이션 게임 자체도 액션과 RPG를 결합한 혼합장르 혹은 복합장르였거니와, 이는 그래픽과 인터페이스 등 기술의 향상에 따른 자연스러운 결과이기도 했지만 더욱 복잡해진 시장 상황에서 살아남으려는 게임 회사들의 고육지

책의 산물이었다. 풀 폴리곤 액션 게임으로 유명한 2000년작 〈퀘이크 3〉, 액션과 전략 시뮬레이션이 혼합된 새로운 유형의 게임이면서 한국에서 선풍적인 인기를 끈 〈레인보우 6〉, 일본식 RPG를 강화하고 액션성을 드높였으며 3D 그래픽을 대폭 채용한 〈파이널 판타지 8〉 등은 이러한 성과와 경향들을 잘 보여주는 게임들이다. 20년 이상의 시간이 지난 지금에는 장르의 융합과 통섭은 일반적인 경향이 되었고 콘텐츠 세계관의 확장으로 이어지고 있으며, 플레이어들의 실감과 재미, 스릴을 최적화가기 위한 방향으로 관련 기술이 첨단화하고 있다.

또 한 가지 주목할 만한 것은 아케이드 게임장의 부흥을 가져온 99년 선풍적인 인기를 몰고 온 '체감형 게임' 〈DDR〉의 열풍이다. 비디오게임이나 PC 게임의 아케이드 버전들로 연명하던 아케이드 게임장은 이 게임으로 장르 확장의 전기를 마련한다. 이로써 RPG와 액션 게임에만 의존하던 관행에서 벗어나 플레이어의 몸을 의자로부터 해방시켰다. 이제 게임을 위해 몸을 움직임으로써 게임이 스포츠로 승화할 수 있는 가능성이 열리기 시작한 것이다. 요즘에는 현저하게 줄어든 게임장만 보고 콘솔이나 PC, 모바일 등에 밀려 한물갔다는 평가도 받지만 그럼에도 아케이드 게임을 찾는 이들이 점점 늘고 있기도 하다. '레트로 열풍'만으로 단정할 수 없는 이러한 현상은 그 장르 게임들 고유의 스릴감에서 기인하는 바가 크기 때문일 것이다. 여기에는 실감의 강도를 향상시키기 위한 업계의 노력도 한몫을 했을 것이다. VR과 AR 기술이 아케이드 게임장으로 들어온 데서도 그것을 확인할 수 있다.

한편 2001년 마이크로소프트는 'Xbox'를 내놓으면서 콘솔 전쟁에 드디어 참전한다. 1980년대 〈마이크로소프트 플라이트 시뮬레이터〉같은 게임을 내보이며 게임계의 언저리에 자리하던 이 메이저 컴퓨터 회사는 자사의 획기적인 자산인 윈도우즈와 새로운 신기술로 소니와 치열한 일합을 벌이게 된다. MS 엔지니어들은 PC 설계 경험을 십분 활용하면서 게임 콘솔을 개발했다. 여기에는 윈도 축약 버전과 하드 드라이버, 네트워크 카드 등도 설치되었다. 'Xbox'는 '플레이스테이션 2'를 능가하는 그래픽 장치와 두 배의 메모리, 8기가바이트의 하드 드라이브, 네트워크 카드 등으로 '게임 콘솔을 거실

문화의 중심으로' 만들겠다는 빌 게이츠의 야심을 실현하고 있었다. 이로써 한 동안 MS는 닌텐도를 제치고 미국 게임시장의 2인자로 자리를 잡게 된다. 우리는 이제 오늘까지 이어지고 있는 소니와 MS, 닌텐도 삼국지를 관전하고 있다. 이들은 심지어 '구독경제'의 시대인 오늘날까지 게임 구독 시장에서의 우위를 차지하기 위해 전쟁의 강도를 높여가고 있다. 콘솔 전쟁의 확전이라 할 만한 이 전쟁은 '클라우드 대첩'으로 불리기도 하는데 마이크로소프트(MS) 게임패스, 소니인터렉티브엔터테인먼트(SIE) PS플러스 서비스는 각각의 킬러 콘텐츠를 확보하기 위해 안간힘을 쏟고 있다.

이후 게임산업 역사상 가장 획기적으로 평가될 만한 기술적 변화와 그에 따른 게임업계의 대응이 이루어진다. 바로 게임의 '네트워크화' 현상이 게임업계의 주류로 등극하는 계기들이 축적되기 시작한 것이었다. 콘솔들도 멀티 플레이 기능을 도입하면서 집단 플레이의 길을 열었다. 특히 'Xbox Live'라는 네트워크 카드는 게임산업의 미래가 온라인게임에 있음을 예고하는 것이었다. 물론 '닌텐도 DS'가 소니와 MS를 제치고 콘솔 전쟁의 승자로 등극하는가 했지만 이것이 네트워크 기반의 플레이로 가는 길을 막을 수는 없었다. 블리자드의 〈World of Warcraft〉의 성공은 게임의 미래를 예고하는 하나의 분기점이었다. 이 게임은 수 천 명의 플레이어들이 동시에 할 수 있는 게임으로 탄탄한 시나리오와 세계관으로 정평이 난 게임이기도 하다.

영화 〈반지의 제왕〉 등에서 사용되었던 기술적 요소들이 여러 게임들에 적극 수용된 점도 기억할 만한 흐름이었다. 이전에는 게임이 영화의 그래픽에 결정적인 영향을 주는 것이 일반적인 관행이었다. 하지만 이제 그래픽 특수효과는 물론이고 가상 캐릭터 배우들의 자연스러운 연기를 위해 도입된 인공지능 기술 등 영화의 테크닉 역시 미래의 컴퓨터 산업에 있어 획기적인 대안으로 평가되기도 하였다. 게임과 영화의 상호 기술교환과 더불어 영화의 게임화(가령 〈반지의 제왕〉, 〈해리 포터〉 등), 게임의 영화화(〈툼 레이더〉, 〈파이널 판타지〉 등) 및 텔레비전 드라마의 게임화(〈〈CSI 독립수사대〉, 〈대장금〉, 〈주몽〉 등)도 눈여겨볼 만한 대목이었다. 심지어 댄스 게임 〈오디션〉 등은 공연예술로 거듭나기도 하였다. 인기 영화나 드라마의 디지털게임화 현상은 대중문화 고유의 안전주의가 작용한 탓이겠지만, 미디어 간의 통접과 이접 현상은 '원 소스 멀티 유즈'의 중요성을 다시금 일깨워주었다. 소설이 게임으로 각색되고 게임 플레이의 결실이 '게임 소설'로 재탄생하는 지금의 관행도 당시 시작된 것이었다. 최근에는 피노키오를 잔혹동화로 각색한 독특한 세계관으로 관심과 기대를 모으고 있는 〈P의 거짓〉, 캐나다 인기 소설 〈빨간머리 앤〉을 원작으로 한 모바일 게임 〈오 마이 앤〉 등이 예고되고 있다. 〈배틀그라운드〉로 유명한 크래프톤은 한국 판타지 문학의 거장 이영도의 〈눈물을 마시는 새〉를 게임화하고 있다. 더욱 관심이 가는 것은 자사의 게임들을 영화와 웹툰, 드라마, 소설, 공연 등으로 확장시켜 나가겠다고 공언해온 게임사가 작정하고 콘텐츠 횡단과 융합을 시도하고 있다는 점이다. 이제 '슈퍼 IP'로의 확장을 염두에 두고 게임을 기획하는 것은 하나의 관행으로 자리를 잡았고 결국 게임 디자인은 세계관의 디자인으로 여겨지는 시대에 들어선 듯하다.

2005년에는 차세대 Xbox로 공개된 'Xbox 360'이 온라인 서비스는 물론이고 MP3 플레이어와 같은 휴대용 디지털 기기와 쉽게 결합될 수 있는 기능을 제공함으로써 게임 '컨버전스'(convergence)의 시대를 열었다는 평가를 얻기도 했다. 거의 동시에 발표된 '플레이스테이션 3'과 다시 치열한 일합을 벌이게 된 셈이었다. 이러한 '콘솔 전쟁'은 광범위한 기술적 향상을 통해 미래의 다양한 게임들을 예측하게 하였다. 이들 빅테크 회사들의 경쟁은 게임산업의 발전에 큰 기여를 하였다. 생존과 우위를 위한 경쟁 속에서 오늘날 게임업계의 주요 흐름이 형성되었다고도 볼 수 있을 것이다. 게임이 더욱 화려해지고 스케일이 커지며, 보다 현실에 가까워지려는 노력도 그 당시에 큰 분기점을 맞이하고 있었다. 인간의 움직임을 그대로 전달하려는 게임기인 닌텐도의 〈위 Wii〉, 'GPS' 등을 이용하여 실제 도시 전체를 게임의 세계로 삼아 플레이하는 '위치기반게임'은 가상공간과 현실 공간의 경계를 허물기 시작했다. 여기에 상용 엔진인 '언리얼엔진'과 '유니티엔진'까지 고퀄리티 영상을 통한 실감나는 세계관 연출에 힘을 보태기 위해 기술 개발에 더욱 박차를 가하기 시작한다. 빅테크 회사들이 주도하고 있는 이러한 흐름들은 지금도 계속되고 있고 앞으로는 더욱 확장되며 치열해질 전망이다. 코로나 시대 구독경제의 상황은 유저들을 매혹시키기 위한 자사만의 아이디어를 만들어내도록 기업들을 독려하면서 강제하고 있다. 그럼에도 가장 중요한 것은 재미와 스릴을 위한 콘텐츠를 제작하고 확보하는 것이라는 교훈은 불변의 진실로 남아있는 듯하다.

얼마 뒤 개발된 '린든 랩'의 생활형 가상현실이자 MMORPG로 분류되기도 한 〈세컨드 라이프〉는 현실에서 일어나는 모든 활동들을 허락한 게임이었다. 이 세계에서 우리는 맘에 드는 캐릭터를 맘껏 꾸밀 수 있고 온갖 상거래, 다양한 커뮤니티를 통한 사교 등은 물론이고 부동산 거래를 통해 가상공간의 땅을 구매할 수 있었다. 이를테면 가수들은 자기를 닮은 캐릭터들을 움직여 음반발매 전 콘서트를 통해 대중들의 반응을 가늠할 수도 있었다. 스웨덴을 비롯한 각 나라들은 이곳에 사이버대사관을 설립하기도 했다. 프랑스 대통령 사르코지와 미국 대통령 후보 힐러리 클린턴 등은 이곳에 선거캠프를 차려놓고 선거운동을 한 바 있다. 사람들은 여기서 다양한 시민운동과 대안운동들을 벌이기도 했다. 2007년 이곳에는 '사이버 독도'가 개설되기도 하여 독도를 알리고 그곳이 우리 땅임을 알리는 캠페인이 펼쳐지기도 했다. 이곳에서 거래된 '린든 달러'는 실제 화폐로서 가치를 지니며 환전소에서 달러와 교환할 수 있었다. 거의 900만에 달하는 가입자들에게 '세컨드 라이프'는 현실의 삶을 대체해가고 있는 현재를 보여줌과 동시에, 게임과 삶의 통합을 보여주는 어떤 초석을 놓은 것으로 평가할 수 있다. 〈세컨드 라이프〉는 가상이 현실로 확장되고 현실이 가상으로 이어지는 '메타버스'(Metaverse)를 이미 선취하고 있었다. 현실과 가상이 섞이는 '서드 라이프'(third life)의 세상에서 놀이와 일의 통합은 현실이 되고 있다. 아니 코로나 시대를 거치면서 메타버스의 가상현실은 우리의 영토를 무한으로 확장하며 사회, 경제, 문화의 활동들을 보충하는 단계를 넘어 대체할 것으로 전망하는 이들도 있다. MMORPG를 비롯한 우리시대의 게임들은 메타버스의 과거이자 미래로 가는 가교 역할을 할 것이라 조심스럽게 전망해본다.

மம. 디지털게임 연구의 두 패러다임:
서사학과 놀이학

서사학 vs. 게임학
이야기와 게임
서사학과 상호작용적 서사
디지털게임과 서사
톨킨과 디지털게임
영웅 서사의 내러티브 구조: 게임의 내러티브
디지털게임과 인터랙티브 서사의 특징
상호작용적 서사: 'MMORPG'를 중심으로
디지털게임의 시·공간성

앞장에서 디지털게임의 역사를 살펴보면서 알 수 있는 몇몇 중요한 특징들이 있다. 가령 게임 공간이 단순하고 평면적인 2D 그래픽에서 풀 폴리곤 3D 그래픽으로 변화한 것은 플레이어에게 공간적 자유를 가져다주었을 뿐만 아니라 훨씬 더 생동감 있고 역동적인 공간적 리얼리티를 제공했다. 특히 횡스크롤이나 종스크롤, 그리고 그 이후의 프리스크롤은 게임 스크린상에서의 공간적 제약을 벗어나 자유로운 이동과 행동의 가능성을 열어주었다. 이미 강조한 것처럼 게임의 역사는 컴퓨터 테크놀로지의 발전에 크게 힘입어 왔다. 게임산업의 규모가 커지면서 그리고 산업화를 향한 중요한 행보를 거듭하면서 게임 공간의 현실감과 캐릭터 공간 이동의 자율성 확보는 게임 이용자들의 몰입감 상승에 중요한 기여를 하였다. 우선 규칙에 기반한 놀이 시스템이라는 게임의 고유성을 지켜나가면서 게임의 리얼한 세계관(world concept)을 확장하려는 지난 노력을 기억할 필요가 있다. 아울러 핍진성(verisimilitude)과 시각적·촉각적 사실감을 증강하기 위해 기울인 노력과 성취 또한 박수를 받을 만하다. 하지만 이러한 기술적 변화와 발전에도 불구하고 게임의 역사에서 가장 중요한 업적은 플레이어의 창조적인 플레이를 품을 수 있는 개방적이고 역동적인 시스템을 설계함으로써 '놀이성'(ludicity)을 지켜내려는 개발자들의 분투에 돌아가야 할 것이다.

다양한 공간성의 확보 못지않게 또 다른 중요한 변화는 게임 내러티브의 확장과 관련이 있다. 초기의 고전 아케이드 게임들은 단지 주어진 게임 규칙에 따라 특정한 행동을 반복하도록 강제함으로써 점수를 획득하는 형식을 취하고 있었다. 물론 당시까지의 기술적 한계를 고려한다면 부득이한 상황이긴 했다. 하지만 이후 '스테이지' 개념이 도입되면서부터 플레이어에게 게임 행위를 위한 극적 동기를 부여하려는 시도가 이어지며 내러티브의 확장이 시작된다. 가령 〈동키 콩〉은 최초로 본격적인 의미의 스테이지 개념을 도입했을 뿐만 아니라 그 자체로 게임 내러티브 혹은 게임 시나리오의 중요성을 환기시켜준 게임이었다. 주인공 캐릭터가 고릴라에 의해 납치된 공주를 구출하기 위해 온갖 수난을 극복하는 과정은 옛 영웅 이야기들의 변주인 동시에 최근 게임들에까지 적용되는 보편적인 서사이기도 했다.

물론 〈동키 콩〉식의 내러티브는 너무 단순한 것이었고 플레이어들이 게임을 반복하면서 자칫 지루해 할 수 있었다. 게임 플랫폼과 하드웨어 기술이 덜 발전한 상황에서 복잡한 서사를 도입하는 것은 아직 시기상조였다. 단선적 이야기 라인을 극복하고 중층적인 복선이 깔린 이야기를 만들어내기 위해서는 컴퓨터 기술의 획기적인 발전이 필요했다. 하지만 PC가 대중적으로 보급되고 CD나 인터넷이 게임 플랫폼으로 적극 이용되면서 게임 내러티브의 중요성이 부각되기 시작한다. 콘텐츠를 담을 그릇이 커지고 플레이어들을 연결할 네트워크가 급속하게 확장되면서 플레이어들의 의도적인 선택에 따라 무수한 이야기를 만들어내는 것은 게임 디자인의 필요조건이 된다. 이러한 배경에서 RPG 장르가 부상하며 인기를 얻어간다. 세계를 구성하는 8가지 덕목을 찾아 자신을 수련하는 기사와 영웅들의 이야기를 담은 〈울티마〉나 악마에게 영혼을 판 기사와 그의 영혼을 산 악마의 이야기를 다루는 〈디아블로〉 등의 내러티브는 게임도 영화나 소설 못지않은 장대한 이야기를 구성할 수 있음을 보여주는 쾌거였다. 이후 게임들은 규칙과 놀이를 서사에 자연스럽게 녹여내려는 노력을 경주한다. 아직 게임이 예술인가에 의문을 품는 이들도 많지만 〈바이오쇼크〉 시리즈, 〈SOMA〉, 〈디트로이트: 비컴 휴먼〉 등이 던지는 묵직한 질문과 감동을 부인할 수는 없을 것이다. 게임의 장르가 다양해지면서 굳이 RPG가 아니더라도 많은 게임들이 서사, 즉 스토리텔링의 가치를 증명하려는 방향에 동참을 해오고 있다.

서사성(narrativity)의 강화를 향한 게임계 내의 이러한 변화 경향은 문학자들을 비롯한 연구자들로 하여금 새로운 서사 매체로서 게임에 주목하는 전환점을 마련해주었다. 최근까지 게임에 대한 인문·사회학적 연구자들은 대체로 '서사학'(narratology)과 '게임학'(ludology)이라는 두 갈래로 나뉘어져 있었다. 북미와 유럽의 학계에서 진행된 양 진영 간의 치열한 논쟁은 게임에 대한 산업적·공학적 연구나 게임의 부정적 효과 연구에 편중되었던 기존 게임 연구의 관행을 벗어나려는 노력으로 평가된다. 아울러 논쟁은 게임의 정체성을 규명함으로써 '영화학'과 같은 게임 고유의 '게임학'을 정초하려는 노력의 표현으로 간주되기도 한다. "꽤 조용하게 진행된 40년간의 진화과정 이후 디지털게임이라는 문화적 장르가 진지한 접근을 요구하는 광범위한 사회적·예술적 현상으로 인식"되게 된 데에는 이러한 논의들이 중요한 역할을 했다고 할 수 있다. 논쟁이 시작된 지 대략 20여 년의 시간이 지났고 지금은 거의 시들해졌다. 하지만 게임연구가 게임의 매체적 특이성을 보다 면밀하게 살피는 가운데 문화연구의 다양한 주제들을 감싸안는 결과물들을 생산하게 되기까지 당시 연구자들이 주고 받았던 논쟁적 대화의 기여가 적었다고는 할 수 없을 것이다.

서사학 vs. 게임학

우선 서사론자들은 디지털게임을 하나의 내러티브 미디어로 이해한다. 기존의 서사예술들처럼 게임에도 인물과 행동, 사건이 존재한다는 사실이 게임을 '서사'로 볼 수 있는 근거가 된다. 이들에게 게임은 전통적인 선형적 내러티브 혹은 스토리텔링에 의존하지 않더라도 인간의 개성과 정신을 표현할 수 있음을 보여준 새로운 서사체이다. 이들은 게임의 '상호작용적 컴퓨터 경험'을 아리스토텔레스의 드라마 이론을 통해 설명하고자 한다. 서사론자들은 기존 아날로그 매체의 서사 개념들을 고수하면서도 게임이란 기존 서사물의 문법에 '상호작용성'이라는 디지털적 속성이 추가되면서 출현한 비선형적 서사물로 이해한다. 이들은 크게 '근본주의적 서사론자'(the radical school)와 '확장적 서사론자'(the expansionist school)로 구분되기도 했다.

우선 브렌다 로렐(Brenda Laurel)은 『컴퓨터는 극장이다』라는 책의 서문에서 새로운 컴퓨터 테크놀로지들이 독창적이고 인터랙티브한 경험들, 특히 새로운 드라마 형식들을 위한 다양한 기회들을 제공하고 있음에 주목한다. 소설에서 영화로, 영화에서 게임으로 서사예술이 진화해온 과정에서 연속성을 강조하는 그녀는 서사학의 선두주자라 할 수 있다.

『홀로덱에 선 햄릿』의 저자 자넷 머레이(Janet Murray)도 게임보다 스토리를 우위에 놓으면서 분석 도구로 아리스토텔레스의 연극론을 이용한다.

그녀에게 컴퓨터란 결코 텍스트의 적이 아니라 인쇄문화의 산물이며 디지털 시대에 걸맞은 스토리텔링의 새로운 수단일 뿐이다. 특히 그녀는 〈테트리스〉와 같은 스토리가 전혀 없어 보이는 게임에서도 스토리를 발견할 수 있다고 본다. 가령 그녀는 위에서 아래로 점점 더 빠르게 떨어지는 블록들을 과중한 업무와 꽉 짜여진 스케줄에 시달리면서 가능한 한 빨리 일을 해 치우려 노력하는 1990년대 미국인들의 삶이 표현되고 있다고 주장하여 이후 예스퍼 율(Jesper Juul) 같은 놀이론자들의 호된 비판을 받기도 한다.

이러한 선행 논의들에 크게 기대고 있는 메티어스(Michael Mateas)와 펄린(Ken Perlin) 등의 '신아리스토텔레스주의자들'(Neo-Aristotellian)도 게임을 소설이나 연극, 혹은 영화라는 서사예술의 하위 장르로 간주한다. 자넷 머레이의 '에이전시'(Agency) 개념을 게임 이해의 키워드로 간주하는 메티어스의 경우 게임의 서사가 강력할수록 플레이어가 컴퓨터로 어떤 행동을 취한 후 자신이 내린 결정과 결과를 스크린을 통해 직접 확인했을 때 오는 희열감인 '에이전시'의 느낌이 더욱 커질 수 있다고 주장한다. 펄린은 게임 텍스트와 플레이어 사이의 상호작용성을 중시하면서 게임 플레이 과정에서 오로지 '나(1인칭)'의 움직임에 따라 이야기가 전개되는 경험을 하게 되는 과정에 주목한다. 그가 보기에 디지털게임 서사에서 중요한 것은 기존 내러티브의 관객, 독자의 한정된 역할이 아니라 관객-배우-연출이 통합된 새로운 주체의 탄생이다. 관객은 없고 주인공만 가득해진 서사가 바로 게임이기 때문이다.

반면 '확장 서사론자들'의 경우 게임의 핵심 요소가 서사라는 점을 인정하면서도 전통적인 서사의 잣대로는 게임의 본질적 특성을 이해할 수 없다고 본다. 이들에게 있어 서사는 고정된 것이 아니라 시대나 문화에 따라 얼마든지 변용될 수 있는 것이다. 가령 랜도우(George Landow)에게 디지털 시대의 서사는 시대의 문법에 맞게 재구성되어야 한다면서 '명확한 시작과 끝'이라는 기존 서사물의 해체를 디지털 스토리텔링의 핵으로 간주한다. 확장적 서사론자들은 인간의 본원적인 속성인 '이야기하기'와 '이야기듣기'의 취향이 상호작용적인 디지털 미디어를 만나 생겨난 매체가 바로 게임이라는 것을 인정하지만 아리스토텔레스의 선형적 플롯(plot) 개념으로는 이해할 수 없다고 공통적으로 주장한다. 오히려 저자와 독자(관객)의 관계가 해체되고 선형적 서사가 파괴되면서 대중 참여적 서사로서의 가능성을 보여준다는 점에서 게임의 서사는 포스트모던 시대의 서사로 여겨지기까지 한다. 이러한 주장을 뒷받침하기 위해 움베르토 에코(Umberto Eco)의 '열린 텍스트'라든지 이저/야우스의 '수용미학'이 다시 호출되기도 하고, 롤랑바르트의 '텍스톤'과 '스크립톤'이라는 개념이 이용되기도 했다. 게임 개발자의 텍스트, 즉 텍스톤(texton)이 게임 사용자에 의해 스크립톤(scripton)으로 분기해가는 과정에 주목하고자 한 것이다.

아무튼 서사론자들은 게임의 사촌쯤으로 간주되는 하이퍼텍스트의 특성이 게임에 고스란히 나타난다고 보면서 게임 내부의 서사성에 주목한다. 이는 주로 중독, 폭력성과 선정성 등 게임의 부정성과 게임 프로그래밍과 알고리즘 설계 등의 기술공학적 측면에 집중되어 있던 게임 연구에 인문·사회과학적인 새로운 피를 수혈했다는 의미를 지니는 중요한 성과였지만 게임 자체의 본원적 특징과 기능에 주목해야 한다는 '놀이론자'들의 비판에 직면하게 된다. 또한 『반지의 제왕』처럼 인기 소설이나 영화가 게임화되거나 〈툼 레이더〉나 〈파이널 판타지〉처럼 인기 게임들이 영화화되었을 경우 똑같이 성공을 거두어야 할 텐데 그러지 못한 것은 서사론자들이 기존 서사와 게임 서사의 차이를 간과한 것이라는 혐의를 두게 한다. 영화가 게임으로 만들어졌을 때 흥행에 성공한 경우는 있지만 게임의 영화화는 실패할 수밖에 없었다. 게임 플레이에서 재미와 스릴을 경험한 플레이어는 전혀 다른 매체성을 지닌 영화에 별 감흥을 느끼지 못했기 때문이다. 놀이론자들은 이 점을 정확하게 공략한 셈이다. 하지만 점점 매체 융합이 트렌드로 되어가고 기술이 첨단으로 되어가면서 트랜스미디어 스토리텔링이나 슈퍼 IP가 콘텐츠 산업의 상수로 안착한다면 상황은 크게 달라질 수도 있을 것이다.

하여튼 '게임론자'들의 경우 게임의 본질은 이야기 행위에 있는 것이 아니라 규칙에 기반한 놀이 시스템 그 자체임을 강조한다. 게임 플레이어들은 이야기를 하기 위해서가 아니라 '게임하기'(playing, gaming) 자체의 경험을 위해 게임을 한다는 이유에서였다. '배경이야기'(back story)나 '컷신'(cutscene)

등의 게임 속 이야기 요소들도 게임 행위 자체를 위한 부수적인 것이고, 게임 과정에서 발생하는 사건과 이야기들도 게임 행위의 자연스러운 결과이며 게임 플레이의 부산물에 불과하다고 주장한다. 이들에 따르면 기존 서사학의 기준을 게임 연구에 적용할 경우 '재현'(representation)에 집중하여 게임의 본질이라 할 수 있는 '시뮬레이션'의 차원을 간과하게 될 것이라고도 한다. 게임은 서사라기보다는 시뮬레이션에 더 가깝다는 것이다.

율(Jesper Juul)은 게임마저 내러티브 매체로 보게 되면 내러티브의 범위가 너무 비대해져 개념으로서는 무용지물이 되고 말 것이라고 문제제기를 한다. 게임에 분명 '배경 이야기'나 '컷씬'같은 내러티브적 요소가 존재하지만 플레이어와 게임의 관계는 독자가 소설 세계와 맺는 관계와 전혀 다르다는 것이다. 그도 그럴 것이 『햄릿』을 읽는 경험과 〈햄릿〉이 되는 경험은 전혀 다르기 때문이다. 우리가 텔레비전으로 〈오징어게임〉이나 〈반지의 제왕〉을 볼 때와 게임으로 그것들을 플레이할 때의 차이를 생각해보면 그 차이를 명확히 알 수 있을 것이다. 올셋(Espen Aarseth)의 말처럼 책의 독자나 영화 관객들은 작품의 의미를 관조와 해석을 통해 즐기는 반면, 플레이어는 스스로 경험을 만들어가며 즐긴다는 점에서도 다르다. 즉 게임의 수용 방식은 완결된 텍스트를 읽어내는 '해석적'(interpretive)인 것이 아니라 플레이어의 직접적인 행위가 사건 전개의 전제가 되는 구성적(configurative)인 것이라고 보는 셈이다.

정리하면, 게임론의 입장에서 시뮬레이션의 가장 중요한 요소는 아리스토텔레스적인 '플롯'이 아니라 놀이의 '규칙'이고, 인물(character)을 재현하는 것이 아니라 규칙에 따른 행동의 법칙을 통합하여 모델화하는 것이다. 대부분의 게임 서사는 대개 단순한 배경스토리를 가지고 있다. 왜냐하면 게임의 재미라는 것은 플레이어의 게임 행위 자체에 있는 것이기 때문이다. 게임성의 핵심은 결국 게임의 재미와 긴장을 좌우하는 규칙의 마련에 있음을 알 수 있다. 재현(representation)의 양식인 서사가 '수용자'의 감정을 자극하고 카타르시스를 유발한다면, 시뮬레이션인 게임은 '사용자'의 행동을 유발한다. 소설이나 영화가 시퀀스들의 연속으로 이루어진 반면, 게임은 행동의 법칙들로 병렬적으로 구성된다. 그래서 게임론자들은 '서사물의 작가'(narrauthor)와 '시뮬레이션 작가'(simauthor)의 구분을 요구하기도 한다.

게임론자들의 강점은 기존 서사예술의 경험과 게임하기의 경험의 차이를 분명히 해준다는 것이다. 왜냐하면 우리는 소설이나 영화『반지의 제왕』의 서사적 경험을 위해서가 아니라 게임 속 퍼즐을 풀고 퀘스트를 수행하는 등 과정을 즐기며 텍스트의 신비를 벗겨나가기 위해 게임 〈반지의 제왕〉 시리즈 게임을 하기 때문이다. 하지만 컴퓨터 기술의 비약적인 발전과 더불어 게임의 서사성이 강해지고, 게임 개발자들 역시 게임 시나리오를 중시하는 입장으로 입장선회를 하고 있는 현실에서 게임론의 한계를 지적하기도 한다. AAA급 게임을 만드는 메이저 게임회사들이 전민희나 이영도 같은 유명 판타지 작가들과 협업을 하고 게임의 매체적 특성을 이해하는 게임 시나리오 인력들을 채용하는 최근의 동향들을 고려하면 게임의 서사를 소홀히 하는 게임론자들을 일방적으로 편들어주기 어렵다.

사실 과거의 게임들도 단순하나마 일정한 이야기의 요건을 갖추고 있었다. 게임의 역사는 게임 스토리가 점점 더 복잡해지고 다양해져온 역사이기도 하다. 아무리 게임이 플레이어의 행위와 게임의 규칙에 기반한 대중문화라 하더라도, 이야기는 플레이어의 가상공간 진입 혹은 몰입적 동일시를 더욱 용이하게 해주는 기능을 한다. 게임의 시작 동영상은 게임 플레이의 동기를 부여할 뿐만 아니라 플레이어가 게임 규칙을 이해하고 습득하는 일종의 튜토리얼 기능을 하기도 한다. 중세적 판타지에 바탕을 둔 〈리니지〉 시리즈나 전민희 작가의 『룬의 아이들』에 바탕을 둔 〈테일즈 위버〉같은 MMORPG 게임들은 디지털게임의 다층적 내러티브를 유감없이 보여주는 작품들이다. 이러한 서사들은 게임의 시공간적 세계관을 구성하고 플레이어를 그 세계의 일원인 양 느끼게 해주며 영웅적 행동의 동기를 제공하기 때문에 현 게임들의 필수적 성분이 되어가고 있다. 한때 '게임 업계는 뇌사상태', '게임에 감성이 부족하다'는 등의 지적이 미국 게임업계에 제기되었을 때 게임의 스토리텔링에 대한 관심과 실천에서 해법을 찾아야 한다는 지적이 나온 적도 있다. 이는 우리의 게임업계가 귀담아 들을 필요가 있는 대목이기도 하다.

사실 극복 불가능해 보이는 서사론과 게임론의 대립적 입장에는 서로에 대한 뿌리 깊은 불신이 자리하고 있다. 서사론자들이 보기에 게임을 기계·기술·규칙·시스템에 한정짓는 것은 게임에 대한 대중적 오해를 확산시킬 뿐이다. 오랫동안 게임은 공학자들의 전유물이었고 그들에게는 새로운 게임 규칙에 필요한 공학적 로직의 개발이 주된 과제였다. 하지만 눈높이가 한껏 높아진 최근의 플레이어들에게 참신한 공학적 로직만으로는 만족을 줄 수 없다. 게임은 메커닉(mechanics) 그 이상의 의미를 갖기 때문이다. 그리고 서사론자들이 전통적인 서사문학·예술들과 디지털게임을 동일시하는 것도 아니다. 왜냐하면 이전 미디어들과 디지털은 컴퓨터의 '상호작용성'으로 인해 결정적인 차이를 드러내기 때문이다. 오히려 게임을 저급한 것으로 보는 일반적 관행을 불식시키기 위해서는 게임의 예술적 특성들을 추려내고, 과거의 문화적 실천들과 구별되는 변별성을 밝혀내는 일이 중요하다. 서사론자들이 '서사'라는 개념을 들고 나온 것은 디지털게임이 신화나 민담 등 먼 옛날의 이야기 요소들을 창조적이고 현대적인 방식으로 전유할 뿐만 아니라 플레이어들의 상호작용적 참여를 통해 그 이야기들의 무한한 확장과 소비를 독려하고 있기 때문이다. 디지털게임은 이야기가 아닌 것이 아니라 디지털 시대의 새로운 이야기 방식인 것이다. 사실 인간은 '호모 나라토어'(Homo Narrator), 혹은 '호모 나란스'(Homo Narrans)로서 항시 이야기와 더불어 살아왔다고 할 수 있는데, 디지털게임은 바로 '지금 여기'의 이야기이고 플레이어는 옛 이야기꾼의 전통을 계승하고 있다고 보는 것이다.

하지만 놀이론자들은 게임을 이해하기 위해 문학적인 '텍스트' 개념을 동원하고 기존의 문학이론으로 그것을 분석하려는 서사론자들의 태도에 경계감을 드러낸다. 가령 올셋(Espen Aarseth)의 경우 서사론자들이 게임을 분석하기 위해 기존의 문학적 개념들을 동원하는 것 이면에는 게임 연구의 헤게모니를 장악하기 위한 정치적 저의가 작동하고 있다고 주장한다. 그는 문학 연구자를 비롯한 지식인들이 게임을 '혐오스러운 매체'(media non grata)로 폄하해왔으면서 이제 와서 그것이 대단한 학문적 잠재력을 지닌 양 호들갑을 떠는 데에는 다시 게임 연구의 주도권을 잡음으로써 그들의 학문영역을 팽창하려는 학문적 제국주의의 야욕이 서려있다고 맹공을 퍼붓는다. 놀이론자들에게 놀이는 '서사'보다 오랜 역사를 지닌 것이고 디지털게임은 새로운 테크놀로지 시대의 게임일 뿐이다. 게임은 게임일 뿐이고 '서사'의 차원으로 설명할 수 없는 많은 현상들로 이루어져 있다. 만일 게임에 문학이나 여타 예술적 요소들이 나타난다면, 그것은 '게임 상황'(gaming situation)과 게임 행위를 뒷받침하고 있을 뿐이다. 그러므로 게임은 놀이의 관점에서 그리고 게임 자체의 관점에서 접근해야 한다는 것이다.

그러나 논쟁의 진행과 더불어 이러한 대립을 극복하려는 시도들이 나타나면서 '서사'와 '놀이'를 상호 접속시킴으로써 균형을 회복하려 시도하고 있다. 가령 '놀이론'(ludology)이라는 개념의 생성과 확장에 큰 기여를 한 프라스카(Gonzalo Frasca)의 경우가 대표적이다. 그는 〈놀이론자들도 스토리를 사랑한다: 결코 일어나지 않았던 어떤 논쟁에 관한 기록〉이라는 글에서 서사론자들과 놀이론자들의 논쟁이 서로 잘못된 출발점에 서 있었음을 지적하면서 상호보완적 접근법이 필요함을 역설하고 있다. 프라스카가 보기에 서사론자들이 내러티브를 게임의 핵심적인 요소로 간주하거나 게임의 고유성을 부인한 적이 없고 놀이론자들의 경우에도 게임 서사의 존재를 부인한 적이 없다는 점에서 논쟁은 일어나지 않았다고 딱 잘라 말한다. 종전까지 대표적인 놀이론자로 여겨졌던 프라스카의 이러한 중재 노력 이후 디지털게임의 고유성을 인정하면서 게임을 복합적·총체적으로 이해하려는 노력들이 점점 대세가 되어가고 있다. 게임론자들이 놀이의 '미학'(aesthetics) 층위를 포기한 적이 없었다는 점이 중재의 동력이 되었을 수도 있다.

이야기와 게임

간단하게 말하면 서사는 이야기다. 우리 인간은 이야기 없이 살 수 없는 존재이다. 그래서 '호모 나란스'(Homo Narrans)라고 불리기도 한다. 우리는 이야기를 좋아하고 공기를 마시듯 이야기를 호흡하며 살아가고 있다. 인류 역사와 함께 다양한 변화를 겪으며 생겨난 수많은 이야기들에는 당시 사람들의 욕망과 감정구조가 깃들여져 있다. 우리가 읽고 보는 많은 책과 공연과 영화 등은 '설화'(說話)라고 불리는 옛날이야기에서 그 원천을 가져온 것이려니와 디지털게임 역시 그렇다. 신화와 게임의 상관성은 게임 연구의 단골 주제이기도 하다. 특히 중세 로망스와 판타지 게임의 서사체에 대한 연구는 지속적으로 발표되고 있다. 매체나 전달 방식의 변화는 있었지만 어느 시대에나 이야기는 정보 축적과 나눔의 도구로서 그리고 오락과 재미의 원천으로서 존재해왔다. 과거 구술문화 시대의 신화와 전설 및 민담, 문자 시대의 소설, 아날로그 시대의 영화가 있었다면, 뉴미디어 시대에는 디지털 스토리텔링의 총아로서 디지털게임이 있는 것이다. 캐나다의 미디어 학자 옹(Walter Ong)의 말을 잠시 빌리자면 우리는 어쩌면 '제2 구술문화의 시대'를 살아가고 있는 지도 모르겠다. 옛 사람들이 공동으로 이야기를 만들어 공동으로 소비했다면 우리는 저마다 플레이와 조작을 통해 각자의 이야기를 써나가고 있으니 말이다.

문학 연구에 있어 '옛날이야기'는 대개 '설화'(說話)로 분류되어 이야기되어 왔다. 하지만 설화의 경우 특정한 시대 일정한 지역의 이야기로서 고정된 실체를 지닌 것으로 여겨지면서 과거의 유산이라는 의미를 강하게 띤다. 반면 '이야기'라는 개념은 일상 대화에서부터 '이야기문학'에 이르기까지 폭넓게 사용되고 오늘날에도 유의미한 의미를 지닐 수 있다. 특히 테크놀로지의 산물이라고 할 수 있는 영화나 텔레비전 드라마, 만화, 게임 등을 '이야기 예술'의 범주에 포함시켜 이해할 수 있다는 긍정적 효과를 기대할 수 있다. 이렇게 되면 옛날이야기로서의 설화뿐만 아니라 인간의 지난한 역사 속에서의 모든 이야기 전통들을 총체적으로 접근할 수 있는 길이 열리기도 한다.

사전적으로 이야기(story)는 '약간의 길이를 가진 의미 있는 의사소통의 수단'('야, 이야기 좀 하자!')이기도 하면서, 나름의 문학성을 갖춘 '말로 된 이야기 문학'이기도 하다. 의사소통 수단의 관점에서 보면 이야기는 문자만큼의 지적·논리적 체계를 갖추지는 못했지만 인간의 삶 밑바탕에 축적된 깊은 층위의 욕망을 담고 있는 인류의 원초적이고도 유구한 의사 전달의 수단이 된다. 또한 문자문화가 널리 퍼지게 되면서 '말하기/듣기'보다는 '쓰기/읽기'가 더 중시되고 지식의 중요한 국면이 후자로 급격하게 옮겨왔지만, '이야기'란 문자가 없거나 극히 제한적으로 사용되었던 시기에는 인류의 지식과 지혜를 보관하고 전달하는 중요한 수단이기도 했다. '임종을 맞는 노인은 불타오르는 도서관'이라는 아프리카의 속담은 이를 잘 말해준다. 뿐만 아니라 '이야기하는 행위'(story-telling)는 생생한 경험을 주고받을 수 있는 능력이자 경험을 재구성하는 행위였다. 그래서 '이야기'는 어떤 문학적 형태나 구조라기보다는 하나의 '인식론적 범주'(epistemological category)로 그 역할을 이어왔다. 여기서는 개인의 체험이 중요했는데 그것에 따라 이야기의 다양한 변주와 변형이 생동감 있게 이루어졌기 때문이다.

이야기 문학이 여타의 문학 장르들과 가장 다른 점은 '이야기'(story)와 '이야기꾼'(storyteller)이 분리되어 존재한다는 점이다. 이는 이야기 문학의 경우 '이야기' 못지않게 '이야기꾼'과 그의 이야기 행위가 중요하다는 것을 의미한다. 사실 이야기 문학으로서의 '설화'는 소설에 비해 '시점'의 미학이 그다지 발달하지 못했지만 '이야기꾼'이 하나의 인격체로서 훨씬 생생하게 관여한다는 점에서 특징적이기도 하다. 그래서 '이야기'뿐만이 아니라 '이야기하는 행위'도 그 자체로서 예술적이고 때로는 연극적인 것이 되기도 한다. 옛날의 이야기꾼, 즉 재담꾼은 문자를 소유하지 못한 다수 민중의 욕구와 능력을 집약시켜 보여주는 예술가이기도 했다. 이를테면 디지털게임으로도 유명한 〈삼국지〉도 원래는 이야기꾼에 의해 살이 붙여지고 풍성해진 다음 문자로 기록되었던 것이다. 연암 박지원의 〈허생전〉도 연암의 독창적인 소산이 아니라 운영과 같은 이야기꾼에게서 들은 이야기를 작품화한 것이다. 이야기꾼은 사실 문학적 범주에 속하는 인물이기보다는 연출자와 배우를 동시에 구현한 인물이었다. 그는 기존에 존재하는 이야기들을 이야기 상황에 맞게 연출하여 대중들과 소통하는 연기자의 모습을 동시에 지니고 있었기 때문이다. 작가가 아니라 연행자(連行者)의 의미가 강했던 셈이다.

우리가 즐겨 읽는 소설이라는 것은 이야기 문학의 상당 부분을 대체하면서 생겨난 신흥장르이다. 서구의 경우만 하더라도 소설의 역사는 그리 길지 않은데 고대 서사시나 중세 로망스라는 서사 문학의 전통에서 근대 시민사회의 삶과 의식을 보여주는 장르로 떠오른 것이 바로 소설이다. 루카치(G. Lukacs)가 말하듯 자본과 자본주의의 현실상황 및 시대정신과 관련된 문학 장르가 바로 소설인 것이다. 소설의 등장과 더불어 근대 이후 모든 서사 문학은 '기록문학'인 소설 중심으로 재편된다. 그 결과 이야기 문학은 말 그대로 문헌이라는 뜻을 동시에 함축하는 '문학'(literature)이 아니거나 '구비문학'이라는 명칭으로 분류되면서 간신히 '문학' 속에 자리를 잡는다. 흔히 문학이란 고독한 밀실에서 전문적인 작가가 창작하는 것이라 생각하는데, 이러한 기준으로 보면 이야기 문학이란 어떤 식으로 보아도 익명적인데다 개성도 없어 문학이라는 '고상한' 영역에 넣을 수 없을 것 같다. 게다가 미학적인 다양한 서술 테크닉이 없는 지극히 단순한 형태라는 점에서 이야기들은 원시적인 것으로 폄하되기도 한다.

그러나 '문자중심주의'적인 이러한 태도는 근대적인 서사예술들을 중심으로 놓고 보는 것이다. 중요한 것은 '이야기'가 결코 무식한 사람들의 단순하고 저급한 문학이 아니라, 그들의 삶의 방식과 조건에 맞춘 그 나름의 훌륭한 문학임을 인정하는 것이다. 흔히 비판받곤 하는 옛날이야기, 즉 설화의 단순성은 구비적 전승 조건에 맞춘 결과이지 민중들의 생각이 단순했기 때문만은 아니다. 그들의 문학은 구술(口述)하기 편하게 조직되어 근대적인 저작권 개념 없이 수많은 사람들에 의해 널리 퍼지면서 한 공동체의 공동 유산으로 전승되어 온 것이다. 이들 설화는 공동체의 유산으로 수많은 사람에 의해 '반복 구연'되면서 전승되는데 설화의 중요한 특징 중 하나는 아무리 반복 구연되어도 싫증나거나 소진되지 않는다는 것이다. 마치 좋은 노래는 아무리 부르고 들어도 싫증나지 않듯이 말이다. 아니 오히려 반복 구연되면서 옛날이야기들은 생명을 계속 연장해왔다. 오늘날 새로움을 과시하는 '정보'라는 것이 한 번 읽는 것으로 소진되어버리고 금방 새로운 정보에 밀려나는 것과는 달리 이야기는 수백 수천 년을 두고 반복 구연되면서 생생하게 지속적으로 감동을 주어온 것이다. 그리스신화나 게르만신화가 오늘날 계속해서 영화나 뮤지컬, 게임 등으로 전유되는 상황은 옛날 이야기의 생명력을 말해주는 것일 수 있다. 특히 북유럽 신화는 오래전부터 판타지문학을 비롯하여 영화나 디지털게임의 단골 소재가 되고 있고 게임의 '세계관' 디자인에 훌륭한 자원들을 제공하고 있다. 우리에게 친숙한 종교 경전인 불경이나 성경도 처음에는 '이야기'로 전승되었던 것이다. 오늘날 이들을 단순하고 감동이 없다고 보는 사람은 거의 없다.

반면 소설은 이야기에다 작가의 '개인적 가공'을 특히 두드러지게 한 것인데, 이 과정에서 이야기 자체의 흥미보다 그 이야기를 '서술'하는 것 자체에 관심을 기울이는 경향이 있다. 즉, 이야기의 공동체적이고 구술적인 활력을 배제하고 작가의 개인성이 부각된 '개인적인 문체'로 다양한 '서술적 기교'를 부리는 것이다. 작가는 작품 밖에 존재하고 독자와는 전혀 인격적 만남을 할 수 없으므로 작품 안에서 '시점'(視點)이나 '소설속의 화자'를 개성적으로 변주하면서 서술 방법을 다양하게 만드는데 이는 이야기꾼의 개성과 예술적 역량을 대신하는 것이라 볼 수 있다. 그런 점에서 소설의 다양한 문체와 기법은 물론 이야기꾼이 소설가로 바뀌고, 입에서 입으로 전해지며 다듬어지던 내용이 소설가의 밀실에서 '창작'되는 것으로 대치된 결과이다. 아울러 이야기꾼이 이야기하면서 보여주었던 다양한 얼굴표정, 동작, 어투의 변화 등을 대신하기 위한 고육책이기도 했다. "옛날의 이야기꾼은 '모험'을 서술했는데 오늘날의 소설가는 '서술'의 모험에 몰두하고 있다"는 어느 평론가의 지적은 이러한 사정을 적절하게 표현하고 있다.

하지만 문화콘텐츠 산업이 주요한 사회, 문화, 경제 자원으로 부상하면서 '문학'보다 '문화'가, '소설'보다는 '서사'가 더 중시됨과 동시에 다시 예전의 이야기 관행이 되살아나고 있다. 특히 디지털게임을 비롯한 디지털 시대의 이야기 예술들은 이야기의 상호작용적 집단체험을 통해 작가와 독자 사이의 관계를 해체하고 있을 뿐만 아니라 공동창작 공동향유의 옛 '서사'적 실천들을 복원하고 있기도 하다. 이때의 '서사'란 결국 '이야기'나 마찬가지인데, 새삼스럽게 '소설'로 좁혀졌던 이야기의 대표성이 소설을 벗어나 문화 일반-역사 서술, 광고, 만화, 영화, 게임 등-의 바탕이 되는 '서사(이야기)'로 되돌아가는 것처럼 보인다. 물론 최첨단 기술로서 디지털 미디어가 갖는 특징을 반영하는 디지털게임과 신화나 전설, 민담 같은 과거의 설화를 직접 비교하는 것 자체가 무리일 수 있다. 왜냐하면 같은 이야기라도 그 이야기를 전달하는 매체의 차이에 따라 의미 발생의 과정이나 수용자에게 미치는 지각적 효과는 다를 수 있기 때문이다. 가령 최근 TV드라마로도 만들어져 큰 인기를 끌고 있는 톨킨의 〈반지의 제왕〉을 책과 영화로 보는 것은 전혀 다른 경험이다. 더욱이 디지털게임 〈반지의 제왕〉은 등장인물들의 행동을 구경하는데 그치는 것이 아니라 주인공이 '되는' 직접적 경험을 제공하기 때문에 더 강렬한 경험일 수 있다. 컴퓨터와 내러티브라는 상반된 영역들이 만났을 때 나타나는 변화들을 살펴보는 것도 흥미로운 일이다.

롤랑 바르트(Roland Barthes)도 말했듯이, 내러티브라는 것은 시대와 장소를 넘어 보편적인 것이고 인간의 현실 경험을 조직하는 매우 유효한 수단이다. 그 안에는 그 시대를 살아가는 사람들의 원형적인 무의식이 살아있고 그것은 다양한 상징적 형태로 현재까지 이어지고 있다. 특히 디지털콘텐츠와 디지털 스토리텔링의 중요성이 하나의 시대정신으로 자리 잡은 요즈음 유구한 이야기 전통 속에서 그러한 새로운 문화들이 차지하는 위상과 의미를 다시 탐색해보는 것도 의미 있는 일일 것이다. 단순히 예전의 이야기가 다시 문화콘텐츠의 원천으로 소환되고 있다는 소극적 차원을 벗어나 각각의 서사 예술들이 공유하는 기능과 특징들은 무엇이며 그들이 결정적으로 갈라지는 지점들은 어디인가를 입체적으로 분석할 때 디지털게임을 필두로 한 디지털 내러티브의 고유성이 명료해질 것이기 때문이다.

서사학과 상호작용적 서사

'서사학'(Narratology)은 무엇인가? 말장난 같지만 이는 '서사'(Narrative)에 관한 학문이다. 하지만 지금까지 '서사'는 문학, 특히 소설이나 희곡 등 문자화된 예술과 동일한 의미로 사용되어 오면서 협소하게 이해된 측면이 있다. 그래서 서사연구하면 소설, 더 인심 좋게는 희곡의 이야기 구조를 분석하는 것으로 이해되어왔다. 하지만 기호학의 영향을 강하게 받은 채트먼(Seymour Chatman)은 언어 매체 중심의 서사 연구에 반기를 들면서 문학 텍스트의 구조가 영화 등과 같은 다른 기호 체계로도 변주되고 확장될 수 있음을 강조한다. 그는 서사를 소설이나 서사와 같은 '디에게시스적인 내러티브'와 희곡, 연극, 영화, 텔레비전 드라마 등의 '미메시스적 내러티브'로 구분하면서 허구적임과 동시에 사건에 대한 진술이 지배적인 텍스트 유형들을 포괄할 것을 요구한다.

이러한 노력들이 모여 서사에 대한 연구로서의 '서사학'은 장르적·매체적 차원에서의 개방성을 획득하게 되는데, 이는 단순히 문학의 확장만을 의미하는 것이 아니라 문학마저도 무수한 서사 양식들 중 하나로 상대화하면서 문학중심주의를 해체하는 혁신적인 의미를 지니는 것이었다. "위대한 서사물도 아름다운 서사물도 심오한 서사물도 하찮은 서사물도 존재하지 않는다. 그저 서사물이 있을 뿐이다"는 프린스(Gerald Prince)의 진술은 이러한 변화를 극적으로 보여준다. 특히 바르트(Roland Barthes)의 다음 진술은 하이퍼텍스트나 디지털게임에 대한 내러티브적 접근 노력과 관련해서도 즐겨 인용되는 서사학의 출사표이기도 하다.

"세상에는 무수히 많은 서사물들이 있다. 무엇보다도 서사는 놀랄 만큼 다양한 장르들로 이루어져 있는데, 그것들 각각은 마치 어떤 재료라도 인간의 스토리를 담아내기에 적합하다는 듯이 다양한 매체와 형식들로 구성되어 있다. 분절 언어(음성언어와 문자언어), 영상(정지된 그림과 동영상), 몸짓, 그리고 모든 매체들이 혼합된 일련의 연쇄 등이 가능하다. 서사는 신화, 전설, 우화, 소설류, 서사시, 역사, 비극, 드라마, 코미디, 마임, 회화(카르파치오의 성 우르술라 연작화를 생각해보라), 스테인드글라스로 된 창, 영화, 만화, 뉴스, 그리고 일상의 대화 속에 들어있다. (중략) 좋은 문학과 나쁜 문학이라는 구분과는 상관없이, 서사는 초국가적이고 초역사적이고 초문화적으로 존재한다. 그것은 인생 그 자체와 마찬가지로, 그저 거기에 있을 뿐이다."

새로이 재구성된 서사학의 이러한 개방성은 문학의 특권적 지위가 사라지면서 나타난 문학·예술 분야에서의 새로운 흐름들을 반영하고 있다. 특히 문자매체의 헤게모니를 위협했던 영상매체의 부상에 뒤이은 디지털 매체의 등장은 서사에 대한 더욱 전향적인 태도를 요구하게 되었다. 일상적으로 우리의 인식은 빛을 매개로 이루어진다. 빛의 흐름과 그것을 인식하는 시각적 작용을 통해 우리는 세계를 받아들이는 것이다. 이를 흔히 '아날로그적 세계'라고 한다. 하지만 컴퓨터가 연출하는 세계는 완전히 다른 세계로서, 그곳에서는 0과 1, 혹은 on과 off라는 이진법의 신호로 세계를 구성한다. 이 이진법의 신호를 '비트'라고 하는데, 이 '비트'들이 연출하는 세계가 바로 '디지털 세계'이고 컴퓨터의 세계이다.

이 디지털 세계는 현실에서는 결코 경험할 수 없는 세계이며 컴퓨터를 통해서만 인식할 수 있는 새로운 세계이다. 이 세계는 기존 아날로그 시대의 기호들을 비트의 체계로 흡수하고 있으며 새로운 인간형의 주체들을 양산하고 있다. 이른바 '멀티미디어'로서의 디지털은 기존의 문학, 미술, 연극 등의 모든 아날로그적 매체들을 '비트'의 언어들로 통합하고 있다. 가령 '오마이뉴스'나 '프레시안' 등의 온라인 저널의 기사에서 가수들의 근황과 관련한 기사가 실렸을 경우를 생각해보면, 거기에는 인터뷰 내용이 문자 텍스트로 작성이 되어있고 인터뷰 실황이 동영상으로 중계되며 그의 콘서트 장면이 직접 상영되는 가운데 그의 음반 중 대표적인 노래들을 '동시에' 들을 수 있다. 이는 과거 매체들 사이를 갈라놓았던 단단한 경계를 허물면서 새로운 유형의 커뮤니케이션을 가능케 하고 있다. '융합'이나 '통섭' 같은 개념들은 이러한 변화를 반영한 우리시대의 키워드들이다. 뿐만 아니라 디지털 기반의 멀티미디어는 문학과 예술의 흐름에도 깊이 개입하여 그 패러다임 자체를 바꿔놓고 있다. 디지털 문학, 디지털 연극, 디지털 미술 등은 이제 낯설지 않은 개념이 되었고, 우리의 일상과 관련해서도 인터넷과 스마트폰 등으로 인해 필수적인 소통의 수단이 되고 있다. 어떤 점에서 요즘 시대를 관통하는 메타버스와 AI와 같은 첨단기술은 이러한 성과들이 축적되고 스스로를 쇄신하며 진화해온 결과일 것이다.

주지하다시피 디지털 기반의 멀티미디어가 갖는 가장 큰 특징은 상호작용성(interactivity)이다. 상호작용성은 어떤 작품이나 표현물에 사용자(User)가 직접 참여하여 그 내용물을 변형하고 통제할 수 있는 가능성 또는 이용자들이 접속하거나 전달받은 콘텐츠들을 실시간으로 참여하여 수정 혹은 변경할 수 있는 정도를 의미한다. 이러한 특징은 사용자에게 연상적 해석과 반응의 여지만 제공하고 주체의 직접적인 개입을 허용하지 않는 기존의 미디어와 가장 다른 점이기도 하다. 오늘날 게임 문화의 한 요소로도 자리 잡기 시작한 UCC(User Created Contents, 동영상 순수 제작물)-게임의 경우 mod, machinima, 게임방송 등-는 현재 사용자 참여가 필수적인 디지털 문화의 꽃으로 자리 잡아 가고 있고, 가까운 미래에는 이를 뛰어넘는 무언가가 나올 지도 모를 일이다.

이를테면 톰 크루즈가 오랜만에 출연하여 화제가 된 〈탑건 2〉라는 영화를 볼 때 우리는 그것에 대해 일정한 감흥을 받고 할리우드 영화 특유의 미국적 이데올로기를 읽어낼 수는 있지만 영화의 흐름에 대해 어떠한 수정이나 변경을 가할 수 없다. 그저 우리는 감독이 만들어 놓은 영화의 틀 속에서 구경할 뿐이며 가장 적극적인 해석마저도 소극적인 상호작용 안에서만 가능하다. 하지만 게임으로 대표되는 멀티미디어의 상호작용은 이용자가 직접 텍스트에 물리적 변형을 가할 수 있고 그 텍스트 역시 그에 따른 반응을 드러낸다는 점에서 획기적인 변화를 가져다주었다. 뿐만아니라 현재 디지털 문화의 꽃이라 할 수 있는 온라인은 인간과 컴퓨터의 상호작용(HCI, Human-Computer Interaction)을 넘어 인간과 인간 사이의 상호작용을 가능하게 함으로써 새로운 사이버 공동체의 실현 가능성을 과시하고 있는 중이다. 전설이 된 게임 〈리니지 2〉에서의 '바츠해방전쟁', 〈마비노기〉에서의 셰익스피어 연극공연, 〈WoW〉의 '피의 학카르' 사건은 또 하나의 사회로 성장해온 가상 사회의 미래를 선취하고 있는 맹아들로 볼 수 있을 것이다.

내러티브 예술(Narrative Arts)들도 디지털 뉴미디어의 미디어 환경의 변화에 발맞춰 변화해왔다. 하이퍼텍스트(Hypertext) 혹은 더 넓은 의미에서의 '사이버텍스트'(Cybertext)는 멀티미디어성과 상호작용성의 특성들을 구현하려 했던 대표적인 사례로 평가될 수 있을 것이다. 이들은 디지털게임에도 직·간접적인 영감을 주어왔다. 컴퓨터가 일상화되면서 문학계에 일으킨 파장은 대단한 것이었는데, 그것은 크게 '문학의 위기'에 대한 우려감과 '문학의 확장'에 대한 기대감으로 나타났다. 우선 초기에는 컴퓨터 문학이 말초적인 자극의 제공을 통해 가벼움을 특징으로 하는 신세대의 감수성을 지배하고 문학을 문화의 주변부로 몰아낼 것이라는 우려감이 지배적이었다. 이로써 문학의 진지함이 사라지고 반성적 기능 대신에 거침없는 가벼움의 서사가 지배하리라는 것이었다. 이들이 보기에는 컴퓨터 기반의 상호작용성이라는 장점도 소통의 민주화를 가져오고 공론장을 확장함으로써 새로운 사회를 일구어낼 것이라고는 하지만 그것도 환상에 불과한 것이라는 진단을 내놓는다. 왜냐하면 상대방과의 자유로운 상호작용적 의사소통을 가능하게 하는 것은 컴퓨터 운영 체계인데 결국 이 시스템은 극소수의 몇몇 자본과 기업들이 장악하고 있기 때문이다. 어차피 기업들은 자신의 이익과 이데올로기에 맞는 운영 체계를 만들며 사용자는 어쩔 수 없이 그 시스템을 따를 수밖에 없는 것 아니냐는 것이다. 결국 정보 소유의 여부나 정도에 따라 권력의 분배가 일어날 것이며, 이는 가상계급의 등장과 새로운 감시·통제 시스템의 등장으로 이어질 것이라고 전망된다. 사실 이러한 주장들은 19세기 말 대중문화의 등장 이후 오늘날까지 반복되어온 '문화전쟁'(culture war)의 21세기 버전일지도 모른다.

하지만 컴퓨터 환경을 긍정적으로 받아들이는 이들은 컴퓨터 문학의 등장이 당장 기존의 문학 서사를 몰아낼 것이라고는 보지 않는다. 그리고 어차피 디지털 환경은 우리 삶의 필연적인 일부로 자리 잡았고 그에 따른 문화적 변화를 균형 있게 바라볼 필요가 있다는 인식 또한 확장되었다. 물론 디지털 미디어에서의 글쓰기가 아직 저급한 수준에 머물러 있고 많은 부작용을 불러오고 있는 것도 사실이지만 그렇다고 그것을 무시하기에는 너무나 중요한 미디어로 급부상했다는 주장이 제기되기도 한다. 오히려 디지털 매체를 이용한 다각적인 예술 활동에 적극적인 관심을 가짐으로써 독자들과의 새로운 소통공간을 마련해야 한다는 주장이 많은 공감대를 얻어가면서 디지털 공간에서의 사용자 창작물에 대한 관심도 지속적으로 커져왔다. 컴퓨터를 매개로 하는 새로운 문학과 관련해서는 컴퓨터 문학이니 통신문학, 키보드 문학, 사이버 문학, 하이퍼텍스트 문학 등 다양한 용어들로 존재해왔다. 최혜실은 "텍스트 문학의 특성은 거의 유지하면서 인터넷 상에서 생산, 교환되는 문학을 중심으로 '인터넷 문학'이란 개념이 유효하다"고 주장한 바 있다. 하지만 국내의 경우에는 글쓰기를 좋아하는 독자가 자신의 창작물을 올리고 이용자들이 거기에 댓글을 다는 식이 일반적이다. 오늘날 '웹소설'로 진화한 디지털문학은 트랜스미디어 스토리텔링의 흥행에 있어 중요한 역할을 하고 있다. 영화나 드라마 등 다양한 콘텐츠로 제작되는 웹소설이 많아지고 웹소설을 원작으로 하는 영화나 드라마 등의 다양한 콘텐츠에 대한 이용 및 시청 의향이 지속적으로 증가하고 있다.

그리고 디지털문학은 네티즌들의 조회수와 리플을 통해 그 '문학성'(?)이 평가된다는 점에서 작가의 창작의도를 따라잡고 진지하게 해석해야 하는 일방적 독서행위와도 사뭇 다르다. 그러다보니 작가는 독자의 반응에 신경 쓸 수밖에 없고 결국 추리소설이나 SF, 판타지, 로맨스, 미스터리, 팬픽 등이 단골 장르가 된다. 특히 90년대 후반 10대들이 자기가 좋아하는 가수나 배우, 만화, 게임 캐릭터를 주인공으로 삼아 이야기를 써나가는 '팬픽'은 사이버 공간의 구술문학적 속성을 담고 있다고 평가되기도 한다. 옛 음유시인들이나 이야기꾼들이 영웅 이야기들을 구연했던 것도 일종의 팬픽으로 볼 수 있기 때문이라는 것이다. 물론 옛날의 이야기 문화와 지금의 인터넷 문학 사이에는 본질적인 차이가 있다. 옛날이야기의 경우 집단 공동으로 창작되고 그것이 공동 수용 및 향유의 과정을 거치고 세대를 거듭해오면서 변형된 것이지만, 인터넷 문학 특히 팬픽의 경우 원저자가 실명 혹은 가명으로 존재하고 그것을 수용과정에서 수정하고 변형하는 데도 일정한 제약성을 지니기 때문이다. 하지만 사이버 공간의 개방성과 양방향성을 통해 원 이야기를 두고 서로 의견을 주고받으며 이야기를 끊임없이 완성해 가는 과정은 분명 사이버 공간의 구술문학 혹은 구비문학의 속성을 말해준다고 볼 수 있다.

디지털게임과 서사

주지하다시피 인간의 역사는 이야기의 역사였고 이야기의 역사는 커뮤니케이션의 역사였다. 인간은 신화나 전설, 민담 같은 설화에서 출발, 서사시, 로망스 혹은 고소설을 거쳐 현대소설에 이르기까지 다양한 서사체들을 통해 정보를 조직하고 인식의 방편들을 마련해왔다. 특히 과학기술의 발전에 힘입은 영화의 발명을 통해 인간은 문자 중심의 서사에서 영상 중심의 서사로의 코페르니쿠스적 전환을 이룩했고, 급기야 디지털 기술의 발전은 이야기의 생산과 유통 및 향유 모두에 있어 획기적인 변화를 가져왔다. 물론 컴퓨터를 매개로 생겨난 이야기가 '서사'로 이해될 수 있느냐 하는 데에는 많은 논란이 있지만, 최근에는 서사에 대한 이러한 태도를 보수적이라 여기는 분위기가 형성되고 있다. 왜냐하면 게임을 소설이나 영화, 공연 등 다른 예술의 관점에서 보거나 놀이의 측면에서 보는 것은 멀티미디어적 속성을 갖는 종합예술로서의 게임이 갖는 복합성을 말해주는 것이기도 하기 때문이다. 그런 점에서 어느 한 가지 측면에서만 디지털게임을 이해해야 한다는 것은 게임으로서는 억울한 일이라 할 수 있다. 오히려 다양한 분야들이 각기 나름의 틀 속에서 게임의 특성을 해명하는 일은 종합적인 '게임학'의 정초를 위해 필요한 일일 뿐 아니라 이들 학문들의 고정적 틀을 깨고 그 외연을 넓히는 한 방편이 될 수 있다는 점에서 서로 '윈-윈'하는 전략일 수 있을 것이다.

디지털게임 서사의 고유한 특성은 컴퓨터 기술의 발전에 힘입은 바 크다는 사실에 이의를 달 수 없다. 지난 게임의 역사가 말해주듯 디지털게임은 그야 말로 '컴퓨터'라는 기술적 수단이 있었기에 가능한 놀이였기 때문이다. 5G 통신, 초연결 네트워크, 사물인터넷, 인공지능, AR과 VR, 클라우드와 크로스 미디어 등 첨단의 IT 기술들이 게임을 향하고 있고 게임을 경유해서 나날이 새로워지는 시대에 게임의 서사는 더욱 웅장해지며 풍부해지고 있다. 이는 게임의 세계와 그 안에서 살아갈 주체들의 삶에 주목하게 된다. 플레이어-주체들이 만들어나가는 사건들이 서사로 축적되며 그것들은 훌륭한 인문학적 연구 대상이 될 수 있다. 디지털게임 안에는 자아와 세계,

혹은 주체와 객체의 갈등이 내재해 있고 사건이 있으며 그러한 과정에서 이야기를 발생시키고 있다는 점에서 '서사론적' 분석의 요소는 충분하다. 그리고 디지털게임 자체가 이전 이야기들을 변용하고 전유하는 가운데 그 파이를 키워 나왔다. 북구 유럽 신화에 바탕을 둔 톨킨의 『반지의 제왕』은 영화뿐만 아니라 게임으로 만들어져 왔으며 최근에는 TV시리즈로 재탄생하고 있다. 무엇보다 이 소설은 디지털게임의 역사에서 수많은 주옥같은 게임들에 영감의 원천이 되어왔다. 게임은 이전의 이야기들을 새로운 디지털 기술을 통해 수용하는 가운데 그저 '듣고 읽고 보는 이야기'가 아니라 사용자가 '스스로 구성해 나가는 이야기'로의 일대 전환을 가능하게 한 것이다. 영웅의 모습을 훔쳐보는 것만이 아니라 스스로 영웅이 되는 체험은 동일시(identification)의 질적 상승인 '몰입'의 필요조건이다.

이미 볼터(Bolter)와 그루신(Grusin)은 모든 미디어의 경우 이전의 미디어와 고립되어 존재할 수 없고 뉴미디어에서 새로운 것이 있다면 매체 그 자체가 아니라 이전의 옛 미디어를 새롭게 개조하고 전유하는 방식에 있음을 이야기하고 있다. 물론 이는 미디어의 발전 과정에 관한 언급이긴 하지만 디지털게임의 내러티브와 관련해서도 중요한 의미를 담고 있다. 디지털게임 역시 상호작용성, 멀티미디어성, 과정성 등의 독특한 표현 양식을 통해 새로운 텍스트 경험을 창출하지만, 그와 동시에 기존의 표현방식과 문화적 양식의 새로운 전유에도 의존하기 때문이다. 물론 컴퓨터가 제공한 스펙터클의 가상공간에서 프로그래밍된 규칙에 따라 펼쳐지는 놀이라는 관점이 디지털게임의 고유한 속성을 밝히는 데는 도움을 줄 수 있을 것이다. 그러나 디지털게임의 입체적 이해를 위해 옛 이야기들과 게임이 맺는 관계를 역추적해보고 디지털 미디어로서 디지털게임 내러티브가 갖는 속성을 살펴보는 것도 게임의 입체적 조명을 위해 필요한 일이라 여겨진다. '놀이론자들'(Ludologists)은 디지털게임을 통해 디지털시대의 새로운 내러티브를 보고자 하는 '서사론자들'(Narratologists) 혹은 '서사주의자들'의 태도에서 문학과 연극 전공자들의 학문적 식민주의를 발견한다. 그들은 대개 게임 제작과 관련된 사람들인데 역시 게임 시나리오와 스토리의 중요성을 강조하는 역설에 비추어볼 때에도 게임 내러티브에 대해 살펴보려는 노력이 불필요한 것은 아닐 터이다.

톨킨과 디지털게임

이야기는 인간의 문화·예술 행위에 있어 가장 뚜렷한 영향력을 행사해왔고 다양한 분야에서 그 유효성을 입증하고 있다. 이른바 '스토리텔링'(story telling)은 문자화된 문학 양식으로뿐만 아니라 비문자적 텍스트들에서도 핵심적인 인지적·심리적 기능을 수행해왔다. 디지털 시대에 접어들면서 이야기는 정보생산과 유통 등의 인식적 기능, 그리고 예술적 기능을 넘어서는 새로운 역할과 위상을 부여받고 있다. 왜냐하면 'K-컬쳐'나 '한류 현상'처럼 문화적 자산이 국가적 저력의 바탕으로 인정되는 상황에서 이야기는 '문화콘텐츠'(CT, cultural contents) 개발의 원천이요 보고(寶庫)로 재평가되고 있기 때문이다. 더욱이 전 세계적인 네트워크 문화의 열풍 속에서 판타지 문학의 저력이 입증된 바 있거니와 그것은 장르문학의 인기에서도 드러난다. 이로써 순수문학을 주류, 장르문학을 비주류로 정하고 선을 긋던 문학계 판도도 크게 변하고 있다. 영화 〈기생충〉과 드라마 〈오징어게임〉의 성공과 함께 'K-콘텐츠'가 세계적인 관심을 얻으면서 국내에서도 'IP 개발 전문 출판사'가 설립되어 왕성한 활동을 하고 있다. 이러한 세계적인 장르문학 붐의 시작은 1990년대 중반의 〈반지의 제왕〉이나 〈해리 포터〉, 〈왕좌의 게임〉 등의 판타지문학이 대중적 인기를 얻으면서 본격화된 것으로 볼 수 있다. 판타지문학은 신화의 다양한 이야기 장치들과 서사 구조(이야기 패턴)에서 영향을 받아온 것이 거론되면서 신화에 대한 수요가 늘어나 오늘날까지 이어지고 있다. 특히 이들 소설들이 영화나 드라마, 디지털게임으로 확장되면서 신화는 중요한 이야기 자원으로 부상하였고 실제로 신화 기반의 킬러 콘텐츠들은 그것의 가능성을 입증해오고 있다.

디지털게임의 경우 콘텐츠 원천으로서의 신화는 게임과 중요한 관계를 맺어왔다. 〈오딘: 발할라 라이징〉나 〈발헤임〉, 〈노르트가르트〉 등 북유럽 신화에 기반을 둔 무수한 게임들은 지난 수십 년 동안 게임이 신화에서 얻어왔던 영감과 경험이 축적된 결과로 볼 수도 있다. 이미 게임은 '펜 앤 페이퍼' 게임 〈던전스 앤 드래곤스〉부터 톨킨의 〈반지의 제왕〉과 뗄 수 없는 관계를 맺고 있고 게르만 신화, 켈트 신화, 아서왕의 전설 등이 다양한 게임들의 세계관 구성에 중요한 영감을 주어오고 있다. 우리는 이미 '어드벤처'나 'RPG' 등의 장르들에서 국내외의 수많은 게임들이 북유럽신화와 중세 로망스에서 설정과 세계관 및 서사구조를 빌려오고 있음을 살펴본 바 있다. 특히 판타지 소설의 전설이라 할 수 있는 톨킨(John Ronald Reuel Tolkien, 1892~1973)의 작품들은 이미 북구 유럽 신화들을 바탕으로 쓰여진 것으로 고전 게임들의 원형이 되었을 뿐만 아니라, 지금도 수많은 게임들의 모체로 기능하고 있다. PC통신 시절 이영도의 동명 판타지 문학에 바탕을 둔 〈드래곤라자〉나 신현숙의 판타지 만화를 기반으로 만든 〈리니지〉 등 국산 인기 게임들의 경우에도 북유럽신화나 톨킨의 『반지의 제왕』 등의 신화적 판타지물에 결정적인 영향을 받았다.

　게임 역사에서의 영향력 그리고 서사 매체와 콘텐츠로서 게임의 잠재성을 이야기하는데 중요하다 생각되기에 톨킨을 잠시 소환한다. 『나니아 연대기』의 작가 루이스(Clive Staples Lewis, 1898~1963)와 더불어 영국을 대표하는 판타지 작가로 평가받는 톨킨은 옥스퍼드 대학 시절 북유럽의 언어들을 토대로 자신만의 언어인 '엘프어'(elvish)를 만들다 모든 언어의 바탕이 신화임을 깨닫고 새로운 신화 창작의 열망을 품게 된다. 영문학을 전공하여 옥스퍼드 대학의 앵글로 색슨어 교수로 취임하자 그는 '콜바이터즈'(Coalbiters)라는 비공식 모임을 결성하여 북유럽 신화와 전설을 담고 있는 『운문 에다 Poetic Edda』, 『베오울프』 등의 고전문학 독서회를 조직한다. 여기에 루이스가 참가하면서 평생의 우정이 싹트는데, 그런 점에서 이 모임은 작지만 영국 판타지 문학의 산실 노릇을 톡톡히 했다고 할 수 있다. 이후 두 사람은 '인클링스'(Inklings)라는 모임을 새로 조직하고 자신들이 쓴 각자의 작품들을 낭송하며 조언을 주고 받는다.

이후 제1차 세계대전 중 얻은 질병 때문에 귀국한 톨킨은 신화 창작에 전념한다. 그가 영국을 위한 새로운 신화를 집필하게 된 동기는 엘프어를 비롯한 자신이 직접 만든 언어들에 구체적 역사의 옷을 입혀주고 싶었고 어릴 적부터 지니고 있던 자신의 뿌리 깊은 신화적 욕망을 시를 통해 표현하고 싶었기 때문이다. 하지만 가장 결정적인 동기는 새로운 영웅신화의 창조를 통해 영국민을 하나로 결집시켜줄 정체성 형성의 매개를 창조하고자 하는 열망이었다. 그는 신화의 공동체 통합 기능을 잘 알고 있었고 평소 영국인들에게 잉글랜드의 신화가 없음에 안타까워했기 때문이었다. 어릴 적 용(Dragon)을 무찌르는 지그프리트와 성 조지의 전설을 즐겨 읽고 성인이 되어서도 동료들과 신화와 전설을 같이 읽고 토론해온 톨킨은 이러한 경험을 바탕으로『실마릴리온』창작의 대장정을 시작한다. 하지만 이 책은 끝내 미완으로 남았고 죽은 지 4년 후인 1977년 아들 크리스토퍼에 의해 편집 작업을 거쳐 출간된다. 이 책은 톨킨이 평생 공을 들인 작품으로서『호빗』과 『반지의 제왕』의 역사적 배경과 그 뒷 이야기들을 담고 있다는 점에서 톨킨 신화의 틀을 제공하고 있는 작품이다. 고귀한 신들의 세계를 파괴한 암흑군주 모르고스에게 빼앗긴 보석 실마릴을 되찾기 위한 지난한 전쟁 이야기를 담고 있고 톨킨만의 신화적 공간인 '중간계'(Middle-Earth)의 흥망성쇠를 세세하게 그리고 있기 때문이다. 이후 톨킨은 1937년『호빗』을, 그리고 12년 뒤 루이스의 말에 따르면 "새로운 시대의 막을 열 작품", "마른하늘에 떨어지는 번개와 같은 작품"이 될『반지의 제왕』을 씀으로써 신화작가 혹은 판타지의 거장 반열에 오르게 된다.

『호빗』은 주인공 빌보 배긴스가『반지의 제왕』에 다시 등장하고 두 작품 모두 반지를 매개로 한 이야기라는 점에서 표면적인 공통점을 찾을 수 있는 작품이다. 하지만『호빗』의 경우 모험이 반지를 버리는 것이 아니라 찾으러 가는 여정이라는 점, 반지가 절대적인 힘을 갖는 것이 아니라 한정된 기능만을 갖는다는 점에서 상이한 플롯을 지니고 있다. 따라서 이 두 작품 사이에 직접적인 연관성이 있다고 볼 수는 없다. 하지만『호빗』은『실마릴리온』과『반지의 제왕』을 이어주는 작품으로서『반지의 제왕』을 읽는 데 도움을 준다. 일단 여기서는 TRPG에 이어 CRPG로 계승되면서 오늘날까지 게임의 역사에 뚜렷한 흔적을 남긴 『반지의 제왕』 3부작('반지 원정대', '두 개의 탑', '왕의 귀환')의 줄거리만 간략하게 살펴보자.

111번째 생일날 빌보 배긴스는 생일잔치에 모인 손님들 앞에서 어떤 반지를 끼고서 홀연히 사라진다. 이 반지는 빌보 자신은 몰랐지만 악과 어둠의 제왕인 사우론이 만든, 세상을 지배할 수 있는 능력을 지닌 '절대 반지'였다. 제2시대 말에 요정과 인간의 최후 동맹군이 사우론에 대항해 싸울 때 두네다인 왕 이실두르는 사우론의 손에서 절대반지를 빼앗았다. 하지만 그는 반지에 대한 유혹을 이기지 못하고 그것을 소유함으로써 그 자신은 죽고 절대 반지는 안두인 강의 물 속으로 사라지고 말았다. 그 반지가 골룸을 거쳐 빌보의 수중에 들어 온 것이었다. 그 반지는 빌보의 양자인 프로도에게 넘어간다. 절대 반지와 관련된 역사를 치밀한 연구 끝에 밝혀낸 마법사(wizard) 간달프는 프로도에게 호빗들이 사는 마을을 가능한 한 빨리 떠나라고 재촉한다. 절대반지를 되찾아 중간계를 지배하고자 했던 사우론이 골룸을 고문해 샤이어의 호빗이 그 반지를 지니고 있음을 알게 되었고 이미 그 추적을 시작했기 때문이다.

프로도 일행은 도중에 간달프의 친구이자 이실두르의 후계자인 아라곤을 만나 도움을 청한다. 아라곤과 함께 프로도 일행은 리벤델에 도착하는데, 여기서 열린 평의회에서 절대 반지를 파괴할 수 있는 유일한 장소인 모르도르의 화산으로 떠나기로 결정한다. 이로써 반지원정대가 결성되고 프로도가 반지 운반자의 임무를 맡는다. 만일 절대반지의 파괴에 실패한다면 중간계는 다시 사우론의 수중에 들어가고 말 것이었다. 마법사(간달프), 네 명의 호빗(프로도, 샘, 메리, 피핀), 드워프(김리), 엘프(레골라스), 두 명의 인간(아라곤, 보로미르)으로 구성된 원정대는 절대 반지의 파괴라는 막중한 목적을 달성하기 위해 먼 길을 떠난다.

이 원정길에는 온갖 난관이 도사리고 있었다. 엄청난 괴물 발록과 싸우던 간달프가 희생되고(후에 회색 간달프는 백색 간달프로 부활한다), 한때 절대 반지를 소유하고자 하는 유혹에 빠졌으나 회개한 보로미르도 영웅적인 죽음을 맞는다. 그리고 오크들의 습격으로 반지원정대도 뿔뿔이 흩어지고 만다. 무수한 고초를 겪은 후 마침내 프로도는 반지를 파괴할 수 있는 장소에 도착한다. 하지막 마지막 순간 그 마저 절대 반지를 소유하고 싶은 욕망에 굴복하여 운명의 틈으로 반지를 던지지 못하고 손가락에 그것을 끼고 만다. 그때 운명의 산까지 그들을 안내했던 골룸이 프로도의 손가락을 물어뜯어 반지를 빼앗는다. 골룸은 반지를 치켜들고 미친 듯 춤을 추다가 결국 반지와 함께 깊은 심연으로 추락한다. 절대 반지가 파괴된 후 암흑의 제왕에게 대적한 연합군은 반지 전쟁을 승리로 이끌고 중간계에는 평화가 찾아온다. 그리고 아라곤은 곤도르의 왕으로 등극하고 중간계는 인간의 통치를 맞게 된다.

톨킨은 『반지의 제왕』에서 북유럽신화, 특히 『에다』와 『니벨룽엔의 노래』에 담긴 '반지' 모티브를 차용하여 반지 소유에 대한 제어하기 힘든 그릇된 욕망을 그리면서도, 이들 영웅신화와는 근본적으로 다른 서사적 골격과 성분들을 통해 다양한 현재적 의미들을 부여한다. 여기에는 『베오울프』, '아서왕 전설'이라든가 '백조의 기사' 전설, 『롤랑의 노래』 등 유럽의 다양한 전설과 기사 이야기의 흔적도 발견된다. 톨킨은 북유럽의 신과 영웅들에 대한 이야기에서 모티브와 테마를 변용하였을 뿐만 아니라 옛이야기를 기록한 옛 언어를 흉내 내어 자기만의 고유한 언어를 만들어내고자 했다. 나아가 이 작품에 담긴 산업화에 대한 부정적인 인식은 최근의 기후재난의 현실과 관련하여 '생태주의'(ecology)와의 연관 속에서 다양하게 읽힐 수 있다. 뿐만 아니라 이 작품은 두 차례 세계대전과 파시즘의 야만을 경험한 작가의 시대인식이 스며들어 있다는 평가도 받는다. 즉 절대악의 존재와 반지를 둘러싼 인간 군상들의 다양한 욕망을 통해 인간 문명의 그릇된 양상을 비판하고 있다는 것이다. 물론 톨킨의 가톨릭 사상이 이 작품의 주제에 깊이 각인되어 있으며 그 가운데 그의 보수주의적인 세계관이 노골적으로 나타난다는 비판도 있다. 특히 중간계를 유럽으로 해석하고 샤이어를 영국으로 이해하며, 반지원정대를 백인으로 그리고 악의 캐릭터들을 유색인종으로 묘사하고 있다며 톨킨의 인종차별적 행태를 비판하는 입장도 있다. 이외에도 이 작품에는 다양한 찬/반 견해가 공존하고 있는데, 찬사와 비방의 양극에서 길항하고 있는 이러한 평가들은 이 작품에 대한 해석 가능성이 얼마나 풍부한가를 역설적으로 보여줌과 동시에 왜 여전히 톨킨이 문제적 작가인가를 보여준다 하겠다. 영화에 이어 최근 시즌제 드라마로 이어지는 사정에는 이야기 복합체로서의 마르지 않은 생명력이 크게 기여했을 것이다.

앞서 말한 것처럼 『반지의 제왕』은 디지털게임의 세계관과 내러티브에도 지대한 영향을 주었다. 디지털게임의 고전들은 처음 그래픽이 거의 없는 텍스트 기반의 게임이었고 그 게임들의 설정과 내러티브는 톨킨의 작품들에서 영감을 받은 것들이었다. 게임의 상상력과 판타지 문학의 상상력이 가장 두드러지는 모티브는 '검, 마법, 드래곤, 던전' 등이다. 판타지의 소재와 주제가 무척 다양함에도 불구하고 게임이 이러한 요소들을 주 모티브로 삼은 데에서 톨킨 문학의 게임사적 영향력을 확인할 수 있다. 1990년대 온라인 이전에 유행했던 PC통신 시절 국내에서 일어났던 판타지 문학 붐에는 일본 판타지 소설의 영향이 두드러졌거니와, 일본의 판타지 소설은 톨킨에게서 영감을 얻은 펜 앤 페이퍼 RPG『던전스 앤 드래곤스 Dungeons & Dragons』로부터 이야기의 얼개들과 세부적인 장치들을 빌려온 것이었다. 이는 국내의 판타지문학뿐만 아니라 다수 국내 온라인 게임들에도 크게 영향을 주었다.

이미 보드게임〈던전스 앤 드래곤스〉는 디지털게임의 세계관과 캐릭터들, 서사의 틀들을 선취하고 있거니와 이는 톨킨의『반지의 제왕』과 일치한다. 전사, 마법사, 성직자, 요정들의 캐릭터 군상들, 힘, 기민성, 마법 능력 등의 캐릭터 속성을 세분화한 다양한 스킬들, 몬스터를 죽이고 보물을 찾으면 경험치가 올라가는 게임 진행 방식 등은〈던전스 앤 드래곤스〉와 이후 게임들의 유사성을 말해줌과 동시에 이 보드게임을 '게임의 바이블'로 일컫는 이유를 짐작하게 해준다. 여기서 '던전'은 단지 지하 감옥만을 의미하는 것이 아니라 주인공이 '퀘스트'를 수행하기 위해 모험을 펼치는 지하왕국이나 동굴을 의미하고, '드래곤'의 경우에도 주인공이 무찔러야 하는 악의 세력을 의미하는 등 다양한 형태로 변주된다. 이처럼 톨킨 소설의 장치들은 내러티브 구조의 형태로, 그리고 게임의 서사적 장치들로 곳곳에 흔적을 남긴다.

가령 반지를 파괴해야 하는 영웅적인 모험담은 게임 내러티브에서 자주 차용되는 단골 '퀘스트'이며, 톨킨이 소설 속 '중간계'라는 가상공간의 실재감을 더욱 강화하기 위해 이 대륙의 지도까지 상세하게 그린 것은 가상적인 게임 환경을 분할하고 그것을 '맵'의 형태로 지도상에 실존하는 것처럼 그려내는 방식과 유사한 것이다. 톨킨이 휴먼, 호빗, 드워프, 엘프, 오크, 난쟁이 등의 캐릭터들과 직업상의 구분을 통해 캐릭터를 분류하고 그것을 '종족'으로 일컫는 것도 MMORPG에서의 종족('길드', '혈맹', '클랜' 등) 시스템 및 직업 시스템과 비교될 수 있다. 결국 톨킨의 '중간계'는 일종의 게임 속 가상현실로 볼 수 있으며, 그 가상현실을 디지털 기술로 변용한 것이 디지털게임인 셈이다. 고유한 질서와 법칙, 언어 등을 통해 존재하는 중간계라는 가상 세계는 현실의 법칙이 아닌 게임 고유의 규칙과 법칙에 따라 작동하는 게임 세계의 원형이요 은유라고 볼 수 있는 것이다.

영웅 서사의 내러티브 구조: 게임의 내러티브

거의 모든 디지털게임에는 이야기, 즉 스토리가 있다. 서사의 흔적만을 내비치는 〈스페이스 인베이더〉같은 초기 게임부터 '인터랙티브 시네마'를 지향하는 〈파이널 판타지〉 등의 일본식 RPG까지 그 정도의 차이만 있을 뿐이다. 또 〈퐁〉, 〈벽돌깨기〉, 〈테트리스〉같은 게임들도 이야기가 존재하지 않는 게임으로 보이지만, 거기에는 플레이어-주체와 다양한 객체들 간의 작용과 반작용이 존재하고 있고 사건이 발생한다는 점에서 이야기의 기본 성분을 갖추고 있다고 할 수 있다. 최유찬의 지적처럼 모든 게임은 주체-객체, 나-너의 관계가 작동하고 있으며 어느 경우에나 사건 체험이 존재하는 것이다. 다만 상대적으로 어드벤처나 RPG 게임처럼 이야기 성분이 강한 게임이 있고, 단형시 혹은 한 두 문장의 형태로 사건이 정리될 수 있는 게임이 있을 뿐이다.

롤링스와 아담스 역시 이야기의 응집성 혹은 서사성의 강도는 게임의 장르와 깊은 관계가 있음을 지적하고 있다. 그들에 따르면 게임과 스토리의 통합을 강하게 요구하는 게임도 있지만, 단순한 설정과 메커닉의 게임처럼 플레이어의 상상력을 통해 서사의 빈틈들을 채우는 가운데 재미를 찾아가야 하는 게임도 존재한다. 〈그림 판당고〉 같은 어드벤처 게임들은 플레이어들의 참여를 요구하는 스토리를 지니고 있으며, 이들 게임 중 스토리의 복잡함과 구조가 소설의 그것과 맞먹는 게임도 있다. 이를테면 〈갓 오브 워〉나 〈고스트 오브 쓰시마〉, 〈위처〉 시리즈는 플레이어가 써 내려가는 장편서사시라 해도 무방할 정도이다. 롤링스와 아담스는 이른바 게임에서의 '서사도'의 차이를 다음과 같은 '스토리 스펙트럼'의 도식으로 그려낸다.

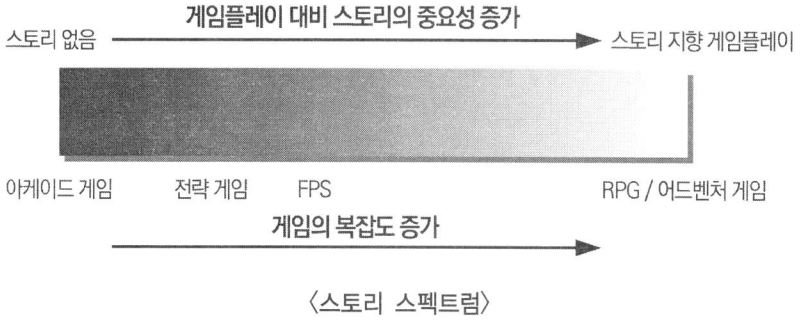

〈스토리 스펙트럼〉

이 표를 보면 아케이드 게임의 경우 '스토리 없음'이라고 지시하고 있다. 그러나 최유찬은 이러한 게임들에도 서사가 존재함을 역설하고 있다. 그는 게임의 서사를 '상징적·추상적 서사', '유기적 진행 서사', '과정적 서사'로 구분한다. '상징적·추상적 서사'의 경우 초기 게임들처럼 캐릭터가 단순한 물체로 표시되며 주체-객체의 상호작용도 형식적으로만 이루어진다. 여기서는 '외계인이 지구를 침입한다. 지구를 지킬 이는 당신뿐'(〈스페이스 인베이더〉)처럼 매우 짧거나 추상적인 스토리를 지닐 뿐이다. 반면 '유기적 진행 서사'의 경우 캐릭터가 구체적으로 표현되고 이야기의 일정한 규모가 갖추어지며 사건들 사이의 인과성이나 갈등의 전개 같은 서사적 요건들이 유기적으로 조직된 게임들이다. 〈파이널 판타지〉, 〈페르소나〉 시리즈나 〈페어리테일〉 같은 게임들이 이에 속할 것이다. 콘솔로 서비스되는 게임들의 경우 서사도에 차이가 있을 수 있고 서사의 조직 방식에도 변별성이 있을 수 있겠지만 소설이나 영화, 연극의 '극적 구조'에 비견될 수 있는 다채로운 이야기를 보여준다. 마지막으로 '과정적 서사'는 유기적 진행 서사가 여러 가지로 복합되어 장편소설로 발전한 형국으로서 플레이어 스스로 사건을 만들어낼 수 있을 뿐만 아니라 사건의 완결에 급급하지 않고 게임 세계에 지속적으로 머물 수 있음으로 해서 생겨난 게임의 특징이다. 이를테면 〈심시티〉나 〈심즈〉 등의 심시리즈 같은 시뮬레이션 게임이나 〈GTA〉시리즈, 〈마인크래프트〉와 같은 오픈월드 혹은 샌드박스 게임처럼 자유도가 높은 게임들을 여기에 포함시킬 수 있겠다. 특히 MMORPG 게임들은 '영속적 세계'로서 현실사회의 연장으로까지 평가되기도 한다. '관계가 만들어지면 공간이 만들어진다'는 말처럼 수 백만명의 플레이어들은 상호작용의 '과정'을 통해 무수한 서사들을 만들어가고 있는 것이다. 〈리니지〉, 〈대항해시대〉, 〈창천 온라인〉 같은 MMORPG 게임들이 있다.

지난 20여 년 동안 문화콘텐츠산업이 주요 산업으로 등장한 이후 그 원천으로서 스토리텔링이 큰 관심 대상으로 부상하였다. 콘텐츠를 연구하는 학자들이나 배우는 학생들이 스토리텔링과 관련하여 프로프(Vladimir Y. Propp, 1895~1970)와 캠벨(1904~1987) 같은 '오래된' 민담 혹은 신화학자들을 자주 소환한 것도 그러한 상황에서였다. 우선 프로프는 러시아의 문예이론가로서 러시아 및 전 세계의 민담구조를 연구함으로써 이야기 문학의 보편적 구조를 찾으려 한 인물이다. 설화문학에 대한 그의 구조적 접근은 이야기의 사실성이나 신빙성 연구에 초점이 맞추어져 있던 당시의 연구 관행을 한 차원 업그레이드시킨 것으로 평가받는다. 그가 보기에 모든 이야기의 등장인물, 사건, 이야기의 얼개에는 하나의 보편적인 코드가 자리하고 있다. 프로프는 이야기, 특히 설화의 형식과 구조를 중심으로 모종의 '원형'을 발견하려고 했고 이를 바탕으로 설화의 구조적 기본 유형을 재구성하였다. 물론 이야기의 전승 과정에서 그리고 이것이 현재적으로 변용되면서 이야기의 내용들은 다양해졌지만 그들의 구조적 기본틀이나 줄거리의 일정한 틀은 유지되고 있는 것으로 여겨졌다. 가령 할리우드의 영웅담들처럼 한 이야기에 몇 명의 등장인물이 나오든 그 전개 방향과 패턴은 대개 공통성을 보이는데 옛 이야기든 최근의 대중서사이든 영웅(주인공)들이 맺는 관계와 행위가 이야기의 줄거리를 이루는 기본 기능이라는 것이다. 결국 프로프에게 이야기의 본질적인 구성 요소는 등장인물들의 기능들이다.

특히 프로프는 영웅의 일생과 모험담을 다룬 '영웅 스토리텔링'의 기원이 되어온 민담의 보편적인 모티브들을 정리하면서 영웅 서사의 기본 구조를 밝혀낸다. 그 결과 그는 다음과 같은 31가지의 기본 모티브들이 모든 이야기의 바탕이 되고 있다는 결론을 내린다.

〈프로프의 31가지 모티브〉

1. 가족 중의 한 성원이 집으로부터 내보내진다.
2. 금지가 주인공에게 전달된다.
3. 금지가 깨어진다.
4. 악마가 정찰을 시도한다.
5. 악마가 그의 희생자에 대한 정보를 입수한다.
6. 악마가 희생자와 그의 종자들을 잡기 위해 그를 속이려 한다.
7. 희생자는 속임수를 당하여 무심결에 그의 적을 돕게 한다.
8. 가족 중의 한 사람이 어떤 것을 결여하거나 어떤 것을 갖기를 욕구한다.
9. 불운 혹은 결핍이 알려지게 된다. : 주인공은 요구와 명령에 의해 접근된다. 그는 가도록 허용되거나 급파된다.
10. 탐색자는 제지에 동의하거나 결정한다.
11. 주인공이 집을 떠난다.
12. 주인공은 시험되고 심문되고 공격받는데, 그것은 그가 주술적 물건 혹은 원조자를 위한 방법을 예비한다.

> 13. 주인공이 미래의 증여자의 행동에 반응한다.
> 14. 주인공은 주술적 물건의 사용법을 취득한다.
> 15. 주인공이 탐색의 대상이 있는 장소로 옮겨지거나 인도
> 16. 주인공이 악마와 직접 싸운다.
> 17. 주인공이 낙인찍힌다.
> 18. 악마가 퇴치된다.
> 19. 최초의 불운과 결여가 제거된다.
> 20. 주인공이 돌아온다.
> 21. 주인공이 쫓긴다.
> 22. 주인공이 추적으로부터 구출된다.
> 23. 주인공이 인지되지 않은 채 집에 혹은 다른 나라에 도달.
> 24. 가짜 주인공이 거짓된 주장을 한다.
> 25. 어려운 과업이 주인공에게 제공된다.
> 26. 과업이 해결된다.
> 27. 주인공이 인지된다.
> 28. 가짜 주인공 혹은 악마의 정체가 드러난다.
> 29. 가짜 주인공에 새로운 모습이 주어진다.
> 30. 악마가 벌 받는다.
> 31. 주인공은 결혼하고 왕좌에 오른다.

　　프로프에 따르면 모든 주인공은 이러한 과정을 거쳐 진정한 영웅으로 탄생한다. 이야기의 유형에 따라 생략되는 모티브들도 있지만, 어떤 형태로건 이러한 모티브는 반영되기 마련이다. 이 모티브들을 요약하면 영웅 스토리텔링의 진행 방식은 고난이 주어지고 반복적인 고난과 역경을 극복하여 영웅이 되는 것이다. 사실 위에서 말한 기본적인 모티브들은 신화나 전설을 비롯한 민담 혹은 설화에만 해당되는 것은 아니다. 우리가 즐겨보는 TV드라마들은 물론이고 대부분의 영화들이나 애니메이션들은 기본적으로 이러한 구도를 따르고 있다. 〈어벤저스〉나 〈아바타〉, 〈탑건〉 시리즈 뿐만 아니라 일상 드라마의 주인공들이 수행하는 기능들도 이러한 패턴의 변주인 경우가 많다. 아리스토텔레스가 『시학』에서 밝힌 플롯의 구성(시작-중간-끝), 그리고 그것을 더욱 세분화하여 발전시킨 프라이탁(C. G. Freytag)의 '5부 3계기

설'(발단-전개-절정-하강-결말)의 패턴은 프로프가 제시한 서사의 구조적 패턴으로 보완될 수 있을 것이다.

고대의 이야기로부터 오늘날의 대중서사에서 다양하게 변주되는 기본적인 서사문법은 이러한 서사의 전개 방식이 수용자들에게 하나의 관습으로 익숙해져 있고 그것이 결국 스테레오타입으로 굳어졌음을 말해준다. 하지만 뿌리 깊은 이야기의 전통 속에서 이것이 사람들의 원형적 무의식으로 자리 잡았고 지금도 수용자들은 새로운 이야기보다는 상투적인 서사 구도에서 위안과 안정감을 느낀다는 것, 그리고 문화산업 담당자들 역시 관습적 서사에 익숙한 수용자들의 기대에 부응함으로써 안정적으로 이윤을 창출하고자 하는 상업적 '안전주의' 때문에 이러한 이야기들이 반복·재생산되고 있다는 해석도 가능하다. 이러한 관습적 스토리텔링 속에서 유포되는 이데올로기의 신화화 과정, 가령 작중 주인공들의 영웅화 과정이 갖는 이데올로기의 문제는 차치하더라도 프로프가 제시한 기본적인 이야기 모티브들은 우리 무의식 속의 뿌리 깊은 유혹이라 할 수 있다. 물론 대중서사의 위력은 반복이 확연함에도 그 안에서 차이를 만들어내려는 다양한 노력들에서 잘 드러난다. 우리는 이른바 '차이와 반복'의 역동적인 운동이 게임을 비롯한 대중문화에서 작동해온 양태들에 관심을 가질 필요가 있다.

이러한 맥락에서 조지 캠벨을 소환해보는 것도 유의미할 것이다. 캠벨은 우리의 삶과 긴밀한 관계 속에서 '지금 여기'에서 기능하고 있는 신화야말로 진정한 신화임을 역설한 비교신화학자이다. 그에게 신화적 이미지와 모티브, 테마들은 우주와 인간, 만물의 신비를 표현하고 있거니와 특히 신화 속 영웅의 길은 본질적으로 내면의 길이라고 주장한다. 우리의 영웅과 주인공이 걷는 길은 온갖 시련과 대결 속에서의 성장과 성숙의 길이라는 것이다. 그의 신화 해석은 융(C. G. Jung) 심리학으로부터 큰 영향을 받은 것으로 알려져 있다. 융에 따르면 무의식은 개인 무의식과 집단 무의식으로 나뉘는데, 후자가 더 본원적인 것이다. 개인 무의식의 경우 후천적인 것이고 개인의 체험이 쌓여 있는 곳으로 꿈과 관련된 영역이다. 반면 집단 무의식은 생득적으로 주어진 인류 정신활동과 문화의 보편적 지층으로서 신화적인 원형 이미지들로 이루어진 영역이다. 융은 집단 무의식을 구성하는 원형적 이미지들이 풍부하게 보존되어 있는 곳이 바로 신화를 비롯한 민담이며, 이 원형적 이미지들은 의식적 혹은 무의식적으로 햇볕이나 공기처럼 모든 인간에게 부여되어 온갖 변형과 발전을 거쳐 인류에게 남겨진 태고적 유산이라고 역설한다. 그에게 꿈과 신화는 무의식이라는 동일한 근원에서 나온 것이지만, 신화의 경우 유구한 인류 역사를 통해 유전된 전통적 지혜, 정신적 원리에 대한 진술이며 꿈과 달리 의식적으로 통제된 진술이었다.

융을 계승한 캠벨에게도 신화는 인간 심리의 원형이면서 동시에 모든 이야기의 원형이다. 인간 무의식에는 신화의 원형이 잠재하고 있거니와, 그것은 인류의 모든 이야기 전통들에 다양한 흔적들을 남기고 있다는 것이다. 그는 세계의 여러 신화나 민담의 주요 모티브, 주제들이 결국은 인간 내면의 탐색, 혹은 사회적·정신적 성장과정과 관련된 것임을 강조한다. 캠벨은 지금에도 살아남아 여전히 교육적·신비적 기능을 행사하는 신화의 현재적 기능을 중시하며 영웅신화를 대표적인 예로 꼽는다. 그에 따르면 영웅은 자신 혹은 자신의 공동체에게 닥친 온갖 제약들과 맞서 싸워 이것을 정상적인 질서로 되돌려 놓은 남자 혹은 여자이다. 그/그녀는 보편적 인간상 혹은 원형적 인간으로서 사회구성원들에게 죽음을 극복하고 새롭게 재탄생할 수 있는 힘을 갖게 해주는 인물이며 결국 그/그녀가 승리한 영웅이 된다. 캠벨은 프로프처럼 세계의 민담과 신화들을 섭렵하는 가운데, 이들 전체를 총체적으로 이해할 수 있는 '단일신화'(monomyth)의 틀을 추출한다. 다음은 캠벨이 찾아낸 영웅신화 서사의 12단계를 정리한 도식이다.

〈조지프 캠벨의 12가지 영웅신화 단계〉

1. 영웅은 범속한 나날의 일상을 살아가다가, 그곳에서
2. 영웅은 모험속에서 소명을 받는다.
3. 영웅은 처음에 결단 내리지 못한 채 주저하거나 소명을 거부한다. 그러나
4. 정신적 스승(혹은 초자연적인 조력)의 격려와 도움을 받아
5. 첫 관문을 통과하고 특별한 세계로 진입한다. 그곳에서
6. 영웅은 시험에 들고, 협력자와 적대자를 만나게 된다.(시련에 빠지게 되고, 여신

> 을 만나 도움을 받는 한편, 유혹자로서의 여성과도 만나게 된다.)
> 7. 영웅은 동굴 가장 깊은 곳으로 접근하여, 두 번째 관문을 건너게 되는데
> 8. 그곳에서 영웅은 시련을 이겨 낸다.(여기서 아버지와의 화해를 하게 되고, 신과 같은 위치에 오르게 된다.)
> 9. 영웅은 이의 대가로 보상(궁극의 은혜)을 받게 되고
> 10. 일상세계로의 귀환의 길에 오른다.(여기서 영웅은 귀환을 거부하다가, 불가사의한 탈출을 하게 되며, 외부로부터 구조되기도 한다.)
> 11. 영웅은 세 번째 관문을 건너며, 부활을 경험하고 그 체험한 바에 의해 인격적으로 변모한다.
> 12. 영웅은 일상 세계에 널리 이로움을 줄 은혜로운 혜택과 보물인 영약을 가지고 귀환한다.(삶의 자유를 얻는다.)

　이러한 캠벨의 도식은 프로프의 31개 모티브들을 더욱 간명하게 체계화하고 있다. 캠벨은 영웅의 신화적 모험의 과정이 떠남(격리, departure)-통과(입사, initiation)-회귀(귀환, return)의 과정으로 나타나고 있음을 이야기하면서 31개의 모티브들은 이러한 여정의 공통적 구조임을 말하고 있다. 이 도식은 반 게넵(Van Genepp)이 제시한 통과의례의 진행단계인 '분리-입문-회귀'의 과정과 유사하다. 신화나 민담, 소설, 영화, 드라마, 게임 등의 대부분 영웅 서사들에 나타나는 행위들을 범주화하면 '임무수행', '낙원탐색', '탐색 모티브'의 세 카테고리로 정리할 수 있는데 영웅이 치르는 신화적 모험담의 표준은 바로 분리-입문-회귀의 확대판으로 볼 수 있으며 이 양식은 단일신화의 핵단위로 볼 수 있기 때문이다. 지금도 계속 영화가 제작되고 있고 오랫동안 '루카스 아츠'를 통해 디지털게임 시리즈로 제작되기도 한 〈스타워즈〉는 이러한 단일신화의 생생한 증거로 여겨지기도 한다. 〈스타워즈〉는 인간 삶의 패턴과 지혜를 상징과 은유로 담아낸 신화들의 공통된 메시지를 기반으로 하고 있다. 조지 루카스는 신화학자 조지프 캠벨의 여러 저서들을 읽고 감명받아 이 영화 시나리오를 썼고 캠벨에게도 이를 고백했다고 한다.
　어떤 점에서 신화 속 영웅들의 여정은 우리의 성장 과정에 대한 의례적

은유로도 볼 수 있다. 즉 영웅들의 모험 과정은 인간 주체의 심리적 성장 과정을 반영하고 있는 것이다. 우리는 「헨젤과 그레텔」의 숲 속 모험담을 통해서도 이러한 개인적 성장의 통과의례를 확인할 수 있고, 우리의 서사무가 〈바리데기〉에서도 영웅 서사의 기본틀이 구현되고 있음을 볼 수 있다. 그리고 신화적 요소가 강한 어드벤처 게임이나 RPG게임뿐만 아니라 거의 모든 게임들도 캐릭터 혹은 플레이어의 성장 과정으로 확대해서 분석할 수 있다. 사실 게임에서 '몰입'의 요소 중 하나는 게임의 온갖 규칙들, 즉 난관과 임무들을 해결하면서 얻게 되는 능력 신장의 느낌 혹은 성취감과도 연관이 있기 때문이다. 캠벨 역시 영웅이라는 상징은 개인의 자아발달과 관련된 신화적 원형임을 강조하고 있다. 우리가 디지털게임의 과정에서 주인공들(영웅들)의 성장에 일체감을 느끼고 그들을 우리의 분신들로 받아들이는 데에는 영웅의 이러한 성장 과정이 이미 무의식처럼 우리의 뇌에 욕망의 형태로 각인되어 있기 때문일 수도 있는 것이다. 따라서 소설이나 영화, 게임 속의 영웅 스토리는 '그들'의 이야기가 아니라 '나' 혹은 '우리'의 보편적인 성장 스토리의 일부이며 인간의 무의식을 사로잡은 이야기가 될 수 있다.

그러나 롤링스나 아담스도 지적하고 있듯이 프로프나 캠벨의 이야기 패턴을 게임 시나리오 창작이나 게임 내러티브 분석에 그대로 원용하기에는 한계가 있고 너무 복잡하다. 그래서 그들이 추천하는 사람이 바로 보글러(Christoper Vogler)이다. 할리우드 시나리오 작가이기도 한 보글러는 「영웅의 모험에 관한 실용 가이드」라는 자신의 7쪽짜리 페이퍼에 기초하여 『신화, 영웅 그리고 시나리오 쓰기』(The Writer's Journey)를 출간한다. 이 책은 캠벨의 영웅 모험을 정리하여 알기 쉽게 소개하고 있는데 영화 속 주인공의 여정에 작용하고 있다. 이 책 역시 문화콘텐츠학을 공부하는 학생들의 스토리텔링 교육에 요긴하게 활용되어왔다. 이를 먼저 간단하게 도식으로 표현하면 다음과 같다.

1. 일상 세계	2. 모험에의 부름	3. 부름의 거절	4. 조언자 혹은 조력자와의 만남	5. 첫 번째 관문의 통과	6. 시험, 아군, 적
7. 핵심부로의 접근	8. 호된 시련	9. 보상	10. 귀환	11. 부활	12. 영생의 귀환

우선 '일상 세계'(Ordinary World)는 플레이어가 처음으로 영웅을 만나는 곳이다. 여기서 영웅의 배경 이야기와 현재의 상황을 알게 된다. 종종 영웅의 일상은 보통사람으로서의 영웅모습이나 그의 약점을 부각시킴으로써 이후에 활동하게 될 특별한 세계를 부각시키고 사건을 예고하기도 한다. 이는 〈슈퍼맨〉이나 〈스파이더맨〉 같은 할리우드 영화에서 자주 활용되는 서사 테크닉으로서 처음에는 그들에게 영웅적인 면모는 하나도 없고 우리처럼 약점투성이의 인물로 그려진다. 영화나 게임 모두 이를 통해 플레이어와 영웅 캐릭터의 거리를 없애고 동일시(identification)를 가능하게 한다. 상처와 약점들을 지닌 그들은 바로 나의 자화상일 수 있기 때문이다. 게임의 경우에도 도입부에서 과거에 벌어졌던 사건을 설명하고 앞으로 일어날 일의 배경을 알려준다. 그리고 특별한 세계에 대한 정보를 알려준다. 특히 이 부분은 영웅 뒤에 숨겨진 존재 이유와 동기, 왜 그(당신)는 어려운 상황에 처하게 되었고 이후 게임이 어떤 방향으로 진행될 것인가를 알려준다. 하지만 영웅에 관한 정보를 모두 세세하게 다 말해버리는 것은 게임성을 해칠 수 있다. 〈스타워즈〉 시리즈의 영화나 게임처럼 복선만 제공하고 플레이어의 플레이 과정에서 감추어진 비밀들이 하나씩 밝혀진다면 게임의 재미가 배가될 수 있을 것이기 때문이다. 디지털게임의 경우 대개 '배경이야기'(back story)에 이러한 내용이 담기는데, 이는 그가 회복해야할 질서를 통해 행동의 동기와 이유를 제시한다.

'모험에의 부름'(The Call to Adventure)은 스토리의 촉매제이고 영웅에게 추진력과 동기를 제공하는 지점으로서 영웅이 일상을 벗어나 특별한 세계로 떠날 것임을 암시한다. 이 단계의 유형은 여러 가지가 있다. 가령 〈아웃캐스트〉처럼 게임 주인공인 전직 특수부대원 커트 슬래이드에게 비밀요원들이 찾아와 긴박한 위급사태의 발생을 언급하며 도움을 요청하는 경우가 대표적이다. 닌텐도의 〈마리오〉시리즈처럼 플레이어에게 공주가 살려달라며 소리치는 경우도 있고 '연애 시뮬레이션'처럼 성적 유혹이나 〈모노폴리 타이쿤〉같은 '경영 시뮬레이션' 게임처럼 경제적인 부의 축적을 유혹하는 수도 있다. 간혹 이러한 내용 역시 배경이야기에 담기는데, 여기서는 게임의 궁극적인 목표와 함께 게임 규칙과 플레이어의 플레이 방식을 담은 튜토리얼의 기능을 내포하기도 한다.

'부름의 거절'(Refusal of the Call)에서는 일상세계를 떠나 행동을 개시하라는 요청을 영웅이 거절한다. 대부분 대중문화의 내러티브에서 거절의 가장 흔한 형태는 처음 영웅이 의구심을 품거나 평소 자신의 신념이 깨지는 데서 오는 분노를 표출하는 대목이었다. 〈아웃캐스트〉에서 "난 은퇴했어"라는 대사는 "좋아, 지금가지"라는 대사보다 훨씬 극적이다. 왜냐하면 플레이어는 결국 영웅이 부름에 응할 것임을 알면서도 과연 언제까지 그가 부름을 거절할 것인지 관심을 자아낼 수 있기 때문이다. 또한 '왜 하필 나란 말인가'라고 회의하며 나에게는 그런 능력이 없다고 거절하는 고전적인 방법도 있다. 이러한 거절은 갈등을 구성하는 요소가 되어 흥미 유발의 단서가 되기도 한다.

'조언자 혹은 조력자와의 만남'(Meeting with the Mentor)에서 영웅은 조언이나 보호를 통해 이후 영웅이 가야 할 방향을 제시해줄 수 있는 조언자 혹은 조력자를 만나게 된다. 가령 많은 게임에서 'NPC'가 조력자 역할을 하며 게임 플레이를 해가는 동안 영웅 캐릭터(플레이어)가 게임 상황에 익숙해질 때까지 계속해서 게임 진행에 도움이 되는 팁을 제공한다. 이러한 만남은 영웅이 앞으로 무엇을 해야 하는지 방향지시적 역할을 함으로써 플레이어가 계속 게임의 미로 공간을 헤매는 일이 없도록 미연에 방지하기도 한다. 물론 조언자가 꼭 캐릭터일 필요는 없으며 현명한 노인으로 그려질 수도 있고, 영웅이 획득한 경험적 인식, 책, 열쇠 등 정보를 얻을 수 있는 모든 것이 조력자일 수 있다. 게임에서는 '신입 플레이어'(newbie)를 돕는 숙련된 플레이어가 조력자의 역할을 하기도 한다. 가령 온라인게임에서 경험 많은 플레이어가 아이템을 나누어주기도 하고 사냥에 동행하며 가상공간에서의 생존법과 행동 요령을 일러주는 등의 선행을 베풀기도 한다.

'첫 번째 관문의 통과'(Crossing the First Threshold)는 부름을 수락하고 무엇이 필요한가에 대한 정보를 습득한 다음 영웅이 안락하고 안전한 일상을 떠나 퀘스트가 놓인 특별한 세계에 진입하는 것을 의미한다. 이제 영웅에게는 정신적인 준비와 용기가 필요한데 여기서 그는 마음을 긴장시키며 준비를 한다. 이 단계에서 영웅으로 하여금 불안과 공포를 드러내게 함으로써 플레이어에게 이를 전염시키고, 이로써 그들의 공감대와 연대의식이 강화되기도 한다. 일상과 전장을 오고 갈 수 있는 〈리니지〉나 〈아키에이지〉 시리즈같은 예외도 있지만, 콘솔 게임에서의 주인공들은 대체로 이곳을 통과하고 나면 일상으로 돌아갈 수 있는 길이 사라진다. 그는 '만렙'에 도달하여 최종 목적을 수행해야 하는 미션을 달성해야 다시 일상으로 돌아올 수 있는 것이다. 이는 옛 영웅담부터 영화나 TV드라마의 대중서사에서도 적용되는 원칙이다.

'시험, 아군, 적'(Tests, Allies, Enemies)에서는 관문을 통과한 영웅에게 계속적인 시험과 시련들이 '반복적으로' 주어진다. 대개 게임 플레이는 이 시험 과정을 의미하는 것일 정도로 게임 스토리와 플레이의 상당 부분을 차지한다. 여기서 그는 아군, 어둠의 세력, 영웅에게 혼란을 주거나 공격을 하는 캐릭터 등 다양한 캐릭터들을 만난다. 물론 〈스페이스 인베이더〉의 경우처럼 영웅 혼자서 적들에 맞서야 하는 게임도 있지만 복잡한 게임들의 경우 반드시 아군 혹은 조력자 캐릭터들을 등장시키고 있다. 경우에 따라서는 아군이 사기꾼 혹은 적으로 돌변하기도 한다. 특히 온라인게임들의 경우 플레이어들의 현실적인 이해관계에 따라 이합집산을 하기도 하고 심지어 'PK'를 자행하기도 해서 사회 문제가 되기도 했다. 스토리가 복잡하고 이야기의 가지가 복잡한 게임일수록 다양한 성격의 캐릭터들을 만날 수 있다. '시험' 과정에서 영웅은 그를 기다리는 다양한 모험과 시련에 대비할 수 있도록 내성과 내공을 키운다. 이 과정을 통해 그는 게임 속 낯선 세계의 관습과 규범을 익힌다. 이 과정은 또한 게임의 분위기 형성에 중요한 역할을 하지만 주인공의 점진적인 성장을 위한 통과의례의 과정이기도 하다. 플레이어는 반복되는 시험과 퀘스트를 수행하면서, 그리고 다양한 시행착오를 통해 게임의 세계관과 그곳의 법, 그리고 앞으로 가야할 길을 완벽하게 이해한다.

'핵심부로의 접근'(Approach to the Innermost Cave) 과정은 스토리의 중핵으로서 드디어 찾던 보상을 발견하게 된다. 대체로 이 과정은 게임의 종반부에서 일어나지만, 다시 귀환 과정의 모험이 문제시되는 경우처럼 중반부에 위치할 수도 있다. 귀환을 신경 쓰지 않아도 되는 게임의 경우 보상의 획득 자체가 모험의 중심 포인트이므로 귀환을 무시할 수 있다. 하지만 보상을 가지고 일상의 무질서를 극복하는 것이 관건이라면 지금까지 거쳐 온 것 이상의 시련을 이겨내야 한다. 그럴 경우 이 과정은 귀환 과정에서 있을 시련에 대한 대비의 의미를 지니게 된다. 서사무가 〈바리데기〉에서 바리데기가 온갖 시련과 테스트를 거쳐 서역을 찾아 생명수를 획득하는 것만 중요한 것이 아니라, 다시 그것을 무사히 가지고 와서 부모의 병을 회복하는 것까지 포함시킬 경우 이 단계의 의미는 더욱 중요하다 하겠다.

'호된 시련'(The Ordeal)은 도저히 이길 수 없을 것만 같은 상대와의 일전이다. 영웅에게 이는 궁극적인 시험으로서 스토리에 존재하는 전투 중 최고 힘든 전투이다. 이른바 게임에서 '보스 스테이지'라고 부르는 세션들이 여기에 해당할 것이다. 시련의 과정을 통해 게임은 플레이어와 영웅의 결속을 더욱 공고하게 할 수 있고 경우에 따라서는 영웅을 패배와 좌절 직전으로 몰아 이런 효과를 얻을 수도 있다. 이 과정에서 플레이어는 악의 실체와 만나게 된다. 하지만 여기서 실패는 곧 패배와 죽음을 의미하고(물론 걱정할 필요는 없다. 처음부터 다시 시작해야 하는 '로그라이크' 장르의 게임만 아니라면 수고스럽지만 세이브된 지점에서 다시 플레이하면 되니까!), 승리는 보상의 획득과 궁극적 승리를 의미한다. 승리를 통해 플레이어는 죽음에 직면한 상황을 극복하고 다시 태어나기도 한다. 하지만 '루카스아츠'의 〈제다이 나이트 Jedi Knight〉처럼 근본적으로 이길 수 없는 상대와 싸울 것인지를 결정하는 '아포리'한 상황 자체가 시련이 될 수 있다. 그렇지만 모험심이 강한 영웅-플레이어는 질 줄 알면서도 싸움에 뛰어들어 일종의 비장미를 선사하기도 한다. 현실에서 우리도 늘 이기는 싸움만 하는 것이 아니듯이 말이다.

'보상'(Reward)은 시련의 극복 후 영웅에게 주어진다. 대부분의 보상은 물질적인 것이든 이상적인 것이든 긍정적인 것이 대부분이지만 〈파이널 판타지〉의 여성 캐릭터가 선택한 숭고한 자기희생처럼 부정적인 선택지가 주어지기도 한다. 그리고 〈플레인스케이프:토먼트〉의 경우처럼 죽음에의 약속이 보상으로 주어지기도 한다. 어찌 보면 이상하게도 비칠 수 있지만 죽음과 환생의 반복이라는 길고 괴로운 과정을 통과해온 영웅에게 완전한 죽음은 자신의 사랑 옆에서 영원한 휴식을 취할 수 있는 가장 큰 축복일 수 있다. 차라리 죽는 것이 더 행복한 역설이 대중서사에서는 자주 등장한다. 어쨌든 많은 게임들은 보상과 더불어 게임이 끝난다. 그리고 보상으로 엔딩 '컷씬'을 통해 뒷이야기를 보여주기도 한다. 하지만 보상의 획득이 최종 라운드의 시작 단계에 불과한 게임도 있고 어처구니없는 보상을 통해 플레이어를 '생소화'(verfremdung)시킬 수도 있다. 마치 '메롱'하고 약올리는 것 같은 느낌이나 게임 속 영웅이라는 것의 부질없음을 깨닫게 하려는 것처럼 말이다. 가령 〈언리얼 Unreal〉에서 플레이어의 아바타는 온갖 위험을 돌파하고 행성 탈출에 성공하지만 결국 우주선의 연료가 바닥 나 우주 미아 신세로 전락하고 만다.

'귀환'(The Road Back)에서 영웅은 보상을 얻고 일상 세계로 복귀해야 한다. 많은 게임들은 귀환 과정을 너무 길게 다루지 않고 최종 '컷신'을 통해 해결하는 경우가 많다. 하지만 플레이어는 귀환하지 않고 새로운 모험을 시작하면서 '속편'의 출시를 기대하게 만들기도 한다. 혹은 적들이 다시 힘을 뭉쳐 마지막 발악을 통해 영웅을 위협하기도 한다.

'부활'(Resurrection)은 스토리의 모든 미해결 플롯 줄거리가 해결되는 지점이다. 보상과정에서 미처 해결하지 못한 모든 문제들이 이 과정에 해결을 본다. 또한 '부활'은 어렵게 얻어낸 보상을 만끽하기 전에 마지막으로 주어지는 시험의 단계이기도 하다. 최후의 반전이 그것인데, 죽은 줄 알았던 적이 다시 나타나 최후의 전투를 벌이기 때문이다. 프라이탁의 '5부 3계기설'을 빌어 말하자면 이는 마지막 긴장의 계기로 기능하면서 극적 흥미를 더욱 강화한다. 이 단계에서는 또한 영웅이 어떻게 지금까지의 관문들을 통과하고 퀘스트들과 미션들을 해결했으며 어떤 사건들을 거쳐 왔는가를 종합적으로 보여준다. 그리고 플레이어로 하여금 스토리가 제시한 궁극적인 문제에 대한 최종적인 답을 획득했는가를 자문하게 한다. 이는 행위를 통해 게임의 스토리들을 스스로 구성해 온 영웅 혹은 플레이어에게 과연 어떤 변화가 있었는가, 즉 영웅의 여행 이후 그는 어떤 인간으로 변신하게 되었는가를 보여준다. '새로운 인간'(der neue Mensch)으로의 재탄생이라는 오래된 예술적 모티브가 디지털게임에서도 작동하게 되는 것이다. 그렇기 때문에 '부활'은 영웅(플레이어)의 예기치 않은 내적 각성, 벤야민(Walter Benjamin)의 표현을 빌자면 순간적으로 찾아온 '범속한 깨달음'으로 이어지기도 한다. 그러나 영화와 게임 두 버전 모두로 만들어진 바 있는 〈스타워즈〉처럼 'No, Luke...... I am your father'라는 엉뚱한 엔딩으로 끝을 맺을 수 있고, 이는 해당 작품의 철학적 무게를 더해준다.

'영생의 귀환'(Return with the Elixir) 부분에서는 스토리가 종결되고 영웅은 보상을 가지고서 본래의 일상세계로 돌아온다. 플레이어는 영웅이 획득한 보상을 통한 질서 회복 혹은 위기 극복의 결과를 확인하면서 게임을 마무리한다. 이는 대중서사에서 전형적으로 나타나는 '순환적인 스토리 구성'의 마지막 단계이기도 한데, 스토리가 처음 지점으로 돌아와 영웅의 변화와 일상세계의 변화를 잘 보여준다. 흔히 화려한 '엔딩' 동영상을 통해 플레이어의 수고를 위로하고 지금껏 그가 이룩해낸 성과들이 어떤 결과를 가져왔는지 장엄하고 숭고하게 보여주면서 몰입을 강화하기도 한다. 어쨌든 여정을 마친 영웅에 의해 일상세계는 더욱 정의롭고 견고해졌으며 영웅은 대극적 깨달음을 향한 얼마간의 성취를 이루었다. 하지만 모든 스토리가 완결로 끝을 맺는 것은 아니다. 순환적 혹은 자기 완결적 엔딩과 상반되는 개방형 엔딩, 혹은 열린 결말의 형식도 존재하기 때문이다. 가장 인기 있는 스토리 엔딩 형식 중 하나는 '새로운 시작'의 여지를 남기면서 스토리가 지속될 것임을 암시하고, 플레이어는 다음에 이어질 이야기가 어떤 것이 될지 궁금증을 가지게 되는 것이다. 이는 속편 제작의 가능성을 열어놓는 기법이다. 〈심시티〉, 〈세컨드 라이프〉 등의 시뮬레이션 게임이나 〈리니지〉 등의 MMORPG 게임에는 아예 결말이 무수히 존재하거나 없다. 이들 게임의 가상공간은 우리가 플레이를 하지 않고 있더라도 다른 플레이어에 의해 계속 삶이 영위되는 공간이며 우리의 일상처럼 무한한 행동과 사건이 지속되는 공간이기 때문이다. 우리는 이를 '영속적 시공간'이라는 말로 요약할 수 있을 것이다.

지금까지 소개한 방식으로 내러티브의 패턴을 구성하는 것이 낯선 일은 아니다. 여러분들이 즐겨보는 드라마들의 핵심적인 스토리 구성 요소들을 면밀히 살펴보면 그것을 알 수 있다. 영웅서사의 전형적인 틀을 따르고 있는 무협만화나 SF 영화, 〈쩐의 전쟁〉류의 경제·경영·기업만화나 드라마, 대부분의 전쟁영화, 인기 있는 법정드라마나 조폭영화 등 그 배경이나 세부적인 이야기 요소들은 다를 수 있지만 이러한 내러티브의 얼개에서 거의 벗어나지 않는다. 우리가 거의 매일 드라마들을 보면서도 이미 보고 들은 이야기 같은 느낌, 즉 '기시감'을 느끼는 데에서 우리는 이러한 이야기 구조가 얼마나 오래되고 뿌리 깊은 것인지를 알 수 있다. 아마 이러한 이야기 관습은 이미 우리의 뇌와 몸에 유전자 코드처럼 '밈'(meme)으로 자리 잡고 있는지도 모른다. 그래서 새로운 서사의 틀이나 기법들을 동원한, 즉 이야기의 관습적인 코드에서 벗어나는 이야기를 보면 불안과 불편함을 느끼곤 한다.

그렇다면 중요한 것은 이러한 내러티브의 스테레오타입을 다양하게 변주하는 가운데 익숙함 속의 새로움을 선사하는 것일 터이다. 같은 이야기의 반복이 주는 지루함을 극복하기 위해 트렌드 드라마들이 실행하고 있는 전략들을 생각해보자. 비주얼한 요소들의 강화와 스펙터클의 지속적인 보강을 통한 다양한 볼거리의 제공 등도 한 방편이었다. 대중들의 인기를 먹고 사는 문화산업, 특히 '주류' 게임 산업의 경우에도 이러한 흐름을 벗어나기는 무척 어려울 것이고 시중에 나와 있는 거의 모든 게임들은 그것을 반증한다.

하지만 플레이어들이 게임에 재미를 느끼는 요인은 이미 '클리셰'로 자리 잡은 내러티브, 끊임없이 진화해온 '유니티'나 '언리얼' 엔진을 활용한 극사실적 영상미학, 자극적인 플레이 요소 등에만 있는 것은 아니다. 〈발리언트 하츠: 더 그레이트 워〉, 〈디스워오브마인〉, 〈리갈던전〉, 〈레벤스보른〉 등의 '인디게임'은 AAA의 게임과 차별화된 전략으로 자신만의 '재미'와 '의미'로 플레이어들을 유인한다. 여타 영화나 드라마 등 일방향적 대중문화와 달리 디지털게임의 재미는 플레이어가 어떤 금기에도 구애받지 않고 직접 참여를 통해 자신의 욕망을 해소할 수 있다는 점이다. 물론 상업적인 이해관계 속에서 통제되고 조작된 욕망의 충족이라는 점에서 그것을 욕망의 해방이라고 평가하는 것은 과장이지만, 플레이어가 직접 가상공간에서 자신의 능력을 키우고 검증하고 그 보상을 얻는 가운데 몰입과 재미를 극대화할 수 있다는 것은 분명한 사실이다. 디지털게임의 키워드는 인터랙티비티, 즉 상호작용성인 셈이다. 영화에서 수동적으로 폭력 장면이나 사랑 장면을 지켜보는 것과 자신이 직접 노력해서 획득한 필살기를 통해 적을 제압하고 자신이 애써 획득한 보상의 결과로 얻게 된 사랑 경험의 차이는 긍정적이든 부정적이든 디지털 미디어의 위력을 잘 말해준다.

디지털게임과 인터랙티브 서사의 특징

한때 적지 않은 게임 연구자들과 개발자들은 게임에서 내러티브라는 것이 과연 필수적인 것인가 하는 의문을 품었다. 특히 전자공학이나 컴퓨터공학 등을 전공한 이들에게 게임은 정교하고 치밀한 '공학적 로직'의 결과물이지 감동적인 이야기 전달의 매체는 아니었다. 놀이를 위한 규칙의 시스템이 게임의 중핵이라고 본 것이다. 그들은 게임의 메커닉과 알고리즘이 중심이고 서사적 환경과 미학적 요소는 가상의 놀이적 환경을 꾸며주는 부수적 설정이라 보았다. 실제로 게임은 참여형 엔터테인먼트로서 서사와 같은 참여와 무관한 요소들은 게임 고유의 경험을 방해할지도 모를 일이다. 실제로 게임 플레이 자체에서 재미를 찾는 코어 게이머들의 경우 자신들이 통제할 수 없는 다량의 텍스트가 나타나거나 '컷씬'이 나오면 버튼을 마구 누르거나 마우스를 조작하여 이 부분을 건너뛰고 바로 게임 플레이로 직행하곤 한다. 그들에게 중요한 것은 게임 내의 다양한 도전들과 이러한 도전을 극복하고 물리치며 얻게 되는 성취감과 관련된 것이기 때문이다. 오히려 그들은 응집력 있는 잘 짜여진 내러티브보다는 스펙터클에 더 목이 마른지도 모른다. 자신들의 행동에 대해 컴퓨터 프로그램이 즉각 반응하여 나타나는 피드백의 결과물이 '실감나게' 전달될 때 느껴지는 전율이야말로 게임의 참맛이라고 보기 때문이다. 그리고 지난 수십 년간 컴퓨터, 디지털, 네트워크, 디스플레이, 영상, 플랫폼, VR과 AR 등 관련 기술의 획기적인 발전은 이러한 욕구들을 상당 정도 충족시켜주는 방향으로 순항 중이다.

하지만 캐주얼 플레이어들은 무작정 게임에 돌입하고자 하지 않는다. 그들은 자신의 행동에 어떤 극적 동기들을 갖추고자 하며 행동들에서 야기된 사건들에 의미를 부여하고 그것들을 하나의 이야기로 체험하는 일에서 큰 매력을 느끼기도 한다. 그들은 게임을 통해 판타지의 공간에 들어가고자 하며 자신들의 환상 혹은 금기의 제어를 받지 않는 욕망 실현의 공간을 필요로 한다. 일반 플레이어들에게 중요한 것은 자신이 게임 세계의 일원이 된 것 같은 느낌을 갖는 것이고 그러기 위해서는 그들의 상상력을 자극해야 한다. 스토리가 바로 그러한 역할을 한다. 스토리는 플레이어가 왜 게임 속 세계에 참여하여 행동해야 하는가에 대한 합당한 이유를 제공하며 행동에 성공했을 때 주어지는 보상과 결과를 알려준다.

게임 그래픽과 사운드는 기술의 발전 성과들을 적극 흡수하면서 게임 플레이를 구체화하고 점점 더 강도 높은 스펙터클로 만들어준다. 최근 발매된 〈스타크래프트 2〉는 이전의 게임과 게임성에서는 크게 달라진 부분이 없지만 비주얼과 사운드 등 스펙터클의 측면을 강화했다. 하지만 게임의 시공간적 환경과 플레이어의 행동, 스펙터클에는 그것의 모습 자체를 보여주기만 해서는 안 되고 배경 문화와 서사에 의해 뒷받침될 때 더 큰 생동감을 줄 수 있다. 디지털게임의 역사가 스토리를 도입하고 그것을 정교화 해 온 역사를 거쳐 왔다는 점은 스토리의 중요성을 입증한다. 디지털게임은 내러티브와 정교한 로직에 근거한 게임 세계와 법칙, 그리고 플레이어를 위한 다양한 상호작용의 장치들이 어울려 빚어내는 것임을 다시 기억할 필요가 있다. 이는 〈바오쇼크〉, 〈더 라스트 오브 어스〉나 〈레드 데드 레뎀션〉 시리즈 등의 콘솔 게임 뿐만 아니라 〈리니지〉, 〈아키에이지〉, 〈블레이드 & 소울〉 등의 MMO 게임들에서도 확인 가능하다. 심지어 비교적 단순한 모바일 게임이나 작은 규모의 인디게임들은 서사를 보다 적극적으로 활용하고 있다.

상호작용적 서사: 'MMORPG'를 중심으로

앞서 말했다시피 컴퓨터, 특히 디지털 기술의 가장 큰 성과는 상호작용성에 있다고 이야기된다. 상호작용성은 우리가 소설을 읽거나 만화를 보거나 영화를 관람할 때와 달리 작가가 만들어 놓은 세계를 일방적으로 따라 읽는 것이 아니라 주인공 캐릭터를 선택하고 그의 성격 혹은 능력을 조작할 수 있으며, 게임 디자이너가 설정한 틀 내에서 혹은 그것을 벗어나서 이야기의 흐름을 변경시킬 수 있는 가능성을 의미한다. 흔히 미디어 이론이나 커뮤니케이션 이론에서는 이를 '쌍방형성'이라고 해석하기도 한다. 하지만 쌍방향성이라는 말이 인간과 컴퓨터 간의 상호작용(HCI, Human-Computer Interaction)의 어감이 강한 반면, 게임에서의 상호작용성은 그 이상의 입체적인 의미를 갖는다. 'interactivity'는 사람-기계, 사람-사람, 사람-사회(환경)을 아우르는 영역에서 이루어지고 있기 때문이다. 우리는 지금 초연결사회를 살아가고 있고 게임은 지금 여가와 놀이를 이끌고 있음을 다시 기억하자.

초기의 미디어 및 게임 연구자들은 컴퓨터와 디지털 미디어의 상호작용성에 열광하며 이것이 가져다줄 예술 생산 및 수용 방식의 변화에 낙관적인 비전을 가졌다. 그도 그럴 것이 이전까지 문화 혹은 예술이라는 것이 전문가 엘리트들의 전유물로 여겨졌기 때문이다. 하지만 이제 디지털 미디어의 특성을 적극 수용한 디지털게임을 통해 수용자/사용자들이 예술 창조의 주체로 나설 수 있게 되었고 이는 문화 민주화에 크게 기여할 것으로 보았다. 그럼에도 상호작용성이 가져다준 사용자의 자유로운 참여의 청사진 이면에는 심각한 문제가 잠복하고 있었다. 가령 게임 사용자의 자율성 이면에는 플레이어들을 제한하는 보다 은밀한 힘들이 작용하고 있을 지도 모른다는 '이유 있는' 의심이 제기된다. 아무리 플레이어의 자유도를 높이고 상호작용적 참여의 범위를 극대화한 게임이라 하더라도 게임의 속성상 게임 디자이너의 개발 틀을 벗어날 수 없는 것 아닌가? 그가 설계한 세계관과 그곳을 지배하는 게임 규칙과 메커닉은 이데올로기와 무관한 무균의 청정 공간인가? 결국 게임 플레이어는 디자이너가 설정한 게임 규칙이라는 부처님 손바닥안의 손오공과 같은 존재가 아닌가? 지금도 이런 종류의 다양한 질문들이 이어져오고 있다. 사실 이러한 합리적인 의심은 문화연구가 성장하는 과정에서 늘 나오는 것이고, 그런 의미에서 게임 연구가 그 정도로 성장했다는 반증으로도 볼 수 있다.

어쨌든 당연한 이야기이겠지만 규칙은 게임의 놀이성에 있어 불가결한 요소이다. 게임에 플레이어의 행동을 제한하는 규칙이 전혀 존재하지 않는다면 그 게임은 게임으로서의 재미를 완전히 상실하고 말 것이기 때문이다. 디지털 스토리텔링 혹은 게임 내의 사용자 자율성이라는 것이 플레이어의 욕구와 욕망을 맘껏 펼칠 수 있는 탈주의 공간을 약속할만한 것인가에 대한 근본적인 물음이 제기될 수는 있다. 하지만 규칙은 모든 놀이의 상수이다. 물론 놀이공원의 놀이기구처럼 카이와가 '일링크스'로 분류한 놀이들의 경우 예외도 있겠지만 이용자가 스스로 '누가누가 오래 참고 버티나' 등의 규칙을 정할 수도 있고 그럴 때 놀이는 더욱 흥미로워진다. 이미 오래 전부터 규칙은 놀이의 존립과 관련하여 중요하게 다루어져왔다. 다만 놀이의 규칙은 현실의 규범과 '닮았으면서도 달라서' 재미와 흥분에 기여하는 방향으로 진화하고 있을 뿐이다. 그리고 우리는 상호작용성이라는 게임의 속성이 '규칙 안에서'의 자유로운 놀이임을 기억할 필요가 있다. 기존의 문학적 서사의 요소를 간직한 그래픽노블부터 디지털게임에 이르기까지 상호작용성의 정도, 혹은 사용자의 참여를 허용하는 정도에는 차이가 있다. 그리고 이러한 서사성이 강한(-하지만 상대적으로는 자유도가 약한-) 게임들에서의 규칙성이 어떻게 구현되는지는 조금 더 진지한 고민이 필요할 것이다. 이는 일단 숙제로 남겨 뒤에 가서 같이 고민해보도록 하고 일단은 디지털게임의 상호작용성에 대해서 이야기를 나누어보도록 하자.

디지털게임의 서사체험을 흔히 주관적이라고 이야기한다. 왜냐하면 작가가 완성해 놓은 이야기를 정해진 틀에 따라 일정한 시간 내에 독파하는 소설이나 영화 등의 서사와 달리, 게임은 사건의 종결이 유동적일뿐만 아니라 이야기의 내용도 플레이 때마다 달라질 수 있는 다중적·다변수적 경험이기 때문이다. 즉 플레이어의 취향과 의지가 게임의 진행에 있어 결정적인 역할을 한다는 것인데, 이러한 주관적 이야기 진행은 컴퓨터의 상호작용성 덕분에 나타난 가장 중요한 특징이다. 물론 어드벤처 게임의 경우 작가가 마련한 미로를 탐색하며 그가 던져놓은 질문과 퍼즐을 해결하고 일정한 목표를 따라간다는 점에서 경우의 수는 제한적일 수 있다. 하지만 관문을 통과하고 과제들을 해결하는 방식, 그리고 그 과정에 대한 주체들의 사건 경험은 모두 다를 수 있다. RPG 게임에는 플레이어들이 몸소 캐릭터를 성장시키는 것과 게임의 과제를 해결하는 것이 동시적으로 진행되고 서로 얽혀 있기 때문에 주체들의 참여 여지가 더 많으며 그만큼 생겨날 수 있는 이야기도 다양하다. 하지만 온라인게임, 특히 MMORPG의 경우 플레이어 대 플레이어의 대결(PvP, player vs. player)이라든가 '혈맹' '길드' 등의 커뮤니티를 통한 인간들 사이의 상호작용을 가능하게 했다는 점에서 게임 인터랙티비티의 발전에 획기적인 전기를 마련한 것으로 평가된다. 차고 넘치는 '우발적 서사들' 혹은 '사용자 서사들'이 그것을 말해준다.

로렐(Brenda Laurel)은 이미 컴퓨터상의 상호작용성을 '무대에서 연기하는 것'에 비유한 바 있다. 객석에 조용히 앉아 수동적으로 구경만 하던 관객이 무대 사건의 중심으로 들어와 함께 연기하는 능동적 관객으로 변했으니 말이다. 이 점에서 디지털게임은 브레히트(Bertolt Brecht)가 구상했던 '서사극'의 목표를 상당 정도 구현하고 있다고 볼 수 있다. 그는 서양의 전통적인 주류 연극을 '아리스토텔레스적 연극'으로 지칭하며, 그런 부르주아 연극들이 관객들을 객석에 묶어둘 뿐만 아니라 작가 자신의 신념과 생각을 다양한 동일시적 장치들을 통해 일방적으로 주입한다고 비판한 바 있기 때문이다. 하지만 디지털게임의 경우 사용자가 멍청하게 스크린만 쳐다보고 있으면 사건이 진행되지 않는다. 그의 능동적인 참여가 요구된다는 점에서 브레히트의 능동적 관객의 요구를 일정하게 관철하고 있을 뿐만 아니라 심지어 플레이어 본인의 의지대로 이야기의 방향을 달리 할 수 있다는 점에서 '관객-배우-연출'의 복합적 주체의 비전을 보여주며 브레히트가 말한 '생산자 연극'의 이념까지도 실현할 수 있을 것이라는 해석도 가능하다. 디지털게임

상의 싸움과 사랑, 배신과 야합 등은 모두 나, 즉 플레이어의 선택과 조작의 산물이다.

 어드벤처 게임이나 RPG게임의 경우 일어날 수 있는 사건들은 대체로 예측 가능한 것들이다. 이미 그 게임들을 디자인할 때 게임 디자이너는 플레이어들의 다양한 반응 패턴과 심리적 반응들을 고려하며 시나리오를 구성한다. 그만큼 플레이어가 가야할 선택지들에 제한이 있을 수 있다는 말이다. 가령 RPG 게임에 등장하는 캐릭터들 중 내가 직접 조종하는 캐릭터 말고는 모두 컴퓨터에 의해 움직이는 'NPC' 즉 인공지능(AI) 캐릭터들이다. 그렇기 때문에 일정한 상호작용성에도 불구하고 '미리 짜인' 시나리오의 느낌이 남아있을 수밖에 없는 것이다. 그러나 MMORPG는 게임 구조상 다른 참여자들과 가상공간을 공유하도록 되어 있기 때문에 별의별 사건들이 다 일어난다. 한 서버에 수천 수만의 사람들이 접속하는 가운데 각자의 플레이 캐릭터들이 경쟁을 하기도 하고 사업을 하기도 하며 사교를 하는 등 다채로운 인간 군상들이 다양한 활동을 전개하다보니 온갖 우발적 사건들이 다 일어난다. 사이버 결혼, 사이버 조문, 사이버 미담 등은 게임개발자도 예측하지 못한 대표적인 '우발적 서사'려니와, 이는 네트워크 게임이 우리의 일상을 닮아가고 있음을 말해준다. 우리가 살아가는 이 사회에서 생겨나는 온갖 긍정적 혹은 부정적 사건들이 게임의 가상공간상에 고스란히 반복되기 때문에, 아니 어떤 때에는 우리가 살아가는 현실보다 앞서는 사건들이 펼쳐지기 때문에 '시뮬라크르' 가상 시대의 도래를 직감하게 된다. 그래서 최근 우리 현실을 시뮬레이션한 프로그램을 통해 미리 문제를 예측하고 예방하려는 '디지털 트윈'(digital twin)을 거론할 때 온라인게임이 자주 소환되는 것일 터이다.

 이처럼 MMORPG에서는 게임 개발자의 예상을 벗어나는 사건들이 비일비재하다는 점에서 게임 상호작용성의 대표적인 장르로 평가되고 그만큼 플레이어의 자유도가 높은 게임들로 인정받고 있다. 〈파이널 판타지〉, 〈드래곤 퀘스트〉 등 일본식 RPG게임처럼 작가의 서사적 개입이 강하면 이야기의 응집성이 강해지고 서사의 완결성이 돋보이지만, 〈리니지〉, 〈바람의 나라〉, 〈라

그나로크〉,〈울티마 온라인〉,〈월드 오브 워크래프트〉등의 MMORPG는 '열린 결말'(open-ended)을 지향하는 게임으로서 플레이어들이 마음먹은 거의 모든 일을 할 수 있는 영속적인 가상공간을 제공하고 있다. 여기서 '영속적'(permanent)이라는 말은 이 게임의 서버가 폐쇄되지 않는 한 내가 전원을 끄고 다른 일을 하더라도 이 세계는 계속 돌아가고 작동한다는 것이다. 심지어 모바일 MMO게임들에서는 내가 업무와 수업 등 일상활동을 하는 중에도 자동사냥 등의 오토매틱 기능이 작동한다. 지구의 종말이 오지 않는 한 계속될 수 있는 게임이라고 주장하면 너무 지나친 과장일까?!

다른 장르의 게임들도 마찬가지겠지만, MMORPG의 경우 거의 모든 게임요소들은 플레이어의 상호작용적 참여를 고려하여 디자인된 것이고 이를 통해 다양한 차원의 서사들이 양산된다. 우선 이 장르의 게임들은 문자와 이미지의 결합, 이미지와 음성의 복합적 결합체로서 다양한 미디어와 커뮤니케이션 양식들을 종합하고 있다. 이 가상의 사회에서 게임은 게임 인터페이스를 통해 다양한 게임요소들과 상호작용하는 것 외에도 다른 플레이어들과의 다각적인 커뮤니케이션과 활동들이 동시에 이루어진다. 게임을 하면서 전체 채팅장이나 일반 대화창을 통해 게임 혹은 게임 전술에 대한 정보 교환은 물론이고 게임과 관련 없는 다양한 이야기들이 전개되는 것이다. 귓속말도 가능한데 이는 다른 플레이어를 공격하기 위한 작전을 짜거나 비밀 이야기를 할 때 사용되고, 자기가 속한 커뮤니티만의 대화를 위한 길드 대화나 파티대화도 있다. 〈WOW〉의 '외치기'는 소리치기 방법으로서 일반 대화창보다 더 넓은 지역의 사람들에게 자기를 알릴 수 있는 수단이다. 채팅이라는 언어적 수단과 캐릭터 조종이라는 비언어적 수단의 멀티 커뮤니케이션은 다른 플랫폼의 게임들을 능가하는 재미를 제공한다. MMORPG와 더불어 디지털게임은 물리적 인터페이스 조작의 육체적 경험과 과제 극복을 위한 정신적·전략적 행위에 덧붙여 개인적 차원의 게임 행위를 집단적 커뮤니티 활동의 사회적 차원으로 그 외연을 넓힐 수 있게 되었다. 리처드 바틀의 말처럼 사교형 게이머들의 사교와 관계맺기는 게임에서 대결과 경쟁, 탐색과 수집, 모의와 역할 등의 여러 가지 재미를 찾고자 하는 플레이어들의 궁극적 지향일 수도 있다. 네트워크 기반의 게임들에서 현실의 공간처럼 관계가 공간을 만들고 놀이행위가 장소성을 만들어내는 모습들을 쉽게 확인할 수 있다.

　게임의 네트워크화와 더불어 나타난 서사 구조의 변화 중 중요한 것이 열린 구조라는 점이다. 물론 〈심시티〉처럼 비디오게임이나 PC 게임들 중에도 결말을 열어놓는 '오픈월드'의 게임이 왕왕 있었으나 온라인게임들의 경우 플레이어의 상호작용성을 극대화하기 위해 구조적으로 열어놓고 있다는 것이다. 이미 말한 바 있지만 게임은 '구성적'(configurative) 서사의 특징을 지닌다. 개스페리니(Gasperini)에 따르면 서사예술들은 '텍스트의 모호성'(textual ambiguity), '해석적 모호성'(interpretive ambiguity), '구조적 모호성'(structural ambiguity)을 갖는다. '텍스트의 모호성'은 기표와 기의, 즉 표현과 대상의 관계가 분명하지 않은 은유적 모호성이다. 문학이나 영화, 특히 실험적인 비주류 영화의 경우 다양한 해석들이 가능하도록 모호한 극적 장치들을 마련해놓곤 하였다. 이처럼 다양한 해석이 열려있는 작품들에서 나타나는 현상을 '해석의 모호성'이라 한다. 하지만 '구조적 모호성'은 디지털게임과 같은 인터랙티브 미디어의 경우처럼 게이머의 플레이 행위에 의해 이야기가 '다변수적으로' 진행될 수 있도록 되어 있는, 다시 말해 구조적으로 열려 있는 텍스트에서 나타나는 현상이다.

　흔히 플레이어의 참여에 의해 사건이 진행되는 디지털게임의 구조적 특징을 설명하기 위해 게임의 '계열체적' 특징이 이야기되곤 한다. 소설이나 연극 등 종전 서사예술들의 경우 작가에 의해 이야기의 요소들이 모두 주어지고 작가 자신에 의해 이야기가 통합적으로 그리고 완결적으로 제시된다. 하지만 게임에서 작가 혹은 디자이너는 그저 이야기의 기본 재료들과 기본 규칙들만을 제공할 뿐 이야기를 엮어나가는 것은 플레이어의 선택과 조합 행위이다. 플레이하기 전 게임은 이야기 요소들이 하나의 의미 있는 이야기들로 구성되지 못하고 있는 파편적·임시적인 것에 불과하다. 플레이어는 이러한 잠재적 가능성들로만 존재하는 요소들을 자신의 의식적 혹은 무의식적 의지에 따라 조작하는 가운데 이야기의 구체적인 모습을 드러내는 것이다. 올셋은 롤랑 바르트(Roland Barthes)를 원용하여 이를 '텍스톤'과 '스크립톤' 개념을 통해 설명한다. 그에 의하면 텍스톤은 플레이어가 활용할 수 있는 이야기의 기본 재료이며, 스크립톤은 텍스톤들 중 플레이어가 게임의 진행을 위해 선택한 것들로서 그의 플레이 즉 이야기 구성에 쓰인 것들이다. 결국 디지털게임은 텍스톤으로 존재하다 플레이어들의 상호작용적 개입을 통해 저마다의 무한한 스크립톤으로 이루어진 새로운 게임으로 재탄생하는 것이다.

게임의 열린 구조는 열린 결말을 불러온다. 물론 열린 결말의 정도는 게임 장르마다 다르다. 플레이어의 상호작용의 결과를 반영하는 디지털게임이 완결된 단선 구조로 닫혀 있을 수는 없는 것이지만 게임의 결론을 완전히 열어 놓을 수도 없다. MMORPG나 MUD 게임을 제외한 거의 모든 게임들은 최종 목표를 분명하게 제시해야 하므로 산만한 사건들을 하나로 묶어줄 수 있는 다양한 내러티브 장치들을 필요로 한다. 그렇지 않을 경우 게임은 플레이어들에게 혼란만 가중할 수도 있기 때문이다. 가령 대부분의 RPG 게임들은 내러티브의 전개에 반드시 필요한 필수적 임무들과 대수롭지 않은 이벤트를 구분하고 있으며, 필수 임무의 해결 없이는 다음 단계로 넘어가지 못하도록 한다. 그런 의미에서 많은 게임들은 출발점에서 이야기가 끊임없이 갈라지면서 자기증식하는 가운데 그 기원과 경로가 무의미해지는 완전한 비선형적 텍스트가 아니다. 우리는 디지털게임이 다양한 내러티브 요소들 사이의 긴장과 갈등이 빚어내는 사건의 향연임에 주목할 필요가 있다. 게임 안에는 텍스트 중심으로부터 벗어나려는 경향과 텍스트 중심으로 응집하여 이야기의 일관성을 유지하려는 경향이 공존하는 가운데 서로 다투고 있기 때문이다. 박근서는 대립하기도 하고 상호작용하기도 하는 이 두 경향을 각각 '원심력'과 '구심력'으로 부른 바 있다. 이 용어들은 바흐친 (M. Bakhtine)에게서 빌려온 개념으로, '구심력'의 경우 언어의 지배, 대치, 예속, 합동을 추구하는 힘을 의미하고 '원심력'은 언어의 다양성과 다중성을 추구하는 힘을 의미한다. 박근서에 따르면 디지털게임에도 이러한 두 경향이 존재하고 있으며 이 둘 사이의 변증법적 운동이 게임 플레이의 경험을 규정한다. 즉 텍스트의 응집성 혹은 일관성을 확보하기 위해 내러티브를 하나의 결론(가령, '공주를 구하라', '외계인을 물리쳐라', '상대 플레이어의 진지를 점령하라' 등)을 향해 전진하도록 추동하는 '구심력'과 플레이어와의 상호작용을 통해 내러티브에 다양한 의미를 부여하고 다양한 경험공간을 형성하는 '원심력'(게임 내 시장을 독점하고 있는 지배 혈맹들에 대하여 민중봉기를 조직하거나 실연당한 동료 플레이어의 자살에 사이버 조문을 하는 것, 혹은 여성 캐릭터와 사이버 결혼을 하거나 어제의 친구를 'PK'하는 등)의 요소가 공존하고 있다는 것이다. 물론 게임 장르마다 구심력과 원심력의 정도가 다르고, 플레이어의 취향에 따라서도 어느 요소를 선호하는가의 차이를 드러내기도 한다.

　결론적으로 자유도가 무척 높은 MMORPG 이외의 많은 게임들에서 열린 결말을 이야기하는 것이 무리일 수 있다. 그러나 플레이어의 지속적인 참여와 선택에 의해 이야기의 결말이 달라질 수 있고 그것에 이르는 과정도 각기 다를 수 있다는 점에서 상대적인 것이기는 하지만 '일반적 수준'의 개방성을 이야기할 수는 있다. 뿐만 아니라 작가가 제시한 최종적인 결말에 이르지 못하고 시작하자마자 나의 캐릭터가 죽어버리거나 중간에 생을 마감하는 등 다양한 우발적 결말들이 있을 수 있다는 점에서는 일종의 열린 결말 구조를 발견할 수 있다. 하지만 MMORPG의 영속적인 세계는 우리가 살아가는 또 다른 현실일 수 있으므로 결코 끝을 모른다. 이곳은 개별 플레이어들이 방문하든 말든 여하튼 계속 흘러가고 있고 종말이 존재하지 않기 때문이다.

　물론 MMORPG가 우리가 살아가는 다양한 모습들이 전개되는 곳이라고 해서 그것을 현실과 동일화할 수는 없다. 생활형 가상현실 게임을 표방한 〈세컨드 라이프〉처럼 현실과 가상공간의 경계를 없애려는 시도가 있긴 하지만, 대부분의 〈MMORPG〉의 경우 판타지적 속성이 강하다. 그리고 여기에는 플레이어의 무제한적인 자유도를 제한하고 게임성을 유지하기 위한, 즉 게임을 게임답게 만들기 위한 법칙, 즉 알고리즘이 존재한다. MMORPG 게임의 매력은 판타지 주인공이 된 듯한 동일시 효과, 게임의 법칙 안에서 이루어지는 경쟁과 긴장된 플레이, 그리고 게임 세계와 현실 세계가 서로 교차하고 있기에 생겨난 현실원칙과 쾌락원칙의 길항작용 등을 들 수 있을 것이다. 경험치의 상승과 그에 따른 레벨업으로 인해 빈부격차와 계급관계가 양산되고 착취와 억압이 자행될 수 있는 것은 우리가 살아가는 현실 사회의 원리이기도 하다. 그래서 힘없는 캐릭터들은 부와 권력을 지닌 군주나 지도자 캐릭터를 동경하며 그러한 포지션을 욕망한다. 그러기 위해서는 시간을 투자하여 게임에 대한 숙련도를 높이거나 '게임의 논리를 벗어나는' 아이템 현금거래를 행할 수밖에 없다.

  MMORPG 게임은 게임의 환상성만을 극대화하기보다는 환상적 요소와 현실의 긍정적이거나 추악한 인간관계들을 동시에 플레이할 수 있게 해줌으로써 보다 강력한 몰입을 가능하게 만들고 있다. 가령 '혈맹'과 같은 게임 커뮤니티가 성을 빼앗기 위한 '공성전'을 전개할 때 이 전투는 하나의 판타지 공간이지만, 전쟁을 치루는 조직의 논리는 현실의 권력관계와 유사하다. 이 커뮤니티 내에서는 레벨과 능력치에 따른 계급관계가 분명하고 상명하복의 현실원리가 관철되기도 하며, 더불어 사는 가운데 결혼으로까지 이어지는 경우도 있다. 게임 속에서 전쟁이 벌어질 때에는 학교나 직장 등의 일상적 사회활동을 포기하는 사람들도 쉽게 찾아볼 수 있다. 아이템 현금거래나 아이템 탈취를 위한 폭력 사태 등은 이미 널리 알려져 있다. 이러한 일들은 사이버스페이스가 현실과 만나서 현실로 그 영향력을 확장한 대표적인 사례라 할 수 있다. 이 가상현실 속의 룰을 깨거나 편법들이 자행될 때 캐릭터의 성향치에 변화를 주거나 상거래 행위를 제약하며 경비원을 통해 처벌을 하는 등 현실에서의 질서유지 방법이 그대로 동원되기도 한다. 사기나 살인(PK), 협동 등 현실의 복잡다기한 일들이 시뮬레이트되는 가운데 플레이어들은 게임 공동체 자체의 규범과 규약을 두게 되고 그것을 내면화하면서 게임 이데올로기는 자연스럽게 작동하며 현실세계와 게임세계의 구분 자체가 모호해지기도 한다.

  어떤 게임에 현실과 가상 두 세계가 공존한다는 것은 사실 이중적 양가성(dual ambivalence)으로 설명할 수도 있다. 플레이어들이 게임을 플레이하고 그것을 매개로 상호작용을 하는 이유는 대체로 현실도피의 충동 때문이다. 골치 아픈 직장일이나 재미없는 학교 공부의 대안으로 게임에 접속을 하고, 그 속에서 시간가는 줄 모르고 돌아다니다가 다시 일상으로 회귀하는 것이 일반적이다. 게임의 매력은 그야말로 현실을 잊게 해주고 일상에서 허락되지 않는 또 다른 삶을 살 수 있는 공간을 제공하는 것이다. 하지만 MMORPG의 경우 게임 속의 현실은 도피를 위한 현실일 수도 있고 우리 삶의 연장일 수도 있다. 그렇기 때문에 많은 플레이어들이 게임에서의 상황을 현실로 받아들이는 일이 나타나는 것이다.

이 공간은 주로 경쟁과 전쟁, 대결과 사기, 배신, 거래 등의 복합적이고 다층적인 사건이 일어나는 곳이지만 개인과 개인, 커뮤니티와 커뮤니티 사이의 의리와 협동 등의 미담이 일어나는 곳이기도 하다. 하지만 하나하나의 '아름다운' 에피소드들은 오히려 이 게임 세계의 긍정성을 호도하기 위한 일방적인 의견일 수 있다. 왜냐하면 플레이어들은 모두 '혈맹'이나 '길드' 등의 계급관계에 충실하며 누군가에게 명령을 받는 신민들에 불과하기 때문이다. 물론 힘없는 혈맹들이 다른 힘 있는 혈맹들을 무찌르는 일이 일어나기도 하고 '내복단'에 의한 민중봉기가 일어나기도 한다. 미담과 영웅담, 변칙과 악담 그리고 위법과 편법이 난무한 '크로노토프'(chronotope)의 시공간이 게임인 것이다.

국내 게임 연구자 한혜원은 게임 서사의 층위를 크게 기반적 스토리와 이상적 스토리, 우발적 스토리로 나눈 바 있다. 그에 따르면 '기반적 스토리'(back story)는 기존의 영화나 애니메이션처럼 플레이어가 건드릴 수 있는 여지가 거의 없고 그저 소비만 가능한 스토리이다. 보통 텍스트나 동영상으로 제공되는 이 스토리를 통해 플레이어는 게임 캐릭터와 공간 및 시간적 배경을 숙지하고 인물의 갈등을 이해한다. 대체로 여기서는 과거에 있었던 사건이 보고되는데, 이는 플레이어의 행위 동기 및 게임의 목표가 제시된다. 게임 발매 전 광고 영상으로 쓰이는 티저 영상은 일반적인 경우이고 〈와우〉나 〈스타크래프트 2〉처럼 게임 발표 전시회 때 공개 시사회를 가짐으로써 그것의 상업적 효과를 극대화하기 위해 사용되는 게임 시네마틱 등에서도 기반적 스토리의 중요성이 날로 커지고 있다. 잘 구성된 배경 이야기일수록 플레이어의 몰입감은 더 커질 수 있는데, 왜냐하면 "게임의 서사는 영화의 서사가 끝나는 곳에서 새롭게 시작되기" 때문이다. 즉 플레이어가 분신 같은 캐릭터를 선택하고 배경이야기를 통해 선형적으로 제시된 장차의 이야기를 완성해가도록 추동할 수 있는 것이 게임의 서사인 셈이다.

반면 '이상적 스토리'(ideal story)는 게임 고유의 이야기 층위이다. 이는 플레이어가 게임을 플레이하는 순간 발생하는 스토리이며 선택과 조작을 통한 참여적 인터랙티브 스토리텔링의 묘미를 제공하는 층위이다. 이는 그야말로 게임을 게임답게 만들어주는 요인으로서 게임 플레이 자체이기도 하다. 물론 게임마다 자유도의 정도에 따라 이야기의 경우의 수는 다를 수 있다. 가령 열린 결말을 지향하는 MMORPG 이외의 게임들의 경우 게임 디자이너가 제공한 틀 내에서 플레이어의 게임 행위가 전개되고 개발자가 제시한 목표를 향해 이야기가 진행된다는 점에서는 '부분 선형적'이다. 조합을 통해 선택할 수 있는 경우의 수에는 차이가 있으나 플레이어가 실제 체험하는 스토리는 하나인 것이다. 즉 퀘스트를 해결하는 방법이나 하나의 목표를 추구하는 과정은 플레이어들마다 다르게 나타나지만 퀘스트를 모두 해결했을 때 받게 되는 보상이나 결말은 모두 동일한 것이 일반적인 것이다.

'우발적 스토리'(random story 혹은 emergent story)는 개발자의 예상을 뛰어넘어 발생하는 예기치 못한 스토리로서 게임의 네트워크화와 더불어 본격화된 이야기 층위이다. 현실에서 다양한 인간관계들이 빚어내는 사연들이 천태만상이듯이, 게임 내 상호작용이 인간 대 인간, 인간 대 커뮤니티, 커뮤니티 대 커뮤니티로 확장되면서 생겨나는 수많은 에피소드들이 바로 '우발적 스토리'인 것이다. 플레이어들이 이른바 '만렙'이라는 게임의 최고 단계에 이르러서도 계속해서 게임에 재접속할 수 있는 것은 바로 우발적 스토리의 매력 때문이다. 콘솔 게임의 경우 게임 디자이너의 권한이 여전히 강력하게 작동하고 게이머의 자유도에 있어 제한적일 수밖에 없다. 하지만 온라인게임의 경우에 '네버엔딩 스토리'로서 그 영속성을 보장받을 수 있는 것은 바로 우발적 스토리의 매력 때문인 것이다. 그런 점에서

MMORPG는 디지털게임의 상호작용성을 다변화하고 극대화한 게임이다. 이제 상호작용은 플레이어와 하드웨어의 상호작용을 넘어 게임 콘텐츠와의 상호작용, 인간간 상호작용으로 확장될 수 있게 되었기 때문이다. 아울러 이제 게임은 〈닌텐도 Wii〉 게임기 같은 기술적 발전의 도움으로 단순한 마우스 조작을 넘어 인간의 정신과 몸의 움직임을 직접 재현하고 그것에 피드백 해주는 수준으로까지 발전하고 있다. 이는 게임의 직접성과 핍진성, 즉물성을 강화할 뿐만 아니라, 정신적 경험과 육체적 경험의 결합을 더욱 생생한 것으로 만들어주고 있다.

디지털게임의 시 · 공간성

칸트는 우리가 대상을 감각적으로 받아들일 때 시간과 공간을 반드시 필요로 한다고 하였다. 공간이라는 형식이 없으면 대상이 있는지 없는지 알 수 없고 그 정체가 무엇인지는 더더욱 알 수 없다는 것이다. 이는 시간의 경우도 마찬가지다. 칸트에게 시간과 공간은 경험에 선행하는 대상 인식의 필수적 조건으로서 칸트는 이를 '선험적 감성형식'이라고 하였다. 물론 이 두 개념이 칸트 철학 전체 속에서 갖는 의미는 더욱 복잡한 것이므로 우리의 현실 지각과 인식에 있어 시간과 공간이 그만큼 중요하다는 것만 확인하고 넘어가도록 하자. 모든 서사물들도 나름의 시·공간적 조건 속에서 이야기를 전개하며 독자 혹은 관객, 유저들은 시간틀과 공간틀 속에서 그들의 서사를 경험하고 구성한다. 왜냐하면 내러티브라는 것은 시간과 공간 속에서 발생하는 인과 관계가 있는 사건들이 연결되어 있는 상태를 의미하는 것이기 때문이다. 그런 의미에서 시·공간은 사건 발생의 서사적 조건 혹은 환경이라고 할 수 있다.

하지만 시간과 공간적 조건을 공유하고 있음에도 불구하고 전통적인 아날로그 서사예술과 디지털게임의 시간 및 공간의 구성방식이나 지각방식에는 큰 차이가 있다. 이를테면 책이나 영화의 경우 선형적 원리에 따라 문장과 문단이 구성되어 있고 작가에 의해 강제된 시간적 순서에 따라 읽고 보아야 한다는 점에서 시간적 인식 경험이 우세하다. 이는 작가가 완성된 형태로 제시해놓은 결과물을 감상할 때 그것이 이미 배치되어 있는 순서에 따라 읽고 볼 수밖에 없다는 이유에서 기인한다. 물론 서사극이나 마당극, 그리고 보르헤스의 실험적인 소설, 옴니버스 구성의 영화 등 순서에 상관없이 각 장면들을 바꾸어 놓고 감상할 수도 있지만 그 경우에도 작품에 대한 감상은 시간적 순서를 벗어날 수 없다. 왜냐하면 그런 식의 열린 구성 역시 작가에 의해 마련된 것이고 독자나 관객들의 수용 방식도 강제된 틀을 벗어날 수 없기 때문이다. 인과적 구성에 충실하고 부분 부분들이 한 치의 오차 없이 선형성의 원리에 따라 짜여있으며 독자의 개입이 제한될 수밖에 없는 폐쇄형식의 작품들에 비해 이러한 개방적 구성의 작품들은 독자의 능동적 판단과 해석을 요구한다는 점에서는 기존의 서사적 구성을 넘어서는 측면이 있다. 하지만 아무리 선형적인 서사성이 강한 〈드래곤 퀘스트〉나 〈파이널 판타지 Ⅶ〉이라 하더라도 그 내부에는 플레이어의 상호작용적 행위의 대상들이 즐비하며 그들의 행위 양상에 따라 시간의 변형과 압축이 가능하다는 점은 디지털게임의 특징이라 할 수 있다.

그러나 '공간서사'로 불리기도 하는 디지털게임은 시간적 순서에 따른 수용의 경험보다는 공간여행을 통한 직접 체험의 성격이 강하다. 디지털게임의 시간성은 게임 내에 마련된 공간적 장치들의 전유에 소비되는 시간이며 공간의 전유 방식에 따라 달리 인식되는 시간이다. 물론 디지털 이전의 매체에서도 공간은 중요한 인식의 조건이다. 하지만 책에서 이루어지는 인물들의 행동 배경으로서의 공간은 독자들의 머릿속에서 연상되고 소비되어야 할 현실이다. 가령 책에서 이루어지는 웅대한 전투의 공간은 우리가 직접 눈을 통해 확인할 수 있는 물리적 공간이라기보다는 연상적 공간에 불과한 것이다. 영화의 경우 선형적 서사물임에도 불구하고 공간은 현실의 사실적 재현 혹은 물리적 현실 속에서의 현존감(presence)을 제공한다는 측면에서 책을 읽는 것과는 다른 경험을 제공한다. 이미지의 즉각적이고 직접적인 확인과 감상이 가능한 것이다. 그 점에서는 영화의 공간구성과 게임의 공간구성 사이에 유사성을 찾아볼 수 있다. 하지만 게임의 묘미는 공간 이동과 활동, 즉 탐색과 항해, 사냥 등에서 찾을 수 있고 그것은 플레이어 자신의 공간 이동이 이야기 발생의 결정적 조건임을 말해준다. 검색 사이트에서 정보를 찾을 때 우리는 웹을 읽거나 본다고 하지 않고 항해하고 정보를 검색한다고 이야기한다. 웹은 이미 우리에게 하나의 공간으로 인식되고 있는 것이다. 물론 웹상에서의 정보검색이나 하이퍼텍스트의 감상 행위는 상호작용성에 한계가 있기 때문에 완벽한 공간에서의 놀이로 볼 수 없다. 왜냐하면 그것들이 게임처럼 컴퓨터 모니터를 활용하고 있더라도 그 주요 성분은 문자 텍스트에 의존하고 있으며 선형적인 질서를 완전히 탈피하지 못하고 있기 때문이다. 그렇지만 거기에는 여전히 경로의 이동이라는 공간적 요소, 이동과 항해 및 탐색의 요소가 있음을 부인할 수는 없다.

앞서 잠시 소개한 서사론과 게임론의 논쟁에서 보았던 것처럼 디지털게임의 본질을 이야기, 즉 서사 경험에 둘 것이냐 혹은 스펙터클의 체험이나 게임 규칙의 비밀을 하나씩 벗겨나가는 데서 오는 즐거움에 둘 것이냐를 두고 치열한 토론이 전개된 바 있다. 그러나 최근 이러한 갈등들을 해소하고 통합하고자 하는 노력이 나타나는데 그 실마리 중의 하나가 바로 게임을 '공간적 경험' 혹은 '공간적 서사'로 보는 것이다. 게임을 스펙터클의 연속으로 보았던 젠킨스(H. Jenkins)의 경우 게임이 '공간을 우선시하는 서사 형식'이라는 데 동의하고 있고, 놀이를 강조하는 이들도 '공간구조가 디자인된 놀이'라는 개념을 사용하고 있다. 물론 대다수 서사론자들도 게임 서사의 공간구조를 밝히려는 노력이 게임의 중핵을 파악하는 데 중요한 역할을 할 것임을 인정할 것이다.

박근서에 따르면 게임은 '이중재현구조'를 갖는다. 이는 디지털게임이 게임 소프트웨어 자체와 플레이어의 '게임하기' 및 그에 따른 주관적 체험으로 이루어짐을 의미한다. 게임 소프트웨어 자체는 데이터베이스의 데이터 자료와 알고리즘으로 구성되어 있고 상호작용의 수단인 인터페이스를 통해서만 그 구체적 모습을 드러낸다. 그런데 이 자체만으로는 사건의 진행이 불가능하다. 플레이어들의 개입이 없다면 게임 소프트웨어는 데이터들의 계열체와 알고리즘, 인터페이스란 공간구조만을 보여줄 뿐이다. 하지만 게임을 실행했을 때 플레이어는 그 체험을 시간적 구조에 따라 인식한다. 게임은 똑같은 텍스트를 여러 번 반복 실행하더라도 매번 전개되는 사건의 양상과 형식이 달라지고 다양한 변수를 허용한다. 여기서 우리는 디지털게임의 경험이라는 것이 게임 프로그램 자체의 공간축과 게임을 실행할 때의 시간적 경험이 어우러지는 것이라고 볼 수 있다.

사실 소설가나 영화감독과 달리 게임 개발자에게 있어 공간의 의미는 무척 중요하다고 할 수 있다. 디지털게임의 디자인에 있어 핵심 과제는 플레이어가 놀 수 있는 도구와 규칙, 놀이터 등 공간적 요소들을 제공하는 것이다. 그래서 혹자는 게임 디자인을 공간 디자인으로 등치시키기도 한다. 〈울티마〉 시리즈의 개발자 리처드 개리엇은 이와 관련하여 소설가와 자신의 작업을 대비하면서 의미있는 발언을 한 바 있다: "그들(소설가들) 대부분이 개별 등장인물들을 상세히 묘사하며 발전시킵니다. 그리고 시작 부분에서 그들이 해결해야 할 문제들이 무엇인지, 끝에 가서는 그들이 궁극적으로 무엇을 알게 될지를 말해줍니다. 나는 이러한 방법을 사용하지 않습니다. [....] 나는 세상을 만듭니다. 또 메시지를 줍니다. 그리고 나서 등장인물들은 그 세상과 메시지를 뒷받침하기 위해 존재합니다." 〈미스트〉의 디자이너 로빈 밀러(Robyn Miller)의 진술 또한 공간놀이로서의 게임에 대해 더욱 구체적으로 말해주고 있다: "우리는 그 안에서 그저 돌아다닐 수 있는 환경을 만듭니다. 사람들은 더 나은 말이 없기 때문에 그것을 그저 게임이라고 부릅니다. 우리도 그것을 게임이라고 부릅니다. 그러나 그것의 참된 정체는 게임이 아닙니다. 그것은 하나의 세계지요." 모든 게임의 공통적 자질이라면 재현된 공간으로서든 이동을 위한 공간으로서든 공간 체험이 핵심적인 요소로 기능한다는 것일 터이다.

하지만 많은 게임 개발자들이 공통적으로 지적하고 있듯이 게임 시나리오의 구성에 있어서 중요한 것은 플레이어들이 게임의 공간적 장치들이나 대상을 맞닥뜨렸을 때 보일 수 있는 다양한 반응들을 고려해서 게임을 설계해야 한다는 점이다. 즉 플레이의 진행 과정에서 생겨날 수 있는 다양한 변수들을 예측해야 하는 것이다. 그래야만 게임의 과정을 예측하여 레벨이나 스테이지 디자인에 있어 균형을 갖출 수 있고 게임 플레이의 재미를 훼손시키지 않도록 사건 진행에 적합한 요건들을 마련할 수 있기 때문이다. 머레이의 개념을 빌어 게임을 과정추론적 서사라고 하는 데에는 이처럼 공간적 요소의 프로그래밍에 플레이어의 게임 플레이, 즉 시간적 요인이 더해지기 때문이다. 게임의 공간적 구조와 시간적 경험은 별개의 요소가 아니라 디지털게임의 날줄과 씨줄을 이루고 있는 셈이다.

전통적인 스토리텔링 방식, 즉 음악, 드라마, 소설, 영화는 시간 속에서 일어나는 사건과 행위들을 아리스토텔레스적인 '시작-중간-끝'의 구조 혹은 이를 더 세련되게 표현한 프라이탁의 '5부 3계기설' 등에 따른 고유한 연속적 시간 배치를 통해 보여준다. 그런데 선형적 서사물의 이야기 구조는 이중적이라는 특징을 갖고 있다. 즉 '이야기된 것'의 시간성이 있고 '이야기하는 행위'의 시간성이 동시에 존재하는 것이다. 가령 소말리아에서의 남북대사관 직원들의 탈출을 다룬 〈모가디슈〉의 경우 '이야기된 것'의 시간성은 테러 상황으로부터의 숨 막히는 한 달 여의 탈출 과정을 다루고 있다. 하지만 이야기하는 행위의 시간성, 즉 영화의 러닝타임은 두 시간 남짓이다. 그리고 전통적인 내러티브 방식의 경우 스토리 시간과 서술(담화) 시간이 반드시 일치해야 하는 것도 아니다. 그리고 스토리의 내용이 이미 작가에 의해 창작된 것이라는 점 그리고 스토리 시간이 서술 시간에 선행하는 과거라는 점에서 독자/관객은 과거의 이야기를 소비할 뿐이다. 이는 선형적 스토리텔링 방식의 특징이기도 하다.

반면 게임의 플레이 시간은 극히 주관적 시간이다. 게임의 엔딩을 보기 위해 게임을 한다고 가정할 경우 플레이어들마다 걸리는 시간은 천차만별일 것이기 때문이다. 영화 상영 시간의 경우 감독이 이미 상영시간을 정해 놓았고 관객들은 그 시간에 갇혀 영화를 보아야 하지만 게임의 경우에는 게임의 성격이나 스타일에 따라 그리고 플레이어들의 능력이나 취향, 선택에 따라 모두 다를 수 있는 것이다. 가령 〈갤러그〉를 하는 데 열 판을 넘겨본 적이 없는 나와 달리 동네 형들은 몇십 분씩, 심지어 한두 시간씩의 플레이를 했던 데에서 이를 알 수 있다. '열린 결말'의 MMORPG의 경우 뚜렷한 결말이 존재하지 않기 때문에 게임 속에서 제각기 하고 싶은 일, 이를테면 대결과 사교, 수집 혹은 사냥 등 어느 취향의 플레이어냐에 따라, 게임 능력과 성격에 따라 경험하는 시간도 다르고 경험하는 사건도 다를 것이다. 당연히 그들 스스로 생성하는 서사 역시 모두 다를 수밖에 없을 것이다.

게임의 시간은 일원적 시간이다. 즉 과거와 현재의 이중적 구조가 아니라 플레이 시간이 사건의 시간이고 그와 동시에 이야기가 발생하는 것이다. 이는 흡사 현장성과 직접성을 특징으로 하는 공연예술의 그것과 유사한 측면이 있다. 게임은 현재, 즉 플레이 시간과 서사의 시간이 동시적인 매체라고 할 수 있다. 그런 의미에서 디지털게임도 '현전'(presence)의 예술이라 할 수 있을까? 이는 플레이어가 행동을 개시해야만 게임의 의미화 과정이 시작된다는 것과 같은 이야기이다. 그리고 게임의 시간은 플레이어가 게임에 접속을 해서 그것이 끊어지는 시간과 일치한다는 것을 말해주기도 한다. 이는 이미 사건이 완료된 상태에서 이야기를 들려주는 전통적 내러티브와 확연히 다른 점이다. 주체의 능동적 개입이 사건 발생의 전제라는 점에서 디지털게임은 현실 속의 시간에 던져져 있는 것이다. 물론 게임에 이야기성이 강화되면서 스토리의 시간이 신화시대나 중세, 혹은 미래의 가상세계를 다루고 그것을 플레이어가 조작할 수 없는 컷신이나 시네마틱으로 보여주기도 한다. 동영상이나 컷신 등은 그 자체로 한 편의 단편영화라고 할 수 있는 것이고 플레이어는 개발자 서사인 그것들을 구경만할 수 있다는 점에서 선형적 서사로 분류할 수 밖에 없다. 하지만 그것들은 게임 전체의 느슨한 일부이고 게임의 서사가 플레이어의 행위와 참여에 의해 완성된다는 점에는 변함이 없다.

놀이, 스펙터클, 서사 그 모두를 떠나서 디지털게임의 본질은 어쩌면 시뮬레이션에 있는 지도 모른다. 아니 시뮬레이션 속에서 놀이와 스펙터클, 서사가 모두 만난다고 볼 수 있다. 프라스카(G. Frasca) 같은 사람은 디지털게임을 시뮬레이션으로 보는 대표적인 인물이다. 우리가 살아가는 현실을 추상적으로 혹은 구체적으로 모델화한 것이 시뮬레이션이고 그것이 기본적으로 공간인식과 관련된 것임을 인정한다면, 디지털게임은 기술적 혁신에 힘입어 현실 공간의 재현 방식을 더욱 세련되게 다듬어 왔고 심지어 사물과 대상들의 움직임 즉 역학(dynamics)까지도 고려할 수 있게 되었다. 컴퓨팅 시뮬레이션의 특장은 주체와 객체의 상호작용을 물리적으로 생생하게 재현할 수 있다는 점이다. 컴퓨터 테크놀로지의 비약적인 발전과 더불어 게임 속 주체-객체 관계는 다양한 변화를 겪어왔고 점점 더 세련된 현실 경험을 가능케 해주었는데, 여기에는 게임 공간의 변화와 공간이 서사적 요소와 맺는 관계의 양상에 따라 몇몇 단계를 거쳐 왔다. 오늘날 게임을 포함한 디지털 환경이 '디지털 트윈'으로 불리며 현실의 문제에 대한 예측과 진단, 대책 마련의 도구로 부상하게 된 데에는 공간과 그 구성요소들의 메커닉을 시뮬레이트할 수 있는 능력이 크게 진화한 덕분일 것이다. 그런 의미에서 디지털게임의 공간구조가 변화해온 과정을 살펴볼 필요도 있을 것이다.

상업적으로 성공한 첫 게임이라 할 수 있는 〈퐁〉의 공간구조는 매우 단순한 것이었음에도 불구하고 디지털게임의 공간 디자인 원형을 간직하고 있었다. 텅 빈 공간 가운데 점선, 양쪽의 패들(탁구 라켓), 공으로 구성된 이 게임은 당시 컴퓨터 기술의 수준이 집약된 게임이었다. 계산기가 아니라 놀이 도구로서 컴퓨터가 거듭나는 순간이었다. 또한 〈퐁〉은 컴퓨터라는 미디어가 시뮬레이션으로 가는 중요한 출발점이었다. 숫자나 글자만으로 대상을 표시하던 컴퓨터가 공의 움직임과 중력에 따른 움직임의 변화를 현실에 가깝게 시각적으로 보여줄 수 있게 되었기 때문이다. 시뮬레이션으로서 〈퐁〉이 보여준 매력은 세계의 구조를 직접 한눈에 간파할 수 있게 해주는 가상공간의 원형을 보여주면서 플레이어가 이 가상공간의 주체로서 직접 동참할 수 있다는 사실이었다. 이미 여기에는 주체와 객체의 상호작용을 통한 사건이 있었고 사건이 일어나는 장소가 있었으며 행동의 규칙이 존재하고 있다는 점에서 디지털게임의 원형이 잠재되어 있었다.

이후 디지털게임은 〈퐁〉에서 주어진 추상적 공간요소들을 세련화함으로써 플레이어의 몰입을 강화하는 방향으로 발전해왔다. 이러한 공간구조의 발전은 자연스럽게 시뮬레이션의 발전으로 이어졌거니와 〈팩맨〉은 최초의 구체적 형상의 캐릭터를 등장시켰을 뿐만 아니라 미로와 같은 공간구조를 보여줌으로써 이후 게임들의 던전 공간이나 필드를 선취하고 있었다. 이전 게임들의 캐릭터는 주로 패들, 우주선, 자동차 등이었지만 〈팩맨〉에는 자기만의 이름을 지닌 팩맨과 고스트, 그 외의 살아 움직이는 캐릭터들이 등장했다. 이 게임의 관건은 쫓아오는 고스트들을 피해 미로 속의 점들(아이템들)을 모두 먹어치우는 것이었다. 플레이어는 불시에 나타나 추적해오는 다수의 고스트들을 피하기 위해 공간 전체의 구조를 파악해야 했고 유령의 위치와 속도, 나의 속도와 점들의 소재, 행동의 효율성 등을 모두 파악해야 했다. 전체 공간을 파악하고 다양한 요인들의 상관성을 감안하여 행동의 전략을 세우고 우발적 사건들에 따른 임기응변의 수단들을 강구해야 한다는 점은 뒤에 나올 게임들의 기본 모델이 되었다.

하지만 〈팩맨〉의 미로구조는 형태가 뚜렷하며 전체 구조가 한눈에 파악가능하다는 점에서 최근 게임의 복잡한 미로구조나 중층적인 세계관 설정과 대비된다. 그리고 〈팩맨〉의 전체 지형은 모니터 화면 안에 고정되어 있고 캐릭터의 행동을 크게 제약한다. 공간은 움직이지 않고 캐릭터만 고정된 미로의 틀 안에서 움직이기 때문이다. 이는 종·횡 스크롤, '미니 맵'을 제공하며 화면을 다채롭게 장식하고 중층적으로 구성하는 후대의 게임들과 대비된다. 캐릭터들도 먹다 만 피자 마냥 애니메이션적이고 똑같은 동작에 그 어떤 개성도 확보하지 못했다. 그저 컴퓨터의 명령에 따라 기계적으로 미로 속을 돌아다닐 뿐이다. 그럼에도 〈팩맨〉은 지하 동굴을 헤매면서 마물을 물리치고 아이템을 획득하는 게임들의 원형적 모습을 보여준다. 공간탐험과 아이템 획득, 능력의 신장 등 어드벤처 게임이나 RPG게임의 전형적인 서사구조가 오롯이 구현되고 있는 것이다. 물론 플레이어가 고스트를 만나면 죽는다는 설정은 〈팩맨〉의 특징이다. 적을 만나면 전투를 벌이며 이길 수도 그리고 질 수도 있는 게임들과 달리 피자 모양의 캐릭터는 적들과 장애물을 요령껏 피해 다녀야 한다.

〈팩맨〉의 성과가 있은 후 컴퓨터 기술의 비약적인 발전과 애니메이션 기술의 발전 덕분에 디지털게임은 다채로운 형식들로 분화한다. 〈스트리트 파이터Ⅱ〉는 캐릭터의 민첩하고 부드러운 동작 연결뿐만 아니라 모션 캡션에 의한 애니메이션 기술을 적절하게 활용한 게임이다. 다른 격투 게임들처럼 이 게임은 캐릭터가 앞뒤로 움직이며 싸움을 벌여 상대방을 제압하는 게임이다. 격투가 우선인 이 게임에는 일정한 이야기가 존재하고 있다. 일본 27개 방송사에서 방영될 만큼 인기를 끈 만화를 바탕으로 만든 이 게임의 배경이야기는 류와 캔이라는 두 젊은이가 격투를 벌여 악을 물리친다는 내용을 담고 있다. 하지만 여기서 서사는 단순한 장식물에 불과하다. 즉 주인공들이 중국의 거리, 브라질의 부두, 소련의 공장 등의 장소들을 바꿔가며 격투를 벌이는 것이 게임의 주요 테마이기 때문이다. 이 게임에서는 이야기도 그리고 공간도 큰 역할을 하지 못한다. 특히 신비로운 이국적인 공간이나 지역성을 반영한 인물들의 외양은 그저 일종의 볼거리에 불과할 뿐 게임의 진행에 중요한 구성요건은 아니다.

〈스트리트 파이터Ⅱ〉에서 우리는 인물 형상화나 공간 묘사, 움직임의 묘사 기술 등이 이전에 비해 확연히 발전되었음을 알 수 있다. 그리고 아직 '배경이야기'의 수준에 불과하지만 이야기가 적극 도입되었다는 점도 주목할 만하다. 하지만 그럼에도 〈스트리트 파이터Ⅱ〉의 서사와 공간, 게임은 균열을 일으키면서 유기적으로 구성되지 못하고 있다. 이는 게임이 화려하고 선정적인 '스펙터클'을 지향하면서 나타난 사건이다. 플레이어는 그저 숙달된 인터페이스 조작 능력을 통해 자기 능력의 성장에 따른 자긍심과 승리의 쾌감을 얻는데 만족할 뿐이다. 이는 미국의 〈모탈 컴뱃〉도 마찬가지인데, 캐릭터를 실사에 가깝게 디자인하고 패배한 캐릭터의 심장을 꺼낸다든가 뼈를 부러뜨리는 것은 게임성과 아무런 관련이 없고 게임의 '스펙터클' 지향성을 반증하는 것일 터이다. 사실 게임의 흥행을 위해 스펙터클에 목숨을 거는 일은 하루 이틀이 아니다. 게임 영상의 3D화, '쿼터 뷰'나 레이캐스팅 시점 기법 등 디지털게임에서 영상기술의 큰 진전은 바로 스펙터클을 강화하려는 의지의 표현이었다. 자본주의의 대중문화산업이 공통적으로 추구하는 스펙터클의 강화는 자극을 극대화할 수는 있으나 그것만으로 공간서사로서의 가능성을 대신하기에는 모자랄 수밖에 없을 것이다.

그럼에도 〈스트리트 파이터Ⅱ〉의 공간 이동은 디지털게임의 공간적 전유 방식과 관련하여 하나의 모델을 제시한다. 이 게임에서 플레이어는 한 장소에서 적들을 물리치고 다른 곳으로 이동하여 결투를 반복하고 거기서 승리하면 그 장소를 접수하게 된다. 낯선 장소의 낯선 구경꾼들은 승리 이후 플레이어의 캐릭터를 박수갈채로 환영하는 친숙한 존재로 바뀌는데, 이로써 그는 그 공간의 점유자가 된다. 〈동키 콩〉이나 〈퀘이크 3〉의 경우처럼 이 게임도 액션 게임이면서 공간여행의 형식을 지니고 있는 셈이다. 디지털게임의 이러한 공간 전유방식은 '식민화'와 관련지어 해석될 수 있다. 〈스트리트 파이터Ⅱ〉는 무력을 통해 그 공간을 전유하고 그곳의 시민-주체들을 식민지 지배자의 필요에 맞는 인간형으로 개조해 나가는 과정을 시뮬레이션하고 있기 때문이다.

이미 말한 것처럼 그동안 비약적으로 발전한 영화나 TV드라마 등의 대중문화가 보여주어 온 것처럼 스펙터클의 강화가 게임의 당연한 성공을 보장하는 것은 아니다. 무엇보다 스펙터클을 뒷받침할 만한 서사적 요소의 도입이 필요했고 서사와 스펙터클, 플레이어의 다양한 플레이 경험이 조화를 이룰 수 있는 공간디자인이 고민되어야 했다. 물론 주체들과 대상들이 '균형'을 이루며 '관계'를 만들어나갈 수 있는 규칙과 메커닉은 공간경험의 밀도를 위해 기본적인 것이었다. 코에이의 〈삼국지Ⅱ〉는 이러한 조건들에 어느 정도 부응하는 게임이었다. 이 게임은 이미 나관중의 〈삼국지연의〉 소설을 '재매개'(remediation)하고 있기 때문에 스펙터클보다는 서사에 비중을 둘 수밖에 없었다. 플레이어는 처음 중국 전역을 41개의 속주로 분할한 지도를 만나게 되는 데 각 주는 군주 고유의 색깔이 칠해져 있다. 플레이어는 자신이 선택한 군주 캐릭터를 통해 게임에 참여하여 평상시 임무와 전시 임무를 수행한다. 평상시라면 플레이어는 중국의 전체 지형과 자기 군주 캐릭터의 초상, 그리고 자기 영역의 정보들이 표시된 표를 보며 게임을 진행한다.

〈삼국지Ⅱ〉에서 캐릭터는 전장에서 '일기토'(합, 장수끼리의 1:1대결을 통해 승부를 보는 것, 게임의 경우 진 쪽이 모두 몰살당함)를 하거나 특수 임무 수행을 보고하는 경우 말고는 거의 등장하지 않는다. 그렇지만 모든 캐릭터들은 소설에 근거하여 특별한 성질을 부여받기도 하고, 지력, 무력, 카리스마 등의 고유한 속성을 가지고 있다. 가령 여포, 맹달, 미방은 배신을 잘 하며 장비와 진위 등은 충성도가 높다. 조조는 지력과 무력을 모두 갖추고 있으며, 제갈공명의 경우 지력은 높으나 무력은 낮다. 이러한 속성들은 캐릭터들의 임무 수행 능력을 결정하며 전투 시에는 장수의 무력에 따라 병력의 피해 정도가 달라진다. 전투 장면에서 장수는 병력 숫자로 표시될 뿐이므로 캐릭터는 추상적인 유닛에 불과하다. 이미 우리는 소설의 내용을 알고 있으므로 인물의 구체적 성격에 대한 묘사를 생략하고 그 대신 전략 시뮬레이션에 걸맞은 게임 요소들의 디자인에 더 정성을 기울이고 있다.

〈삼국지Ⅱ〉에서 전체지도와 세부지도로 이루어진 공간 디자인은 매우 우수하다. 이는 다른 게임들처럼 공간 스펙터클이나 공간 묘사의 사실성을 두고 하는 말이 아니라 지각과 기억의 효율성이라는 측면에서 매우 효과적이라는 것이다. 평소 모니터 위에 나타나는 전체지형도는 각주의 윤곽만 표시할 뿐 아무런 특성이 나타나지 않는다. 하지만 전시에는 실제 중국의 지리에 바탕을 둔 해당 지역의 구체적인 지형도가 나타나면서 플레이어의 공간 지각에 큰 영향을 준다. 플레이어는 그 지역 전체를 무대로 전투를 벌이는데 복병을 만나기도 하고 화공을 당하기도 하며 장수가 병력을 모두 잃고 포로로 되는 등 갖가지 사건을 경험한다. 이러한 사건들이 반복되면서 그는 자기가 전쟁을 벌인 지역에 대한 좋고 나쁜 기억을 간직하게 되거니와 그 기억은 공간을 매개로 머릿속에 저장된다. 이른바 천하통일을 달성하고 엔딩을 보기위해서 플레이어는 중국의 각 주를 섭렵할 수밖에 없는데, 수 차례의 반복 플레이 과정에서 뜻하지 않게 중국 전역에 대한 기억과 지도를 뇌리에 각인하게 된다. 〈스트리트 파이터Ⅱ〉의 경우 공간은 단순한 배경이 아니면 스펙터클의 종속변수에 불과하고 격투의 승리 여부에 따라 주어지는 점령지이지만, 〈삼국지Ⅱ〉의 경우 게이머의 게임 지각과 경험의 중추를 이룬다.

〈스타크래프트〉는 게임의 역사에서 기념비적인 작품일 뿐만 아니라 공간구조와 관련해서도 획기적인 게임이었다. 상상적인 우주공간을 무대로 펼쳐지는 이 전략게임은 한국에 PC방 문화를 불러왔고 프로게임대회와 프로게이머를 등장시킴으로써 게임에 대한 사회적 인식을 바꿔놓은 게임이기도 하다. 플레이어는 최초의 진화된 문명을 일구었던 프로토스(Protoss)와 인류의 후예인 테란(Terran), 뛰어난 생식력을 가진 저그(Zerg) 중 하나의 종족을 선택하여 게임을 진행한다. 대부분의 게임들이 이원적인 선악구도에 근거하고 있는 반면, 이 게임의 3원 시스템은 이분법적 선악구도를 벗어나는 재미를 줄 수 있을 뿐만 아니라 자유로운 레벨 디자인을 가능케 한다. 더욱이 세 종족은 전혀 다른 성격을 가지고 있으며 유닛 간 능력의 균형이나 다채로운 게임 형식, 배틀넷 지원 등은 10년 가까운 시간이 지났음에도 불구하고 이 게임의 인기를 지속시키는 요인이 되고 있다. 물론 초기보다 〈스타크래프트〉의 인기는 약간 주춤하는 듯 했으나 최근 〈스타크래프트 2〉가 출시되면서 새로운 전기를 맞고 있다.

〈스타크래프트〉에서 어느 한 종족을 선택한 플레이어는 〈삼국지Ⅱ〉와 같은 여타 전략시뮬레이션게임처럼 일종의 군주가 되어 플레이를 한다. 하지만 이 게임에는 개성 있는 어떤 캐릭터가 등장하는 것이 아니라 각기 다른 고유한 능력을 지닌 유닛을 통해 게임을 진행한다. 각 종족의 유닛들은 장기의 말처럼 각기 다른 능력과 기능을 가지고 있는데 플레이어들은 이들을 적재적소에 이용하여 상대 종족을 제압하고 기지를 접수해야 한다. 이를테면 테란족은 마린, 메딕, 벌쳐 등의 초기 유닛과 탱크, 드롭십과 같은 중반 유닛, 배틀 크루즈 같은 종반 유닛을 가지고 있다. 프로토스족이나 저그족의 경우에도 유사한 편제의 유닛을 가지고 있으며, 유닛의 성장 시스템도 갖추고 있어 다양한 전략 수행 가능성을 실험해 볼 수 있다.

〈스타크래프트〉의 공간은 상상속의 우주라는 가상공간이지만 이곳의 지형은 다채롭다. 주로 로스트 템플, 엔터 더 드래곤, 짐 레이너스 메모리 등의 몇몇 고정된 지형이 이용되지만 특별한 미션의 경우 무한한 자원이 있는 특수지형이 이용되기도 한다.

〈스타크래프트〉에 등장하는 유닛은 크게 지상유닛과 공중유닛으로 나뉘고 각 유닛마다 특장이 있으며 '가위바위보' 게임처럼 서로 물고물리는 기능을 가지고 있기 때문에 어느 지형을 점하느냐가 게임의 승패에서 무척 중요하다. 어느 지형에 위치하고 있느냐에 따라 무기의 효력이 달라지기 때문이다. 이를테면 저지대에서 고지대로 공격하는 유닛들은 단지 70%만의 공격 기회를 가질 뿐이고 저지대의 유닛들은 고지대를 볼 수 없는 치명적인 한계를 갖는다. 탱크처럼 사정거리가 긴 유닛이 고지대에서 공격을 할 경우 시야 확보가 용이하고 적들을 공격하기가 쉬어진자. 이처럼 〈스타크래프트〉의 고수가 되기 위해서는 고지대와 같은 좋은 위치를 선점하는 것이 매우 중요하다. 물론 어느 지형이든 그에 걸맞는 전술을 짜내는 것이 중요하겠지만 유리한 지형일 경우 그만큼 전략과 전술의 구상이 다양해지고 쉬워지기 때문이다. 그야말로 〈스타크래프트〉는 게임 진행과 공간구조가 유기적으로 맞물려 있는 게임이라 할 수 있다.

　〈스타크래프트〉에서 플레이어는 자기 진지 이외에도 식민지를 건설할 수 있고 자원의 채취가 게임 승리에 결정적인 역할을 하기도 하기 때문에 유리한 장소를 확보해야 한다. 또 이 게임의 경우 실제로 게임이 진행되는 주지도와 전체의 지형을 축약해 놓은 미니맵이 구분되어 있다. 〈삼국지Ⅱ〉에도 전체 지형도와 부분 지형도가 구분되어 있지만 이는 평시와 전시라는 서로 다른 시간대를 표시할 뿐이다. 하지만 〈스타크래프트〉의 경우 이 두 지도의 용도가 다를 뿐만 아니라 동시에 존재한다. 그러므로 플레이어는 부분과 전체를 동시에 파악해야 하며 이를 위해서는 반복 훈련을 통해 지각방식을 바꿔야 한다. 플레이어는 세부 지형이 나타나는 주지도를 봄과 동시에 미니맵을 통해 전체적인 상황파악을 해야 하는 셈이다.

　〈스타크래프트〉를 처음 시작하면 주지도는 자기 진영만을 제외하고는 화면 전체가 암흑에 쌓여있다. 전체 지형과 적의 위치를 알기 위해서 플레이어는 정찰대를 파견해야 하는데, 이는 플레이어의 정보획득을 통제함으로써 사건의 긴장도를 조절하는 방식이다. 그 밖에도 이 게임은 특색 있는 지형 디자인과 각 종족의 건물 디자인, 게임의 분위기에 걸맞는 음향효과와 스펙터클한 요소들이 한데 어우러져 게임의 몰입감을 강화하고 있다. 〈스타크래프트〉는 독특한 '프로토스', '저그', '테란' 간의 힘의 균형에 기반한 종족 시스템 및 유닛 디자인, 스펙터클과 유기적으로 결합함으로써 게임성을 극대화하고 있다.

반면 〈리니지〉나 〈심시티〉의 경우에도 유기적인 공간구조를 취하고는 있지만 가상공동체 형식을 구현하고 있다는 점에서 〈스타크래프트〉와는 전혀 다른 특징을 드러낸다. 〈리지지〉에서 공간은 안전구역과 전투구역으로 이원화되어 있다. 플레이어가 마을에 머물 경우 그는 휴식과 사교, 혈맹 구성과 가입, 아이템 획득을 통한 레벨 업 등 평상시와 같은 다양한 활동들을 행할 수 있다. 하지만 마을 밖의 전투 구역에서는 목숨을 건 치열한 전투가 전개된다. 〈리니지〉의 공간 디자인에서 중요한 것은 일상생활과 유사한 활동들이 이루어지는 가상공동체로서 수 천 명의 사람들이 동시에 서버에 접속하여 시간에 구애받지 않고 인간사의 온갖 활동들을 수행할 수 있는 영속적인 공간이라는 점이다. 어찌 보면 혈맹을 구성하고 반왕을 무찌른다던지 공성전을 통해 성을 접수한다든가 하는 일은 이 게임에서 부차적인 일인지도 모른다. MMORPG의 진정한 재미는 바로 사회적 가상 세계(social virtual world)에서 현실의 좌절된 욕구와 욕망을 성취하고 다양한 커뮤니케이션을 수행하는 것에 있기 때문이다.

〈심시티〉의 공간은 그야말로 하나의 사회이다. 미국의 맥시스(Maxis)가 1989년 개발한 도시건설 시뮬레이션 게임인 〈심시티〉가 주목받은 이유 중 하나도 폭력이나 선정적인 게임이 아니라 이 사회의 정치·경제와 사람살이를 시뮬레이션하고 있다는 것이었다. 우선 이 게임은 플레이어가 시장이 되어 기본자금을 가지고 황무지에 도시를 건설해 나가는 내용이다. 시장은 도심과 주택가, 공업지대, 상업지대를 적절하게 배치하여 시민들이 되도록 많이 살도록 유도해야 한다. 이 게임에는 도로와 항만, 공항과 같은 기반시설과 경찰서, 소방서, 운동장 등의 시설을 마련해야 하며, 교통체증이나 범죄율, 화재 발생률, 수질 및 대기오염은 물론 시장에 대한 지지도까지 분석할 수 있게 구성되어 있다. 방사능에 오염되거나 지진 후 엉망이 된 도시를 주어진 시간 내에 복구하는 난코스도 마련되어 있고, 경우에 따라 SF영화에 등장한 고질라에 의해 도시가 파괴되는 상황에도 맞서야 한다. 플레이어는 자신의 생각과 정치적 비전에 따라 온갖 활동을 수행할 수 있고 해방감에 가까운 자유도를 맛볼 수 있지만 그 책임도 져야 한다. 만일 경제적인 성장에 비중을 둘 경우 환경문제나 노사갈등의 분쟁이 일어날 수 있기 때문에 균형 있는 도시 발전을 위해 여러 가지를 고려하여 정책을 수행해야 하는 것이다. 이 점에서 〈심시티〉의 공간은 가상공간으로서의 놀이터를 넘어서 삶의 공간이라는 성격을 갖는다.

〈세컨드 라이프 Second Life〉는 게임 속 공간이 가상공동체의 역할뿐만 아니라 현실과의 소통을 적극 시도한다는 점에서 가상공간의 미래를 예고하는 대표적 게임이다. 〈세컨드 라이프〉는 전적으로 사용자가 창조하고 참여하여 이루어지는 영속적인 온라인 3D 가상세계이다. 이는 미국의 '린든 랩'이 2003년 선보인 가상현실 사이트이다. 이 공간에서 플레이어는 현실에서 못 이룬 꿈을 실현할 수 있으며 상상하는 인물을 창조 또는 그 자신이 그 인물이 될 수 있다. 더 중요한 것은 이곳이 현실에서 실현할 수 없었던 욕구와 욕망들에 대한 대리만족을 제공할 뿐 아니라, 현실 그 자체이기도 하다는 것이다. 〈세컨드 라이프〉는 실제 환경과 유사하게 만들어진 컴퓨터 속의 가상세계이고, 플레이어들은 자유롭게 상상 세계를 펼칠 수 있을 뿐만 아니라 실제 생활을 흉내낼 수 있는 것이다.

가상과 현실의 경계가 흐릿해지는 최근의 경향을 보여주는 〈세컨드 라이프〉에서 사용자는 아바타를 이용하여 회사로부터 섬을 구입해 집을 짓고 친구를 사귀며 땅이나 건물을 사고파는 등의 실제 경제 활동을 할 수 있다. IBM 등 세계적인 대기업들이 이곳을 기업의 활동공간으로 삼는 일은 흔한 경우이고 선거활동과 시민운동 등 다양한 '사이버 참여 민주주의'의 공간으로도 활용되고 있다. 하버드 대학 등에서는 이곳에 강의를 개설하고 국제적인 학회가 이곳에서 열리기도 한다. "오늘날 가상공간을 걸어 다니는 3차원 아바타를 가질 수 있게 되면서 사람들은 그들의 인격을 게임에 투영하는 것을 즐긴다."는 미국 게임 전문가 데이비드 페리의 말은 〈세컨드 라이프〉에 정확하게 적용될 수 있다. '린든 랩' 사는 가상의 토지와 그래픽 제작 툴만 제공할 뿐 콘텐츠의 제작은 모두 플레이어의 몫이다. 그들은 스스로 만든 콘텐츠에 대해 지적재산권을 행사할 수 있고 돈을 벌 수 있다. 이곳에서 활용되는 '린든 달러'는 진짜 달러와 환전이 가능하다(271린든 달러=1달러). 오락적 사교활동, 기업 주주총회, 정당활동의 무대, 기업홍보 및 마케팅, 강의, 회의 등을 넘어 "가까운 미래에, 멀리 떨어져 사는 가족들이 사진과 비슷한 형태의 모습을 하고 가상 캠프파이어에 둘러앉아 있을 것"이라는 린든 랩 부사장 조 밀러의 예측은 이 게임의 미래를 말해 주고 있다.

하지만 아바타라는 가상의 익명적 존재로 인해 새로운 인간관계들을 체험할 수도 있겠지만 현실의 부정적인 사회적 관계들이 재연되리라는 것도 분명하다. 현실과 가상의 경계가 사라지면서 현실의 사회정치적 문제점들이 나타날 수 있기 때문이다. 가상공간은 분명 인간 커뮤니케이션의 확장에 크게 기여한 측면이 있다. 그러나 사기와 성희롱, 폭행, 아동 포르노그래피 상영 등 현실 속의 사회 문제들이 여기서도 나타나고 있다는 사실은 가상공간이 유토피아만이 아니라 디스토피아적 세계이기도 함을 말해준다. 〈세컨드 라이프〉는 기회의 땅이기도 하지만 현실의 각종 소외 현상들이 반복 재연될 수 있는 공간이기도 한 것이다. 더 심각한 것은 리처드 바틀의 말처럼 "세컨드 라이프가 내일 문을 닫으면 사용자들은 아무 것도 가지지 못한 채 떠나야 한다."는 것이다. 또한 이 게임에서 가장 빈번한 활동이 자본주의적 경제활동이라는 점은 빈익빈 부익부의 양극화가 재연될 수 있는 가능성을 예고한다. 다양한 사회활동과 커뮤니티의 존재에도 불구하고 플레이어가 이윤의 논리에 적응하는 가운데 가상공간의 공공성이 해체될 가능성이 크다.

그러나 〈세컨드 라이프〉는 역시 기회의 땅이고 정치적 대안운동의 기지로 될 수 있는 가능성도 다분하다. 아직은 몇몇 NGO단체들만 활동하고 있는 수준이지만, 이후 다양한 부문운동들 역시 이곳에 자리를 잡게 될 것이다. 이곳에서 다양한 수준의 정치활동, 대안문화의 공연이나 상영 등도 이루어질 수 있을 것이다. 무엇보다 중요한 것은 이곳이 사회정치적 쟁점들의 토론 공간으로 활용될 수 있다는 것이고 대중들의 의식상승의 매개가 될 수도 있다는 것이다. 이미 〈세컨드 라이프〉는 우리가 살아가는 현실처럼 다양한 시각들과 관점들이 서로 충돌하면서 서로 헤게모니를 관철하려는 계급투쟁 혹은 인정투쟁이 전개되고 있다. 문제는 아직 소극적 수준에 머물러 있는 대안적 가상공간의 실험들을 더욱 밀고 나아가 본격적인 실천공간으로 '기능전환'시켜내는 것이다. 그 점에서 〈세컨드 라이프〉는 무한한 가능성을 가진 공간이다. 현실의 다양한 운동들이 가상공간이라는 놀이터로 인해 재미와 사회적 반성 및 인식, 실천 활동 등이 어우러질 수 있는 날도 머지 않았다.

지금까지 살펴보았듯이 〈퐁〉에서 〈세컨드 라이프〉까지 게임의 공간구조는 해당 게임을 특징짓고 있을 뿐만 아니라 게임 플레이의 경험에도 중요한 역할을 하고 있음을 알 수 있다. 물론 게임의 재미는 스펙터클의 요인들이나 서사에 대한 욕구, 상호작용 등에서 비롯된 것일 수 있지만, 이 모든 요인들이 공간에서 한데 어우러지고 가시화된다는 점에서도 공간적 요인은 총체적 게임 연구의 출발점이 될 수 있다. 책이나 영화와 같은 종전 텍스트들의 경우와 달리 디지털게임에서의 수용 행위는 성찰과 반성의 순간을 거의 제공하지 않는다. 〈세컨드 라이프〉나 〈버추얼 캠퍼스〉같은 가상현실 게임을 제외한 대부분의 게임에서 시간의 지체는 자기의 분신인 캐릭터의 죽음과 직결되는 문제이기 때문이다. 성찰적 텍스트들의 경우 그것의 감상행위는 그 텍스트를 자기 자신에게 비추어보는 과정을 수반하기 마련인데 여기에는 '시간의식'이 강하게 작용한다. 하지만 게임 플레이는 미지의 공간을 탐색하는 가운데 그 공간의 비밀을 벗겨나가는 일이라는 점에서 공간여행의 성격이 강하며 우발적인 적 혹은 대상들과의 대결이 공간인식을 전제한다는 점에서도 대상인식과 공간인식이 거의 동시에 이루어지는 것이 일반적이다.

디지털게임의 상호작용성은 결국 공간 속에 거주하며 그 공간을 점유하거나 조작하는 경험 혹은 가능성이라 할 수 있다. 책을 읽거나 영화를 볼 때처럼 단순히 연상과 해석을 통한 참여가 아니라 직접 조작을 통한 참여라는 점에서 그 경험은 더욱 강렬하다. 플레이어는 반복수행성(replayability)

이라는 게임의 속성을 십분 활용하여 게임의 비밀 공간을 하나씩 파헤치며 그곳을 자신의 영역으로 전유하면서 그 게임을 아낌없이 소비한다. 물론 MMORPG 게임이나 현실을 시뮬레이션하고 있는 게임들에서의 공간은 그 비밀을 모두 밝혀내는 데 주안점이 있는 게임은 아니다. 왜냐하면 이들 게임에서의 공간은 신비가 모두 벗겨지고 그 결과 재미가 시들해지는 그런 게임이 아니라 가상공동체에서의 삶으로 지속되어야 하는 '또 다른 삶'의 공간으로서 우리 일상의 일부이기 때문이다. 추상적이고 상징적인 고전 게임들의 공간구조로부터 삶의 공간이자 현실의 이면으로서의 가상공동체적 공간구조로까지 변화를 거듭하면서 디지털게임은 이제 오락물을 넘어 사회적 삶의 일부가 되었으며 다양한 사회적 관계들의 실험장이 되었다.

V. 디지털 퍼포먼스로서의 디지털게임

디지털게임과 연극
인터랙티브 드라마와 디지털게임의 매체미학
신-아리스토텔레스적 디지털게임

마노비치 Lev Manovich는 뉴미디어의 문화적 원리를 해명하면서 그것이 두 층위, 즉 문화적 층위와 컴퓨터 층위를 동시에 포괄하고 있음을 지적한다. 그에 따르면 문화적 층위의 경우 백과사전과 소설, 이야기와 줄거리, 구성과 관점, 모방과 카타르시스 등 비교적 전통적인 문학예술의 범주들을 의미한다. 이는 다른 말로 미학적 층위로도 부를 수 있겠다. 반면 컴퓨터 층위는 컴퓨터의 존재론과 인식론 및 화용론이라 할 수 있는 컴퓨터 고유의 재현 및 운용방식을 의미한다. 이는 컴퓨터의 메커닉과 시스템적 층위로 볼 수 있을 것이다. 그리고 마노비치의 진술에 비추어 볼 때 우리는 뉴미디어의 특징을 종래의 콘텐츠들을 아우르는 문화콘텐츠와 멀티미디어 복합체로서의 컴퓨터 테크놀로지가 만난 데에서 찾을 수 있을 것이다.

물론 컴퓨터를 기반으로 이루어지는 뉴미디어에 대한 마노비치의 단순한 범주화 시도는 복잡하게 변화하는 뉴미디어의 역동적 가변성을 설명하는데 일정한 한계가 있다. 그럼에도 불구하고 우리는 그의 논의에서 중요한 사실을 알 수 있는데, 즉 새로운 미디어들은 전통적인 매체들과의 상호 소통 속에서 발전해간다는 사실이다. 다시 말해 뉴미디어의 문화콘텐츠들은 '하늘 아래 새 것'이 아니라 이전 매체와 기존 문화콘텐츠들에 대한 '재매개'(remediation) 혹은 '전유'(appropriation)의 과정을 거쳐 지금의 모습에 이르게 되었다는 것이다. 결국 이러한 매체 상호 간의 전유 과정 덕분에 새로운 컴퓨터 문화 환경이 조성되었고 그 결과 인간과 컴퓨터의 상호작용이 가능해졌으며 종래의 아날로그 문화와 새로운 미디어 테크놀로지의 접속 사례가 증가하게 된 것이다.

영화나 라디오 방송, TV 드라마 등이 보여주듯 대중문화는 이전의 문화적 재현 방식들을 전유하고 재매개하면서 자신의 특이성을 형성해왔다. Covid-19 팬데믹을 거치며 초연결사회 구독경제의 시대를 경험하는 지금의 시점에서 대표적 대중문화로 자리 잡은 디지털게임은 뉴미디어의 문화적 전유를 선도하고 있다. 디지털게임에 대한 초기의 인문학적 연구들은 디지털게임의 고유성을 설명하기 위해 게임이 소설이나 영화 등 전통적인 서사예술들과 무엇을 공유하고 그 차이는 무엇인지를 밝히려고 노력한 바 있다. 물론 이러한 접근법에 대해 디지털게임 자체의 성격이나 게임 플레이의 경험 자체를 왜곡할 우려가 있다는 비판이 있었고 그러한 문제제기에 일정한 타당성이 있었다. 그럼에도 그러한 접근법이 게임에 대한 학제적인 연구의 길을 열어주었고 '게임학'의 형성에도 큰 기여를 했음을 부인할 수는 없다.

디지털게임은 종전의 거의 모든 매체를 재매개하고 있다는 점에서 이미 종합예술로 자리 잡은 영화를 능가한다. 게임의 특성들을 입체적으로 설명하기 위해서는 거의 모든 학문분야들의 협조가 필요하다. '영화학'(film studies)이 하나의 학문적 제도로 자리 잡기 위해 그랬듯이 학문들간의 '대화적 접근'이야말로 '게임학' 형성의 전제라 할 것이다. 이미 젠킨스(Hennry Jenkins)나 올셋(Espen Aarseth)같은 학자는 게임에 대한 문화이론적 접근의 필요성을 강조한 바 있다. 일단 디지털게임에 대한 연극적 이해를 통해 게임 플레이의 특징들과 의미형성 과정의 이해를 돕고자 한다.

디지털게임과 연극

지난 20여년 간 디지털게임을 인문학적 관점에서 분석하고 이해하려는 학자들이 지속적으로 늘어왔다. 아직 이제 대학은 물론 사회에서도 게임은 첨단 기술들이 수렴되는 매개와 종합의 지점에 되고 있고, 게임연구는 다양한 학문들의 융합과 연결의 마디로 기능하고 있다. MIT의 미디어랩, 코펜하겐 대학 IT 미디어 센터 등은 게임 연구의 초기부터 오늘에 이르기까지 이러한 움직임을 주도하고 있는 대표적인 기관들이다. 그에 발맞추어 우리의 경우에도 디지털스토리텔링과 게임에 대한 연구를 이어왔고 이러한 논의가 트랜스미디어 스토리텔링, 슈퍼 IP로서 게임의 잠재성, 그리고 최근의 메타버스와 게임경제 등의 논의로 확장되고 있다. 하지만 지난 WHO의 게임 질병 등재에 대한 게임 생태계 구성원들의 대응에서 드러난 것처럼 대한민국에서 게임에 대한 학제적 연구는 뚜렷한 하나의 흐름으로 자리를 잡지는 못한 것 같다. 하지만 소수의 선구적인 시도들에 힘입어 디지털게임 연구의 결과들도 다변화되고 있으며 인문 사회과학 분야에서의 연구물들도 '게임 담론'의 활성화에 힘을 보태고 있어 앞으로의 추이가 기대된다.

앞서 말했다시피 올셋이 2001년을 게임연구의 원년으로 선포하고 젠킨스가 "이제 비디오 게임을 진지하게 연구하자"고 제안한 이후 한동안 게임 연구에 대한 인문학적 논의들은 크게 '서사학'(Narratology)과 '놀이학'(Ludology)으로 양분되어 전개된 적이 있다. '서사론자'(Narratologist)들의 경우 문학이나 공연, 영화 등의 전공자들이 많았는데 이들은 고도의 인터랙티브 미디어인 게임 행위를 통해 생겨나는 다양한 '서사'들과 새로운 스토리텔링의 생성 방식에 주목한다. 디지털게임 고유의 '상호작용성'에 관심을 두면서 작가-독자(관객)의 일방향적·선형적 서사와 쌍방향적 서사 사이의 차이점을 해명하려는 노력이 그 출발점이었다.

반면 '놀이론자'(Ludologist)들의 경우 디지털게임의 실행적 측면에 주목할 것을 요구한다. 그들은 디지털게임 고유의 구성요소, 이를테면 놀이의 메커닉과 게임의 규칙성, 그리고 게임행위 그 자체의 역동성 등에 근거하여 연구하는 것이 먼저라고 생각한다. 그러면서 문학이나 영화 등의 다른 매체의 잣대로 디지털게임을 연구하는 것은 과잉 해석이라고까지 주장한다. 심지어 문학적 관점에서 게임을 연구하려는 서사론자들에게서 자신들의 밥상을 넓히려는 학문적 식민주의자의 모습을 보며 게임 연구의 독자성을 지킬 것을 요구하기까지 하였다.

하지만 몇 년 동안 대립하던 이들 두 입장은 통합적 연구의 방향으로 조정되어 왔다. 놀이론과 서사론의 '사이'에서 균형을 찾아보려는 몇몇 연구자들의 시도가 힘을 얻었다. 통합론자들의 경우 서사와 놀이가 서로를 배척하는 논리적 관계에 있지 않고 상보적 개념이라고 주장한다. 다시 말해 디지털게임은 한편으로 놀이의 측면을 지니고 있으며 다른 측면에서는 서사의 측면을 가지고 있다는 것이다. 놀이에는 서사적 측면이 있을 수 있고, 서사에도 놀이의 측면이 있을 수 있다는 열린 시각이 제기되면서 이제 문학, 영화, 연극, 문화연구 등 다양한 방향에서의 입체적 게임 연구의 초석이 마련된다. 특히 앞장에서 살펴본 디지털게임의 공간성에 대한 연구는 서사와 스펙터클, 규칙 속의 상호작용 놀이라는 이질적 요소들의 통합 가능성을 제기하면서 서사학과 게임학이 함께 갈 수 있는 길을 열어 놓기 시작했다. 그리고 이러한 움직임들은 디지털게임을 종족, 젠더, 계급과 계층 등 문화연구가 오랫동안 축적해온 프레임과 관점을 통해 연구하려는 시도들로 이어졌다.

일단 여기서는 연극학 혹은 공연학의 관점에서 디지털게임에 접근하려는 노력들에 기대어 게임과 게임 플레이의 의미를 살펴보자. 물론 무대연극에 익숙한 사람들에게 이러한 접근 시도가 무척 낯설 수 있다. 하지만 연극의 범주를 확장하는 가운데 일상 문화의 공연성에 주목한 바 있는 『퍼포먼스 이론』의 저자 셰크너(Richard Schechner)의 논의에 의하면 디지털게임은 훌륭한 연극학적 연구 대상이 될 수 있다. 셰크너에 따르면 퍼포먼스란 "더욱 형식적인 제의 의식들, 공적인 회합들, 그리고 정보와 상품과 관습을 교환하는 다양한 수단들의 부분이거나 혹은 이것들과 이어진, 일종의 의사소통적 행위"이다. 이처럼 셰크너는 공연을 넓게 정의한 후 그것을 커뮤니케이션 행위 일반으로 확장하면서 스포츠, 축제, 놀이, 대중적 정치행위, 디지털게임 등 일상의 다양한 문화적 실천들이 공연학의 연구대상에 포함될 수 있음을 강조한다. 셰크너 이론의 강점은 공연연구와 문화연구가 만날 수 있는 접점들을 제공한다는 점이다. 그런 의미에서 공연 행위에 의지하는 디지털게임 연구는 연극적 '행위'를 통한 '서사'의 형성이라는 관점에서 게임을 바라보게 도와준다.

셰크너의 공연학적 문제의식에 비추어 볼 때 디지털게임은 현대의 중요한 퍼포먼스 행위로 볼 수 있다. 디지털게임의 본질적 속성 중 하나인 '상호작용성'은 게임 플레이어들 상호 간의 행위를 통한 다양한 의미화 가능성들을 의미하는 것일 수 있다. 이는 직·간접적인 개인적 사회적 행위들과 예술적 커뮤니케이션 실천 등을 통한 의미화 가능성에 주목하는 공연학의 문제의식과도 일치한다. 더욱이 공연학의 경우 볼거리의 수동적 관람에 만족하는 '관객' 개념이 아니라 공연 참여자들의 '참여' 및 그러한 행위들을 통한 주체들의 '존재' 및 '의식'의 변화 내지 '주체화'의 과정을 강조한다. 그렇다면 디지털게임에 대한 공연학적 접근은 매력적이다. 왜냐하면 디지털게임의 플레이어 역시 게임의 '장'(field)을 구성하는 다양한 대상들과 공간=이벤트에 대한 다양한 참여와 행위를 통해, 가령 연출가나 배우 및 관객 등으로서의 다층적 '역할 놀이'(role playing)를 통해 자신만의 서사를 형성하기 때문이다. 흔히 '공연 예술'(performance art), '혼합-미디어'(mixed-media), '해프닝'(happenings)', '인터미디어'(intermedia)로 불리기도 하는 게임을 통한 퍼포먼스적 실천들은 삶과 예술, 매체와 장르들 사이의 경계를 해체하려는 경향을 갖는데, 디지털게임만큼 이러한 목적에 충실히 부응하는 매체도 드물 것이다. 나아가 게임의 플레이어(player)들은 '놀이 안에서'(in play) 일상의 개인(person)을 벗어나 재미와 흥분의 이벤트를 연출하며 즐기는 페르소나(persona)라는 정체성을 갖는다. 참고로 그리스어에서 생겨난 '페르소나'는 '가면'을 의미한다. 게임 세계의 '환영'(illusion)이 열리면 우린 모두 '아바타' 혹은 '플레이어 캐릭터'를 가면으로 삼아 환상과 욕망을 펼치기 시작한다.

많은 게임 연구자들은 놀이와 서사가 길항하는 성질을 지닌다고 주장한다. 우리는 디지털게임에서 서사와 놀이가 종전의 서사예술이나 놀이와 다른 모습으로 화합하고 있음을 확인한 바 있다. 먼 옛날 놀이와 스토리텔링은 한 몸을 이루고 있었다. 연극의 원형이라 하는 축제와 굿은 신화의 연극화라는 점에서 신화적 의례라 할 수 있는 것이었다. 신화는 그 자체로는 현실적인 힘을 지닐 수 없고 그것의 실천 형태인 의례를 통해 현실에 그 영향력을 과시한다. 물론 의례의 신화성이 약화되면서 놀이성이 강화되고, 신화 역시 재미가 강조되면서 과거의 지위를 잃고 세속화되긴 하였지만 놀이와 서사의 접속은 여전히 그 흔적을 남기고 있다.

앞서 살펴보았다시피 신화적 모티브와 신화의 이야기들은 디지털게임에서도 예나 지금이나 강력한 영향력을 행사하고 있다. 그리스신화와 북유럽

신화를 횡단하는 〈갓 오브 워〉나 태고의 땅 아스에서 서로 다른 전설을 써가는 영웅들의 운명적 이야기를 그린 동명의 드라마 IP를 게임화한 〈아스달 연대기〉를 비롯한 무수한 게임들이 그것을 입증한다. 어찌 보면 우리는 디지털 미디어를 통해 신화적 혹은 유사신화적 모티브가 대량으로 생산되고 소비되는 시대에 살고 있는지도 모른다. 그야말로 디지털게임은 '복제가능한 신화시대의 예술작품'으로 간주해도 무방할 정도이다. 신화시대의 의례는 성스러운 시간과 성스러운 공간이 지배하는 종교적·연극적 이벤트였다. '성스러운'이라는 말은 '일상적·세속적인'과 대비되는 말이다. 그렇다면 성스러운 시·공간은 일상과 유리된 특별한 시·공간으로서 신화적 의례에서는 신화적 시간과 공간이 힘을 얻는다. 일상과 철저하게 경계가 나뉜다는 점에서 그리고 독자적인 질서를 구축함으로써 재창조된 공간이라는 점에서 의례에서 일상적 질서와 규범은 그 효력을 잃고 탈일상적인 신화적 규범이 통용된다. 구약시대 유대인들의 '지성소'나 한반도 고대국가 시절의 '소도'가 그렇고 오늘날 성당과 법당, 예배당 등도 성스러움의 탈일상성을 계승하고 있다. 하위징아와 카이와는 놀이의 시공간을 탈일상적 성스러움의 공간으로 강조한 바 있다. '마법의 원'(magic circle)이라는 개념은 그러한 의미를 압축적으로 보여준다.

    신화적 모티브를 즐겨 원용하는 디지털게임의 공간 역시 현실과 다른 서사와 요소들로써 일상으로부터 구분되는 경계를 두르려 한다는 점에서 의례와 비슷한 면이 있다. 게임 속 공간은 플레이어의 참여를 통해 성스러운 공간으로 거듭날 잠재성을 간직하고 있기 때문이다. 현실원칙보다는 쾌락원칙를 따르는 디지털게임은 이성과 과학이 지배하는 현대사회에서 나날이 진화하는 과학의 도움을 받아 인류의 오랜 원형적 상징들과 대면하게 해주는 의례로서의 역할을 수행하고 있는지도 모른다. 옛날 주기적으로 반복해서 거행되던 '성스러운' 의례나 축제를 즐겼던 사람들처럼, 디지털게임의 플레이어도 수행적 놀이 행위를 통해 일상에서는 맛볼 수 없는 '도취'와 '몰입'의 경험을 하고 있는 것이다. 물론 역사적 변화와 더불어 축제는 그 성스러움을 잃고 스펙터클이라는 볼거리 상품으로 전락하고 있으며 참여자들도 능동적이라는 외피를 썼지만 수동적인 소비자의 역할에 만족하고 있는 것도 같다. 어쩌면 디지털게임은 그러한 놀이의 '타락' 끝에 서 있는지도 모른다.

어쨌든 분명한 사실은 디지털게임을 통해 관객-배우-연출(작가)의 중층적, 복합적 주체성이 회복되고 있으며, 다시 놀이와 이야기를 게임 안에 통합하려는 노력이 관행이 되고 있다는 점이다. 옛날 신화는 의례의 핵심이자 사람들의 삶 및 인식의 필수적인 부분이었다. 어떤 점에서 플레이어들에게도 게임 플레이는 진지한 의례이며 게임 속 세계는 욕망의 탈출구이자 축제적 경험의 공간이다. 그들은 자신들의 가면(persona), 즉 '아바타'를 통해 일상적 주체를 감추고 근원적 욕망의 원형들을 연기하는 옛 축제 참여자들과 비교될 수 있다. 그들은 신화나 전설에 등장하는 영웅의 여정을 연출하고 연기하는 연출-배우의 역할을 수행하고 있는 것 같기도 하다. 브레히트나 아르또처럼 상이한 목적으로 아리스토텔레스 이후의 문학적 연극에 반대했던 연극개혁가들이 추구했던 연극적 원형 찾기의 시도가 디지털게임이라는 새로운 미디어를 통해 실현될 수 있을 것이라는 전망이 나오는 것도 이해가 된다. 물론 지나친 논리적 비약으로 보이기도 하지만 분명 디지털게임은 연극학 혹은 공연학에 새로운 실천의 장을 열어줄 것으로 기대된다.

사실 연극이나 공연의 관점에서 디지털게임을 이해하고자 한 사례는 드물지 않다. 가령 디지털게임에 대한 인문학적 접근의 포문을 연 것으로 평가되는 로렐이나 머레이같은 게임연구자들은 상호작용적 게임 행위와 연극적 경험 사이의 유사성을 지적하고 있다. 프라스카의 견해에 따르면 이 두 사람은 컴퓨터를 거대한 계산기가 아니라 커뮤니케이션 매체로 인식한 선구자들이었다. 왜냐하면 그들은 "2000년도 더 된 과거에 아리스토텔레스가 드라마에 적용했던 것과 동일한 규칙 하에서 소프트웨어 디자인이 이루어질 수 있음"을 주장했기 때문이다. 특히 머레이는 로렐의 성과를 계승하여 컴퓨터를 새로운 스토리텔링의 매체로 이해하면서 아리스토텔레스적 개념들을 원용하여 디지털 시대의 스토리텔링과 게임을 분석한다. 그녀가 강조하며 사용한 '몰입'(immersion), '에이전시'(agency) 및 '전이'(transformation) 개념은 공연 연구에 있어서도 중요한 개념이며 공연의 수행성과 게임 플레이의 그것을 같은 층위에 놓고 생각할 수 있는 근거로 제시된다.

더 나아가 메티어스(Michael Mateas)같은 연구자는 로렐과 머레이의 연구 성과들을 종합하여 아리스토텔레스의 『시학』을 모델로 '인터랙티브 드라마'(interactive drama)의 예술적 모델을 도출하려 한다. 그가 제안하는 이른바 '신 아리스토텔레스적 모델'(neo-Aristotelian Model)은 아리스토텔레스적 관점에서 게임에 접근하려는 가장 체계적인 시도였다. 그는 이 모델을 게임 디자인의 원칙으로 제안하려 한 바 있다.

하지만 로렐-머레이-메티어스로 이어지는 드라마적 게임 연구는 디지털 게임에 대한 선구적인 인문학적·연극적 접근 시도라는 의의에도 불구하고 많은 한계를 노정하고 있었다. 이를테면 이들이 기대고 있는 동일시적-몰입적 연극모델은 주류 게임들에는 잘 적용될 수 있지만 거기서 벗어나려는 노력들을 간과할 위험도 안고 있다. 그리고 이들의 연구는 '인터랙티브 드라마'니 '사이버 드라마'라는 명칭에도 불구하고 플레이어의 인터랙티브 행위를 통한 서사의 발생과정에만 중점을 두고 있다. 이들은 아직 '서사'의 문제에 집중함으로써 게임 고유의 메커니즘, 시뮬레이션과 게임 행위의 상관성을 소홀히 한다는 비판에서 자유롭지 않은 것이다. 게임의 이데올로기 문제 등 문화연구로서의 중요한 의제들에도 둔감한 것 같은 인상을 주기도 한다. 그럼에도 연극/공연을 경유하여 디지털게임의 특성과 놀이로서 게임이 갖는 수행성을 밝혀보고자 한 점은 좀 더 상세한 설명을 해줄만 하다고 본다.

인터랙티브 드라마와 디지털게임의 매체미학

컴퓨터 매체의 '상호작용성'(interactivity)에 주목하면서 디지털게임을 일종의 새로운 연극적 체험으로 보고자 한 최초의 사람은 자넷 머레이였다. 그녀는 『홀로덱에 선 햄릿』(Hamlet on the Holodeck)을 통해 '사이버드라마'(Cyber drama)라는 말을 제안하면서 이 새로운 매체의 극적 스토리텔링의 가능성에 주목한다. 우선 그녀가 보기에 게임은 텍스트와 영상, 항해 공간을 결합하고 캐릭터의 성격과 행동을 창조함으로써 역동적인 사건들로 구성된 허구 세계를 만들고 있다. 그가 보기에 게이머는 '가상현실'(VR, Virtual Reality)이라는 무대에서 사건-서사를 만들어나가는 행위자 내지 배우로서 자신의 세계관-지향과 욕망을 표현한다. 그에 따르면 이미 80년대부터 본격적으로 대중화한 비디오게임은 시청각적인 완성도 및 플레이어의 육체적 움직임의 효과를 한층 더 강화함으로써 감각적 효과를 극대화했고 디지털미디어의 인터랙트(interact) 장치들의 도움으로 새로운 스토리텔링의 유형을 창조했다. 하지만 머레이는 게임과 연극 경험의 본격적인 비교로 나아가지 않고 게임이라는 새로운 매체가 지니는 상호작용성을 분석하고 그 경험들의 카테고리들을 마련하는데 주력하고 있어 아쉬움을 준다. 그러나 머레이의 연구는 이후 본격적인 인터랙티브 드라마 및 게임 연구의 초석이 되었고 게임 연구의 기본적인 개념들을 제공했다는 점에서 나름 의미 있는 역할을 했다.

초기 인터랙티브 드라마 연구자들은 게임 자체보다는 다른 매체들과 게임의 상관성에 주목했다. 이들에게 '인터랙티브'(interactive)란 제작자가 사용자에게 어떤 선택권을 줌으로써 그로 하여금 수요자와 제작자의 경계를 허물고 궁극적으로는 소비자가 제작자가 되는 것을 의미한다. 이를 설명하기 위해 자주 원용된 개념이 '프로슈머'(producer+consumer), '작독자'(w-reader, writer+reader)였다. 컴퓨터 기술이 본격적으로 발전하기 이전 단계의 '상호작용성'은 아직 현장에서 실시간으로 진행되지 못하고 시간 차를 두고 소비자의 의견을 반영하는 형태였다. 가령 텔레비전 드라마의 제작자가 시청자의 의견을 반영하여 스토리를 시청자와 작가가 함께 구성해 가는 것은 초기 인터랙티브 드라마의 대표적인 사례이다. 시청자가 다음 이야기가 어떻게 전개되면 좋을지 의견을 개진하고 그것을 반영하여 방송 드라마 형태로 보여주는 것은 최근 공중파 방송에서도 관행처럼 시행되고 있으며 굳이 컴퓨터의 인터랙티브 기술을 필요로 하지 않는다는 점에서 본래

의미의 '인터랙티브 드라마'로 보기 어렵다.

일반적으로 '인터랙티브 드라마'는 라디오나 텔레비전 등 기존 매체의 드라마와 다른 '컴퓨터 기반 computer-based'의 드라마를 의미한다. 그런 의미에서 컴퓨터로 재현되는 인터랙티브 드라마의 본격적 가능성을 보여준 사람이 바로 조셉 베이츠 Joseph Bates였다. 그는 이른바 '오즈 프로젝트'(Oz Project)를 통해 컴퓨터의 인공지능(AI)을 활용함으로써 새로운 인터랙티브 드라마를 실현할 수 있다고 보고 실험에 착수했다. 물론 연출, 배우, 등장인물, 관객 사이의 경계 없이 한 사람이 이들 역할을 한 몸에 구현하고자 하는 실험극의 시도는 이전에도 있었다. 하지만 라이언(Marie-Laure Ryan)의 지적처럼 실제 무대공간에서의 이러한 시도는 실패했고 베이츠의 시도에 와서야 그 가능성을 평가받기 시작한다. 다음 진술은 이러한 작업들에 대한 간명한 설명이면서 그 한계에 대한 진단을 담고 있다. "인터랙터 Interactor는 제품을 즐기는 점에서는 관객이고, 플롯 구성의 능동적인 참여자이자 그럴듯하게 보이는 허구 세계의 구성원이라는 점에서는 등장인물이며, 실제 몸으로 행동과 언어를 통해 캐릭터에게 생명을 불어넣는 점에서 배우이고, 등장인물의 언어와 행동을 촉발하고 창조한다는 점에서 플롯의 공동 작가이다. 이 네 가지를 각각의 명칭으로 불렀듯이 드라마의 네 기능을 하나로 합치려는 오래된 꿈을 실현하려고 예술가들과 퍼포머들은 그동안 많은 무대 실험을 해왔다. 그러나 어느 것도 인터랙티브 드라마에서만큼 완전히 융합된 것은 없다."

하여튼 컴퓨터라는 새로운 커뮤니케이션 매체의 기술 발전의 결과 생겨난 새로운 스토리텔링의 양식들 중 가장 연극과 유사한 체험을 제공하는 것이 인터넷 롤-플레잉(Role-Playing Game & RPG) 게임일 것이다. 특히 최근의 게임은 '캐릭터'(혹은 '아바타')라는 가면을 쓴 플레이어의 전방위적 수행성을 위해 극사실적 행동 공간, 즉 공간적 시뮬라크르를 마련함으로써 첨단 연극적 '역할놀이'의 가능성을 보여준다. 더욱이 게임 내에서 연극적 상호작용성의 정도가 가장 높은 최근의 RPG 게임은 캐릭터들 상호 간의 대화성과 Web을 통한 게이머들 사이의 대화성을 가미함으로써 극적 효과를 강화하기도 한다. 팬데믹 이후 다양한 비대면 구독 기술이 도입되고 확장되면서 자주 거론되는 '메타버스'는 역할놀이의 무대일 뿐만 아니라 일상적인 '사회극'(social drama)의 장으로까지 나아갈 기세를 보이고 있다.

앞서 잠시 소개한 것처럼 연극학 전공의 게임 연구자 로렐은 디지털게임의 공간적 시뮬레이션을 일종의 연극 '무대'로 간주하면서 디지털게임의 상호작용성을 '무대에서 연기하는 것과 같은 경험'이라고 지적한 바 있다. 로렐은 『컴퓨터는 극장이다』(Computers as Theatre)에서 상호작용적인 일인칭 스토리텔링에 대해 언급하는데, 여기서 그녀는 컴퓨터를 통한 '상호작용적 스토리텔링'(interactive storytelling)을 아리스토텔레스적 드라마의 경험이라는 모델을 통해 이해하고자 한다. 심지어 그녀는 아리스토텔레스의 『시학』을 비디오게임 창조의 지침서로 활용한다. 그녀가 보기에 디지털게임은 드라마처럼 '유저 퍼포먼스'(User Performance)를 특징으로 지니고 있다. 이 개념은 사용자의 행위를 중시하는 개념이다. 드라마 역시 행위자의 수행활동의 요소를 공유하지만 기존의 연극을 포함한 소설이나 영화 같은 전통적 내러티브의 경우에는 이를 결여하고 있다. 반면 로렐이 보기에 컴퓨터는 행위 디자인의 매체로서 이러한 수단을 통해 사용자(플레이어)는 드라마의 생산자와 수행자 및 관객의 역할을 동시에 한다고 주장한다.

『컴퓨터는 극장이다』라는 책의 제목은 이미 로렐이 드라마와 컴퓨터의 관계를 유사한 것으로 보고 있음을 보여준다. 이는 아리스토텔레스적 연극 구상들을 완벽하게 실현할 수 있는 유용한 소프트웨어의 창조라는 목표와 그 궤를 같이하는 관점이다. 하지만 컴퓨터를 극장으로 보는 로렐의 생각은 큰 반향을 일으키지 못한 듯하다. 1990년대 게임 연구자들은 오히려 문학적 내러티브와 게임의 유사성에 주목했는데, 그들은 풍부한 문학이론의 성과들을 적용하면서 '서사학적' 게임연구의 주도 그룹을 형성한다. 로렐은 연극과 게임의 유사성에 주목하긴 했지만 디지털게임 고유의 메커니즘과 연극의 상관성을 규명하는 것으로까지 작업을 진행시키지는 못했다. 그 원인은 컴퓨터 인터페이스, 게임과 하이퍼텍스트 등을 포괄하는 방대한 연구 범위와 관련된 것이기도 하지만 게임과 드라마의 본질적 차이점들을 소홀히 한 것 때문이기도 하다.

 하지만 머레이는 로렐의 성과를 계승하는 가운데 그녀의 한계를 넘어서려는 작업을 진행하고 어느 정도의 성과를 거둔다. 디지털 시대의 다양한 스토리텔링의 방식에 주목하는 머레이의 관심 영역 역시 폭이 넓어서 하이퍼텍스트, 웹 시리얼, 인터랙티브 시네마, 인터랙티브 드라마, 디지털게임 등 다양한 매체들이 언급된다. 하지만 그녀가 보기에 디지털매체 고유의 특징인 '상호작용성'이 가장 두드러지는 매체는 단연 디지털게임이다. 그녀가 말하는 '사이버 드라마'는 새로운 표현가능성을 제공함으로써 스토리텔링의 확장을 가져온 컴퓨터 매체의 '인터랙션'(interaction) 드라마를 의미한다. 머레이는 여기서 논의를 더 밀고 나아가 컴퓨터 기반의 인터랙션 예술이 제공하는 세 가지 정서적인(affective) 기본 카테고리들을 제안한다. 그녀는 "경험 디자인, 컴퓨터 그래픽 및 인공지능의 적절한 조합이라는 '성배'(holy grail)는 결국 행위의 몰입 immersion, 에이전시 agency, 그리고 전이 transformation라는 목표를 향한 것"이라고 주장한다. 머레이가 말하는 '몰입', '에이전시', '전이'는 이미 연극으로서의 디지털게임이 갖는 상호작용성의 특징들을 압축해서 보여주고 있다. 그녀가 제안한 이들 범주를 중심으로 디지털게임의 문화적·미학적 특성을 재구성해보자.

 디지털게임의 상호작용성은 일방적으로 이야기의 내용을 보거나 듣는 전통적인 서사 매체(문학, 영화, 드라마 등)의 경우와 달리 플레이어가 선택한 캐릭터를 선택하여 이야기의 진행 방향을 변경할 수 있는 쌍방향적 커뮤니케이션을 의미한다. 이를테면 RPG게임은 주인공(agent, character)도 플레이어가 선택하고 주인공의 행위도 직접 수행해야하므로 상호작용적 '자유도'가 높은 장르이며, 따라서 몰입의 정서적 감응(affect) 정도도 매우 강하다. 컴퓨터가 뉴미디어 시대의 새로운 연극 행위로 간주되는 것도 바로 이러한 '상호작용성' 때문이다. 다시 말해 객석에서 수동적으로 연극을 관람하던 관객이 직접 사건 무대의 한 가운데로 들어가 다른 배우들(캐릭터들)과 함께 연기하는 존재로 변신(transformation)하여 내러티브를 발생시킨다는 점에서 컴퓨터는 새로운 무대 혹은 극장으로 이해되는 것이다.

　머레이에 따르면 디지털 시대의 새로운 스토리텔링 양식의 본질은 '다중형식 스토리'(the multiform story)이다. 이는 이전 미디어들의 선형적 서사와 대립되는 것으로 "하나의 상황이나 줄거리를 일상 경험 속에서는 서로 배치되는 여러 가지 변형으로 보여주는" 것이다. 여기서 사건의 시간은 전통적인 의미의 소설이나 연극과 달리 "절대적이고 일방적인 선이 아니라 모든 가능성을 포용하는 무한한 망"이다. 결국 사용자의 선택에 따라 사건은 세포 분열을 하듯 자기증식을 하게 되는데, 이로써 그는 "다수의 대안을 선택함으로써 다양한 미래를 동시에 창조한다." 가령 디지털게임의 경우 연극이나 영화와 달리 이야기가 종료되는 사건이 유동적이고 이야기의 내용도 누가 어떻게 게임을 하느냐에 따라 달라진다. 디지털게임의 사건은 예측 불가능한 우발적 사건으로서 플레이어의 선택과 조작에 따라 이야기가 무한대로 갈라지는 열린 구조의 다층성 및 다의성을 획득하게 되는 것이다. 특히 인터넷 RPG게임은 우연의 정도가 더욱 강해서 게임의 사건은 게임 디자이너의 손을 떠나 게임 속 주체들이 어떤 관계를 맺느냐에 따라 완전 달라진다. 그만큼 극적 개방성이 커지는 것이다.

　이처럼 디지털게임의 플레이어는 작가/연출/배우의 경계를 허무는 새로운 '관객성'(spectatorship)을 구현한다. 게임은 플레이어의 플레이와 그에 대한 게임 시스템의 즉각적인 반응이라는 지속적인 조작과 환류의 사이클 속에서 사용자 경험을 쌓아가고 이 과정에서 가상의 공간은 장소로 거듭난다. 게임에서의 사건은 바로 '지금 여기'에서의 상호작용적 개입에 의해 일어나며 그와 동시에 진행되는 사건들의 연결을 통해 이야기가 발생한다. 플레이어는 스스로 선택한 주체(캐릭터나 아바타)로 하여금 행동을 하게 조종하며 그 주체에 의해 현재 발생하고 있는 사건을 실시간으로 경험한다. 인터넷 RPG게임에서는 주체 구성과 사건에 대한 전반적 통제가 플레이어의 몫이 됨으로써 이야기 구성에 일정한 지분을 받게 된다. 물론 다양한 이야기가 생성될 수 있는 틀과 규칙을 제공하는 원저자로서 게임 디자이너가 하는 역할도 중요하지만 공동 저자로서 플레이어는 작가/행위자/관객의

'다중 주체성'(multi-subjectivity)을 획득하게 되는 것이다.

머레이는 의미 형성 과정에 플레이어의 동참을 허락하고 그 스스로를 창작자의 위치에 있는 것처럼 상상하도록 부추김으로써 이야기 구성에 끌어들이는 과정을 디지털게임의 매력이라고 지적하면서, "롤-플레잉 게임은 전통적인 연극은 아니지만 스릴 있는 연극의 형식을 취하고 있다. 참여자들은 서로에게 배우이자 관객이 되며 그들이 펼치는 연기는 때로 개인적 경험을 직접 반영한다."고 주장한다. 그녀가 보기에 디지털게임은 사실에 대한 '환영'(illusion)을 강렬하게 불러일으키는 시뮬레이션 환경으로서 플레이어로 하여금 정교한 허구적 페르소나를 창조하게 허락함으로써 '몰입'이라는 새로운 종류의 즐거움을 강화한다.

디지털게임과 연극의 유사성을 강조하는 연구자들은 게임의 공간적(spatial) 환경을 연극무대와 동일시한다. 이른바 디지털게임의 사이버 가상공간은 플레이어가 직접 그 내부를 헤쳐 나가며 행위를 전개하는 무대라는 것이다. 디지털게임 공간은 플레이어들이 선택한 캐릭터들이 활동하는 장소이면서 '아이템'같은 이야기의 재료들과 장치들(소품들)이 존재하는 곳으로서 플레이어에게 이야기의 배경과 분위기에 대해 '만화경적' 정보를 제공하는 역할을 한다. 뿐만 아니라 이 공간은 시뮬레이션으로서 가상공간이지만 현실원칙과 유사한 규칙들에 따라 운영되면서 플레이어들이 현실과의 유사성으로 인해 게임 상황을 리얼하게 받아들이는 일도 자주 발생한다. 그 점에서 가상과 현실이 교차하는 '이중적 공간'이기도 하고, 아이템의 현금 거래처럼 게임의 상황이 현실과 연결되어 있다는 점에서 현실보다 더 현실적인 시뮬라크르의 모습을 띠기도 한다.

머레이는 컴퓨터 공간의 특징을 플레이어의 '항해'(navigation) 과정에 의해 활성화되는 공간이라는 점에서 찾기도 한다. 가령 우리가 감옥이나 미로, 오래된 성 등에 있을 수 있는 것은 플레이어의 키보드나 마우스의 조작 때문에 가능하다. 플레이어의 직접적 행위를 통한 가상공간에서의 항해는 드라마 사건의 개시로서 게임에 내재한 풍부한 잠재성과 플레이 요소들 중 일부가 플롯으로 현실화되는 과정이다. RPG 게임은 컴퓨터의 참여적이고

백과사전적(encyclopedic)인 공간의 가능성을 최대한 활용하고 있는데, 심지어 〈리니지〉나 〈스타크래프트〉같은 게임들의 플레이어는 몸소 자기만의 기상천외한 지하 감옥이나 기지를 구축하고 다른 플레이어의 것들과 연결되도록 함으로써 다양한 커뮤니케이션의 가능성들을 구현한 바 있다.

디지털게임의 즐거움은 흔히 '몰입'이라는 개념으로 표현되는데, 머레이에 따르면 이는 컴퓨터만이 제공할 수 있는 완전한 환영감에서 비롯되는 경험이다. 원래 몰입이라는 말은 물속에 가라앉았을 때 느껴지는 육체적 경험을 의미한다. 머레이는 이러한 경험을 "물이 공기와 다른 것처럼, 현실과 완전히 다른 가상현실에 자신이 둘러싸여져 있다는 느낌, 바로 이것이 우리의 모든 주의력과 인식체계를 지배하게 되는 것이다. [......] 새로운 세계에 실존할 수 있다는 사실 자체도 기쁨이거니와, 그 새로운 세계 내부로 이동할 수 있는 방법을 아는 것도 기쁨이다"고 설명한다.

머레이가 보기에 게임의 세계관은 외부 세계와 우리 마음의 경계에 위치한 '경계적 대상'(liminal object)들로 둘러쌓여 있다. 가령 소꿉놀이의 가상 경험들은 일종의 '전이적 대상'(transitional object)으로서 현실과 비현실의 경계가 흐릿해지는 경험들이다. 머레이는 이러한 경험들을 설명하기 위해 유년기의 곰인형을 예로 든다. 그녀에 따르면 장난감 곰은 아이들에게 일종의 안락감을 제공하는데 자신을 달래는 어머니에 대한 기억을 그것에 투사하기 때문이다. 결국 아이에게 곰 인형은 어머니의 분신인 셈인데, 디지털게임 역시 플레이어에게 자신의 감정을 투사할 대상들을 제공한다. 이러한 '전이적 경험'(transitional experience)은 현실에 존재하지 않는 것을 오히려 '실재적인 것'으로 받아들이는 과정에서 가능하다. 머레이에 따르면 "가상세계라는 것은 '현존하지 않기 때문에' '실재한다'고 생각해야" 하는 것이다. 이는 상상의 세계 속에 자신을 '기꺼이' 복종시키는 것과 같은데, 머레이는 19세기의 문학이론가 코울리지의 말을 빌어 이 경험을 '불신의 자발적 중지'(the willing suspension of disbelief)로 정의한다. 디지털게임의 재미는 공간과 캐릭터들의 허구성에 대한 불신을 증폭시키기보다는 차라리 리얼리티에 대한 믿음을 적극적으로 활성화하는 가운데 배가될 수 있기 때문이다. 최근 디지털게임은 핍진성의 기술들을 개발하여 환영의 정동(情動, affect)을 강화하는 방향으로 진화를 하고 이로써 몰입의 강도도 더욱 상승하고 있다.

캐릭터를 통한 플레이어의 구조적 참여야 말로 몰입의 경험을 강화한다. 일찍이 연극적 스펙터클은 몰입적 경험을 강화하기 위해 관객의 참여를 확대하려는 경향이 있었다. 이벤트의 참여자들은 스펙터클의 시공간을 바깥 현실보다 더 현실적인 것으로 인식하며 자신들을 그 이벤트의 실제 인물로 간주함으로써 탈일상적 자유를 만끽한다. 가령 축제나 굿판에 참석한 사람들이 그 공간과 시간을 현실로 인식하면서 그곳을 일상의 자신들과 구분짓는 계기로 삼듯이 말이다. 머레이는 게임의 시공간과 캐릭터 역시 유사한 기능을 한다고 본다. 그것은 몰입적 리얼리티의 경계를 창조하고 우리로 하여금 평소의 자신으로서 행동하는 것이 아니라 가면의 역할을 수행하고 있을 뿐이라는 인식을 심어준다. 그녀에게 디지털게임의 캐릭터는 플레이어에게 일종의 '가면' 역할을 하거니와, 컴퓨터 화면에 보이는 것은 플레이어들 자신이 아니라 몰입적 환경에 참여하기 위해 그들 스스로 선택하고 분장해준 역할, 즉 그들의 가장(假裝)된 실체이다. 세리 터클의 지적처럼 RPG 게임은 참여자로 하여금 디자이너에 의해 주어진 관습적 틀 안에서 그들 고유의 가면(캐릭터)을 창조하도록 허용함으로써 역할놀이 고유의 재미를 유발한다.

머레이는 디지털게임 고유의 '몰입' 경험을 다른 매체의 경험과 구별하기 위해 '에이전시' 개념을 활용한다. 그녀에 따르면 '에이전시'란 플레이어가 "의미 있는 어떤 행동을 취할 수 있고, 또 그 스스로 내린 결정과 선택의 결과를 직접 눈으로 확인할 수 있게 해주는 만족스러운 능력"이다. 달리 말하면 에이전시는 플레이어의 직접적인 참여와 그의 행위와 동시적으로 발생하는 컴퓨터상의 변화된 세계에 대한 감각이다. 올셋은 이를 "유저로 하여금 재현에 영향을 주는 행위를 수행하도록 허용하는 능력"으로 설명한다. 가령 플레이어의 마우스나 조이스틱 작동에 대해 바로 컴퓨터가 반응을 하고 그의 의도대로 극적 세계가 전개될 때 에이전시의 느낌이 생긴다. 원한다면 우리는 직접적인 참여를 통해 댄서도 될 수 있고 마법사도 될 수 있으며 전사도 될 수 있고 도시의 설계자도 될 수 있다. 이러한 역할놀이의 즐거움은 참여자 스스로의 선택과 의도에 의한 것이고, 그리고 주어진 게임 구조 내에서 이루어지는 그의 정신적 육체적 활동에 따라 일어나는 변화를 직접 바로 목격하는 가운데 생겨나는 극적 즐거움이 바로 에이전시인 것이다. 머레이가 보기에 디지털게임의 에이전시는 축제와 결부된 일체의 참여적 예술행위보다 근본적인데, 그 이유는 디지털게임의 경우 참여자의 의도가 기존의 예술 행위보다 자율적이고 거의 무제한적이기 때문이다.

마지막으로 머레이는 '전이'라는 디지털게임의 세 번째 즐거움을 거론한다. 이는 공간 혹은 무대의 다변적 변화, 플레이어의 참여를 통한 스토리 환경의 변화 가능성 및 사건의 다양한 전개 가능성, 플레이어의 다양한 변신을 위한 행위를 통해 발생하는 즐거움 등을 의미한다. 전이의 과정 역시 몰입과 에이전시를 강화해주는 역할을 하기도 하는데, 플레이어가 '다양한 관점으로 시뮬레이트된 세계'(multi-perspective simulated world)로 이동하고 스스로 변신할 수 있음으로 해서 나타나는 특징이다. 머레이는 디지털게임에서는 오직 하나의 삶과 하나의 문화만을 선택할 필요가 없으며, 매체 발전의 결과 다양성에 대한 애정이 현실화될 수 있게 되었다고 주장한다. 디지털게임의 열린 결말은 이러한 다양한 변신의 가능성들 덕분이다. 이는 사이버 공간을 끝없는 변형에 열려 있는 가능성의 공간으로 볼 수 있게 해준다.

한편 로렐에 따르면 디지털게임의 가상현실은 수동적인 오락이 아니라 능동적이고 자유로운 형식의 놀이를 위한 놀이터(playground)이다. 풍부한 내러티브적 가능성을 지닌 입체적 환경을 통해서 상상력을 발휘하기만 한다면 성인들도 이러한 놀이를 즐길 수 있고 실제로 게이머 다수는 20대~40대에 포진해 있다. 점점 더 머리가 희끗희끗한 '그레이 게이머'들도 늘고 있다. 플레이어들은 게임의 참여자일 뿐만 아니라 다중적 무대에서 모든 캐릭터들을 관리하는 '신과 같은'(god-like) 위치에 있다. 제법 실력있는 연출자인 셈이다. 그는 자신의 육체적 움직임을 통해 스토리를 선택할 수 있고, 스토리 내부에 깊이 관여할 수 있으며 흥미로운 역할을 직접 맡거나 거기서 마음대로 빠져나올 수도 있다. 사실 게임에 대한 낙관론은 플레이어의 이러한 능동적 참여성에 근거를 두고 있다.

로렐은 '상호작용성'(interactivity)을 근거로 내세우는데 그가 그리는 장밋빛 청사진은 게임의 복잡성을 단순화한다는 비판을 받기도 하였다. 사실 현실적으로 '신과 같은' 위치에서 사태를 바라보고 자신의 역할에서 자유롭게 '탈퇴할 수 있는' 플레이어들은 그다지 많지 않다. 다시 말해 일종의 '역할탈퇴'는 자기 행위와 캐릭터로부터의 일정한 '반성적 거리'를 요구하는데 AAA게임들을 비롯한 대부분의 주류 게임들의 경우 '몰입'과 '에이전시'의 요소에 비중을 두다보니 동일시 체험을 강제할 수밖에 없는 '아리스토텔레스적 연극'의 한계에 노출되고 마는 것이다. 머레이의 논의 역시 로렐의 한계로부터 자유롭지 않다. 물론 그녀 역시 게임의 '기능전환'을 요구하지만, 이러한 이상은 몰입과 에이전시, 전이(이행)를 게임 매체의 주요 미학적 원리로 내세우는 순간 그녀의 요구는 무효화되고 만다. '신-아리스토텔레스적 neo-Aristotelian' 게임 이론이라 이름 붙인 메티어스의 모델은 몰입과 에이전시를 향한 재미의 극대화라는 주류 게임의 지향점을 궁극적으로 보여준다. 메티어스는 로렐과 머레이의 주장을 종합한 결과이다.

신-아리스토텔레스적 디지털게임

'인터랙티브 드라마'라는 개념을 처음 사용한 로렐은 아리스토텔레스가 『시학』에 기술한 예술적 원칙들이 디지털게임에서도 적용할 수 있음을 확인하고자 한다. 아리스토텔레스 시학을 이론적 모델로 삼은 것은 아니지만 머레이 역시 디지털게임을 비롯한 디지털 스토리텔링을 설명하기 위해 아리스토텔레스의 드라마 이론에 기댄다. 하지만 이 두 사람의 이론은 아리스토텔레스의 시학만큼 체계적인 모습을 지니고 있지 못하다. 이러한 점을 고려하여 메티어스(Michael Mateas)는 아리스토텔레스의 연극 시학을 잇는 인터랙티브 드라마 이론을 제안하면서 머레이의 '에이전시'(agency) 개념을 자기 모델의 핵심 개념으로 삼는다. 머레이에게 에이전시는 플레이어의 행동이 허구세계에 중요한 행동을 미치는 것 혹은 그러한 플레이의 결과에서 나타나는 플레이어의 '정동'(affect)을 의미한다. 메티어스의 궁극적 목표는 우선 디지털게임 등을 통한 '인터랙티브 경험'에서 플레이어가 느끼는 '에이전시' 분석의 일반적 틀을 마련하는 것이다. 하지만 그는 여기서 더 나아가 디자이너들에게 '에이전시'를 위한 게임 디자인의 지침을 제공하겠다는 야심적인 계획을 피력한다.

 메티어스의 '신-아리스토텔레스적 이론'은 머레이의 인터랙티브 스토리의 예술적 카테고리들과 아리스토텔레스의 연극적 카테고리들을 통합하고자 한다. 이 새로운 모델에서 중심 개념은 역시 '에이전시'이다. 머레이의 범주들 중 '몰입'과 '전이'는 연극이나 영화 등에서도 체험할 수 있지만 에이전시는 인터랙티브 드라마 경험에서만 가능하다. 왜냐하면 에이전시는 플레이어의 의도적인 신체적 움직임에 따라 화면에 그 효과가 동시에 나타날 때 생기는 감정으로 "가상 세계에서 직접 행동을 할 수 있다는 사실에서 기인하는 능력신장의 경험"이기 때문이다. 메티어스에 따르면 몰입은 '동일시'(identification)의 형식으로, 그리고 '전이'의 경우 주동인물(protagonist)의 성장과 변신 혹은 변화의 형식으로 이미 연극에도 존재한다. 반면 게임 플레이를 통한 내러티브의 구성과정에서 에이전시를 획득하는 관객의 감각은 '상호작용성'이 전제되어야 가능한 경험이다. 문제는 참여와 협력, 공유와 공환을 위한 다양한 상호작용의 실천들인 셈이다. 그래서 그는 종전의 아리스토텔레스적 원칙과 디지털게임 고유의 미학적 경험인 '에이전시'를 통합하려 한다. 그 결과는 연극을 비롯한 종래의 서사예술과 대중문화에 내러티브의 구성 원칙을 제공해온 아리스토텔레스적인 이론이 '상호작용성'을 통한 에이전시의 경험을 설계하는 데에 유용하다는 것을 설득하는 것이다.

 메티어스는 '신-아리스토텔레스적 시학' 모델을 통해 인터랙티브 스토리들, 특히 디지털게임 고유의 에이전시 경험들을 설명할 수 있다고 주장한다. 인터랙티브 드라마로서 게임은 스펙터클과 감정의 집중, 사건의 통일 및 완결적 이야기 구조를 갖는 드라마 경험을 창조할 수 있다는 것이다. 그가 보기에 스토리 내부의 캐릭터는 플레이어의 '또 다른 자아'(alter ego)로 기능하며, 그의 게임 행위는 1인칭 인터랙션이라는 점에서 수동적 관객일 것을 요구하거나 제한적 참여만을 허용하는 기존 무대극과는 판이한 경험을 제공한다. 이러한 '상호작용성'은 본질적으로 에이전시를 위한 것인데, 메티어스는 모든 게임의 디자인은 플레이어의 에이전시를 극대화하는 방향으로 설계되어야 한다고 요구한다. 오랫동안 서구 연극을 지배해왔고 주류 서사예술의 규범시학으로 군림해온 아리스토텔레스 시학 모델을 디지털게임이라는 새로운 매체에 접속시킬 경우 디지털게임은 디지털 전환의 시대를 선도하는 예술로 확실히 자리매김할 것이라는 것이 그의 믿음이다.

새로운 모델의 수립을 위해 우선 메티어스는 로렐의 선행 작업에서 출발한다. 로렐은 아리스토텔레스의 드라마 이론이 6개의 위계적 범주들로 설명될 수 있다고 보았고, 이들 범주들은 '질료적 요인 material cause' 및 '형상적 요인 formal cause'과 연관된 것으로 설명한다. 그녀는 이러한 주장을 다음과 같은 도식으로 정리한다. 이는 『시학』에서 아리스토텔레스가 정리한 드라마(비극)의 6요소를 변주한 것이다. 아리스토텔레스에게는 플롯(plot)이 가장 중요한 요소였다. 메티어스는 일단 다음과 같은 그림으로 로렐이나 머레이의 생각을 제시한다.

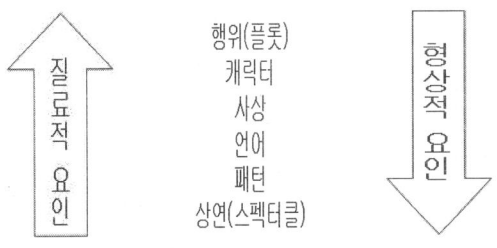

〈아리스토텔레스적 모델〉

로렐과 메티어스에 따르면 드라마에서 '형상적 요인'은 작품의 작가(게임의 경우 디자이너)와 관련된 영역으로서 작가의 시선과 의도를 의미한다. 메티어스의 모델에 따르면 이것은 작가의 작품 구성 과정과 거의 흡사한 것이다. 따라서 이것은 작가(개발자)에서 관객(플레이어)에게 향하는 창작의 벡터로 볼 수도 있을 것이다. 작가는 자신이 전달하고자 하는 어떤 사상(메시지)를 전달하기 위해 플롯을 구성한다. 그 플롯에 따라 캐릭터들의 행동이 결정된다. 그만큼 플롯은 캐릭터의 성격과 사상에 강한 영향력을 미친다. 달리 말하면 캐릭터의 행동을 통해 플롯이 구체적으로 표현되며 그렇게 사건이 구성된다. 감독이 캐릭터와 그의 행위를 통해 전달하고자 하는 사유(thoughts)는 연극에서 캐릭터가 배치되는 방식, 즉 캐릭터들이 맺는 관계들의 망에 비추어 확인할 수 있다. 사유는 캐릭터의 발화 언어(대사와 행동)를 규정한다. 어떤 점에서 연극 내부의 행동 '패턴들'은 캐릭터들의 반복되는 극적 언어들을 통해 구성된다. 메티어스의 견해에 따르면 관객에게 제공되는 감각적 전시물, 즉 스펙터클은 캐릭터들의 행동에 의해 촉발된다.

　반면 '질료적 요인'은 작품에 대한 관객의 시선으로서, 이는 관객의 작품 해독(decoding)의 과정과 유사하다. 이는 수용의 벡터로서 관객(플레이어)으로부터 작가(개발자)로 나아가는 능동적인 해석/해체와 재구성의 과정이라 할 수 있을 것이다. 설명한 작가의 작품 구성과 반대 방향으로 전개되는 벡터인 셈이다. 우선 관객은 감각적 전시물, 즉 스펙터클을 경험한다. 관객은 이 스펙터클 속에서 모종의 패턴을 발견하고 이를 통해 캐릭터의 언어와 행동을 이해한다. 그리고 캐릭터의 언어적 발화와 행동을 통해 그의 사유 과정을 추론하고, 그 추론 결과에 의거하여 캐릭터의 성격과 성향들을 읽어낸다. 그리고 그는 이 모든 정보를 종합하여 플롯의 구조와 테마를 이해하는 것이다. 메티어스는 작가의 형상적 인과작용의 이러한 의미화 고리들을 성공적으로 이해했을 때에야 관객이 '아-하'(a-ha)라고 하는 경험을 할 수 있다고 주장한다. 능숙한 수용자는 자신이 발을 들여놓은 세계관의 환경과 행동요령 즉 규칙에 익숙해져야 하는 것이다.

이미 말한 것처럼 메티어스의 원래 의도는 아리스토텔레스적 요소들과 컴퓨터에서의 인터랙션 경험('에이전시')을 통합하는 것이었다. 그래서 아리스토텔레스의 드라마 모델에 컴퓨터 매체의 고유 기능, 즉 인터랙션(interaction)의 층위를 추가해서 고려하면 두 개의 새로운 인과적 사슬이 생겨난다. 메티어스는 로렐의 모델에 플레이어의 개입, 즉 상호작용적 행위의 층위를 추가함으로써 디지털게임 기반의 인터랙티브 드라마 모델 즉 '신 아리스토텔레스적 모델'을 제안한다. 그는 다음과 같은 도식으로 이를 구체화한다.

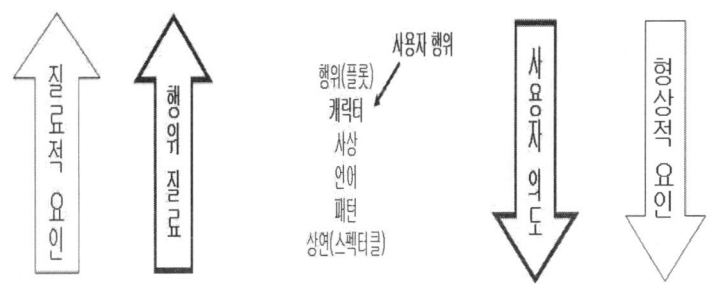

〈신-아리스토텔레스적 드라마 모델〉

이 도식은 앞의 아리스토텔레스적 모델에 자신의 행위를 선택하고 실행할 수 있는 유저, 즉 플레이어의 층위를 추가하고 있다. 이는 아리스토텔레스적 모델, 즉 전통적 드라마의 질료적·형상적 의미화 과정에 플레이어의 인터랙션 층위를 설명하기 위한 행위대상들과 사용자의 의도를 추가한 것이다. 여기서는 플레이어의 의도와 상호작용 행위가 내러티브 발생을 위한 인과 작용의 새로운 원천이 된다. 이러한 의도된 행위는 '바로' 화면에 스펙터클의 형태로 나타남으로써 '에이전시'를 발생시킨다.

하지만 메티어스의 지적처럼, 플레이어의 의도가 모두 현실화될 수 있는 것은 아니다. 그의 선택은 디자이너에 의해 설계된 게임 규칙 내지 틀 속에서만 이루어질 수 있는 것이기 때문이다. 디지털게임에서의 무한적 '자유도'란 게임의 존립 자체를 위협하는 것이다. 게임이 아무런 제한이나 룰이 없이 플레이어 마음대로 진행되어버린다면 몰입은 물 건너 가버리는 것이 될 것이다. 결국 도식이 말해주는 것처럼 원저자인 디자이너가 마련한 '형상적 요인'과 전통적 관객의 해석 대상인 '질료적 요인'에 플레이어의 '행위 질료'와 '사용자의 의도'가 포위된 것은 플레이어의 게임 플레이가 어느 정도 이들 요인에 의해 제한되어 있음을 말해준다.

도식에서 캐릭터 이하의 요소들은 플레이어의 행동을 가능케 하는 질료적 요인들이다. 게임에 존재하는 이 재료나 대상은 플레이어가 어떤 식으로 건 조작했을 때에만 의미를 만들어낸다. 다시 말해 이들 재료들과 상관없는 곳에 마우스를 클릭하면 아무런 효과가 나타나지 않는다. 메티어스는 이를 컴퓨터 인터페이스 디자인에서 사용되는 '행동 유발적 계기 affordance'라는 개념을 빌어 설명한다. 이 개념은 플레이어의 행동을 유발하도록 그를 유인하는 행위의 기회들 내지 장치들이다. 이들 행동의 원천들은 강력한 행동의 동기가 되며, 게임 내러티브를 전진시키는 장치로 기능하기도 한다. 가령 동굴이나 미로에서 출구를 찾는 캐릭터(플레이어)가 다음 레벨로 나아가기 위한 출구 정보를 담은 열쇠나 문서 두루마리 아이콘(icon)을 발견했을 때 그러한 장치들이 바로 '어포던스'(affordance)이고 플레이어들의 행위를 부추기는 역할을 한다. 이들은 플레이어로 하여금 "나 좀 클릭해줘"라고 '아우성을 치며 cry out' 그 행위 뒤엔 반드시 보상이 따르는 행동의 장치인 것이다. 플레이어의 행위를 유도하는 여러 요인들이 '어포던스'인 셈이다.

메티어스에 따르면 인터랙티브 드라마에서 캐릭터들은 하나의 '도상'(icon)으로서 그들의 생각과 의미를 분명히 담을 수 있어야 한다. 플레이어들은 캐릭터들을 통해 자신들의 일상적 결핍 혹은 결여를 보상받고자 하는 성향이 있거니와, 결국 캐릭터들의 목표와 행동 동기와 욕망은 플레이어 자신의 것들이기도 하다. 캐릭터들이 표상하는 이러한 사유들 역시 플레이어들의 행동의 원천으로 여겨질 수 있는데, 플레이어는 자신의 이중적 자아 혹은 분신이라 할 수 있는 캐릭터들과 그들의 생각과 의도를 표명하기 위해 게임을 하는 것이기도 하기 때문이다. 그렇다면 소설에서의 베르테르나 연극에서의 햄릿 같은 캐릭터는 게임의 플레이 캐릭터에 어울리지 않을 수도 있다.

메티어스에게 게임행위의 궁극적 목표는 '에이전시'의 경험이었다. 이를 위해서는 질료적 제한들과 형상적 제한들이 균형을 갖추는 것이 필요하다. 머레이에게 디지털게임의 '몰입' 효과는 아바타(캐릭터)를 통한 직접 참여의 구조적 가능성 및 지속적인 인터랙션의 가능성을 제공하는 것이거니와 이는 게임 디자이너에 의한 게임 형상화 작업의 원칙이라 할 수 있다. 가령 '원(原-)플롯 proto-plot'이 불충분할 경우, 행위의 통일성이 사라지기 때문에 게임의 재미는 반감되고 말 것이다. 플레이어의 행동에 아무런 제한이 없고 그냥 죽고 죽이는 행동만 되풀이된다면 에이전시의 감각은 사라지고 말 것이다. 메티어스는 플레이어들의 행위 대상인 질료적 요인들이 증가하더라도 에이전시 경험의 형성에 별 도움이 되지 않을 것이라고 지적한다. 문제는 플레이어들에게 행동의 동기와 의도를 제공할 수 있는 형상적 제한들이 질료적 제한들과 균형을 맞추는 것인데, 그래야만 '에이전시'를 유발하는 인터랙티브 드라마의 경험이 가능하게 될 것이기 때문이다. 게임 패치를 내놓거나 업데이트를 시행할 때 게임 세계관의 확장이나 플레이할 오브제를 늘리는 등의 작업이 무엇을 향해야 하는지를 말해주는 대목이라 생각한다. 중요한 것은 플레이어 경험의 응집성이요 재미의 밀도를 위한 밸런스이기 때문이다.

메티어스는 질료적 제한과 형상적 제한 사이에서 훌륭하게 균형을 갖춤으로써 에이전시를 불러일으키는 성공적인 게임으로 〈퀘이크〉를 들고 있다. 이 게임의 '원-플롯'은 "움직이는 모든 것이 너를 죽이려 할 것이다/ 너는 모든 것을 죽여야 한다/ 너는 가능한 한 많은 레벨들을 통과해 나가려 시도해야 한다."는 형상적 제한을 제시하고 있거니와, 이러한 틀 속에서 행해지는 플레이어의 온갖 행동들은 극적 개연성을 띠도록 되어 있고 그로 인해 에이전시의 경험 역시 더욱 탄력을 받고 있다는 것이다. 형상적 요인은 게임에서 일종의 규칙일 뿐만 아니라 서사의 통일성을 가능하게 해주는 틀로 기능한다. 이러한 틀 안에서라면 플레이어가 원하는 모든 행동이 가능하지만 결국 그 행동의 결과는 형상적 제한들에 의해 콘트롤된다. 게임에서의 다양한 변이는 궁극적으로 성취와 좌절이라는 최종적 결말과 연결될 수밖에 없는 것이다.

머레이는 '전이'를 이야기하면서 그것을 '다양성'에 대한 경험으로 설명한 바 있다. 특히 그녀에게 가장 중요한 전이 경험은 스토리의 상이한 가능성들을 경험하는 것, 즉 다른 시간대에 반복적으로 're-play'할 수 있음으로써 얻어지는 '만화경적 내러티브 형식들'이다. 하지만 메티어스는 여기에서도 형상적 제한의 중요성을 언급한다. 스토리의 무제한적 전개 가능성으로 인해 플레이어의 행동이 아무런 동기도 부여받지 못하게 된다면 단순히 일회성 이벤트로 끝나버리게 될 것이기 때문이다. 메티어스에 따르면 "분명한 관점이 없는 열린 결말의 스토리는 플롯 구조를 파괴할 수 있고, 결과적으로 이는 에이전시의 붕괴를 야기할 수 있기" 때문에 다양성과 제한 사이에 균형이 갖추어져야 한다. 게임에서의 개방성이 만병통치약은 아닌 것이다. 샌드박스 게임 혹은 오픈 게임보다 더 강렬한 어트랙션 게임이 만족스러운 에이전시 경험을 주는 경우도 무척 많다.

물론 메티어스도 '다양성'이 게임 인터랙션의 전제조건이라는 점에는 동의한다. 만일 플레이어의 행동에 상관없이 같은 이야기가 반복된다면 그 게임은 're-play'의 대상이 되지 못하고 플레이어는 스토리에 대해 그 어떤 실제적인 효력도 행사하지 못할 것이기 때문이다. 다만 그가 주장하는 것은 게임 진행과정이 분명하고 통일적인 구조 속에서 행해지면서도 그 과정에 대한 플레이어의 다양한 경험들을 보장하는 게임의 디자인인 것이다. 메티어스에게 중요한 것은 "필연적 결말을 향해 부드럽게 사건의 가능성을 좁혀 가는 극적 개연성"인데, 그는 게임 초기의 다양한 선택이 간명한 필연적 결말로 수렴되기를 바란다. 다양한 선택지를 열어놓은 풍부한 게임 세계가 플레이어에게 자유로운 행위로의 몰입 체험을 가져다주더라도 플롯의 본질적 흐름이 바뀌지는 않았으면 하는 것이다.

메티어스의 논의를 따라가다보면 결국 그의 목적은 아리스토텔레스적 드라마 서사 모델에 의거하여 '잘 짜여진 well-made' 게임의 디자인 모델을 제공하는 것이다. 이는 그가 게임에 대한 '동일시'(몰입)의 체험을 위해 완결된 형식의 서사를 요구할 때 두드러진다. 분명 이러한 주장은 주류 게임이 주는 즐거움을 설명해 줄 수 있는 장점이 있다. 하지만 머리나 메티어스에게는 동일시적 몰입을 통해 게임에 대한 반성적 거리를 소홀히 하는 주류 게임의 한계에 대한 거리두기의 문제의식이 부족하다. 그리고 그는 게임의 전유가능성, 즉 기존 게임에 대한 플레이어들의 '저항적 해독' 내지 '일탈 해독'의 가능성을 인정하거나 요구하지 않는다. 가령 〈심시티 SimCity)〉같은 게임을 사회비평의 매체로 '기능전환'하자고 하는 프라스카의 문제의식이 그에게는 없다. 머레이처럼 그 역시도 몰입과 에이전시의 경험을 가능하게 해 줄 게임 디자인이 어떻게 가능한가라는 논의에 정성을 기울이고 있지만 다른 대안적 가능성들에 대한 논의는 사라지거나 소극적으로 처리되고 만다. 사실 이러한 한계는 아리스토텔레스의 '동일시적' 미학 범주들을 고수하는 한 극복될 수 없는 한계라 여겨진다. 요즘은 AAA 게임들도 플레이어들로 하여금 자신이 대면하는 게임들과 그 규칙들에 반성하고 새롭게 전유할 수 있는 장치들을 해당 게임에 포함하곤 한다. 이른바 게임에 대한 게임으로서 '메타 플레이'(meta play)과 규칙을 갖고 놀 수 있는 '메타 게임'(meta game)는 다른 게임과 플레이에 대한 욕구와 의지를 유혹한다.

    로렐이나 머레이가 아리스토텔레스적 동일시를 목표로 삼는 게임들의 메커니즘에 포커스를 맞추고 있다고 주장한 사람은 프라스카이다. 그는 할리우드를 비롯한 주류 영화와 텔레비전 드라마 등 상업주의적 대중문화 작품들이 주로 아리스토텔레스적 드라마 장치, 즉 환영주의적 동일시의 극적 기제들에 기대고 있음을 지적한다. 그에게 아리스토텔레스적 시학의 가장 큰 문제는 유저들이 스토리에 몰입되어버리고 무대나 스크린에서 일어나고 있는 것으로부터 비판적 거리를 잃어버리도록 한다는 것이다. 결국 아리스토텔레스적 모델의 결함은 디지털게임의 이데올로기 혹은 '그 너머'에 대한 소극적 태도 내지 무관심이라고 할 수 있는데, 이는 지금 디지털게임이 극복해야 할 주요 화두 중 하나로 여겨지기도 한다. 결국 연극사에서 브레히트(B. Brecht)와 그의 후계자들이 아리스토텔레스적 연극에 대해 다양한 대안들을 모색했던 것처럼 프라스카도 대안적 게임의 개발로 나아가고자 한다.

Ⅵ. 디지털게임의 사회적 상상력

디지털게임의 이데올로기

상호작용하는 자율적 주체라는
'환상 가로지르기'

대중매체의 기능전환:
벤야민과 브레히트

아우구스토 보알과
'억압받는 사람들의 연극'

억압받는 자들의 비디오게임:
게임의 사회적 지평 확장

세계적으로 가장 광범위한 팬들을 확보하고 있는 게임들은 〈둠〉, 〈헤일로〉, 〈오버워치〉, 〈서든어택〉, 〈배틀그라운드〉 류의 1인칭 슈팅 게임(FPS)이나 〈철권〉, 〈스트리트 파이터〉, 〈DNF 듀얼〉 같은 액션 게임, 〈워크래프트〉, 〈스타크래프트〉, 〈삼국지대전〉, 〈클래시오브클랜〉 같은 전략 시뮬레이션 게임이다. 많은 인기 게임들은 전쟁 서사를 기반으로 하고 플레이어들은 생사를 건 싸움을 벌이곤 한다. MMORPG는 물론 〈LoL〉같은 AOS(MOBA) 장르의 게임들을 포함하여 인기 있는 다수의 게임들은 전쟁을 테마로 삼고 있기에 많은 이들은 이들 게임을 빌미로 게임에 부정적인 인식을 한다. 〈FIFA〉 시리즈나 〈카트라이더〉, 그리고 많은 캐주얼게임과 인디게임들 같은 예외도 있지만 게임산업의 큰 흐름은 만인에 대한 만인의 투쟁을 바탕으로 하고 있는 것은 사실이다. 실제로 이런 종류의 게임들을 반복적으로 플레이하다 보면 물리쳐야 할 유닛들을 죽이는 것에 대한 윤리적 책임 의식이 희미해질 때가 있다. 이는 〈캐피탈리즘〉같은 경영 시뮬레이션 게임을 하면서 숫자나 유닛으로 재현된 노동자들을 별 감정 없이 정리해고할 때와 비슷한 측면이 있다. 사회적 책임의식으로부터 플레이어들을 면제해줄 만한 장치들이 디지털게임에 내장되어 있어 플레이어들의 마음을 가볍게 해주기도 한다. 가령 게임의 적 캐릭터들은 대체로 인간이 아니라 괴물들이다. 인류를 위협하는 외계인들 혹은 몬스터들을 죽이는 것 자체가 선(善)으로 간주되는 것이다. 설사 인간이 등장한다 하더라도 그 적들은 질서를 위태롭게 한 악당들이며 그들이 죽을 때에도 붉은 피를 흘리는 것이 아니라 파란색 피를 흘린다든지 만화 같은 그래픽으로 희화화되어 처리되기도 한다. 그런데 한번쯤 의문을 던질 수 있지 않을까? 무엇이 선이고 악인가? 그리고 그 선과 악은 누구의 선과 악인가? 어떤 게임의 규칙 심층에는 어떤 이데올로기가 작동하고 있으며 그것의 정치적 의미는 어떤 것일까?

요컨대 디지털게임에 깔린 메시지는 고정되어 있지 않다. 설사 개발자가 어떤 의도에서 게임을 만들었다 하더라고 플레이어들은 그러한 생각에 무관심으로 대응하거나 그것을 비틀어 플레이하기도 하기 때문이다. 개발자의 생각과 플레이어들의 플레이 사이에 큰 격차가 있는 경우도 많은 것이다. 그럼에도 게임 연구가 성숙기에 들어서고 있다고는 하지만 게임과 게임 플레이의 '정치성' 문제에 대한 논의는 본격화되지 않았다. 게임 연구자들은 디지털게임의 상호작용성이라는 특징에 집중하면서 어떤 게임의 정치적 의미에 대해서는 크게 고민을 하지 않는다. 그럼에도 계급, 젠더, 인종, 환경, 역사 등에서 생각거리를 제공하는 게임들이 증가하고 A급 게임에 대한 분석과 비평도 늘고 있어 디지털게임에 대한 인식에 의미 있는 변화를 가져오고 있기도 하다. 디지털게임이 현대사회를 주름잡는 대중문화로 자리 잡았다는 것은 그것이 지닌 대중적 매력을 말해준다. 이에 걸맞은 게임 비평이나 담론이 크게 활성화되기를 기대해본다. 어떤 매체나 콘텐츠에 대한 사회적 불신과 오명은 사회적 대화와 토론의 과정에서 불식되고 극복되곤 하기 때문이다.

이와 별도로 새로운 미디어로서 게임의 풍부한 재미 요인들을 현실 비판과 대중적 의식상승의 수단으로 '기능전환'할 수 있는 가능성을 모색하려는 실천들이 있어왔다. 디지털게임 산업에 있어 미미한 흐름으로 시작되었고 아직도 어떤 흐름을 형성했다고까지 말하기는 어렵지만 그러한 노력들이 게임의 영토를 확장하고 생태계를 풍부하게 한 것을 부인할 수는 없을 것이다. 이른바 '시리어스게임'이나 '소셜 임팩트 게임'(Social Impact Game), '게임화'(gamification), '기능성게임' 등을 사회적 관심사로 끌어올린 것도 이러한 노력들이 쌓인 결과로 평가할 수 있다. 이를테면 '소셜 임팩트 게임'은 사회적 가치를 추구해 사람들에게 선한 영향력을 주기 위해 만들어진 게임이다. 제작 초기부터 사회적 메시지를 전달하는 데 초점이 맞춰져 있다. 대중들에게 잘 알려지지 않은 역사의 이면이나 어두운 사회의 단면을 게임이라는 익숙한 매체를 활용해 효과적으로 전달하는 방식이다. 〈디스워오브마인〉, 〈반교〉, 〈MazM 페치카〉, 〈애프터 데이즈〉, 〈30일〉, 〈마이차일드레벤스보른〉 등의 게임들이 그것이다. 이들 게임들은 비판적 커뮤니케이션의 수단으로서, 혹은 인식의 전환과 사회적 캠페인의 매체로서 디지털게임이 일말의 가능성을 보이면서 게임산업에도 새로운 생기를 불어넣는데 기여하고 있다.

이처럼 많지는 않지만 주류 디지털게임들의 동일시적, 몰입적 기능들로부터 거리를 두면서 디지털게임의 인식적·교육적 효과에 주목하고 대안적 디지털게임을 실천해 온 이들이 조금씩 늘고있다. 사실 이러한 실천들은 오래 전부터 있어왔다. 가령 '뉴스게임'(Newsgames)와 같은 단체는 게임을 통해 정치 사회적 의제들에 대한 토론과 이데올로기 비판의 실험을 행한 바가 있다. 특히 필자는 프라스카(Gonzalo Frasca)의 작업에 주목한다. 그는 독일 출신의 세계적인 연극이론가이자 연출가였으며 극작가였던 브레히트와 남미 출신의 문화운동가이자 연출가, 연극이론가였던 보알(Augusto Boal)의 연극 실험에 영감을 받아 디지털게임을 이데올로기 비판과 정치적 토론의 매체로 '기능전환'을 하고자 하였다. 이 장에서는 우선 새로운 미디어들의 기능전환에 대한 문제의식을 가지고 그에 대한 이론적·실천적 모델을 제공한 바 있는 매체이론가 벤야민(Walter Benjamin)과 브레히트의 아이디어들, 그리고 브레히트를 비판적으로 전유하는 가운데 연극과 참여적 놀이의 접속을 통해 새로운 인식 모델을 제공했던 보알의 실험, 마지막으로 이러한 성과들을 종합적으로 계승하여 디지털게임의 기능전환을 사고하고 모색했던 프라스카의 실험들을 소개하고자 한다. 이로써 디지털게임을 둘러싼 지금까지의 논의를 넘어 새로운 지평을 획득할 수 있을 것이다.

디지털게임의 이데올로기

디지털게임의 최고 미덕은 재미에 있는 것이라고 하면서 그것의 사회적 의미나 이데올로기적 기능을 시시콜콜 따지는 일을 엘리트주의로 비판해버리는 의견들도 있을 수 있다. 하지만 디지털게임의 핵심이 재미에 있음을 인정하더라도 그 재미가 어떤 성격의 것이며 그것이 어떤 인식적·정서적 기능을 하는지에 대해서는 본격적인 연구가 진행된 적이 없는 것 같다. 할리우드 영화를 비롯한 이른바 '잘 나가는' 주류 대중문화들이 그렇듯이 혹 많은 디지털게임들의 재미 역시 치밀한 상업주의적 계산 하에서 의도된 것이고 일시적인 감정 발산을 위한 것이 아닐까? 충격적이고 선정적인 스펙터클을 직접 연출하고 직관적으로 감상하는 사이 슬며시 게임의 왜곡된 표상이 내 사고의 일부로 스며드는 것은 아닐까?

물론 이런 식의 단순하지만 있을 것 같지 않은 질문들로 디지털게임을 재단해버리는 것이 게임에 대한 온당하고 공정한 대접은 아닐 것이다. 할리우드 영화시장 안에도 다양한 결들의 영화가 있어왔고 한 편의 영화 안에도 다양한 정치적 입장들이 서로의 우위를 다투고 있음을 우리는 잘 안다. 가령 〈매트릭스〉라는 영화는 다양한 철학적 질문들을 우리에게 던지며 재미와 교훈(교육)이 대척되는 것만이 아님을 보여주었고, 그 영화의 정치적 정당성과 부당성을 둘러싼 논쟁이 있었음을 우리는 잘 알고 있다. 영화 〈아바타〉나 〈마이너리티 리포트〉 등의 시리즈에도 깊은 메시지가 어려있을 수 있다. 뿐만 아니라 대중들은 영화제작가가 의도한 메시지를 그대로 수용하는 '우중'(愚衆)이 아니라 나름대로 능동적으로 해석할 수 있고 그것의 정치적 그릇됨과 올바름을 판단할 수 있는 능력이 있다는 것이 최근 대중문화연구의 주장이다. 영미 문화연구나 롤랑 바르트, 움베르토 에코 등의 이론가들은 수용자들의 능동적인 읽기와 전유의 과정을 지지한다. 대중들은 자신의 삶 속에서 해당 작품들의 의미를 능동적으로 읽고 '자기화'할 수 있다고 보는 것이다.

더욱이 '해석적' 수용이 아닌 '조형적' 참여를 요구하는 디지털게임의 경우 플레이어의 참여를 촉진하는 상호작용성의 원리 덕분에 개발자에 의해 주어진 틀을 벗어나는 해석과 실천의 가능성이 더욱 다양하다. '루도내러티브'(ludo-narrative)는 개발자가 예상하여 설계해둔 게임 요소들을 훌쩍 뛰어넘어 플레이어 스스로 창조한 사용자-서사의 풍부함을 지시하기 위해 생겨난 개념이다. 한혜원은 MMORPG에서 '우발적 서사'로 이를 개념화한 바 있지만 비교적 자유도가 약한 콘솔 게임에서도 이러한 사례들은 많다. 〈GTA〉 시리즈처럼 많은 논란의 게임들이라 하더라도 플레이어의 성향에 따라 설정을 벗어나는 일도 비일비재한 것이다. 그래서 미구엘 시카트는 『컴퓨터게임의 윤리』에서 게임에 담긴 윤리는 게임의 규칙과 플레이어의 행위 모두를 포함하여 복합적으로 접근할 것을 주문한 바 있다.

하지만 우리는 게임의 메커니즘 자체가 무척이나 강력하고 은밀하다는 사실에 국한해서 논의를 시작해보자. 게임을 플레이하면서 메커닉과 놀이 규칙에 깔린 이데올로기를 생각하거나 개발자의 의도를 거슬러 플레이 하는 경우는 무척이나 드물기 때문이다. 이른바 대안적 플레이라는 것은 아직은 가능성으로만 남겨져 있는 것으로 보인다. 가령 전쟁을 테마로 삼은 게임들을 할 경우 처음에는 게임의 분위기와 규칙을 익히는 데 급급하지만 이후 그 게임이 익숙해지면서 게임 규칙에 종속되고 게임의 논리에 지배되는 경우가 대부분이다. 특히 번갈아가며 진행되는 '턴 방식'의 게임과 달리 '실시간' 게임들은 깊이 생각하고 판단할 여지를 주지 않는다. 〈스타크래프트〉나 〈듄Ⅱ〉같은 게임에서 플레이어가 숙고를 한다는 것은 곧 죽음을 의미하는 것이다. 게임의 규칙을 자연스러운 것으로 받아들이고 그것을 몸에 익혀 파블로프의 개처럼 '조건반사'를 할 수 있을 만큼 즉각 대처해야만 그만큼 생존가능성이 높아진다. 게임의 이데올로기는 바로 그 순간에 가장 활발하게 작동한다. 왜냐하면 게임에서 자기 캐릭터나 게임의 논리로부터 반성적 거리두기란 불가능한 일이고 게임의 로직, 즉 규칙에 담긴 생존의 논리를 받아들여야만 생존가능성 혹은 승리가능성이 높아지기 때문이다.

점차 난이도가 상승하는 스테이지들을 하나씩 섭렵하는 가운데 게임의 규칙은 플레이어의 일부가 되고 그 과정에서 플레이어는 적극적인 참여자가 된다. 게임 이전의 미디어들은 그래도 작품들로부터 한 걸음 물러서서 비판이나 반성을 허용하기라도 했지만 반응의 민첩성을 요구하는 최근의 디지털게임은 대체로 반성적 거리를 허락하지 않는다. 규칙이 자연스러워지고 몸에 익숙해진다는 것은 어쩌면 자발적 세뇌와 유사한지도 모른다. 불만스러운 현실에서 벗어나 군주나 지배자, 심지어 신이 되어 '멋대로'(?) 가상의 왕국을 주무를 수 있다는 환상, 예쁜 애인을 공들여 육성하고 노력 여하에 따라 나중에 파트너로도 만들 수 있다는 판타지 안에서 몰입의 가능성은 더욱 커진다.

앞서 잠시 말한 것처럼 어쩌면 게임 캐릭터들 모두는 생명체가 아니라 소모품에 불과한지도 모른다. 물론 스스로 선택한 캐릭터를 자신의 분신으로 여기고 그의 죽음에 대해 현실의 복수로 응전하기도 할만큼 생명체로 인식하는 경우도 있지만, 그 외의 캐릭터는 모두 장기나 체스의 말에 불과할 뿐이다. 〈스타크래프트〉의 유닛들은 모두 장기의 말과 유사하다. 살아 움직이는 말들이라고나 할까? NPC 캐릭터들은 졸(卒)들일 것이고, 이동 유닛들은 차나 말에 해당할 것이며, 포(包)는 탱크 유닛에 해당할 것이다. 장기에서 장군 혹은 군주가 되어 승리하기 위해서는 상대편의 말들을 잡아먹어야 하듯이, 〈스타크래프트〉나 〈월드 오브 워크래프트〉같은 가상 전쟁 시뮬레이션에서는 쳐들어가고 땅을 빼앗고 죽이는 길 말고는 다른 선택이 존재하지 않는다. 여기서 캐릭터나 병사들은 소모품이고 숫자나 자원 이상의 의미가 없다. 게임의 과정에서 게임 속 가상현실의 군주나 신이 된 것 같은 기분에 우쭐해지기도 하지만, 대리만족을 느끼는 사이 게임의 반복 플레이 과정에서 게임 속 가상현실의 규칙과 세계관에 젖어들고 마는 것이다. 어떤 이는 이를 이데올로기 속으로의 '몰입'이라고 하며 문제를 제기하기도 한다.

조금만 깊이 생각해보면 많은 게임들의 규칙은 대체로 자본주의의 경쟁 논리를 충실하게 구현하고 있다. 특히 어떤 게임이 플레이어의 자유도에 제한이 있고 경쟁과 규칙이라는 요소가 강하게 작동하는 게임, 즉 '루두스'적인 원리에 가까이 있는 게임들일수록 그렇다. 디자이너가 부과한 일정한 규칙 내에서이기는 하지만 규칙으로부터의 일탈을 어느 정도 허용하는 RPG 게임들의 경우에도 겉으로는 비교적 자율성을 허락하고 있기는 하지만 아이템 거래와 PK가 보여주듯 자본주의적인 무차별적 경쟁의 논리에 강하게 경도되어 있기는 마찬가지이다. 'P2W'(play to win)는 노골적으로 승리를 위해 돈을 들일 것을 요구하며 이를 자연스러운 게임 규칙으로 설정하기까지 한다. 최근 블록체인 기술과 NFT(대체불가능한 토큰) 기술을 게임에 도입하자고 하는 'P2E'(play to earn)는 이미 많은 게임사들의 차세대 먹거리로 부상하고 있다. 조만간 우리나라에서도 관련법이 만들어질 것이고 전면적이지는 않더라도 세계적인 흐름에 따라 관련 요소들이 게임에 발을 들일 것이다. 〈로블록스〉나 〈마인크래프트〉에는 이미 가상경제의 성공신화를 써오고 있다. 과연 노동은 놀이가 될 수 있을까? 하지만 게임의 역사를 돌이켜

보면 이러한 '임박한 미래'가 오래 전에 이미 시작된 것은 아닐까?

가령 〈스타크래프트〉의 승리 요건은 효율적인 자원채취와 유닛 생산, 자원의 적절한 분배와 활용에 입각한 전투 수행이다. 이러한 자원채취-건물/유닛 생산-전투의 규칙 패턴은 자본창출-자본투입-기업경영-이윤창출이라는 전형적인 기업논리의 변형으로 볼 수 있다. 즉 플레이어가 가능한 한 자원을 채취하여 유닛을 생산하고 전투를 벌여 승리를 거둬야 하는 이 게임의 기능과 자본가의 역할은 거의 다름이 없는 것이다. 〈스타크래프트〉의 테란, 프로토스, 저그 사이의 종족 시스템에 입각한 복잡다기한 경쟁 구도들이 있을 수 있음에도 불구하고, 이 게임의 자본주의적 경쟁의 서사는 전형적인 기업경영의 틀과 크게 다르지 않다.

〈스타크래프트〉는 디자이너의 개입이 두드러지는 구심적 성격이 강한 게임으로서 플레이어의 일탈적 플레이를 상대적으로 적게 허용하는 게임이다. 플레이어가 게임의 무한 경쟁논리에 반발하여 그와 다른 방식으로 플레이할 수 있을 만한 여지가 별로 주어지지 않는 것이다. 이 게임에는 이른바 '자유도'가 제한되어 있기 때문에 플레이어가 엄격한 규칙을 무시하고 자기 나름의 플레이를 한다면 이는 패배로 직결되고 말 것이다. 자원을 모으는 일에 소홀하게 되면 적절한 유닛과 기지를 만들 수 없고 결국 전쟁에 패배하게끔 이 게임은 디자인되어 있기 때문이다. 이를테면 〈스타크래프트〉의 '빌더오더'는 자원의 채취를 맡은 일꾼 유닛들에 대한 정교한 일정표이다. 여기에는 최소한의 시간에 최대의 자원을 확보할 수 있는 나름의 계획이 꼼꼼하게 묘사되어 있다. 플레이어들은 자신의 전략에 따라 다양한 유형의 빌더오더를 입안하고 시간과 공간을 철저하게 계산하여 유닛들을 통제해야 한다. 유닛의 동선을 단축하고 그 숫자를 효율적으로 통제하고 투입하여 미네랄을 채취하고 기지를 건설하는 일은 자본주의적 관리 경영시스템의 변용이라 할 수 있다. 즉 자본주의 시스템이 개개 인간의 특성과 그의 가치에 맞는 효율적인 경영을 목표로 하는 것처럼 빌더오더는 유닛이라는 '도구'의 특성과 기능을 십분 활용하여 승리를 획득하기 위한 치밀한 계획표요 수학 공식인 셈이다.

윤선희는 〈스타크래프트〉의 이러한 특징들에 주목하여 "시간의 압박 속에서 경쟁적으로 자원을 캐고 생산해 내야 하는 것은 맑스의 자본에 나타 남직한 전형적인 산업자본주의를 그대로 재현하고 있다"고 지적한 바 있다. 자본주의 사회에서 이윤의 창출을 위해 인간의 가치는 도구적 가치로 변질 되고 마는 일이 드물지 않다. 〈스타크래프트〉를 비롯한 디지털게임에서도 전략적 차원 때문에 캐릭터나 유닛들은 가차 없이 소모되어야 하는 '커서' 에 불과하다. 왜냐하면 개별 캐릭터와 유닛들은 도구적 가치만을 지니고 전 체 목표인 이윤극대화 혹은 승리라는 차원만이 절대선으로 간주되기 때문 이다.

물론 우리는 플레이어가 이러한 사정들을 고려하면서 〈스타크래프트〉 게 임에 임하리라고는 생각하지 않는다. 그들은 그저 게임을 즐기고 있을 따름 이기 때문이다. 영화에서도 그렇지만 디지털게임에서 이데올로기는 대체로 직설적인 모습보다는 은유의 형태로 제시된다. 물론 〈심시티〉나 〈캐피탈리 스트 Capitalism〉, 〈타이쿤〉 시리즈 같은 경영 시뮬레이션 게임들이나 북한 을 소재로 한 게임, 〈제너럴〉, 〈프론트〉같은 게임들의 경우 자본주의 시스템 의 작동 원리를 익혀나가는 게임이거나 미국 주도의 패권 하에서 '악의 축' 을 몰아내는 게임이기 때문에 그 메시지의 노골성을 알아차리기가 쉽다. 그 러나 게임 심층의 저의가 잘 드러나지 않는 게임들이라 하더라도 게임 과정 에서 은유적 이데올로기는 플레이어에게 현실의 윤리로 둔갑을 하고 그것을 자연스러운 것으로 받아들이게끔 유도한다.

특히 디지털게임은 영화나 텔레비전 드라마들보다 더욱 은밀하게 게임 의 이데올로기를 주체들에게 삼투하기 마련이다. 게임의 규칙은 일반적으 로 생존의 규칙이기 때문에 그것을 따르면서 플레이어는 그 규칙에 자신을 맞추면서 그것을 자연스럽게 자신의 세계관으로 일반화하게 되어 있는 것 이다. 그도 그럴 것이 "제작자가 만들어 놓은 환경에 플레이어가 능동적인 작용을 하게끔 프로그래밍되어 있는" 디지털게임은 플레이어의 상호작용을 자극하는 가운데 다른 미디어들보다 훨씬 강력한 동일시의 효과를 자아내 기 때문이다. 뿐만 아니라 영화의 경우 스크린상의 인물들이나 사건들에 대 한 감정이입, 즉 동일시가 관객들의 정신활동 혹은 감정 작용을 통해 일어나는 반면, 게임은 지각활동과 몸의 움직임이 동시에 요구되기 때문에 동일시의 가능성은 더욱 높고 그 강도도 훨씬 크다고 할 수 있다. 영화에서의 동일시는 디지털게임의 유사 체험인 몰입과 전혀 다른 것이다. 텔레비전을 통해 〈왕좌의 게임〉을 보는 것과 게임 〈왕좌의 게임〉 시리즈에서 주인공이 되어 직접 관문을 통과하고 최고의 지위에 오르는 것은 전혀 다른 차원의 문제인 것이다. TV드라마 〈반지의 제왕〉이 주는 재미와 디지털게임의 그것은 차원이 완전 다르다. 트랜스미디어 스토리텔링과 IP산업이 부상하는 지금 빅테크 개발사들의 사업 전략이 다각화되고 있다. 그리고 게임에는 그들의 경영 논리와 생존을 위한 경쟁의 규칙이 더욱 날 것으로 담기는 추세이다.

하나만 더 예로 들어보자. 〈캐피탈리즘〉은 아예 플레이어가 최고 경영자가 되어 노동자들을 고용하고 매출과 매입을 관리하는 한편 제조와 마케팅 등 비즈니스의 전 분야를 골고루 체크해줌으로써 최고의 기업복합체를 완성하는 것이 목표인 경영 시뮬레이션 게임이다. 이 게임을 제대로 즐기기 위해서는 제조, 물류, 기업합병, 재무회계, 주식운용 등에 대한 사전지식이 필요하다. 하지만 캐주얼 플레이어라 하더라도 이 게임을 지속적으로 반복 플레이하는 가운데 기업 운영의 기본 원리를 체득할 수 있다. 자본의 거침없는 흐름과 이윤 창출을 주된 목표로 삼는 경영학의 관점에서 볼 때는 훌륭한 자본주의의 학습도구인 셈이다. 그래서 이 게임은 미국 스탠퍼드나 하버드에서 경영학 보조교재로 채택된 바 있고 국내에서도 여러 대학의 경영학과 학생들에게 인기를 누리기도 했다. 기업가를 소재로 한 영화나 텔레비전을 구경하면서 그의 성공과정을 통해 대리만족을 느끼는 것보다 실제 대기업을 경영할 수 있는 시뮬레이션에 참여해서 온갖 시행착오를 경험하고 끝내 최고 자본가가 되는 것이 이 게임의 인기 비결이었을 것이다. 하지만 이러한 시뮬레이션의 매력은 자본주의를 긍정하고 순응하게 만드는, 즉 자본주의 시스템의 이데올로기를 '체득'하게 만드는 강력한 요인이기도 하다.

〈캐피탈리즘〉은 소매업, 공장경영, 농장경영, 주식시장 등 자본주의적 경제활동의 크고 작은 분야들을 망라하고 있다. 플레이어는 처음부터 최고 경영자로 활동할 수 있는 것이 아니라 슈퍼마켓이나 여타 경제활동으로 자본을 키우고 적절하게 운용하여 회사의 규모를 키워나가야 한다. 이후 최고단계인 '명예의 전당'에 오르기 위해 플레이어는 제조와 판매 이외에도 주식과 적대적 M&A까지 수행해야 한다. 결국 플레이어는 수단과 방법을 가리지 않고 부를 축적하고 전 세계적인 초국적 독점자본을 건설해서 다른 회사를 이겨야 하는 것이다. 이 게임은 철저하게 자유방임적 자본주의 체제를 시뮬레이션하고 있다. 이 게임에서 플레이어는 거듭되는 문어발식 확장과 무제한적 독점을 통해 자본가들이 누리는 만족감을 십분 느낄 수 있다. 게임에서의 명예와 승리를 위해 플레이어는 게임 디자이너가 설정해놓은 규칙들을 몸과 머리로 익혀야 한다. 이 게임의 규칙은 바로 자본주의 사회의 지배원리이거니와 결국 플레이어는 자본주의적 인간형으로 확고한 주체성을 획득하게 되는 것이다.

〈캐피탈리즘〉은 '타이쿤' 류의 게임들과는 약간 결을 달리하는데 이 게임의 규칙에서 놀이성은 약해지고 현실성은 '단순화된 형태로' 강하게 반영되어 있기 때문이다. 여기에서 노동자들은 〈스타크래프트〉의 유닛들처럼 게임의 진행에 필요한 자원에 불과하다. 기업경영의 논리도 무척 단순해서 '임금을 올려주면 노동생산성이 향상된다.'라는 설정뿐이다. 플레이어는 자본가의 필요에 따라 대량 해고도 가능하고 생산계획에 맞춰 맘대로 임금을 조정할 수 있다. 그런데도 파업은 물론이고 노동쟁의 같은 일은 일어나지 않는다. 이 게임에는 신자유주의가 대세를 이루는 가운데 전 세계적 노동현안으로 자리 잡은 비정규직 문제는 전혀 반영되어 있지 못하다. 공학적 로직에 따라 모든 것이 산술적인 숫자 놀음으로 프로그래밍되어 있을 뿐 자본주의의 계급적 모순들은 전혀 고려의 대상이 아닌 것이다. 플레이어가 스크린상에 표시된 경영적 성과를 보여주는 수치를 보고 게임의 규칙에 따른 플레이를 하면 하드웨어는 미리 프로그래밍된 논리에 따라 그 결과를 피드백해 준다. 이 시뮬레이션에는 자본주의 사회의 복잡한 계급관계들이 사라져버렸기 때문에 플레이어가 배우게 되는 것은 기업의 경영논리일 뿐이고 그것 자체로 정당화된다. 자본가의 입장에서는 매우 이상적인 게임인 것이다. 〈캐피탈리즘〉은 플레이어가 자본가의 역할 모델을 통해 자본주의적 경영을 학습하게 하는 것, 그리고 공격적인 경영방식을 통해 어쨌든 최대의 이윤을 확보하는 가운데 성취감을 맛보고 가상의 명예 속에서 당면한 현실을 잊게 만드는 것을 목표로 삼는 게임이기 때문이다. '당신도 최고 경영자가 될 수 있다!'는 유혹 앞에 우리의 비루한 현실은 '레테의 강'에 씻겨져 버리는 것이다.

명작으로 평가받는 〈심시티〉시리즈도 경우에 따라 유사한 이데올로기적 기능을 할 수 있는 도시 '건설·경영 시뮬레이션' 게임이다. 이 게임도 미국의 400여 초등학교의 사회과학 보조교재로 채택된 바 있으며 우리나라의 경우에도 도시공학과나 행정학과, 경영학과의 교재로 채택되기도 한다. 심지어 예전에 〈심시티 2〉의 인기는 대단한 것이어서 이 게임이 대학의 학점 평균을 떨어뜨린다는 농담까지 회자될 정도였다. 이 게임의 목표는 도시를 제대로 건설하고 잘 운영하여 살만한 곳으로 만드는 게임이다. 플레이어의 임무는 도시의 시장이 되어 신도시를 건설하고 잘 운영하여 인구수를 증가시키는 것이었다. 이 게임에는 산업, 상업, 교통, 주택, 환경은 물론이고 전기나 상수도, 치안, 교육, 세금 문제 등 실제로 한 도시의 시장이라면 고려해야 할 정책들을 망라하고 있다. 시장이 된 플레이어는 예산을 고려하여 이러한 제반 정책적 사안들을 신중하게 처리함으로써 시민들의 욕구를 충족시켜야 한다. 그렇지 못할 경우 시민들이 줄거나 시장 자신이 게임을 끝내야 하는 상황이 벌어져 다시 전원을 켜고 새로 게임을 시작해야 한다.

하지만 〈심시티〉에서 가장 중요한 일은 도시의 외형을 키우고 화려하게 만드는 것이다. 원래 '삶의 질'(Quality of Life)이라는 것이 경제적 측면으로만 잴 수 없는 것이고 정치적·사회적·문화적 환경 등을 종합적으로 고려해서 측정될 수 있는 것임에도 불구하고 이 게임의 규칙은 그것을 제대로 반영하고 있지 못하다. 물론 이후 시리즈가 나오면서 개발 위주의 정책으로 환경오염이 증가하고 그로 인해 인구가 줄기도 하고 정책에 대한 시민들의 시위가 일어나기도 하는 등 많은 개선이 이루어졌지만 여전히 도시 개발에 우선권이 주어지고 있는 것이다. 그나마 시위가 일어나면 시장이 공권력을 통해 해결하던 것이, 〈심시티 4〉의 경우 예산을 추가하여 요구사항을 들어주면 시위를 해산하는 식으로 안이하게(?) 처리해버리는 것이 개선된 점이라면 개선된 것이다. 당장 눈앞에 닥친 현안들을 해결하기 위해 플레이어는 주민들의 반대에도 불구하고 핵발전소를 건설하기도 하고 세금 증가에 이로운 상류층 주민을 도시로 모셔오기 위해 빈민가를 철거하기도 한다. 도시 발전의 전술을 공유하기 위해 만들어 놓은 인터넷 게시판에 플레이어들이 올려 놓은 글들을 보면 주로 도시의 개발과 관련된 일들이 주를 이룬다. 이 게임에서도 서민들은 전쟁 게임의 유닛이나 캐릭터들처럼 세금을 늘리기 위한 희생양이고 철거해야 할 대상이다. 도시의 땅값을 올리기 위해 서민들을 외곽으로 몰아내고 최첨단 산업의 유치를 위해 중공업 등의 일터를 철거하는 행태는 게임 속 가상현실에도 여전하다. 공익을 이유로 현실에서 일어나는 수많은 일들이 〈심시티〉의 가상사회에서도 반복되고 있다. 어쩌면 이것이 우리의 엄연한 현실이고 성장 지상주의적 자본주의 논리만을 기준으로 정책을 실행하는 것이 현실 정치의 관행이라는 점에서 오히려 〈심시티〉가 현실을 제대로 반영하고 있는 것은 아닌가 하는 생각을 해 볼 수도 있다. 즉 현실 자본주의에 대한 묘사의 충실한 리얼리티에서 높은 점수를 줄 수 있을 수도 있겠다는 말이다. 그렇다면 〈심시티〉는 괴테의 『파우스트』 2부와 겹쳐 읽을 수 있는 텍스트가 될 수도 있다. 이것이 게임 디자이너 윌 라이트가 의도한 것인지 아닌지는 모르겠지만?!

주지하다시피 디지털게임의 상호작용은 지각기관과 운동기관의 협응을 수반하는 것으로서 플레이어가 게임의 세계를 스스로 통제하고 지배하고 있는 것이라는 느낌을 강화한다. 실제로는 게임 디자이너가 만들어 놓은 틀 속에서 놀고 있는 것임에도 불구하고 게임 세계에서는 자기가 왕이요 사령관이며 대기업의 사장 등이라는 환상에 빠지게 되는 것이다. 그런 점에서 디지털게임의 상호작용성을 대안적 커뮤니케이션의 미래로서 찬사를 토해온 지금까지의 논의들은 오히려 게임이 교묘하게 주체들을 상호작용의 환상 속으로 끌고 들어가는 것은 아닌지, 혹은 사용자들이 수동적으로 게임을 소비하고 있음에도 불구하고 능동적인 주체인 양 환상을 품도록 하고 있는 것은 아닌지 면밀하게 살펴볼 필요가 있다. 우리는 디지털 미디어의 상호작용성을 양약과 독약의 이중성을 모두 가지고 있는 '파르마콘'(pharmakon)으로 볼 필요가 있기 때문이다. 상호작용성은 사용자의 능동성을 확대함으로써 새로운 예술적 실천들을 촉진할 수 있는 속성이지만 오히려 더 수동적인 주체로 우리를 몰고 감으로써 게임의 이데올로기 속으로 더 강력하게 포획할 수도 있음을 인정하는 것이 필요할 것이다.

중동 국가들이나 북한을 소재로 한 일부 게임들은 디지털게임 자체의 이데올로기와 관련하여 심각한 문제를 동반한다. 가령 〈커맨드앤컨커 제너럴 C&C General〉은 〈스타크래프트〉와 유사한 전략 시뮬레이션 게임이다. 이들 두 게임은 게임 규칙이나 전투의 전술, 아이템 구조 등 매우 흡사한 게임성을 지니고 있다. 하지만 〈스타크래프트〉의 경우 우주를 배경으로 한 전쟁이고 유닛들 역시 인간적이기보다는 기계적인 분위기를 강하게 드러내는 반면 〈커맨드앤컨커 제너럴〉의 경우 캐릭터나 무기들이 현실을 강하게 반영하고 있고 현실 속의 전쟁을 방불케 하는 게임이다. 그래서 독일에서는 이 게임이 너무 폭력적이고 전쟁을 부추긴다는 이유로 발매를 금지시켰다. 하지만 미국이나 우리나라에서는 한때 판매 순위 1, 2위를 다툴 만큼 인기를 끈 게임이기도 했다. 이 게임은 미래에 있을지도 모를 가상의 세계 대전을 테마로 삼고 있다. 이 게임에는 소련을 비롯한 현실 사회주의 몰락 이후의 세계정세가 반영되어 있는데, 플레이어는 미국과 중국, GLA(Global Liberation Army, 지구해방군) 중 하나를 선택하여 게임을 진행한다. 이들 각 진영은 현실을 반영한 특유의 전술적 특징을 가지고 있어 이를 잘 파악하여 전략과 전술을 짜야만 승리할 수 있다. 가령 미국은 스텔스기나 토마호크 미사일 등 최첨단 기술에 기반한 무기들을 통해 엄청난 화력을 소유하고 있다. 반면 중국은 과거의 '인해전술'의 종주국답게 병사들을 신속하고도 저렴하게 생산할 수 있는 특징이 있다. 이는 세계 2위의 강대국으로 부상한 중국에 대한 왜곡이다. GLA는 부시가 악의 축으로 명명한 바 있는 강경 이슬람 근본주의 단체를 연상시키는 테러 집단으로 설정되어 있다. 여기에 소속된 병사들은 다른 진영에 비해 빠르게 움직일 수 있어서 게릴라전에 능하고 생화학 무기를 사용하며 위장전술을 통해 자살 폭탄 테러를 감행할 수 있다. '정의로운 민주국가'로 제시된 미국에 대해서도 고개가 갸웃거려지지만 선한국가/악의 축으로 단순화하여 이분법적으로 설계한 대립관계는 너무나 노골적이다. 이러한 각 진영의 특징들과 구도는 〈워크래프트〉나 〈스타크래프트〉의 종족 시스템과 유사한 것이지만, 지금 중국이나 이슬람 국가나 단체들을 바라보는 미국의 시각이 그대로 반영되어 있어 낯설지 않은 느낌을 준다.

그런데 위의 게임들을 비롯하여 다수의 게임들에서 플레이어가 선택할 수 있는 가능성이나 전술의 가능성들이 너무나 제한적이라는 점은 더 큰 문제일 수 있다. 플레이어들은 미국을 선택하여 월등한 화력으로 승리를 거두거나 중국이나 GLA를 선택하여 인해전술이나 자살 테러를 감행하는 수밖에 없기 때문이다. 미국은 핵을 가지고 있기 때문에 상대방의 기지와 무기는 물론이고 병사와 민간인들까지 모두 태워버릴 수 있고, 일정한 전략만 받쳐준다면 승리의 가능성도 높다. 능숙한 플레이어의 경우 중국을 선택하더라도 핵무기를 활용할 비책은 있지만 미국의 화력에 비할 바가 아니다. 물론 인해전술이나 테러 등의 방법으로도 최후의 승자가 될 수 있고, 그런 점에서 게임의 밸런스가 훌륭한 게임이라 할 수 있다. 미국을 선택하고 난 이후의 강력한 화력이 승리의 자동수표가 아닌 것이다.

이처럼 〈제너럴〉을 비롯한 많은 가상 전쟁 게임들의 진짜 문제점은 평화를 위해서는 전쟁밖에 해결의 길이 없음을 노골적으로 전제하고 있다는 점이다. 주로 디지털게임의 싱크탱크이고 첨단 게임 콘텐츠와 기술을 확보한 미국에서 만들어진 이들 전쟁 게임들은 중동이나 북한 등 '악의 축'으로 명명된 세력들을 악으로 설정하고 있고 미국이 나서서 이들을 척결해야 진정한 평화가 찾아올 수 있다는 '네오콘'들의 주장을 배경에 깔고 있다는 것이다. 최근에는 경직된 미중관계가 반영된 것인지 중국을 적대적 진영으로 설계한 게임들이 늘고 있다. 조만간에는 우크라이나를 침공한 러시아가 악의 축으로 등장할 것이다. 어떤 이들은 플레이어들이 대개 이러한 이데올로기에 관심을 갖지 않거나 모르는 상태에서 그저 게임을 즐기는 것이기 때문에 문제될 것이 없다고 생각할 수 있다. 실제로 전술적 지능을 발휘하여 상대를 제압하고 그 과정에서의 스펙터클을 즐김으로써 일상의 스트레스를 날리는 것이 뭐가 문제일까 싶기도 하다. 그러나 전쟁을 옹호하거나 미화하고 전쟁을 갈등해결의 유일한 방법으로 삼은 이 전쟁 게임들이 은연 중 혹은 노골적으로 미국 네오콘들과 군산복합체 기업들의 주장을 되풀이함으로써 플레이 과정에서 그러한 시각을 '체득'하도록 할 가능성이 크다는 주장도 완전히 무시하기는 어렵다. 플레이어 자신은 이러한 왜곡된 표상과 거리가 먼 것처럼 행동하지만 게임의 논리에 점점 더 적응하는 순간 자연스럽게 이데올로기를 받아들일 가능성이 크다는 것이다. 그 게임 규칙에 이미 그 이데올로기의 작동이 전제되어 있고, 이것의 숙지는 결국 게임의 승패를 좌우하도록 설계되어 있기 때문이다.

미국의 이라크 침공이 있을 당시 발표된 이 게임의 '패치 1.04'는 이러한 이데올로기를 더욱 노골화한 바 있다. 이 패치를 실행하면 중동의 테러리스트를 연상시키는 GLA의 전투력이 현저하게 떨어지게 되어 있다. 가령 GLA 진영의 기지건설 비용이 폭등하거나 무기 제작 시간이 길어져 무기 생산이 늦어지는 등 상대 진영들에 비해 전략이 급속도로 약해진다. 이 패치를 플레이한 플레이어들이 이 패치를 두고 이라크 침공을 염두에 둔 CIA의 음모 등의 혐의를 제기한 것은 지금도 유명한 일화로 회자되기도 한다. 결과적으로 이 패치는 오리지널 게임의 보완이 아니라 개악이라 할 수 있다. 그나마 유지되고 있던 세력들 간의 균형이 깨짐으로써 '게임성'이 크게 훼손되어 게임의 긴장과 재미를 반감시키고 있기 때문이다. 보완된 것은 미국 중심의 제국 국가 건설을 꿈꾸는 네오콘의 이데올로기일 뿐이다. 과거 미국은 할리우드 영화들을 통해 전 세계 인류에게 미국의 정치적 정당성과 국가적 선진성을 과시해왔고, 영화 속 미국을 지구적인 위기와 재앙으로부터 세계를 구할 수호신으로 묘사해왔다. 하지만 최근 영화에서의 이러한 경향은 덜 노골적인 형태로 진행되는가 싶더니 게임에서는 오히려 이러한 경향이 거세어지기도 했다. 반면 미국 전쟁게임들의 이러한 이데올로기에 맞서 레바논 무장단체 '헤즈볼라 Hezbollah'가 〈스페셜 포스 Special Force〉를 개발하기도 했다. 이 게임은 '지하드 Jihād', 즉 미국에 대항한 '성전'(聖戰)을 테마로 삼고 있다. 여기서 아랍은 영웅으로, 그리고 미국은 악으로 등장함으로써 미국의 게임 논리를 뒤집고 있다. 하지만 중동에서 큰 인기를 얻은 이 게임은 전쟁을 갈등 해결의 유일 수단으로 삼고 있다는 점에서 동일한 한계에 갇혀 있다. 그리고 미국의 매머드 게임산업에 대해 이러한 '반-게임'(counter-game)은 그 존재감이 너무나 미미하다.

하지만 뒤에서 대안적인 '비아리스토텔레스적' 게임과 관련하여 자세하게 소개할 프라스카의 게임 〈9·12 12th September〉는 미국의 '테러와의 전쟁'에 대해 비판적인 시각을 보여주면서 갈등 해결책으로서의 전쟁에 의문을 던진 바 있다. "이것은 게임이 아니다. 당신은 이길 수도 없고, 질수도 없다. 이것은 시뮬레이션이다. 이것은 이미 시작되었다. 규칙은 지극히 간단하다. 당신은 쏠 수도 있고 쏘지 않을 수도 있다. 이것은 테러와의 전쟁이 지닌 몇몇 측면들을 탐색하기 위해 이용할 수 있는 간단한 모델이다"라는 게임의 초기화면은 개발자의 의도를 보여주고 있다. 게임을 실행하면 중동의 어느 도시가 펼쳐지고 사람들이 바쁘게 지나다닌다. 여기에는 일반 시민들과 테러리스트들이 섞여 있다. 하지만 마우스를 화면에 올려놓으면 그곳은 표적으로 바뀌어 버리고 클릭하면 미사일이 발사된다. 테러리스트를 잡으려 미사일을 발사하지만 그 이상의 민간인들이 희생당하는 것이다. 죽은 민간인 가족들의 울음소리가 들리고 테러리스트가 점점 더 늘어나는 이러한 게임의 규칙이 말해주는 것은 분명하다. 즉 '테러와의 전쟁'은 테러에 대한 분명한 근절책이 아니라 오히려 사태만 악화시키게 되어 있다는 것이다. 사회학자 지그문트 바우만(Z. Bauman)은 이를 '부수적 효과'로 명명한 바 있다.

분명 디지털게임의 대부분은 상업주의적 의도에서 기획된 기획 상품이고 그 점에서 대중들의 오락적 욕구 충족을 제일의 목표로 삼는다. 사실 위에서 언급한 게임들의 경우 그것의 정치적 저의나 게임의 효과를 찾아내기란 다른 게임들에 비해 무척 용이하다. 그러나 게임의 세계는 훨씬 다양하고 복잡하며 광대하다. 물론 대중적으로 인기 있는 많은 게임들은 싸움이나 전쟁에서의 승리, 부의 축적 등과 관련한 규칙을 가지고 있다. 문제는 승리나 성공이 대체로 게임 내의 자본주의적 규칙을 제대로 체득했느냐, 적들을 '일거에' 무찌를 만한 가공할 무기나 전술을 확보했느냐로 게임의 논리가 설정되어 있다는 것이고, 그러한 게임의 수행 과정에서 자본주의의 공정성이라든지 능력주의의 논리같은 것이 당연한 것으로 인식될 가능성이 크다는 것이다.

별도의 고민과 논의가 필요한 이야기일 수 있겠지만 다른 게임들의 이데올로기적 논의도 의심해 볼 필요가 있다. 가령 '연애·육성 시뮬레이션' 게임에서 마음에 드는 여성을 선택하여 그녀를 자기의 욕망대로 육성하고 가꿈으로써 그녀를 연인으로 만들 수 있기 위해서 플레이어는 어떤 노력을 기울여야 하는가? 이미 이들 게임들에서 남성의 관음증적 시선과 남성 중심적 욕망이 게임의 진행에 전제되어 있음은 잘 알려진 사실이다. 여성 캐릭터의 디자인은 물론이고 게임의 논리, 즉 프로그래밍된 규칙 역시 그것을 말해준다. 디지털게임은 영화나 텔레비전 드라마들보다 더욱 강렬한 몰입의 기제이기 때문에 주체를 포섭하기에도 훨씬 더 용이하다. 디지털게임은 마치 플레이어에게 마법을 걸듯이 주체를 가상현실의 테두리로 끌어들이는 힘을 지니고 있을 뿐만 아니라 그로 하여금 게임의 규칙 속에 작동하는 이데올로기를 체내화하면서 그것을 자연스럽고 당연한 진실로 만드는 잠재성을 내장하고 있다. 이는 게임의 호명(interpellation) 과정을 통해 이루어진다. 호명은 알튀세르가 라캉(J. Lacan)에게서 차용한 개념으로 이데올로기에 의한 주체의 형성 과정을 설명하기 위해 자주 쓰인다. 이데올로기적 호명의 메커니즘은 게임이 나를 가상 세계의 능동적 행위자로서의 '영웅' 혹은 '주인공'으로 만들어주는 과정을 설명하는 데에도 유용하다.

상호작용하는 자율적 주체라는 '환상 가로지르기'

프랑스 구조주의 마르크스주의자 알튀세르(L. Althusser)에 따르면 우리

사회는 경제적, 정치적, 이데올로기적 층위로 이루어져 있다. 이들 층위들은 각각 '상대적 자율성'을 가지고 있으며 '중층적으로' 결정되어 있다. 다시 말해 사회라는 것은 하나의 층위에서 하나의 결정적인 변동 요인만으로 작용하는 것이 아니라 다양한 요소들의 투쟁과 모순 속에서 상호작용 혹은 길항작용을 하는 복합체라는 것이다. 이른바 사회구성체는 중층결정되어 있다는 말이다. 이로써 알튀세르는 마르크스 이후의 경제결정론에 반기를 든다. 생산력과 생산관계로 이루어진 물질적 토대가 사회변화의 주요 요인일 수 있지만 유일한 추동력은 아닌 것이다. 그리고 이데올로기적 상부구조 역시 경제적 토대에 의해 일방적으로 결정되지 않고 상대적 자율성을 갖는다. 다시 말해 토대와 상부구조의 관계는 서로 영향을 주고받는 매우 복잡한 연관관계를 지니고 있다는 주장이다. 마르크스도 이미 이러한 사실을 인식한 바 있다. 프로이트의 『꿈의 해석』에서 빌려온 '중층결정론'의 요점은 사회구성체의 구조가 이질적인(다양한) 모순들의 상호작용으로 이루어지며, 상부구조의 요소들은 물질적 토대의 요소들에 의해 규정될 뿐만 아니라 그 토대 또한 상부구조의 요인들에 영향을 받는다는 것이다.

또한 알튀세르는 역사의 발전과 변화를 추동하는 주체로서의 인간 개념을 거부한다. 왜냐하면 이러한 견해는 일종의 상상적 환영으로서 인간은 능동적으로 역사를 수행하는 행위자가 아니라 '구조 안에서 일어나는 과정들의 지지물'에 불과한 것이기 때문이다. 알튀세르의 '구조적 인과성'의 개념은 이를 설명하기 위해 도입한 개념인데, 이데올로기라는 것은 바로 사회구조 내부에 존재하면서 그 사회의 현실적 모순들을 봉합하고 묶어주는 역할을 한다. 즉 이데올로기는 행위자를 '주체'로 호명함으로써 자본주의 사회를 확대 재생산한다는 것이다. 여타 초기 푸코(Foucault)와 같은 구조주의자들처럼 초기의 알튀세르에게 인간은 어쩌면 '구조 속의 수인(囚人)'일지도 모르겠다.

알튀세르에 따르면 자본주의 사회구성체의 재생산은 경찰이나 군대와 같은 RSA(Repressive State Apparatus, 억압적 국가 장치)와 가족, 종교, 교육 등과 같은 ISA(Ideological State Apparatus, 이데올로기적 국가장치)에 의해 이루어진다. 이데올로기의 경우 늘 '이데올로기적 국가기구'(ISA)라는 매개를 통해 작동한다. 그것은 항상 제도 속에 존재하면서 제도를 통해 사회에 영향을 미친다. 이데올로기는 자본주의적 생산관계를 재생산하는 역할을 하는데 우리가 자본주의의 유지에 필요한 역할을 기꺼이 받아들이고 자본주의적 가치와 신념, 태도 등을 저항 없이 받아들일 수 있는 데에는 그것의 역할이 크다. '주체'라는 것은 이데올로기가 개인을 불러 이들이 마치 이데올로기의 주인인 것처럼 행세하도록 '호명'당하는 과정에서 형성된다. 알튀세르가 보기에 우리 개인은 사회의 지배를 유지하고 재생산하기 위한 하위 파트너로 소환당한 것임에도 불구하고 스스로의 자발적이고 자유로운 의지와 선택을 통해 행동했다고 착각하는 과정 속에서 이데올로기는 작동하고 있다는 것이다. 이처럼 우리가 사회의 일원으로 자리잡고 나름의 기능을 하는 것은 상상적 오인과 사이비-진실에 대한 확신의 의례를 거친 결과일 수 있다.

결국 이데올로기적 국가기구를 통해 지배계급의 이데올로기를 수용한 개인은 사회가 부여한 역할을 따르도록 하는 심리적 강제의 기제인 '호명'과 '소환'을 통해 주체로서 사회에 편입된다. 테리 이클턴(Terry Eagleton)은 이를 '주체화'의 과정으로 설명하면서 결국 이는 '종속'과 '소외'의 과정에 다름 아니라고 해석한다. 곧 주체화란 이데올로기적 국가기구를 통해 사회적 가치와 관행을 '내면화'하는 것이다. 이러한 주체화는 종속화를 의미하는데, 알튀세르는 이데올로기를 단순히 지배계급이 주입한 허위의식이 아니라 지배 권력과 그 이념을 자발적으로 인정하는 심리상태를 주체에게 조장하는 문제로 접근한다. 결국 '이데올로기적 주체'는 국가기구 내부에서 이데올로기의 '호명'에 끌려가는 수동적 주체, 즉 하위주체로 구성된다.

1970년대 영국의 '스크린학파'는 알튀세르의 논의를 영화연구에 끌어들여 영화의 주체 형성 메커니즘에 주목한 바 있다. 이 학파는 개인이 사회의 지배적 언어체계를 획득함으로써 그 사회의 이데올로기 질서와 시스템에 편입되는 과정, 즉 이데올로기적 '호명'의 메커니즘에서 출발한다. 그들에 따르면 영화 텍스트의 기능은 수용자를 이야기 구조의 특수한 관계 속에

'포획'함으로써 그들에게 '주체'의 위치를 부여하는 것이라고 보았다. 윤태진과 나보라에 따르면 광고나 영화에서의 이러한 주체 구성의 메커니즘은 디지털게임에도 원용될 수 있다. "메츠(Christian Metz)는 영화의 카메라와 수용자의 시선의 일치를 일차적 동일시라고 보았는데, 게임의 플레이어는 캐릭터를 조종하는 한편, 카메라의 시선까지도 통제할 수 있기 때문에 이 몰입도가 더욱 강해진다. 게임에서의 시선은 곧 카메라의 시선이 되는데 이것으로 하여금 플레이어는 모든 것을 볼 수 있는 전지전능한 신으로서의 위치를 부여받았다고 생각할 수 있다"는 두 사람의 지적은 이데올로기적 호명 메커니즘에 의한 게임 플레이어의 주체 구성 과정을 간명하게 요약한다. 이 두 사람의 이러한 주장을 바탕으로 디지털게임이 플레이어를 가상세계로 불러들이는 장치들과 요소들, 그리고 그러한 '게임소들'의 기능방식을 통한 플레이어의 주체화 과정을 살펴보자.

디지털게임은 플레이어 스스로를 게임 세계의 영웅으로 생각하게 만들기 위해 여러 가지 장치들을 활용한다. 우리가 컴퓨터를 켜거나 아케이드 오락기에 동전을 넣는 것은 자발적 의지와 선택에 의한 행동이지만 일단 게임에 접속하여 가상세계의 주민이 되는 순간 그 세계의 요구(규칙)들을 따를 수밖에 없다. 즉 디지털게임 세계의 주민으로서의 의무와 책임을 약속해야 나는 가상현실 즉 '제2의 나라'의 시민이 되는 것이다. 약속을 하고 커스터마이징의 의례를 거치면 게임은 나를 그 세계의 시민으로 호명해줄 것이다. 게임의 호명 장치들은 무척 다양하다. 그중 '컷신'과 가상세계의 '주체' 혹은 '주인'이라는 환상을 강화하는 상호작용의 요인들, 캐릭터와 아바타를 통한 동일시 강화의 장치들이 대표적인 주체화의 장치들이다. 이러한 요소들은 우리가 디지털게임을 시작하는 순간 우리를 게임 속의 존재로 호명하거나 소환하고 그에 따라 수동적인 해석적 주체가 아닌 능동적으로 '구성하는 주체'로 만든다.

'컷신'(cut-scene)은 컴퓨터 테크놀로지의 발달과 더불어 게임에서 서사(narrative)에 대한 욕구가 커지면서 본격적으로 도입되기 시작한 장치들이다. 게임 개발자들은 이미 대중문화, 특히 영화산업에서 대중성과 상업성을 검증받은 내러티브 구조를 차용하기 시작하였는데 그것이 바로 컷신이었다. 이는 '게임 속의 단편 영화'로서 게임 플레이어가 손을 댈 수 있는 것이 아니라 게임 개발자들이 공들여 만들어 놓은 동영상이었다. 특히 CD롬이 게임 카트리지로 활용되면서 저장 용량이 크게 증가하게 되고 오프닝 동영상이 사용자들을 게임 세계 속으로 유인하고 몰입시키는데 있어서 매우 유력한 수단이 될 수 있음이 입증되면서 보편화되기 시작했다. 최근 게임 회사들은 몇 분짜리 동영상을 위해 영화제작비에 맞먹는 몇 백억 달러의 자본을 투입하기도 하는데, 왜냐하면 오프닝 동영상은 티저광고(teaser advertising)의 역할을 하며 그 게임의 그래픽 수준을 보여주는 역할도 하기 때문이다. '3E' 전시회라든지 〈G스타〉 같은 게임 관련 축제 이벤트들은 신작 게임의 향연장으로 이러한 동영상들을 적극 활용하고 있다. 몇 년 전 〈스타크래프트 2〉 같은 신작 게임 발표회에서 이러한 오프닝 혹은 인트로(Intro) 동영상의 위력은 대단한 것이었다.

아리스토텔레스의 3막 구조에 의거할 경우 게임의 본격적인 플레이가 2막이라면 오프닝 동영상 컷신은 1막에 해당한다. 오프닝 동영상들은 대개 등장인물들의 전사(前史)를 소개하거나 이들이 행동에 나서야 하는 동기들을 제시한다. 가령 불후의 아케이드 게임 〈스페이스 인베이더〉를 오마주한 〈스페이스 레이더스〉의 경우를 예로 들어보자. 이 게임의 오프닝 동영상은 소년 그룹의 리더인 저스틴이 외계 침략자에 의해 목숨을 잃은 동료들의 복수를 다짐하는 장면, 카메라맨으로서 행방불명된 애인을 찾아 침략자와 전쟁에 나서는 애슬리, 특수 경찰관으로서 침략자와의 교전 중에 목숨을 잃은 동료들의 복수를 다짐하는 나지를 보여주면서 이들이 인베이더와의 전쟁에 나서게 된 각자의 사연을 보여준다. 캐릭터를 중심으로 소개된 이러한 컷신은 플레이어로 하여금 게임 속의 캐릭터들에게 동일시하도록 유도하는 기능을 한다. 즉 플레이어들은 각 캐릭터의 비극적 사건과 운명을 자기의 일로 받아들이면서 이후 있을 전투에 직접 참여해 복수하고 말리라는 전의(戰意)를 불태우게 되는 것이다. 결국 오프닝 동영상에는 플레이어의 분신인 세 캐릭터가 외계인과 싸우게 되는 이유를 보여주며 플레이어는 게임 내에서 적과 직접 싸우게 되는 것이다. 이 동영상을 통해 플레이어가 자기 캐릭터들과 정서적으로 강한 동일시를 하면 할수록 이후의 게임 플레이는 더욱 더 흥미로워진다. 외계인을 무찌르고 지구를 구해야 하는 것은 캐릭터들의 임무이기도 하지만 플레이어의 임무이기도 하다. 〈우주전쟁〉이나 〈인디펜던트 데이〉같은 영화에서야 관객은 주인공들이 외계인을 무찌르는 과정을 수동적으로 구경하면서 그 인물들과 동일시하면 그만이지만, 게임의 경우 임무 수행의 과정은 전적으로 플레이어의 캐릭터 조작과 스킬에 달려 있다. 관조적인 동일시가 아니라 직접적인 수행성을 동반하는 게임에서의 이데올로기가 영화나 텔레비전의 그것보다 강한 삼투성을 지닐 것임을 짐작하게 하는 대목이다.

이 외에도 오프닝 '컷신'은 게임의 시·공간적 배경이 되는 세계관을 소개함으로써 플레이어가 들어갈 세계를 상상하게 만든다. 게임을 시작하기에 앞서 플레이어는 평화스러웠던 이 세계의 과거와 현재의 위기를 접하게 된다. 여기서 플레이어는 영웅 캐릭터로서 세계 구원의 영웅으로서의 위치를 부여받는다. 하지만 이렇게 게임 세계에 초대받고 영웅으로 호명되었다고 해서 이데올로기의 작동이 끝나는 것은 아니다. 게임의 이데올로기는 플레이어 자신도 모르게 진행되는 게임 규칙의 체득, 혹은 내면화 과정을 통해서 적극 흡수된다. 게임의 인트로 영상을 보면서 플레이어는 자신이 주어진 소명의 수행을 해야한다는 것을 자각하며 할 수 있는 것과 없는 것, 즉 해당 게임의 복합적 환경과 생존 규칙을 체득하게 되는 것이다. 게임 튜토리얼의 씨앗과 패턴은 이미 인트로와 사이사이의 '컷신'에 다 있다.

주지하다시피 게임은 플레이어의 조작을 통해 이루어지는데, 플레이어는 게임을 직접 시작하면서 어떻게 할 것인가, 즉 게임 속의 행위를 배우게 된다. 그는 단순 반복적인 게임 행위를 통해 혹은 '튜토리얼 모드'(tutorial mode) 등을 통해 인터페이스 조작법을 익힌다. 혹은 게임 속의 'NPC'가 조작법을 알려주기도 하는데 〈프린세스 메이커〉의 경우 집사나 수호성 등의 캐릭터가 아버지인 '나'에게 딸을 키우기 위해 당장 해야 할 것이 무엇이고 그 행위의 결과가 어떻게 될지를 일러준다. 이는 게임의 로직과 조작행위에 대한 학습과정이 게임 진행에 통합되어 있기 때문에 자연스러운 느낌을 줄 수 있다. 게임 스토리텔링과 신참자(newbie)가 익혀야 할 규칙의 자연스러운 만남이라 하겠는데, 이러한 학습은 그에게 생존의 법칙이요 게임을 이어갈 동기가 된다.

게임은 게임의 진행과 관련하여 끊임없이 플레이어를 가르치고 설득한다. 대개 이러한 교육과정은 티 내지 않고 자연스럽게 이루어진다. 이는 알튀세르의 이데올로기적 장치의 기능과 유사하다. 특히 강제성을 띠는 중세의 교회나 근대의 학교와 달리, 현대의 미디어는 관습을 부드럽게 알려주고 당위를 이야기하지만 강제성이 약하다는 점에서 이데올로기적 기능을 훌륭하게 수행한다. 미디어가 수용자를 끊임없이 '주체'로 '호명'하듯이 게임의 경우에도 플레이어에게 끊임없이 '무엇을 할 것인가'를 일러준다. 하지만 게임은 플레이어가 누군가의 가르침을 받아서 플레이를 하는 것이 아니라 자기 스스로 그 규칙과 비밀을 알아내서 게임을 주체적으로 즐기고 있음을 환기시켜야 한다. 누군가가 시켜서 게임을 하고 있는 것이라면 게임의 흥미는 사라지기 때문이다. 실제로는 그렇지 않으면서 게임을 스스로 통제하고 있다는 느낌을 가지도록 만든 것이 디지털게임의 성공요인이다. 실상은 '환상'에 불과한 믿음이건만, 게임 텍스트는 플레이어가 스스로 '주체'라고 믿게끔 해야 하는 것이다. 이런 믿음은 자율성과 자발성에 대한 것으로 일종의 상상적 오인이라 할 수 있지만 게임 플레이의 지속을 위한 필요조건이기도 하다.

플레이어는 컷신이나 다양한 정보 습득의 방식을 통해 게임에서 '무엇'을 '어떻게'(혹은 '왜') 해야 하는가를 배운다. 반면 캐릭터와 아바타는 플레이를 하는 '나'가 누구인지를 계속해서 환기시킨다. 게임 속의 '그'(플레이어-캐릭터)가 바로 '나'임을 각인시켜주는 역할을 하는 것이다. 그 점에서 이들은 동일시 강화의 장치이고 게임 세계로부터 비판적 거리두기를 차단하는 역할을 한다고 할 수 있다. 영화 주인공은 나의 통제권 밖에 있기 때문에 '동일시'를 통해서만 영화 속 세계에 진입할 수 있다. 하지만 우리가 게임 캐릭터에 느끼는 동일시는 캐릭터 자체에 대한 정서적 일치감이라기보다는 캐릭터나 아바타를 통해 직접 그 세계의 행위자가 될 수 있다는 사실에 기인한다. 내가 영화 〈툼 레이더〉의 주인공 라라 크로포드에게 느끼는 동일시와 게임 〈툼 레이더〉의 주인공 라라 크로포드를 조종하면서 느끼는 몰입감의 차이는 그것을 말해준다.

영화나 게임 모두 스펙터클을 주무기로 삼는 예술이다. 하지만 게임의 경우 플레이어가 버튼이나 마우스, 조이스틱에서 손을 떼는 순간 캐릭터의 운동이 정지되기 때문에 게임의 스펙터클은 주체에 의존하고 있다. 플레이어는 자신의 직접적인 컨트롤러 조작을 통해서만 시간적 인과성을 갖는 운동, 즉 사건이 생성된다는 사실로 인해 자신을 캐릭터와 한 몸으로 인식할 뿐만 아니라 게임 세계의 주인이 된 듯한 착각에 빠지게 된다. 이러한 환상 덕분에 플레이어는 자기가 서사 생산의 주체인 것 같은 경험을 하게 되고, 이는 영화 스펙터클의 일방적 동일시에서 있을 수도 있는 거리감의 잔재를 말끔히 해소한다. 캐릭터나 아바타를 매개로 펼쳐지는 게임의 스펙터클은 영화의 그것보다 진화한 형태이다. 왜냐하면 게임의 동일시는 이중적인 것이기 때문이다. 게임에는 내가 동일시하고 나를 대치하는 캐릭터가 있을 뿐만 아니라 그것을 넘어 나는 그 캐릭터를 통제할 수 있다고 믿기 때문이다.

사실 내가 게임 속에 존재한다는 느낌, 내가 게임 속의 어떤 존재가 되어 행위를 하고 있다는 느낌은 이데올로기적 환상에 불과하다. 왜냐하면 게임 텍스트는 인트로 영상이나 컷신 등의 장치를 통해 플레이어에게 특정한 존재가 될 것을 강제하고 있고 플레이어의 참여적 행위도 게임 로직의 규정을 받고 있기 때문이다. 그런 점에서 디지털 미디어의 '상호작용성'을 제일 잘 구현하고 있다는 식의 디지털게임 예찬은 정정될 필요가 있다. 뉴미디어의 상호작용성은 분명 새로운 수평적 커뮤니케이션의 대안이 될 수 있고 사회적 참여뿐만 아니라 새로운 예술적 실천의 수단이 될 수 있다. 하지만 자본주의적 이윤 논리를 좇을 수밖에 없는 콘텐츠 기업의 입장에서 대중들에게 충분히 먹힐 수 있는 대안적 실천은 매우 제한적일 수밖에 없다. 물론 새로운 매체의 대안적 활용의 필요성과 가능성을 지속적으로 고민하고 실천하는 일은 필요한 일이지만 현실은 그렇지 못한 것이다.

이는 디지털게임의 경우에도 마찬가지이다. 과거의 게임부터 블록버스터 AAA 게임들에 이르기까지 이야기를 만들어가는 능동적 주체로서의 플레이어는 상상적/이상적 게이머이다. 이는 플레이어가 자발적 선택과 직접적 개입을 통해 스토리를 구성해 나갈 수 있는 가능성 혹은 그 정도를 의미하는 '자유도' 개념에 의문을 품게 한다. 물론 우리는 일본식 RPG보다 미국의 RPG가 더 자유도가 높다고 할 때 플레이어에게 주어진 선택지를 가늠할 수 있는 상대적 잣대이지 그 자체가 게임의 본질은 아니다. 다시 말하지만 게임이라는 것은 '누군가에 의해 디자인 된 것'이고 그 심층에는 누구나 아무렇게나 바꿀 수 없는 절대적인 규칙이 존재한다는 것을 기억할 필요가 있다. 다만 우리는 우리가 버튼 누르기나 마우스 조작 등을 통해 스펙터클을 만들 수 있고 그 과정에서 게임 속의 필연적 존재가 된 듯한 느낌을 받을 수 있을 뿐이다. 우리의 조작을 통한 캐릭터의 움직임과 게임 속 세계의 변화도 규칙으로 설정된 프로그램상의 변화에 불과하다는 점에서 '거짓 운동'에 불과하다. 게임 개발자들은 이미 플레이어들의 상호작용적 개입의 가능성들을 코드화해놓았고 프로그램에 그 행위에 대한 반응 방식을 기록해 놓았기 때문이다. 오픈월드 게임, 샌드박스 게임, 영속적 MMORPG의 세계 역시 우연이 넘치는 우리 세상만큼이나 규칙(법)의 테두리 안에서 작동하고 있는 것이다.

그런 점에서 플레이어는 게임의 주체가 아니며 될 수도 없는 것일 수 있다. 능동적·구성적 주체라는 환상은 미리 프로그래밍된 게임의 로직을 통해 만들어진 가상적인 것이다. 키보드나 조이스틱의 조작을 통해 가지게 되는 '주체'로서의 인식은 '허위'에 불과하다. 디지털게임은 우리를 주체적인 플레이어로 호명하지만 게임의 로직 혹은 게임의 이데올로기에 갇힌 '수인'(囚人)이라는 점은 여전하다. 주체로의 호명은 거의 모든 게임들의 필요조건이다. 윤태진·나보라의 말처럼 게임은 '마법사'가 아니라 '마술사'에 불과하다. 무대나 몸에 교묘한 속임수 장치들을 숨겨두거나 숙련된 눈속임 기술들을 활용하여 진짜 같은 술수를 부리는 마술사처럼, 게임 안에 행동의 주인이 된 것처럼 착각하게 만드는 눈속임 장치들을 마련해두고 플레이어로 하여금 게임 세계를 실제인 것처럼 느끼게 하고 세계의 주인이 된 것처럼 행세하게 만든다는 점에서 말이다.

물론 디지털게임 세계로의 '호명' 혹은 '참여'는 자발적인 것이다. 영화나 드라마를 볼 때도 우리는 그것이 허구라는 사실을 부인함으로써 즐거움을 얻는다. 우리는 코울리지의 '불신의 자발적 중지'라는 말을 기억한다. 어떤 점에서 환상 혹은 상상은 허구적인 세계와 그 이데올로기를 지탱하는 중핵이다. 우리는 〈아바타〉 시리즈의 세계가 '뻥'에 지나지 않음을 알고 있다. 그럼에도 불구하고 우리는 그것이 진실이고 현실인 양 인식하고 수용한다. 우리는 스스로 〈프린세스 메이커〉의 아버지가 될 수 없고 〈스페이스 레이더스〉의 전사 '저스틴'이 될 수 없음을 잘 안다. 그렇지만 플레이어는 디자이너에 의해 미리 차려진 성찬(盛饌)에 대한 '조작'을 통해 그 세계의 주인이라는 환상을 갖게 되고 능동적인 주체로 행동하고자 한다. 이처럼 환상을 통해서 기능하고 대가로 수용자 혹은 사용자에게 쾌락을 제공한다는 점에서 영화와 게임은 유사하다. 우리는 '불신의 자발적 중지'를 통해 자발적으로 게임의 논리를 수용하고 게임 속의 일원이 된다. 그 세계의 일원으로서 우리는 규칙으로 포장된 게임의 감추어진 정치·사회적 논리마저도 수용한다는 것을 의미한다. 그러는 사이 우리는 디지털게임의 이데올로기가 잘 구현되도록 동참하는 '공모자'가 된다.

하지만 어떤 게임을 플레이했을 때 주체에게 주어지는 느낌과 인식은 다양할 수 있다. 대부분 게임들이 의심스럽거나 부당해보이는 설정과 규칙을 가지고 있더라도 플레이어가 플레이를 통해 그 문제를 인식하고 자신의 입장을 정할 가능성도 있는 것이다. 악명 높은 〈GTA 3〉가 플레이어에게는 게임의 윤리에 대해 깊이 숙고할 기회를 주기도 하고 높은 평가를 받는 〈바이오쇼크〉가 플레이어를 가르치려든다는 이유로 부정적인 평가를 받을 수도 있는 것이다. 호가트의 말처럼 컴퓨터게임의 윤리는 콘텐츠의 내용 층위에 있는 것이 아니라 플레이어의 '실천적 지혜'에 대한 그 게임의 '믿음'에서 찾아야 할 듯하다. 자본주의적 경쟁 혹은 생존 논리를 무의식적으로 체득하게 하는 게임들의 경우에도 그 게임들에 내장된 이데올로기적 '결을 거슬러서' 읽고 수행할 수 있는 가능성들을 놀이의 장치로 활용하려는 실천적 지혜를 갖춘 주체들이 있다.

  정해진 규칙 안에서의 가능성에 불과하지만 게임의 상호작용성은 여전히 우리에게 큰 매력이다. 게임의 '재미'는 지긋지긋한 일상과 현실로부터의 도피를 가능하게 해주는 것이기도 하지만 우리가 사는 사회를 되돌아보게 하는 요인이 될 수도 있다. 물론 현재의 대표적인 디지털게임들은 문화산업의 논리에 종속되어 있기 때문에 그럴 가능성은 상대적으로 적다. 그렇다고 해서 디지털게임의 부작용을 고집스레 주장하는 것은 바람직한 태도가 아니다. 플레이어의 선택과 참여의 자유와 활동성을 증강하는 벡터와 그를 수동적 주체로 만들 수 있는 벡터 사이에서 길항하는 디지털게임의 이중적 양면성을 동시에 주목하면서 그의 긍정적 측면을 확대하려는 다양한 노력이 있어야 할 것이다. 우리는 사진이나 영화, 라디오 등의 새로운 미디어가 등장했을 때 대부분의 지식인들이 그 매체들을 혐오하는 상황에도 불구하고 뉴미디어의 긍정적 효과에 주목하면서 현실 비판적 수단으로 기능 전환시키고자 했던 벤야민(Walter Benjamin)과 브레히트의 논의에 주목할 필요가 있다. 특히 브레히트의 연극 구상은 보알에 크게 영향을 주었고 대안적 디지털게임을 고민하고 실천하는 프라스카는 브레히트와 보알을 경유하여 한걸음 더 내딛고자 하였다.

대중매체의 기능전환: 벤야민과 브레히트

  2022년 9월, 게임을 문화에 포함시키는 것으로 문화예술진흥법이 개정되었다. 외국 여러나라들에 비해 뒤늦은 감은 있지만 이는 모든 기술과 문화가 수렴되는 게임의 가치를 인식하기 시작한 역사적 사건으로 평가할 만하다. 최근 게임이 미술과 공연, 음악회, 문학, 영화 등으로 확장되는 사례가 크게 늘었는데 그 결과가 아닌가 생각된다. 굳이 '게임아트'와 '아트게임'을 표방하지 않더라도 게임은 미학과 기술의 만남을 통해 놀이의 장을 마련하려고 노력해왔고 그래서 해외에서는 진입 장벽이 높은 미술관과 박물관에 자리를 잡아오고 있다. 우리의 경우도 2022년 12월 예술의 전당과 넥슨이 협력하여 '넥슨 게임아트전'을 열 예정이어서 기대를 모으고 있다. 물론 디지털게임이 어엿한 문화적 매체로 자리 잡는 과정이 순탄하게 이루어진 것은 아니었다. 영화가 초기부터 지식인들이나 예술가, 여론의 뭇매를 맞아야 했듯이 게임 역시 그러했다. 영화가 등장 초기 신기한 발명품이요 오락매체로 인식되다가 문화적 매체로 자리 잡는 과정은 이른바 좌·우파 문화보수주의자들과의 치열한 헤게모니 싸움을 수반한 것이었다. 지금이야 영화가 문화적 매체로 인정받고 1950년대부터 '영화학'이라는 분과학문이 생겨 제도권 안에 들어오게 되었지만 영화의 폭력성과 선정성은 지속적인 사회적 이슈였고 부분적으로는 지금도 그렇다. 미 의회 청문회나 보수적인 시민단체들의 할리우드 때리기는 거의 할리우드의 역사와 맞먹을 정도였고 이에 대해 할리우드는 윌 헤이즈라는 공화당 인사를 영입하여 '헤이즈 코드'라는 자기 검열 시스템을 갖추어야 했다.

  이는 디지털게임의 경우에도 마찬가지였다. 디지털게임에 대한 사회적 담론의 대부분은 외국이나 국내 모두 게임중독이나 게임이 청소년들에게 미치는 심리적 영향, 선정성과 폭력성 및 모방범죄 등의 부작용과 관련한 것이었다. 디지털게임이 대중의 놀이로 확산되기 전에 일어난 총기 사건들은 영화나 텔레비전과 관련된 것으로 보수적 인사들의 지탄을 받았다. 그런데 이제 디지털게임의 대중화와 더불어 그러한 사건들은 모두 디지털게임의 책임으로 돌려졌다. 유명한 콜롬바인 총기사건이나 버지니아 조승희 총기사건은 그것을 잘 보여준다. 사실 구체적으로 그 연관성이 객관적으로 입증된 바 없는 게임의 부정적 담론들의 밑바탕에는 대중문화에 대한 뿌리 깊은 불신이 자리하고 있다. 새로운 매체의 등장과 급부상으로 인한 기득권층들의 불안과 공포, 이러한 매체 이동이 격렬한 사회 변화를 야기하고 자신들의 가치들을 파괴하지 않을까에 대한 무의식적 신경증이 작동하고 있는 것이다. 물론 주류 영화나 디지털게임들은 상품으로서의 속성, 즉 친자본적·상업주의적 본성을 갖기 때문에 사회적·정치적 문제점과 부작용이 있을 수밖에 없다. 그러나 게임에 무지한 '게임 포비아'에서 출발한 게임 비판 담론들은 이러한 부작용을 매체 자체의 책임으로 돌릴 뿐 개별 콘텐츠들의 차이성과 플레이어들의 게임 행위에 대한 관심을 결여하고 있다.

대중문화에 대한 부정적 입장들

역사적으로 새로운 매체의 등장은 늘 격렬한 찬·반 논쟁을 불러왔다. 전통적인 표현 수단들에 익숙해져 있던 이들은 새로운 매체가 전통을 파괴하고 대중들의 의식을 오염시킨다고 보기 때문이다. 어떤 이들은 전통적 가치들을 지켜내기 위해, 또 어떤 이들은 이들 새로운 매체들의 이데올로기적 오염으로부터 대중들을 '보호'하기 위해, 그리고 어떤 이들은 종교적 윤리를 위해 새로운 매체와 문화들을 비판해 왔다. 특히 19세기 말 영화와 라디오 방송 등의 대중매체의 등장과 대중문화의 확산은 지식인들과 예술가들에게 하나의 충격으로 받아들여졌다. 대중매체에 대한 비판적·경멸적 입장은 다수 보수주의자들이나 진보주의자들에게 공통된 현상이었다. 이른바 대중문화에 반대하는 좌·우파 연합전선이 만들어진 것이다. 독일 철학자 하이데거는 대표적인 대중문화 비판론자였다. 뿐만 아니라 반파시즘적 입장을 가지고 있던 독일의 유명한 소설가 토마스 만(Thomas Mann)은 대중매체의 예술적 가능성을 '비예술적'이라고 단정 지었고, 문학적 현대성을 선취했던 카프카(Franz Kafka)의 경우에도 대중매체가 초래할 '의식의 획일화'를 우려한 바 있다. 디지털게임이 등장하기 전이기는 하지만 하위징아나 카이와의 경우에도 프로스포츠를 '놀이의 타락'이라 비판한 적이 있으니 대중문화에 대해 환영하는 입장은 아니었을 것 같다.

문화보수주의자들의 시선은 그들이 행했던 '고급문화'(high culture)와 '대중문화' 혹은 '저급문화'(low culture)의 이분법적인 구분에서 여실히 드러난다. 전통적으로 문화는 문학, 미술, 음악, 철학 등의 '예술'과 관련된 것이었다. 이들은 주로 교육받은 지적 엘리트들의 전유물이었고, 이들에게 문화라는 것은 전적으로 고급스러운 정신활동에 국한된 것이었다. 가령 아놀드

(Mathew Arnold)는 문화를 '사회에서 말하고 생각되는 최상의 본질'이라고 하면서 그것의 본질을 삶과 일상으로부터의 거리에서 확보하고자 한 바 있다. '고급문화'와 '저급문화'의 구분은 바로 이러한 지적 엘리트들에 의해 생겨났고 지금도 그 권위는 많이 약해졌지만 여전히 광범위하게 확대 재생산되고 있다. 이러한 구분에 따르면 삶과 현실로부터 일정한 거리를 두고 자율성과 독립성을 유지하는 미술, 회화, 문학 등은 고급문화로 분류되고, 상업적인 세속적 목표를 추구하는 영화, 텔레비전, 문화, 만화 등은 '저급문화'로 분류된다. 당연히 고급문화는 높은 질을 갖춘 문화인 반면, 저급문화는 저질스럽고 통속적인 문화로 폄하된다.

물론 대중문화를 비관적으로 보는 이들의 견해가 이 정도로 단순하지는 않다. 비판론자들이 보기에 대중문화는 19세기말에서 20세기로 넘어오면서 급격하게 진행된 산업화 혹은 독점 자본주의화의 결과물로서 그 본질상 상업주의적 문화이다. 엘리트주의자들이나 보수주의자들이 보기에 '대중문화'는 문화의 생산자와 소비자를 분리시키는 문화이다. 일과 놀이, 문화적 소비와 생산이 하나를 이루고 있던 과거의 전통적인 민중문화와 달리 대중문화는 문화적 향유를 단순한 '관람자의 경기'로 만들어 버렸고 문화를 '소비재'로 전락시켰다. 그리고 대중문화는 매스미디어를 통한 대량생산과 대량소비의 문화이다. 문화의 대량생산은 평준화된 취향의 만족을 목표로 하기 때문에 문화적 획일화를 불러올 수밖에 없다. 따라서 많이 팔리는 것을 목표로 하는 대중문화는 다양한 취향을 지닌 개별 대중들의 문화적 욕구를 충족시키려 하기보다는 소비자의 평균치에 맞추어 생산된다. 대중문화 생산자들의 관심도 소비자의 문화적 수준을 향상시키거나 다양한 문화의 상생(相生)을 추구하기보다는 어떻게든 소비자들의 기호에 영합하는 것이다. 이는 문화의 질을 떨어뜨릴 뿐만 아니라 대중들의 문화적 안목을 현저하게 파괴한다는 결론으로 귀결된다.

대중문화 비판론자들은 대중들의 예술적 향유 능력에도 의문을 품는다. 그들이 보기에 대중들은 예로부터 학문과 예술을 좋아하지 않았으며 인간의 삶을 밝혀보려 하기보다는 늘 일상적 삶의 어려움을 잊게 해주는 오락과 쾌락을 찾는다. 그들은 행복하고 감상적인 것들을 추구하거나 폭력적이거나 선정적인 스펙터클에 골몰하기 마련이고, 이윤추구적 대중문화는 그러한 소비자 요구를 충족시키기 위해 뭐든지 한다는 것이다. 또한 대중문화 시장의 유혹이 증대됨에 따라 생산자나 소비자 모두의 예술적 창조의 잠재력이 고갈되고 만다. 이는 대중문화 생산자와 소비자 모두의 문화적 소외를 야기한다. 대개 대중문화 창조자들은 기업주와의 계약 하에서 분업적으로 일하기 때문에 자신들의 창의성과 예술성을 표현하기보다는 주어진 역할을 수동적으로 수행할 뿐이기 때문이다. 인기 대중가요나 텔레비전의 트렌드 드라마들처럼 주류 대중문화가 산술 평균치적인 수준으로 표준화 혹은 획일화된 저질 문화를 양산하는 것은 그러한 현상의 단적인 예이다. 이른바 대중문화의 '소아주의'는 보다 광범위한 소비자들을 끌어들이기 위해 그 수준을 5세에서 13세 주체들의 감성에 맞추려는 상업주의적 전략의 또 다른 표현이다. 이는 소비자들의 경우에도 마찬가지인데 그들은 강매되는 대중문화를 수동적으로 소비하는 수동적 주체에 불과하다. 가령 비판론자들이 보기에 일본의 인기 오락 프로그램을 표절한 국내의 쇼프로들은 시청자가 원했기 때문에 제작된 것처럼 선전하지만, 사실은 대중이 그것을 필요로 하기 때문에 소비되는 것이 아니라 판매기술 덕분에 소비되는 것이다.

뭐니 뭐니 해도 대중문화에 대한 비판적 입장의 본령은 정치적 의미와 관련된 논의들이다. 여기에는 대중사회가 전체주의 사회로 전환될 위험성이 크다는 점을 경고하는 민주적 대중 사회론자들의 견해와 마르크스주의자들의 견해가 대표적이다. 이 두 진영은 공통적으로 대중문화가 대중들을 현실 도피적 내용에 탐닉하게 만들어서 심리적 마취 작용을 일으키게 하여, 현실의 문제를 직시하고 그러한 문제와 자율적이고 능동적으로 해결할 수 있는 능력을 약화시키고 있음을 지적한다. 이러한 주장의 바탕에는 대중문화가 '심리적 문맹' 상태를 초래한다거나 '불필요한 필요'를 만들어냄으로써 자본주의체제에 대한 비판적 능력을 빼앗고 기존 체제의 유지에 동조하게 만든다는 인식이 자리하고 있다. 가령 대중들은 현실에 불만을 가지고 있음에도 불구하고 그것을 직접 개선하려 하기보다는 스펙터클을 통해 그러한 불만을 소비하거나 배설하는 것이다. 이쯤 되면 대중문화나 현대 자본주의의 축제적 이벤트들은 현실 비판으로 연결될 수 있는 대중들의 시선을 미리 차단함으로써 체제의 '안전판' 노릇을 하는 셈이다.

가령 아도르노(Th. Adorno)를 비롯한 '프랑크푸르트 학파'의 문화산업론은 대표적인 대중문화 비판론이다. 대체로 유대인 출신들인 이들은 나치를 피해 미국에 망명하면서 대중문화의 종주국이라 할 수 있는 미국을 경험하는 가운데 대중문화의 대중 동원적·대중 조작적 측면을 간과하고 이를 비판한다. 이들에 따르면 대중문화는 이미 대중들 자신이 자발적으로 만들어낸 문화가 아니라 조작된 욕구에 의해 생산되는 문화이기 때문에 최초에 가졌던 그 원래의 의미를 상실했으며, 소비 자본주의에 있어서 대중문화·여가문화는 문화산업을 소유하고 통제하는 사회적 이해관계의 요구에 따라 막대한 영향을 받기 때문에 '문화산업'이라는 용어로 대체되어야한다. 이들에게 더욱 큰 문제는 라디오와 영화, 그리고 텔레비전과 같은 매스미디어가 현대 자본주의의 주요한 이데올로기적 도구로서 현행 계급 지배를 유지·재생산하는 것이었다. 이른바 문화산업은 '소셜 시멘트'로서 기존의 체제를 단단히 봉합한다는 주장이다.

대중문화를 정치적으로 비판하는 이들이 보기에 매스미디어를 통해 생산되고 보급되는 대중문화는 대중에 대한 심리조작을 통해 허위의식 혹은 이데올로기적 환상을 갖게 한다. 폭력이나 섹스 혹은 그에 준하는 스펙터클을 대량 살포함으로써 대중들을 심리적으로 무력하게 만든다거나 이러한 폭력물을 통해 사회에 대한 분노와 적의가 행동으로 연결되지 않고 대리적인 폭력 경험으로 끝나고 만다는 것도 유사한 맥락의 비판이다. 특히 매스미디어는 사회적 지식과 이미지의 선택적·조작적 구축과 구성을 통해 모든 집단과 계급에게 공통된 삶의 방식과 가치 및 관행에 대한 이미지를 형성함으로써 각기 다른 성향의 구성원들을 하나의 '전체'로서 묶어준다. 즉 매스 미디어는 가식적 이미지의 구축을 통해 분열된 집단과 계급을 하나의 전체로 통합시키는 작용을 한다는 것이다. 모든 차이를 하나로 획일화하는 동일성 메커니즘의 첨단이 문화산업이라는 것이다. 아도르노·호르크하이머의 '관리되는 사회', 마르쿠제의 '일차원적 사회'같은 개념은 문화산업에 의해 지배되는 '전체주의적' 현대사회의 우울한 자화상이다.

사실 대중문화에 대한 이러한 비판이 전혀 근거가 없는 것은 아니다. 대중문화에 대한 비판적 담론들은 모두 현실 분석에 기반하고 있기 때문이다. 특히 대규모 자본을 필요로 하고 그에 값하는 이윤을 창출해야 하는 산업으로의 속성 때문에 주류 대중문화들은 위의 문제점들에 그대로 노출되어 있다고 할 수 있다. 유사한 상투적 스토리 구도와 구성을 반복하는 텔레비전의 드라마들은 대표적인 사례들이다. 대중음악과 영화, 특히 게임은 어떠한가? 성공한 콘텐츠를 반복하고자 하는 충동, 즉 동일성과 클리셰의 메커니즘으로부터 얼마나 자유로울까?

대중문화에 대한 긍정론

하지만 '감성혁명' '문화혁명' '상상력의 혁명' '에로스 혁명' 등으로 불리는 '68혁명 이후' 대중문화에 대한 평가에 약간의 변화가 생겨난다. 기존의 혁명이 총과 무력으로 지배 체제를 무너뜨리고 권력을 바꾸고자 했다면 68혁명은 이전의 혁명에 대한 문제제기에서 출발한다. 1060년대의 '몽상가들'은 혁명의 결과 새로운 사회체제가 등장했지만 그것이 억압의 해소가 아니라 변형된 억압 혹은 억압의 심화로 이어진 점을 신랄하게 비판한다. 물론 68혁명가들에게도 지배 권력이나 제국주의와의 싸움은 중요한 것이었고 경우에 따라 폭력적인 수단들이 사용되기도 했다. 그러나 이들에게 변혁은 사회와 개인의 심층적인 의식을 근본적으로 바꾸는 데에서 시작되어야 하는 것이었다. 사람들의 의식과 욕망의 변화를 포함하는 혁명이어야 했고 그래야 종래의 시행착오를 반복하지 않을 수 있다고 생각한 것이다. 이를 위한 실천 행위에서 문화는 중요한 수단이었고 강력한 무기였다. 어쩌면 1960년대는 지배 체제의 개나 시녀 취급을 받던 대중문화가 체제 안과 밖에서 나름의 목소리를 낼 수 있었던 '유일한' 시대였다. 기존의 주류 문화들과 새로운 청년문화들의 경쟁과 대결로 풍요로운 시대였고 처음은 아니었지만 대중문화 역시 사회적 발언의 도구가 될 수 있음을 시위한 시대였다. 록음악과 포크 음악, 자유연극운동, 다양한 뉴시네마 운동 등은 당시 '자유'와 '도전' 그리고 '해방'이라는 청년 운동의 슬로건을 적극 흡수하면서 대중문화에 대한 시각전환을 예고하였다. 물론 혁명은 잘 안 되고 70년대 '환멸의 시대'를 맞이해야 했지만 사회적으로 성과도 적지 않았다. 특히 대중문화의 사회적 역할과 대중의 능동적인 문화적 향유 및 해석 능력에 대한 생각이 자라나기 시작한다.

비슷한 시기에 영국 버밍햄 대학 '현대문화연구소'의 이론가들은 '문화연구'(cultural studies)라는 이름으로 새로운 이론적 실천을 개시한다. 이들은 영국 마르크스주의의 전통과 그람시, 그리고 알튀세르의 마르크스주의를 버무려 대중문화에 대한 새로운 접근의 길을 열어준다. 그들은 '문화가 무엇인가'보다는 '문화가 무엇을 하는가'에 주목한다. 이들에게 문화는 하나의 사물(예술)이나 상태(문명)라기보다는 '사회적 실천'이다. 이로써 '문화'는 의미가 한 집단에서 생산되고 교환되는 실천들의 집합으로 이해된다. 이들이 보기에 모든 사회적 행위는 상징적 차원을 갖고 있으며, '문화'가 우리에게 의미하는 것은 이 상징화와 의미의 차원이다. 이러한 정의에서 '문화적 실천'은 의미생산의 실천, 즉 '의미를 만들기' 위해 기호와 상징을 이용하는 실천이다. 결국 문화는 레이먼드 윌리엄스(Raymond Williams)의 말처럼 '의미를 만들어내는 실천'(signifying practices)이므로 이제 문화연구자들은 문화가 긍정적이냐 부정적이냐에 매달리기보다 동사로서의 문화적 생산과 수용과정에 주목해야했다. 물론 문화에 대한 수용행위 역시 사회·정치적 콘텍스트 안에서 이루어진다는 점에서 정치적 의미를 띤다. 하지만 문화연구에서의 정치는 거시정치의 영역에 머물지 않고 미시정치와 생활정치의 영역으로 확장된다. 무엇보다 우리의 주제와 관련하여 매체 자체나 콘텐츠 자체를 미리 이데올로기적으로 예단하는 관행에 큰 변화가 생긴다.

'문화연구' 그룹의 대표적인 연구자 스튜어트 홀(Stuart Hall)은 문화를 집단, 공동체, 사회가 공유하는 실천으로 규정하며 문화를 사물의 고정된 상태가 아니라 개인이나 집단이 이를 이해하는 과정이나 실천으로 본다. 그에 따르면 문화는 사회나 집단 사이에 상호의미를 주고받거나 교환하는 산물이다. 무엇보다 홀이 강조하는 것은 문화를 공유하는 집단(혹은 의미를 만들어가는 과정) 사이에는 '유동적인 해석과 의미'가 존재한다는 점이다. 즉 특정한 시대별로 주어진 이슈나 사물에 관련된 다양한 해석과 의미가 존재한다는 것이다. 이를테면 유사한 가치관과 정치적 입장을 지닌 사람들이라 하더라도 똑같은 작품에서 다른 의미를 찾아내고 해독할 수 있다. 이는 상호작용성이 강한 디지털게임의 경우 더욱 그렇다. 가령 〈심즈〉를 두고 어떤 이들은 미국 사회의 소비주의적인 삶의 패턴을 반복하고 있다고 비판하며 또 어떤 이들은 그러한 패턴 자체가 미국 사회의 현실적 모순을 날 것 그대로 보여주는 것이라며 다르게 해석한다. 이는 문화적 실천과 관련해서도 그러한데 어떤 플레이어들은 〈리니지〉나 〈아키에이지〉에서처럼 아이템 수집 등 자본주의적 재산 축적의 과정을 즐겨 실천하지만 어떤 이들의 경우 그곳을 대안적 커뮤니티의 공간으로 바꿔놓기도 하는 것이다. 〈마비노기〉에 연극동호인들이 벌였던 셰익스피어 작품 공연이 대표적이다. 앞서 보았던 리처드 바틀의 온라인게임 플레이어 유형 구분은 이미 다양한 취향의 플레이어들이 존재하고 있음을 그리고 같은 디지털게임이라 하더라도 다양한 실천과 해독의 방식들이 있음을 입증해 주고 있다.

　대중문화를 긍정적으로 옹호하는 이들은 대중문화를 통해 대중이 문화적 욕구나 감수성을 보임으로써 문화적으로 깊은 잠에서 깨어났다고 주장한다. 과거 기득권과 엘리트들의 전유물이었던 문화가 이제 대중들 사이로 파고들게 되었고 이는 이른바 대중문화의 민주화를 가져왔다는 것이다. 이로써 대중들은 대중예술들에서 보다 일반적인 문화요소들을 민감하게 알아내고 평가할 수 있게 되었고 미학적 수용이나 표현에 있어서도 좀 더 복잡한 수준으로 향상되었다고 주장한다. 심지어 어떤 이들은 저속한 주류 문화도 나름의 의미를 지닌다고 하면서 극단적 문화다원주의의 면모를 드러내기도 한다. 옹호론자들은 사람들은 누구나 나름의 경험과 예술적 기준에 따라 개인적인 문화적 취향을 가지고 있고 그러한 취향에 따라 문화를 향유할 권리와 자유가 있다는 점을 들어 대중문화를 옹호하기도 한다.

하지만 이러한 입장은 앞서 소개했던 문화연구의 전통과는 사뭇 다르다. 왜냐하면 문화연구의 구성원들은 문화라는 것이 일방적으로 지배적인 구조의 산물이 아니고 계급적 표현물도 아니라는 점을 인정하지만 모든 대중문화에 대한 무장해제 식의 옹호론을 주장하는 것은 아니기 때문이다. 그들이 보기에 문화는 두 가지의 힘, 즉 지배 구조의 힘과 인간의 실천적 힘이 만나 경쟁하고 투쟁하고 타협하며 갈등하는 영역이다. 이는 다양한 헤게모니들의 주도권 싸움으로 이야기되기도 한다. 그리고 어떤 문화의 생산과 수용을 둘러싼 구심적 실천과 원심적 실천 간의 다툼 혹은 경쟁의 과정은 정치적 효과를 갖는다. 어떤 점에서는 특정 문화콘텐츠 자체에 담긴 정치적 의미도 문제이지만 그와 별개로 어떤 작품의 수용과정들에서 발생하는 다양한 의미와 실천들이 벌이는 각축이 더 문제일 수도 있기 때문이다. 특히 UCC나 채팅창, 포럼 등을 게임의 요소로 끌어들이는 최근의 게임 경향은 어떤 게임에 대한 플레이어들의 적극적 해석을 보여준다. 과거 노무현 대통령 탄핵 사건 당시 MMORPG인 〈군주〉의 '경복궁' 앞에서 사이버 집회가 열리거나 〈천상비〉에서 탄핵 찬반 투표가 열린 것은 개발자들도 예측하지 못한 사건이었다. 이후 디지털게임에서는 게임 안에서 사용자들의 정치적 발언이 확산되고 있으며 플레이어들의 참여는 머시니마나 게임 모드로까지 나아간다. 더욱이 스스로의 게임을 만들 수 있는 〈로블록스〉나 〈디토랜드〉 등의 게임에서는 자신들의 의도를 담은 게임들이 탑재된다. 이른바 게임 기능전환의 다양한 사례들이 생겨날 수 있는 환경이 구성되고 있는 것이다. '게임의 민주화'나 '게임의 사회화'가 이야기되는 것이 현실이다.

조금만 더 이야기를 보태자면 영국 문화연구의 주장은 이탈리아의 마르크스주의자 안토니오 그람시(Antonio Gramsci)의 '헤게모니'론에 크게 기대고 있다. 그람시에 따르면 '헤게모니'는 특정 계급이 다른 계급에게 휘두르는 물리적인 권력이나 지배적 주도권의 문제가 아니라 사회적, 경제적, 정치적으로 서로 다른 계급 구조 속에서 권력이 교섭되는 과정이다. '지배'라는 개념과 달리 헤게모니는 사회의 모든 측면에서 주체들 사이의 '밀당' 과정에서 형성된다. 이 과정은 한 계급이 헤게모니를 점유하는 것이 아니라 다양한 관계 속에 있는 서로 다른 주체들이 관계를 맺기도 하고 투쟁을 하기도 하는 역동적인 실천의 과정이다. 어떤 문화 속에서 드러나는 이러한 관계들은 고정된 것이 아니라 끊임없는 변화를 거듭하는 상태에 있기때문에 지배적인 이데올로기들도 사회적인 저항의식과 긴장을 형성하며 늘 문화 속에서 재규정되기 마련이다. '대항 헤게모니'(counter·hegemony)의 존재 역시 가능하며 이는 지배적 헤게모니와 상호교섭을 하거나 투쟁을 하는 가운데 독자적인 의미들을 만들어 내기도 한다. 그런 점에서 상호작용성과 플레이어의 자유도가 큰 온라인게임들은 다분히 정치적 아젠다의 토론 공간이 되는 것도 이해할 만하다. 물론 '따로 같이' 놀기 위해 모인 게이머들에게 그러한 사건은 무척 간헐적일 것이다. 그럼에도 게임의 가상공간에서는 서로 다른 정치적 견해와 취향을 가진 플레이어들이 각자의 생각을 다투며 의견을 교환한다. 물론 그 과정에서 정치적 담론이 날 것 그대로 표현될 수도 있고 게임 플레이에 녹여서 나타날 수도 있다. 문제는 '놀이'와 '재미'이기 때문이다.

그리고 그람시의 헤게모니를 문화연구에 원용할 경우 대중문화는 이제 '일방적 권력'의 도구나 특정 사회의 지배 도구로만 기능하는 것이 아님을 알 수 있다. 왜냐하면 문화적 실천은 다양한 세력들이 의미화와 상징화를 통해 갈등하고 경쟁하는 과정을 의미하기 때문이다. 즉 '입장들'의 패권(hegemony)를 향한 다양한 실천들의 장이 바로 문화인 것이다. 그람시의 헤게모니 개념은 지배 권력에 의한 일방적 지배수단으로서의 문화관을 거부한다. 현대 시민사회에서 대중들의 자발적 참여와 동의가 없는 지배란 없기 때문이다. 그런 점에서 그람시에게 헤게모니는 어느 지배 계급의 지도력이 '자연스럽게' 행사되는 순간이기도 하다. 그런데 헤게모니는 조금씩 뺏고 뺏기는 지속적이고 역동적인 과정이지 전부 빼앗고 빼앗기는 것이 아니다. 대중문화라는 일상적 실천을 통해 헤게모니의 바탕이 되는 '동의'가 만들어지거나 해체될 수 있다는 점에서 문화연구는 그람시의 주장을 잇고 있다. 그람시의 헤게모니 개념은 대중문화 산업과 제작자의 정치적 의도를 읽어 내는 데 있어서 뿐만 아니라 수용자 혹은 사용자의 역할을 설명하는데 매우 유용한 개념이다.

　오늘날 문화콘텐츠 산업에는 타인에 대한 배려와 공동체적 관심 등의 휴머니즘적 가치들과 자본과 상업적 이윤 창출이라는 도구적 차원이 뒤섞여 존재한다. 물론 디지털게임 산업이 단적으로 말해주듯 후자가 압도적인 우위를 점하고 있는 것으로 보인다. 이는 시장 안에서 소비자들의 사랑을 먹고 살아야하는 대중문화의 천형(天刑) 같은 운명인지도 모른다. 하지만 여전히 문화로서의 지향과 상품으로서의 조건이라는 두 차원은 경쟁하며 갈등하고 있다. 특히 문화의 장을 피지배계급의 저항력과 지배계급의 구심력 사이의 전장(戰場)으로 본 그람시의 입장은 우리에게 시사 하는 바가 많다. 그럼에도 문화산업이 대중조작적이고 상업화된 대중문화라는 사실, 상상적 나르시시즘에 사로잡힌 수동적인 대량 소비자 집단을 양산한다는 사실, 신자유주의적 지구화의 문화논리가 일반화되면서 전지구적 문화의 양상이 '일상생활의 맥도날드화'같은 다국화된 자본과 미국식 문화를 강제하고 있다는 사실 역시 엄연한 현실이다.

　그럼에도 우리는 단순히 대중문화를 수동적으로 받아들이는 것이 아니라 생산적으로 수용하는 능동적인 수용자 대중을 상상해볼 수 있다. 즉 어떤 작품이나 생산자의 이데올로기를 그대로 받아들이는 '지배적·헤게모니적 해독'(dominant-hegemonic reading)에 만족하지 않고 저항적 생산이나 해독을 실천하는, 즉 '전유'(appropriation)하는 대중들의 존재 말이다. 영화 포스터를 변형한 정치 패러디, UCC의 정치적 활용, 사회적 비판과 비판적 여론 형성의 매체로 디지털게임을 활용하는 것 등 이러한 전유적 실천의 사례들은 무척 다양하다. 대중문화에 대한 단순한 낙관론이나 비관론 모두 사회적·문화적 실천으로서는 부적당한 이론들이다. 필요한 것은 자본과 도구적 가치로 점철된 현재의 문화적 장들의 틈새에서 각자의 인장이 찍힌 대안적 실천들을 모색하고 창안하는 것이다.

　우리는 디지털게임의 역사가 MIT의 도전적인 해커들에 의해 시작되었음을 알고 있다. 해커의 정신을 계승한 사이버펑크(cyberpunk)는 반체제적인 대중문화 운동의 한 양상으로서 컴퓨터를 체제 유지와 자본 창출의 수단으로만 여기는 기성세대의 가치관에 반기를 든 사례이다. 물론 새로운 영화들이 할리우드에 포섭되듯이 이러한 도전들도 결국 문화산업의 품으로 체제 내화될 운명을 안고 있다. 지난 아방가르드의 역사가 그것을 말해준다. 그러나 이들의 논리와 실천은 여전히 잠재적인 가능성을 내장하고 있고 새로운 문화적 표현들의 기름진 토양이 될 수 있으며 문화적 다양성의 토대가 될 수 있다. 특히 기존 문화생산 시스템에 대한 도전적인 자극과 긴장은 새로운 사회적·문화적 변화 가능성을 확대할 수도 있고 획일적 대중문화의 외연을 넓히는 데에도 크게 기여할 것이다. 우리가 벤야민과 브레히트의 '기능전환'의 문제의식에 주목하는 이유이다.

벤야민과 브레히트: 매체의 기능전환과 서사극

대중문화에 대한 프랑크푸르트학파의 비판적 입장은 파시즘의 등장에 따른 서구 사회의 일반적 위기의식을 반영한 것이었다. 프랑크푸르트학파의 사상가들은 현대의 대중문화가 가진 도구적 합리성을 비판하면서 대중의 진정한 의식을 말살하고 허위의식을 주입함으로써 자본주의 체제의 유지를 위한 협력자로 동원한다고 비판했다. 노동자들의 파시스트 정당 지지는 이러한 경향의 극단적 표현이었다. 당시 독일의 노동자들은 자신을 대표하는 정당들이 있음에도 불구하고 '계급 배반' 투표로써 히틀러를 지지했다. 일단 그들은 문화산업에 대한 대안으로 서구 사회에서 유일하게 남은 현실 비판과 부정의 수단으로 '자율예술'을 내세운다. 대중의 진실한 요구와는 관계없이 이윤을 위해 조작된 허위적 욕구의 산물인 대중문화와 달리, 자율예술은 기존의 문화적 형식에 물들지 않았으면서도 비판적인 현실 분석을 통해 합리적 대안 사회의 가능성을 제시하는 예술이며 현실의 모순을 그대로 드러내 보임으로써 모순 극복의 의지를 고무하는 예술이다. 하지만 이러한 주장은 반대중적이며 엘리트주의적이라는 비판을 받는다. 왜냐하면 창조적 자율예술이라는 것은 대중의 보편적 정서와 거리가 멀며 대중의 힘을 결집시키는 데에도 한계가 있기 때문이다. 대중문화의 생산과 수용의 복잡성, 대중문화의 실천들 내에 존재하는 다양한 힘들의 투쟁과 그 가능성을 무시하고 있는 것도 한계로 지적된다.

하지만 발터 벤야민(Walter Benjamin)은 매스미디어와 대중문화의 부정적 가능성을 간파하면서도 그것의 대안적 활용 가능성에 대해서도 이야기한다는 점에서 프랑크푸르트학파의 대중문화 비판과 다른 입장을 보인다. 사실 그는 프랑크푸르트학파의 일원으로 대접받기도 하고 아도르노나 호르크하이머 등의 학파 구성원들과 지속적인 관계를 맺고 있었지만 일정한 물리적·사상사적 거리를 두고 있었다. 그 중 두드러지는 것이 대중매체 혹은 대중문화의 '기능전환'(Umfunktionierung)에 대한 문제의식이었다. 1930년대 집중된 벤야민의 미디어 이론은 복합적인 배경을 갖고 있었다. 우선 그는 '세기말' 전후에 본격적으로 출현한 다양한 매체들, 이를테면 사진, 라디오, 영화의 확산보급이 예술의 존재 방식에 끼친 영향을 이론적으로 설명하고자 했다. 그리고 '정치의 미학화'로 요약되는 히틀러의 집권과 권력 강화 방식에 대한 대응이론을 마련하고자 했다. 그리고 벤야민은 자신의 사유방식을 특징짓는 난해한 알레고리적 예술론을 기술복제가 가능해진 시대의 예술에도 적용하고자 했다.

프랑크푸르트학파나 벤야민 모두 파시즘 치하에서 대중문화가 대중의 정치적 동원과 의식 조작의 수단으로 전락하는 것을 지켜보면서 비판적 입장을 가지게 되었다. 그러나 아도르노나 호르크하이머 등의 경우 해방적 이성의 활성화를 가로막는 대중문화 속 도구적 이성의 기능과 속성을 그 자체의 '본성'으로 보았다. 반면 벤야민은 다양한 예술적 수단과 현대의 미디어 기술을 동원하여 히틀러를 신비화하고 전체주의적 이데올로기를 미화하였던 나치의 '정치의 예술화' 경향과 예술 정책을 정공법적으로 비판하고 대응을 하기 위해서는 이러한 새로운 미디어들과 대중문화를 '기능전환'시켜 현실 비판과 대중 의식 향상의 수단으로 삼아야 한다고 본다. 즉 자본과 지배자들의 수중에 들어있는, 체제 유지의 도구로 활용되고 있는 이러한 수단들을 비판만 할 것이 아니라 진보적이고 실천적인 예술가들이 나서 현실 비판이라는 새로운 '사용가치'를 발명하고 '달리' 활용하자는 것이었다. 그야말로 '지배'와 '억압'의 매체로부터 '해방'의 매체로 기능을 바꿔내자는 것이 벤야민의 '매체기능전환'의 문제의식이었다.

벤야민에 따르면 예술의 발전은 새로운 내용이나 형식이 아니라 늘 기술의 혁명으로 인한 것이었다. 기술의 혁명이 예술의 발전을 선도한다는 이러한 견해가 '기술결정론'으로 오해되어서는 안 된다. 그가 말하고자 하는 것은 기술 매체의 변화가 사람들의 인지 방식을 변화시키고 결국 세계에 대한 표현인 예술을 바꾼다는 것이기 때문이다. 구텐베르크의 인쇄기나 영화 등의 발명이 사람들의 지각과 세계관을 어떻게 바꾸었는지를 생각해보면 잘 알 수 있듯이 말이다. 벤야민은 사진과 영화 등 새로운 기술 매체가 인간의 세계 인식 방식에 개입하면서 가져온 변화를 '대상과의 거리감 상실'로 요약한다. 즉 사람들이 복제가능한 이들 기술 매체를 통해 세계와 대면하면서 세계는 그 고유한 신비감, 즉 아우라(Aura, 靈氣)를 상실하게 되었다는 것이다.

벤야민은 '아우라'를 '공간과 시간으로 짠 특이한 조직물로, 아무리 가까이 있다할지언정, 먼곳의 일회적 나타남'이라는 다소 난해한 알레고리를 통해 설명한다. 공간과 시간으로 짜인 특이한 조직물이라는 말은 예술품 고유의 '진품성'(originality)을 말하는 것이다. 세상에 하나 밖에 없는 유일성이라는 속성은 전통적으로 예술작품의 가치를 높이 매겨온 본질적으로 고유한 성격이다. 전통적 예술은 본래 신비한 체험이나 신과의 일체감을 맛보는 데 그 목적이 있는 것이었다. 즉 원래 예술은 주술적이고 신비로운 성격과 '제의적 가치'를 가지고 있었다는 것이다. 전통예술이 이렇게 아우라를 가질 수 있었던 것은 바로 그것이 복제가 불가능한 것이었기 때문이다. 즉 유일무이한 오리지널의 진품성과 현재성, 일회성 때문에 예술작품을 대하는 수용자의 태도는 기본적으로 작품에 대한 신비감을 내포하게 되는 것이다. 사진이나 영화 등의 복제예술이 출현하기 전까지 예술의 신비는 보존되어 있었다.

애니메이션 〈플란더스의 개〉에서 주인공 네로는 소원이었던 루벤스(Paul Rubens)의 그림을 보며 생을 마감한다. 이 만화영화의 마지막 장면에서 할 아버지가 죽고 마을에서마저 쫓겨난 네오가 분신과도 같은 늙은 개 '파트라슈'와 껴안고 죽는 장면은 무척 비장하고 감동적인 것이었다. 바로 네오가 진품 루벤스의 그림을 보면서 느꼈던 신비한 분위기 혹은 종교적 경외감과 감동의 원천이 바로 아우라이다. 비루한 삶이고 벼랑까지 내몰린 처지이지만 작가의 혼이 담긴 오리지널 그림을 보면서 죽은 네오의 행복한 표정은 '아우라'라는 신비주의적 개념으로밖에 설명할 길이 없다. 레오나르도 다빈치의 〈모나리자〉가 감상자에게 신비한 경외감을 불러일으킬 수 있는 이유는 그것이 전 세계에 단 하나밖에 없기 때문이고 국보로 지정된 고려청자나 금관이 대단해 보이는 이유도 마찬가지다. 하지만 그렇게 감동받은 작품이 복제품이고 진품은 모 은행 비밀금고에 보장되어 있다면?!

예술작품의 현재성('우리가 오리지널을 직접 대하고 있다니!')과 일회성('오로지 지금 여기서 딱 한 번만!')은 기술의 발달과 더불어 대량복제가 가능해지면서 무너지기 시작한다. 사진이나 영화 같은 현대 예술에서 진품이냐 오리지널이냐 하는 개념 자체가 중요하지 않다. 복제기술이 뛰어난 대중매체와 대중문화가 나타나면서 유일무이한 단 하나의 예술작품이 주는 신비감, 즉 아우라가 사라져 버리기 때문이다.

하지만 벤야민은 여타 지식인이나 예술가들처럼 전통적인 아우라의 붕괴를 슬퍼하지 않는다. 오히려 그것이 기존 예술과 대중을 갈라놓았던 높은 벽을 허물고 예술의 민주화에 기여하는 측면이 있기 때문이다. 아우라의 붕괴 이후 예술의 '제의적 가치' 혹은 '숭배 가치'는 사라지고 '전시가치'가 등장한다. 이는 또한 예술에 대한 대중들의 수용태도를 변화시킨다. 과거 사람들은 작품 속에 자신을 동화시키고 등장인물과 동일시함으로써 신비적 일체감을 형성하는 것을 중시했지만, 현대의 예술적 수용자들은 작품에 대해 일정한 거리를 두는 비판적 수용태도를 가질 수 있게 되었기 때문이다. 기술적 복제로 인해 가능해진 이러한 수용태도의 변화를 벤야민은 파시즘의 슬로건인 '정치의 예술화'에 대비되는 '예술의 정치화'라고 정의한다.

지금의 시각에서 벤야민의 이러한 견해는 지나친 낙관론이라고 할 수 있다. 왜냐하면 여전히 영화를 비롯한 복제 가능한 기술들은 자본이 장악하고 있고 강력한 동일시의 장치로 활용되고 있으며 현실 비판을 무력화하는 수단으로 기능하고 있기 때문이다. 대중문화는 지배체제나 자본과 결탁하거나 영합함으로써 체제의 '안전판' 노릇을 하고 있다는 비판이 사라지지 않는 이유이다. 물론 벤야민 당시에도 이러한 새로운 매체를 가장 잘 활용한 쪽은 파시즘 세력이었다. 벤야민도 그 사실을 알고 있었고 분명히 명시하고 있다. 하지만 벤야민의 매체낙관론은 새로운 매체의 가능성들에 대한 언급으로 읽어야 하며 진보적인 예술가들이 이를 적극적으로 활용했을 때 새로운 실천의 가능성이 열릴 것이라는 요구 혹은 기대로 읽을 필요가 있을 것이다.

벤야민에게 영화는 대중의 인지방식의 변화를 가져오고 정치적으로 활용되고 있고 될 수 있는 가장 유력한 매체였다. 그의 영화이론을 요약하자면 영화는 구조상 장면과 장면의 결합인 몽타주에 의존하고 있다는 점, 이로써 작품의 완결성 혹은 유기적 구성이 파괴되면서 아우라가 붕괴되고 '명상적 침잠'이라는 전통적 예술 수용방식이 지양된다는 점, 그리고 이러한 수용방식으로 인해 작품과의 비판적 거리가 조성되고 비판적 판단의 계기가 마련된다는 것이다. 하지만 지금의 세계적 영화 판도를 보았을 때 벤야민의 영화이론에는 심각한 결함이 존재한다. 왜냐하면 주류 영화이든 비주류 영화이든 대부분의 영화들은 관객의 작품 속으로의 몰입을 추구하고 있고 카타르시스적 동일시를 목표로 하고 있기 때문이다. 영화가 몽타주의 예술임을 인정하더라도, 거기에는 이른바 '연대기적 구성'과 '비연대기적 구성'이 공존하고 있음을 벤야민은 지적하고 있지 않은 것이다. 1930년대 이미 안착기에 접어든 할리우드 영화뿐만 아니라 사회적 아젠다를 가지고서 현실에 개입하려 했던 영화들 역시 완결적·유기적 구성을 활용하고 있었고 이는 지금도 그렇다. 가령 〈기생충〉이나 〈오징어게임〉, 〈파친코〉 같은 콘텐츠들은 모두 완결적 혹은 유기적 구성의 방식을 취하고 있지만 감동과 인식을 모두 주고 있음에 주목할 필요가 있다.

벤야민은 '이음새 없는 편집'과 '이음새 있는 편집'을 구별했어야 했다. 편집 혹은 몽타주의 흔적을 드러내지 않는 '이음새 없는' 구조의 영화들은 영화의 유기성과 인과 관계를 중시하면서 관객으로 하여금 영화 속의 현실에 최대한 동의하게끔 유도한다. 즉 편집의 예술인 영화에서 편집의 티를 내지 않는 전략은 대부분 주류 영화들의 전략이기도 하다. 그래야 관객들이 그 영화의 가상적인 현실을 자신의 현실로 받아들이고 감응의 폭도 커질 것이기 때문이다. 이러한 구성 전략은 할리우드의 주류 영화들이 보여주는 것처럼 영화 이데올로기의 강력한 전달수단이기도 하지만 현실 비판적인 영화들의 감동의 원천이기도 하다. 〈샌디에고에 비가 내린다〉, 〈브레스트 오프〉, 〈화려한 휴가〉 등은 연대기적 편집에 의한 동일시가 반드시 부정적 역할만 하는 것이 아님을 보여준다. 브레히트 역시 감정이입과 교육적 측면이 변증법적으로 통일되었을 때 지니는 강력한 파급력을 지적한 바 있다. 사실 벤야민이 영화에서 기대했던 것은 브레히트 '서사극'의 영화적 표출이었다. 그는 에이젠슈테인의 '충돌의 몽타주'를 통해 브레히트 서사극의 기능과 효과에 이르고자 한 것으로 보인다.

에이젠슈테인에게 몽타주는 파편과 파편의 충돌을 통해 제3의 의미를 획득하는 것이다. 그는 이를 '변증법적 몽타주'라고 부르기도 했는데, 정-반의 충돌 속에서 합의 의미를 도출하는 변증법처럼 서로 연관성이 없이 충돌하는 두 장면을 통해 관객 스스로 제3의 의미를 찾아내는 것이 에이젠슈테인 몽타주의 특징이었다. 입(口)과 새(鳥)가 합쳐져서 '울다'(鳴)라는 글자가 만들어지듯이 서로 갈등관계에 있는 두 장면이나 영상 이미지들이 충돌함으로써 관객에게 새로운 의미를 만들어 내는 것이 몽타주라는 것이다.

에이젠슈테인은 우선 자신의 몽타주를 '어트랙션 몽타쥬'(montage of attraction)라고 불렀다. 그에 따르면 어트랙션 몽타쥬는 "특정한 주제 효과를 창출하기 위해서, 임의로 선택한 독립적인 효력들(어트랙션들)을 자유롭게 몽타주(조립)한 것"이다. 여기서 '어트랙션'은 관객에게 '정서적 충격'(emotional shocks)을 주거나 감각적이거나 심리적 효력을 불러일으키기 위해 철저하게 구성된 영상의 기본 구성단위이다. 다시 말해 관객들은 영화를 볼 때, 전혀 다른, 겉으로 전혀 관련이 없는 두 장면이 결합하거나 한 장면에 완전히 이질적인 두 요소가 공존할 때 당혹해한다. 할리우드식의 연결 몽타주('이음새 없는 구성')의 경우 영상의 흐름이 연속성을 띠기 때문에 자연스럽게 다가오는 반면, 이질적 요소들의 충돌은 자연스러운 흐름을 파괴하고 감독의 의도에 대해 '왜 저렇게 했을까' 혹은 '어떤 의미일까' 질문을 하게 되는 것이다. 에이젠슈테인에게 어트랙션 몽타주는 각각의 '어트랙션'(에피소드)이 독립적인 구성단위이므로 논리적으로 연결된 자연스러운 플롯을 배격한다. 물론 '충돌과 대립'의 어트랙션 몽타주가 부분들 사이의 '어떤' 관계를 전적으로 무시하는 것은 아니다. 다만 어트랙션 몽타주는 부분들 사이의 논리적 연결을 관객들이 실행하는 '이미지의 연상'으로 대신할 뿐이다. 벤야민, 에이젠슈테인, 브레히트의 만남은 바로 사용자 혹은 관객들이 지적인 능동성을 발휘하여 '상식' 혹은 '관습'을 해체하고 새로운 인식에 도달하길 바라는 '실천적 지향'의 차원에서 이루어진다.

 에이젠슈테인은 당시 할리우드 영화나 대부분의 영화들이 관객들의 지적 능동성과 비판적 사고능력을 함양하는 대신 관객들을 수동적 '구경꾼'으로 전락시키고 있다는 비판을 한다. 이는 벤야민과 브레히트의 친척관계를 말해주는 부분이기도 하다. "몽타주 파편들에 의해 발생하는 연상들을 관객의 머릿속에 나란히 차곡차곡 쌓아놓는 것"이라는 에이젠슈테인의 방법론은 단편적 조각들 사이의 능동적 비교(연상적 비교associational comparison)를 통해 관객의 지적 능동성을 촉발시키려는 의도를 함축하고 있다. 왜냐하면 그의 몽타주 이론은 이야기의 자연스러운 상승과 진전에 초점을 두는 전통적인 구성 방식에서 벗어나 관객의 마음에 이미지 연상이 일어나도록 자극하여 감독의 기본 의도를 전달하는 것을 기본 목표로 하기 때문이다. 이를 위해 에이젠슈테인은 강한 정서적 반응(affect)을 일으키는 어트랙션들을 자유롭게 조립하여 대조나 유사성에 의한 '연상적 비교'를 직접 보여주지 않고 그 의미들을 관객 스스로 찾아볼 것을 요구한다. 이로써 우리는 벤야민이 추구했던 영화 미학이 에이젠슈타인 몽타주의 '이미지의 연상적 사고'에서 선취되고 있었음을 알 수 있고, 이는 관객의 지적 능동성과 구성적 해석을 중시했던 브레히트의 서사극의 미학과 연결될 수 있음을 예측할 수 있다.

벤야민과 브레히트의 관계를 두고 '가깝고도 먼' 사이라고 이야기하곤 한다. 마르크스주의자로서 두 사람이 나누었던 인간적 교분은 물론이고 이론적 측면에서도 두 사람은 늘 같이 거론되곤 한다. 특히 현대의 매체가 지닌 가능성을 충분히 활용하려는 자세, 즉 '예술의 정치화'와 '기능전환'을 통한 매체의 진보적 활용 가능성에 대한 믿음은 두 사람을 강하게 묶어주는 끈이었다. 하지만 둘 사이에는 건널 수 없는 간극이 존재하기도 하는 데 그 원인은 벤야민이 유대교적 신비주의에 강하게 물들어 있기 때문이었다. 사실 벤야민의 '아우라' 개념도 유대교 신비주의에서 가져온 개념으로서 브레히트는 벤야민의 이러한 태도를 두고 "신비주의를 반대하는 태도에도 불구하고 모든 것이 신비주의이다. 〈...〉 참으로 끔찍하다"고 비판한 바 있다.

그러나 브레히트의 이러한 비호감에도 불구하고 벤야민은 브레히트 서사극의 구조적 특성에서 영화의 몽타주적 구성을 발견하며, 이것이 예술의 정치화에 중요한 역할을 할 것이라고 높이 평가했다. 몽타주가 연속적이고 유기적인 줄거리의 흐름을 파괴하고 관객의 사건에 대한 몰입을 막아주는 것처럼 브레히트의 비아리스토텔레스적인 서사극도 극의 흐름을 중단함으로써 중단에 의해 드러난 사회의 상태들이 마치 영화의 정지 동작처럼 서로 비교되면서 관객의 비판적 사고를 작동시키게 된다는 것이다. 이는 관습적이고 수동적인 관객의 태도를 능동적이고 참여적인 관객으로 바꿔내려 했던 브레히트의 연극미학을 정리해준다.

벤야민이 이론을 통해 주로 매체 기능전환의 필요성과 논리적 근거를 제기했다면, 브레히트는 라디오와 영화, 사진 등을 넘나들며 새로운 매체들이 정치적으로 다른 기능을 할 수 있음을 다양한 예술적 실험들을 통해 보여주었다. 『린드버그의 비행』 등의 학습극 실험, 음반시집 『도시인을 위한 독본』, 영화 〈쿨레 밤페〉, 사진시집 『전쟁교본』은 매체의 기능전환을 향한 브레히트의 대표적인 실험들이다. 벤야민도 강조한 내용이지만 브레히트에게 중요한 것은 소비자 대중을 '바보'로 만드는 단순 소비재가 아니라 현실에 대한 주체적 인식을 촉발하는 '생산재'로 만드는 것이었다. '생산재'라는 개념은 수용자가 현실을 구체적으로 인식하는데 사용될 수 있는 예술작품을 의미한다. 문화상품을 생산재로 활용하기 위해 브레히트는 당대의 첨단과학이 제공한 매체들을 받아들이고 그 활용 가능성을 극대화하는 가운데 그 기능을 전환시켜야 한다는 태도를 지니고 있었다. 결국 그에게 중요한 것은 이러한 매체들을 일방적 커뮤니케이션인 '주입식 교육'이 아니라 '상호작용적' 혹은 '쌍방향적' 커뮤니케이션을 위해 활용하는 것이다. 즉 관객 스스로 현실을 변증법적으로 인식하고 재구성하며 나아가 그 현실의 변화를 위해 실천적으로 노력할 수 있도록 그들 스스로 '학습'하는 계기를 제공하는 것 말이다.

브레히트의 매체 실험들에는 늘 관객의 몫이 정해져 있고 관객의 참여가 필수적으로 전제되어 있다. 관객의 지적 활성화를 위한 이러한 그의 기본 입장은 서사극 구상에서 제일 잘 드러난다. 그의 서사극 이론은 앞으로 소개할 보알의 연극 실험이나 비아리스토텔레스적 디지털게임을 주창하고 실험하는 프라스카에게나 모두 중요한 부분이기도 하다. 서사극이란 서사 장르의 특징인 객관성과 총체성을 연극 장르에 도입한 연극이다. 즉 아리스토텔레스의『시학』에서 제시된 연극, 특히 '감정이입'이나 '카타르시스' 등 비극의 미학적 원리들을 깨뜨리고 연극 속에 서사적 요소를 도입함으로써 연극의 교육적 기능을 강화하고자 하는 '비아리스토텔레스적' 연극이다. 서사극의 가장 큰 특징은 관객으로 하여금 무대 위에서 벌어지는 사건에 몰입해 수동적인 구경꾼처럼 끌려다니지 않고 객관적이고 냉정한 상태에서 그것을 지켜보면서 비판적 검증이나 새로운 의식의 각성으로 나아가도록 촉구한다는 데 있다. 서사극의 바탕에는 전통적 서양연극의 일방적인 소통형식을 극복하고 연극을 인간 상호간의 상호작용적 커뮤니케이션 형식으로 자리매김 하려는 브레히트의 원대한 계획이 깔려 있다.

브레히트에게 연극은 사회변혁의 수단이어야 했다. "연극은 철학자들의 임무가 되었다. 물론 세계를 해석할 뿐만 아니라 변화시키기를 소망하는 그런 철학자들 말이다"라는 진술은 그것을 말해준다. 이러한 연극관은 당연히 당시의 주류 연극('부르주아 연극')과 충돌할 수밖에 없었다. 왜냐하면 브레히트가 보기에 부르주아 연극은 그 계급적 성격 때문에 사회적 실천에 부적합하기 때문이다. 이러한 맥락에서 2천년 넘게 서구 연극을 지배해온 아리스토텔레스의 연극 미학에 의존하고 있는 지배적인 주류 연극은 그것의 구성 원리와 더불어 극복대상이 된다. 특히 거기에서는 커뮤니케이션이 부르주아 이데올로기에 충실한 '일방적 커뮤니케이션'으로 변질되고 관객과의 쌍방향적 협력은 의식적으로 배제되기 때문이다. 요즘의 주류 영화들이나 텔레비전 드라마들의 경우에서처럼 부르주아 연극들에서 관객은 수동적인 관음증 환자나 소비자의 역할로 끝나고 만다는 것이다. 브레히트는 관객의 참여가 배제된 이러한 연극에서 '독백화'의 경향을 발견하고, 서사극을 통해 쌍방향적·참여적 '대화'의 대안들을 모색하게 된다. 그는 지배 연극 특유의 삶과 현실에 대한 거리감, 인간적 교통과 접촉 능력의 상실이 주류 '환상 연극'(Illusionstheater)에 그 원인이 있다고 진단했다.

브레히트에 따르면 부르주아적 '환상 연극'의 본질적 요소는 '최면 방식의 감정이입'이다. 그는 이러한 요소를 이른바 '아리스토텔레스적'(aristotellian)이라는 형용사를 통해 설명한다. '아리스토텔레스적'이라는 말은 자신의 비극론을 통해 감정이입을 최초로 이론화했던 아리스토텔레스를 염두에 둔 것이기도 하지만, 이러한 감정적 효과를 의도한 아리스토텔레스적 연극이 오랫동안 서구 연극을 지배해왔고 지배 이데올로기의 효과적인 주입을 위해 활용되었으며 현실의 억압 관계를 재생산하고 유지하는 예술적 방법론으로 여전히 하나의 관행처럼 위력을 발휘하고 있음을 표현하고 있다. 브레히트가 보기에 감정이입의 본질은 관객을 카타르시스적 감정과 감상의 소용돌이로 빨아들이고 결국 관객의 비판적 이성을 마비시키는 데에 있다. 즉 감정이입 미학의 원리를 고수하는 연극은 망각과 환각, 착각을 목표로 하는 완전히 환영주의적인 예술작품을 만드는 데 그 목표가 있다는 것이다. 많은 할리우드적인 주류 영화나 많은 디지털게임들이 현실과 무관한 고유한 법칙성을 갖는 세계를 만들어 놓고 관객을 그 속으로 완전히 감정이입하도록 조장하는 것처럼 말이다.

브레히트가 보기에 '환상 연극'에서 중요한 것은 무대상의 연극적 세계와 현실의 동일화이고 그로 인한 관객의 탈일상적·현실이탈적 황홀경 혹은 몰입이다. 왜냐하면 관객은 그럴듯하게 눈속임된 무대 위의 거짓 현실과 사건을 진짜 현실로 착각하고 자신을 상실한 채 완전히 수동적으로 무대 세계 속으로 끌려들어가고 말기 때문이다. 그 결과 관객은 주관적인 무대 세계에 맞춰 자신의 시각을 조정하고 완전히 순응해 들어간다. 마치 자신이 그 세계의 일원이라도 된 것처럼 말이다. 부르주아적 환상 연극에서 무대와 관객 사이의 소통은 감정이입에 기초하여 이루어진다. 그는 그의 감정이입 혹은 몰입 대상이었던 주인공이 본 것만큼만 볼 수 있을 뿐 그 이상을 보려하지 않는다. 왜냐하면 환상 연극에서 관객의 인지활동과 감정활동은 무대에서 행동하는 인물들의 것들과 무조건 통합되고 이로써 그는 무대와 동일시된다. 결국 관객은 자신의 판단능력을 무의식처럼 어른거리는 주관적 이미지에 맡기고 작품의 이데올로기에 맞게 조작 가능한 대상으로 전락해버릴 위험에 처하고 만다는 것이 브레히트의 결론이다.

브레히트는 지배적인 감정이입의 미학이 지배자들의 미학임을 폭로한다. 그가 보기에 감정이입은 전적으로 종교적으로 주술적인 성격을 갖는다. 벤야민은 대중문화의 등장 이후 종교적인 숭배 가치가 사라졌다고 했지만 브레히트가 보기에 지배연극과 대중문화에 다양한 모습으로 살아있다. 이는 지금도 그렇거니와 '팬덤'(fandom) 혹은 '스타 숭배', '게임 아이템의 물신화' 등은 대표적인 사례들이다. 브레히트에 따르면 이러한 감정이입의 이데올로기적 기능은 현실의 모순들과 사회적 사안들을 다룸에 있어 잘 나타난다. 부르주아 연극들은 현실의 모순들을 없는 양 무마해버리거나 사소한 것으로 주변화함으로써 사회적 조화와 안정을 가장하며 거짓 화해를 통해 현실의 이상화를 일삼는다. 그 결과 현실인 것처럼 조작된 거짓 상황들에 대한 감정이입으로 인해 관객들은 비판적 거리를 상실하고 어떤 의문을 제기하는 것이 불가능해져 버리는 것이다. 30년 넘게 텔레비전 트렌드 드라마의 내러티브와 상투적 표현들이 '클리셰'처럼 지속적으로 반복 재생산되고 있음에도 우리는 한 치의 의문도 없이 그것을 즐길 수 있는 것처럼 말이다.

물론 브레히트가 모든 감정이입의 계기들을 무시하는 것은 아니다. 그가 보기에 중세에서 벗어나 근대로 벗어나는 과정에서 감정이입은 개인의 발전과 감성의 해방에 기여한 공로가 있다. 그런 점에서 그는 감정이입의 역사적 정당성을 인정하기도 한다. 셰익스피어의 연극이나 레씽의 '시민비극' 같은 성과들은 바로 감정이입의 진보적 역할과 관련하여 최고의 그리고 최대의 성과들이었을 것이다. 감정이입과 비판, 재미와 학습은 적대적인 것이 아니라 상보적인 것이었다. 감상과 감정이입에 시의적절한 사회적 역할을 부여하고 비판적 감정이입을 성취하는 것은 브레히트의 또 다른 주요 목표이기도 했다. 그런 점에서 브레히트가 동일시 미학 모두를 거부했다고 하는 것은 오해라 할 수 있다. 문제는 동일시 미학의 효과, 즉 지배와 억압에 기여하느냐 아니면 감동을 통한 배움 혹은 재미를 통한 학습을 촉진하느냐의 문제였던 것이다.

하지만 부르주아들이 사회적·경제적 지배계급으로 확고한 자리를 잡으면서 시민비극은 사회적 공공성을 상실하고 감정이입은 감상적인 가정연극 혹은 멜로드라마로 변질되며 '사회적 관계와 상황들의 일반적인 부패상태'를 없었던 것인 양 무마하기에 급급한 연극으로 돌변한다. 급기야 문화산업이 싹트기 시작하면서 사실주의적·환영주의적 부르주아 연극은 '저녁 오락산업의 야시장'으로 전락하면서 '미식가적 향유'를 위해 무한경쟁을 벌이게 된다. 이러한 연극들은 대중들의 '학습'을 거부하고 사회적 유용성 따위에는 관심이 없다는 식으로 행동하며 이로써 '부르주아적 마약장사꾼의 지사(支社)'로 전락한다. 브레히트는 부르주아적 환상연극의 이러한 기능이 '파시즘의 연극술'을 통해 십분 활용되고 있음을 본다. 파시스트들은 감정이입 미학의 가능성을 간파하고 대중의 정치적 조작과 동원을 위해 그것을 아낌없이 활용하고 있다는 것이다. 브레히트에 따르면 '칠장이'(히틀러) 일파는 이러한 감정이입적 장치들을 통해 대중을 최면 상태에 빠트리고 '인간의 위대한 자질인 비판'을 무력화한다. 파시즘의 연극에서도 관객은 자신의 관점을 채택하는 대신 배우의 관점을 무작정 받아들이고 자신의 현실적 관심사를 망각하며 그 대신 배우의 관심사를 추종하도록 조종당한다는 것이다.

브레히트는 부르주아적 환상연극에 대한 이러한 비판에서 출발하면서 자신의 마르크스주의적 세계관에 근거한 연극 개혁 프로그램을 구상한다.

그의 서사극은 우선 사회적 연관으로부터 떨어져 나온 연극을 사회적 과정으로 재통합하려는 시도였다. 이를 위해 중요한 일차적 과제는 예술과 관객의 분리를 극복하고 기존 예술의 일방향적 커뮤니케이션을 능동적·쌍방향적 커뮤니케이션으로 바꾸는 것이었다. 이는 무대와 관객의 관계를 새롭게 정의하고 연극 개념을 확장하며 연극적 커뮤니케이션을 상호작용의 과정으로 바꿔낼 수 있는 새로운 연극술을 필요로 하는 것이었다. 이른바 '생소화 효과'(Verfremdungseffekt)는 이러한 고민들과 대결하면서 나온 지적·예술적 결과물이었다.

생소화 효과는 아리스토텔레스적인 부르주아 연극의 감정이입과 동일시라는 심리적 메커니즘을 깨기 위한 연극적 전략이었다. 이는 관객을 어리둥절하고 낯설게 만들어 지금까지 당연하고 고정불변인 것으로 알았던 고정관념이나 상식에서 벗어나 거리감을 가지고, 즉 비판적 시각으로 사물을 바라보게 만드는 연극적 장치이다. 가령 연극의 경우 소설에서나 등장하는 화자나 해설자가 나타나 직접 논평을 가하거나 관객에게 직접 질문을 던지기도 하고 배우가 자기 배역을 벗어나 화자의 역으로 변신하는가 하면 연출가나 합창단이 직접 그런 역할을 하기도 한다. 또는 무대 전체를 환하게 평면 조명을 한다거나 무대의 전환 과정을 관객들에게 노출시키기도 한다. 심지어 배우들이 객석에서 관객들이 지켜보는 가운데 의상을 갈아입기도 한다. 배우의 연기도 자기 역에 완전히 일치시키는 '실감나는' 심리주의적 연기 대신 역을 능숙하게 연기하되 관객에게 연기를 하고 있다는 사실을 일깨워주는 '제스처의 연기' 혹은 '게스투스 연기'를 요구한다.

브레히트는 '가두장면'을 통해 생소화 효과를 설명한다. 가령 대로에서 교통사고가 났는데 그것을 목격한 사람이 다른 사람에게 사고 경위를 설명할 때 제스처를 써가며 현장감이 있으면서도 객관적으로 보고하는데 이럴 때의 연기가 서사적 연기 혹은 제스처적 연기라는 것이다. 여기서 목격자는 가해자나 피해자의 입장이나 심리적 상태에 몰입하지 않고 설명과 제스처를 곁들여 가며 사실을 보고한다. 또 어떤 경우에는 다음 장면에서 벌어질 사건의 내용을 플래카드나 간판, 슬라이드를 통해 미리 관객에게 알려줌으로써 마음 졸이며 결말을 기다리지 않고 느긋하고 냉정한 상태에서 어떻게 그런 사건이 벌어지게 되었고 그런 결말이 나타나는지를 지켜보게 만들기도 한다. 이러한 생소화 효과들은 관객이 무대를 현실로 착각하지 않도록 해주며 그들에게 무대 위의 세계가 연극에 불과함을 지속적으로 환기시킨다. 이로써 극의 자연스러운 인과적 흐름이 중단되고 관객들은 이상한 느낌, 즉 지적 충격을 받게 된다. 결국 브레히트는 생소화 효과를 통해 동일시의 원천인 감정이입의 가능성을 차단함으로써 관객의 몰입을 미연에 방지하고 사건에 대해 비판적 거리를 확보하도록 해주고자 했던 것이다.

앞서도 말했듯이 브레히트는 서사극의 온전한 역할을 위하여 당시의 첨단적 과학 기술을 적극 수용하였다. 그는 낡은 연극 관습에 지배되고 있는 기존의 극장과 '소수의 속물적인' 부르주아 관객에서 벗어나고자 라디오 방송이나 영화 등의 매체를 적극 활용하였다. 하지만 브레히트가 보기에 새로운 기술은 그것의 민주적 매체로서의 활용 가능성 덕분에도 불구하고 제대로 기능을 하지 못하고 있다. 지금의 인터넷 저널리즘이 수평적이고 참여적 커뮤니케이션의 시대를 열었지만 엄청난 정보 쓰레기들을 양산하고 있고 온갖 사회적 병폐들을 야기하고 있듯이, 라디오 방송이나 영화를 장악한 부르주아는 그것의 교육적 활용가능성이나 예술적 가능성을 가로막고 있다는 것이다. 그래서 그는 라디오 청취자를 수용자가 아니라 예술의 생산자로 만들고자 하는 프로젝트를 실험하며 에이젠슈테인의 몽타주 기법과 연속성과 인과성을 파괴하는 비연대기적 내러티브를 적극 활용하여 비환영주의적인 영화를 만든다. 가령 브레히트의 영화 〈쿨레 밤페〉 혹은 〈세상의 주인은 누구〉라는 영화는 지성보다 감정에 호소하고 관객들을 수동적으로 사건이나 주인공에게로 감정이입할 것을 요구하는 주류 '환영주의 영화'를 거부한다. 왜냐하면 영화에서도 브레히트에게는 관객이 작중인물과 동일시되지 않도록 하는 것이 중요하며 모순과 갈등에 찬 현실을 보여주는 것이 중요하기 때문이다.

브레히트의 이러한 '과학시대의 연극' 구상과 매체 기능전환을 위한 다각적인 실천은 디지털 시대를 사는 우리에게도 시사해주는 바가 크다. 컴퓨터의 등장과 정보의 무한 복제 가능성은 벤야민이 사진이나 영화 등의 아날로그적 매체를 통해 예고했던 아우라의 붕괴를 가속화한다. 일회성과 유일성, 진품성에 기반 했던 완결적 예술작품의 신비적 경외감 대신 복제, 패러디, 인용 등에 무한 노출된 디지털 예술 작품에서는 작가와 독자(혹은 관객이나 사용자) 사이의 일방향적 위계관계가 무의미해진다. 사용자가 기존의 수동적 수용의 태도를 벗어나 예술적 생산의 자율적 주체가 될 수 있는 디지털 미디어의 가능성은 브레히트나 벤야민이 요구했던 매체 기능전환이나 상호작용적 커뮤니케이션을 앞당길 수 있는 절호의 기회를 제공한다. 예술에 대한 엘리트적 정신주의와 아카데믹한 상아탑 속에 갇혀 있던 '고급문화'나 문화산업의 자본논리에 종속되어 있던 주류 대중문화와는 전혀 다른 사용자 참여적인 문화 민주화의 가능성은 이제 디지털 미디어를 통해 벤야민과 브레히트의 선구적인 이론과 실험들을 넘어 구체적 실현의 비전을 얻게 된 것이다.

물론 디지털 미디어에 대한 무조건적 낙관은 경계의 대상이다. 뉴미디어는 늘 하나의 가능성이면서 미시적 억압과 지배의 수단으로 혹은 문화산업의 일방적 이윤창출의 대상으로 변질될 위험에 노출되어 있다. 본격적 대중문화산업의 100년 역사가 말해주듯이 역사적으로 새로운 미디어들은 벤야민이나 브레히트의 바람과 달리 기득권이나 자본가들에게 더 많은 기회를 제공해 온 것도 사실이다. 이를테면 인터넷을 통해 일반 시민들이 정치에 개입할 가능성이 많아졌고 사회적 토론의 영역이 확장되었으며 시민사회 공론장의 성장과 확대에 큰 기여를 한 것도 사실이지만, 이를 통해 권력을 강화하고 부를 독점하는 세력 또한 존재하는 것이 엄연한 현실이라는 사실을 부인할 수는 없다. 우리는 디지털 전환의 시대에서도 '필터 버블'(filter burble)이나 '반향실 효과'(echo chamber effect)같은 강력한 확증편향의 현실을 확인하고 있다. 가짜뉴스는 기술의 발전과 비례하여 강화되기라도 하는 것 같기도 하다. 미국의 제퍼슨식 민주주의가 노예제를 전제로 한 것처럼 '전자 아고라' 역시 다른 이들의 고통을 전제로 하고 있고 정보 부자와 정보 빈자라는 사회 양극화를 심화하고 있는 것도 우리의 현실이다.

이러한 맥락에서 크로커와 와인슈타인(Kroker & Weinstein)의 '가상계급론'은 디지털 뉴미디어 시대의 정치윤리와 관련하여 주목할 필요가 있는 주장이다. 가상계급론은 온라인(인터넷 ID)이나 디지털게임(아바타)에서처럼 육체이탈의 욕망을 자극하는 자본주의적 욕구, 즉 '가상에의 의지'(will to virtuality)에 의해 촉진되는 범자본주의(pan-capitalism) 체제로의 변화에 대한 비판적 담론이다. 이러한 변화를 추동하는 핵심 세력인 가상계급은 '가상화'(virtualization)를 가속화함으로써 이윤을 극대화하는데 몰두하며 이에 대해 물질적이고 이데올로기적인 이해관계를 갖고 있는 범자본주의 체제의 사회계급이다. 여기에는 게임의 가상 세계와 시뮬레이션들을 통해 플레이어들에게 탈현실적 힘을 과시함으로써 가상화를 부추기는 기술 유토피안들과 가상화를 통해 이윤을 추구하는 냉소적 자본가들이 포함된다. 이들에 의해 조장되는 '가상에의 의지'는 거추장스럽고 고통스러운 육신을 버리고 가상현실과 '미디어 네트'로 자신을 내던지고자 하는 문화적 욕구이다. 이를테면 빅테크 기업들이 먹거리로 눈독을 들이고 있는 최근의 '메타버스', '디지털휴먼', 'NFT' 등은 이러한 의지가 발현된 결과일 수도 있다.

와인슈타인이 보기에 가상계급이 추구하는 '가상성'은 경제적 정의보다 약탈적 자본주의와 테크노크라트적 합리화를 통해 이윤 극대화를 추구한다는 점, 민주주의를 추구하기 보다는 사이버권위주의와 지적 재산에 대한 절대적 통제권을 행사하고자 한다는 점, 사회적 연대보다는 사회적 물질주의를 더욱 부추긴다는 점에서 비윤리적이다. 결국 가상계급의 가상성은 인간경험을 디지털 데이터로 환원시키고 자아 또한 생체 해부의 대상으로 전락시킴으로써 인간 주관성과 존엄성을 부정하는 '비윤리의 가상성'(virtuality without ethics)의 위험에 늘 노출되어 있다. 가상계급은 개인주의에 근거한 테크노피아의 이데올로기이고 저항적 움직임을 억압하기 위해 유혹의 전략을 행사한다. 즉 누구나 정보에 접근할 수 있으며 다른 개인들과 상호작용할 수 있다는 유혹이다. 이러한 관점에서 보면 디지털게임의 자유도와 상호작용성은 이데올로기적 환상에 불과하다. 우리는 디지털게임에서 힘이 있다는 환상, 혹은 우리 능력에 대한 환상을 품게 되지만 이는 가상계급의 이윤창출의 전략이요 또 다른 감시와 통제의 수단일 수 있는 것이다. 인터넷 사용기록이나 게임의 플레이 정보가 빅데이터로 저장되어 다양하게 오용되거나 이용될 수 있음은 널이 알려져 있다.

가상계급론의 시각에서 보았을 때 더 큰 문제는 가상계급에 의해 주도되는 이러한 범자본주의가 그 어떤 저항세력으로부터 거의 도전을 받지 않는 초유의 자본주의라는 사실이다. 디지털 미디어나 인터넷, 디지털게임의 해방적 가능성과 민주적 잠재력에 대한 기대와 낙관적 전망 또한 가상계급의 유혹 전략일 수 있음에도 불구하고 이에 대한 문제제기를 찾아보기가 어렵다. 학계나 예술계, 정치계, 업계 모두 디지털의 상호작용성에 대한 찬가 일색이다. 크로커나 와인슈타인이 지적하고 있듯이 체제에 대한 도전이 없는 범자본주의는 가상경제의 지배원리, 즉 사이버네틱 논리를 지나치게 강요하게 되면서 자칫 파시즘의 단계로 나가게 된다고 주장한다.

물론 가상계급론의 디지털 미디어에 대한 시각은 지나치게 비관적인 느낌을 주기도 한다. 분명 인터넷은 일반 대중들의 참여와 발언 기회를 확장했고 이것이 현실의 변화를 가져올 수 있음을 입증한 바 있기 때문이다. 지금에도 우크라이나 전쟁의 왜곡되지 않은 정보들이 SNS를 통해 전달되고 있고 강력한 검열에도 불구하고 독재에 대한 중국과 이란 시민들의 저항이 미디어를 타고 확산되고 있다. 하지만 이러한 순기능이 무색하게도 인터넷 자본은 접속자들의 정보를 광고회사에 넘기거나 이용자들의 자료나 커뮤니케이션 욕구를 교묘하게 팔아먹는 짓도 마다하지 않는다. 즉 거의 모든 검색 사이트들은 약관에 "회원의 별도의 허락 없이 무상으로 저작권법에서 규정하는 공정한 관행에 합치되게 합리적인 범위 내에서 회원이 등록한 게시물을 사용할 수 있는" 권한을 무한정으로 이용한다. 심지어 '메타'로 이름을 바꾼 페이스북은 스스로 판단하여 정보를 거르거나 삭제하여 사회적 지탄의 대상이 되기도 했다.

수많은 블로그나 SNS에 올려진 그 많은 정보들은 블로거 개인의 것이면서 회사의 소유이기도 하다. 그 많은 사용자들의 정보와 검색사이트 상의 콘텐츠들에 대한 독점적 권리를 회사가 가질 수 있는 것이다. 인터넷은 분명 소통의 광장이기도 하지만 해당 회사의 복잡한 회칙에 동의하는 자만이 소통에 참여할 수 있고 경우에 따라 정보가 회사 운영자에 의해 삭제되기도 한다는 점에서 쌍방향성으로 교묘하게 변장한 일방적 커뮤니케이션이라고 할 수 있다. 자본과 권력이 첨단 미디어 속에 늘 함께 하고 있음을 반증하고 있는 셈이다. 이런 점에서 가상계급론은 디지털 미디어를 둘러싸고 존재하는 현실적·가상적 빈익빈 부익부 현상의 설명에 유용한 측면이 있다.

벤야민과 브레히트가 디지털 시대에 살았다면 디지털 매체의 가능성들에 주목하고 사회 민주화와 비판적 담론 형성에 어떻게 써먹을 수 있을까 고민하고 실험했을 것이다. 실제로 지배적·억압적 구조를 극복하기 위해 이 매체를 사회운동에 활용하려는 시도는 많이 있다. 즉 사이버스페이스를 대항적 헤게모니 형성의 장으로 만들려는 시도를 하면서 벤야민과 브레히트의 매체 기능전환의 문제의식을 실천하고 있는 이들이나 집단도 분명 존재하고 있는 것이다. 인터넷을 기반으로 기존 권력구조나 권위주의에 대한 반항적 혹은 대항적 집단으로서 새로운 반문화를 형성하는 사이버펑크(cyberpunk)나 해커(hecker), 외부세계와의 적극적인 커뮤니케이션을 시도하는 정보운동가의 후예들은 오늘날에도 문화적 지형을 변화시키기 위해 매체를 기능전환하고자 노력하고 있다. 아직은 잠재적 힘에 불과하지만 온라인과 오프라인을 오가는 이들의 실천들은 사회적·문화적 대안과 대안적 실천들을 위한 중요한 참고 대상들일 수 있다.

그러나 상대적으로 디지털게임의 경우 그 매체의 사회적 기능전환에 대한 논의와 실천들은 매우 드물고 빈약했던 것이 사실이다. 인디게임과 대안게임, 소셜임펙트게임 등에 대한 관심이 커지고 의미 있는 성과들이 지속적으로 나오고는 있다. 하지만 메이저 게임 회사들은 대중들의 욕구와 욕망에 편승하여 스펙터클의 강도를 강화하거나 가상적 몰입을 강화하기 위한 기술적 개선에만 전력을 쏟아왔다. 최근 국내 빅테크 게임회사들의 사업모델(BM모델)을 둘러싼 여러 논란과 시위들은 우리 게임산업의 민낯을 보여준 사건이었다. 대부분 게임의 테마들도 삶과 거리가 먼 것이었고 대리만족을 위한 오락물들의 역할에 만족하고 있는 형편이다. 우리 사회의 베스트셀러

게임들이 대개 폭력과 선정성, 사이버 재화의 축적을 위한 자본 경쟁의 논리와 관련된 것들임은 크게 노력하지 않아도 알 수 있다. 하지만 여러 문제점들에도 불구하고 디지털게임의 가상공간은 분명 기회의 땅이다. 권력과 자본을 쥐고 있는 이들에게나 그것에 맞서고자 하는 주체들에게나 날로 발전해가는 이 첨단 미디어는 자신들의 헤게모니 확장을 위한 다각적인 가능성들을 제공하고 있다. 그렇기때문에 점점 이곳에서 갈등과 권력투쟁 혹은 인정 싸움이 일어나기 시작하고 있는 것이다. 가상공간을 둘러싼 이러한 대립은 앞으로 더욱 가속화될 것이다.

아우구스토 보알과 '억압받는 사람들의 연극'

디지털 뉴미디어의 총아로 등장하여 디지털대전환의 시대를 선도하고 있는 디지털게임을 이야기하고 있는 이 책에서 벤야민과 브레히트, 아우구스토 보알은 어떤 연결고리로 묶일 수 있을까? 사실 벤야민과 브레히트의 경우 직접적인 공동 작업은 없었지만 자주 한 쌍으로 이야기된다. 그것은 앞서 말했다시피 새로운 미디어 기술을 사회변혁의 밑거름으로 적극 활용해야 한다고 하는 '매체 기능전환'의 문제의식 때문이었다. 벤야민의 매체철학이 이론적인 추상적 논의로 머물지 않았던 중요한 이유 중의 하나가 브레히트의 예술적 실천 때문이었음은 널리 알려진 사실이다. 벤야민은 브레히트의 서사극에서 자신의 이론이 구현되었음을 보았고 이를 적극적으로 이론적 의제로 삼기도 했다.

하지만 벤야민이 적극적으로 매체이론을 전개하던 1931년에 태어났고 60년대 이후부터 문화운동가로 본격적인 활동을 시작한 보알은 벤야민으로부터 직접적인 영향을 받지 않았다. 보알의 연극 이론과 실험의 기반은 브레히트였지만 그는 새로운 매체의 연극적 활용 여부에는 크게 관심을 기울이지 않았다. 브레히트의 경우 '과학기술 시대의 연극'을 표방하면서 자신의 연극에 첨단 미디어들을 적극 수용하고 활용하려 했지만, 보알의 연극은 아리스토텔레스적 연극으로서의 주류 연극을 비판했던 브레히트로부터 출발함에도 불구하고 철저하게 '몸의 연극'을 지향했다. 보알의 '억압당한 자들을 위한 연극'의 출발점은 자신이 살아가는 브라질이라는 남미의 제3세계적 사회·정치적 맥락을 고려하면서 브레히트의 서사극과 대결하는 것이었다. 그러한 대결의 결과 보알은 브레히트 '서사극'의 궁극적인 지향점은 유지하면서 그것을 새롭게 해석하고 실천하는 것이었다.

정리하자면 벤야민과 브레히트는 새로운 매체들의 민주적 활용 가능성에 개방적이고 적극적인 태도를 보였다는 점에서 서로 만난다. 그리고 브레히트는 보알의 실천적 출발점이요 참조점이었다. 뿐만 아니라 이들 세 사람의 이념적 출발이 교조적 마르크스주의와는 다른 흐름의 비판적 마르크스주의였다는 점도 이들의 상관성에 주목하게 한다. 벤야민은 유대교의 신비주의가 농후하기는 하지만 마르크스주의의 세례를 받았고, 브레히트 역시 독일 마르크스주의 철학자 칼 코르쉬(Karl Korsch)를 통해 마르크스주의를 수용했다. 그리고 군사독재 시절 민주화를 위한 문화운동에 투신했던 보알 역시 비도그마적 마르크스주의에 기반한 연극이론을 개진한다. 이들이 현실 사회주의의 지배이데올로기로 간주되어온 이른바 '정통 마르크스주의'로부터 비켜나 있었던 사실은 현실 사회주의 국가들의 몰락 이후 모종의 사회적 실천 대안을 마련하려던 사람들에게 많은 실천적 영감을 주는 계기들이 된다. 그도 그럴 것이 이들의 논의에는 정통 마르크스주의는 관심을 가지지 않았지만 지금의 억압적 상황들을 폭넓게 그리고 심층적으로 볼 수 있게 해주는 다양한 현재적 요소들이 잠재되어 있었기 때문이다.

마르크스주의자들인 이 세 사람은 당연히 문화적 실천의 중점을 대중/관객들의 '학습'에 두었다는 점도 일치한다. 벤야민과 브레히트 매체 기능전환론의 밑바탕에는 부르주아 혹은 나치 이데올로기에 감염된 대중들 스스로에게 인식전환의 기회를 제공하고자 하는 욕구가 자리하고 있었다. 보알 역시 브레히트와 약간 다른 방식으로 관객들 스스로 자신의 억압을 인식하고 스스로 그리고 집단작업을 통해 그 억압의 해결 방법을 찾도록 유도하는 연극을 계획했다. 이들은 인간과 현실을 고정된 것으로 보려는 일체의 시도들에 대항하여 인간과 현실이 사회환경에 대한 주체들의 변화의지와 실천에 따라 변할 수 있음을 주장한다. 현실 변화를 위한 실천과정에서는 주체들의 의식전환이 중요한데, 이를 위해서는 위로부터 아래로의 주입식 '교육'이 아니라 대중들의 자발적인 능동적 '학습'에서 출발해야 한다는 것이 이들의 공통된 논지였다.

디지털게임을 통해 벤야민과 브레히트, 보알 이 세 사람을 묶으려는 시도는 최첨단 디지털 미디어 시대의 자발적 '학습' 방법에 모종의 영감을 준다. 그도 그럴 것이 게임은 주체의 능동성을 통해 대화와 참여를 활성화할 수 있는 '놀이적 장치'(ludic apparatus)이기 때문이다. 그러한 시도를 하는 사람이 바로 곤잘로 프라스카를 비롯한 '뉴스 게임'(Newsgames) 그룹이었다. 이 모임은 저널리즘과 비디오게임을 혼합함으로써 현실정치에 대한 비판적 미디어로서의 비디오게임을 실험하고자 했다. 어떤 점에서는 프라스카와 그의 동료들이야말로 시리어스게임과 소셜임팩트게임, 나아가 진보적 게이미피케이션의 선구자라고도 할 수 있다. 게임 연구자 겸 게임 개발자, 게임 사업가 등 게임과 관련한 다각적인 활동을 펼치고 있는 프라스카는 브레히트와 보알의 선행 실천들에 기댈 경우 비디오게임이 단순한 오락 수단 이상의 의미를 지니게 될 것이고 우리의 삶의 문제들을 우리가 직접 대면하고 토론하는 기회를 제공할 것이라고 기대한다. 프라스카의 대안적 게임 이론과 실천들을 소개하기 전에 그의 게임 이론에 실천적 지반으로 역할을 하고 있는 아우구스또 보알의 연극론을 간단하게 소개하기로 하자.

민주적 학습 프로그램으로서의 연극

아우구스토 보알(Augusto Boal, 1931~2009)은 브라질 태생의 문화운동가이자 전 세계 연극계에 수많은 영향을 끼친 혁신적인 연극이론가 겸 감독이고 작가이며 브라질 진보 정당의 정치인이기도 했다. 그가 제안한 '억압받는 자들을 위한 연극'(Theatre of the Oppressed)은 관객들로 하여금 현실 속의 다양한 계급적·인종적·성적 억압들과 직접 대결하게 하려는 야심찬

연극적 프로젝트였다. 1960년대 본격적인 연극운동을 시작한 그는 당시 브라질 군사독재 하에서 자행되던 다양한 억압적 정치 상황들을 연극적 소재로 삼았다. 군사정부는 보알의 연극 실험들을 위협적인 것으로 판단해서 1971년 그는 체포와 혹독한 고문을 경험했고, 급기야 망명을 감행한다. 보알은 아르헨티나와 파리 등 망명하는 곳마다 '억압받는 자들의 연극 센터'를 설립했고 1981년에는 파리에서 제1회 '국제 억압받는 자들의 연극 페스티벌'을 개최했다. 현재 그가 살고 있는 리오 데 자네이로에 본부를 둔 이 센터는 전 세계에 30여개의 지부를 두고 있고 지금까지도 왕성한 세미나와 연극실험 및 교류활동을 펼치고 있다. 우리나라와 일본을 비롯한 아시아에서도 보알의 작업과 아이디어에 영향을 받은 연극인들이 활동을 펼치고 있기도 하다.

보알의 연극론에서는 진보적 교육학자 파울로 프레이리(Paulo Freire)의 존재를 빼놓을 수 없다. 보알과 프레이리의 관계는 매우 막역한 것이어서 프레이리가 죽었을 때 보알이 했던 추도사는 두 사람의 관계를 추측하게 해준다: "나는 매우 슬프다. 나는 나의 마지막 아버지를 잃었다. 이제 나에게 남은 것은 형제들과 자매들뿐이다." 보알은 프레이리의 '억압받는 자들의 교육학'(Pedagogy of the Oppressed)과 그의 성인 교육 프로그램에 영감을 받았는데 특히 강압적인 주입식 교육이 아닌 학습자의 자발적인 참여를 통한 인식과 대화와 토론을 통한 민주적 학습 과정은 보알 연극 실험의 골간을 이루게 된다.

프레이리 교육론은 '인간화'와 '대화'라는 키워드로 요약될 수 있다. 프레이리의 민주적 교육 프로그램은 '인간화'를 교육의 궁극적 목표로 삼고 '대화'를 그 방법론으로 제시하는 대안적 교육 프로그램이라 할 수 있다. 그가 보기에 인간다운 삶은 모든 인간이 따라야 하는 '존재론적 소명'이다. 하지만 인간화의 과정은 그저 주어지는 것이 아니라 우리 학습자의 자발적이고 적극적인 참여와 개입, 창조적 행위를 통해서만 그 길을 열어 보인다. 그러나 특정 정치적·사회적 기득권층은 피지배집단의 '인간다움'을 향한 '윤리적 실천'에 냉소를 보내거나 방해한다. '가치중립'을 선언하면서 '나 몰라라'

하는 지식인층들의 책임 방기 역시 숨겨진 억압의 한 형태이다. 따라서 이러한 권력 장치들에 맞서는 노력이 '윤리적 실천'의 첫걸음이다. 프레이리에 따르면 교육학은 윤리적 실천의 사안이며 정치·사회적 억압의 극복이라는 궁극적 목표에 관심을 가져야 한다.

프레이리가 보기에 우리가 사는 세상은 계급과 인종, 성(性) 등을 둘러싼 다양한 억압과 피억압, 지배와 피지배가 끊임없이 반복되는 인간관계로 이루어져 있다. 교육을 "다음 세대가 보다 인간다운 삶을 누리기를 소망하는 그림 그리기"로 간주하는 그는 교육이 이제 "부와 토지, 그리고 사회문화적 시스템에 관한 지식을 통해 지배를 누려왔던 사람들과 이를 빼앗긴 사람들 사이에서 어느 편에 설 수 밖에 없다"고 역설한다. 여기서 프레이리는 교육자들의 윤리적 결단을 요구하고 있는데 그 자신은 줄곧 '억압받는 자들'의 편에 서서 자신의 교육적 실천운동을 전개한다. 프레이리의 다양한 '성인 교육 프로그램'은 이러한 그의 민주적 교육 이념의 발로였고, 이러한 경험은 그의 교육 이론을 공허한 논의가 아니라 구체적으로 실현가능한 프로젝트로 자리매김한다.

프레이리에게 인간은 미완의 존재로서 실재로 발현되어야 할 잠재성 덩어리이다. 이러한 '존재의 미완성'은 인간의 필연적 조건이자 가능성이다. 다시 말해 인간은 필연적으로 불완전하고 끝나지 않은 존재로서 영원히 변화하는 세계 속에 그 세계와 더불어 존재한다. 프레이리에 따르면 인간이 세계와 변증법적으로 상호작용하는 가운데 자신을 실현해 나갈 수 있는 존재인 것은 바로 이러한 미완성이 가지는 가능성 때문이기도 하다. 인간의 존재 실현, 즉 인간화는 세계에 개입하여 자신의 존재를 인식하고 반성하며, 세계 변화에 대한 꿈을 꾸고 그것에 대해 대화를 요청함으로써 시작된다. 이를 위해 인간은 끊임없이 현실에 관심을 갖고 그것에 대해 분석하고 가치평가를 하며 그 결과 드러난 사회적 문제들에 대해 결단과 단절을 실천해야 한다. 인간은 자유로운 의사결정의 존재이고, 인간의 세계 경험은 미리 결정되어 있거나 고정된 것이 아니라 주체의 적극적 참여를 통해 구성된 것이므로 끊임없는 현실 인식과 개입의 노력을 경주해야 한다는 것이다. 지식은 바로 인간과 세계의 역동적인 만남에서 생겨난다. 그에 따르면 세상에 끊임없이 개입하고 관여하려는 과정 자체가 인간화를 향한 고된 투쟁의 과정이며 윤리적 존재가 되려는 몸짓이다. 다른 이들과의 우호적인 상호작용적 대화와 실천을 통해 세상에 끊임없이 작용하려는 행위, 즉 실천에서 지식이 생겨나고 이러한 과정을 통해 반성된 지식은 참된 '앎'이 될 수 있다.

하지만 인간화를 향한 실천들은 개인의 혼자 노력으로 가능하지 않고 서로 다른 상황과 처지에 놓인 다른 사람들과의 능동적인 대화를 통해 '창조되고' '구성되는' 것이다. 프레이리에게 대화라는 것은 모든 생명체의 삶의 과정이자 존재방식이다. 프레이리에 따르면 "진정한 대화는 비판적인 사고 즉 세계와 인간을 이분하는 것을 인정하지 않고, 양자가 분리될 수 없는 어떤 결합을 이루고 있음을 식별하는 사고, 현실을 정지된 실재로서보다는 과정이자 변형으로 인식하는 사고, 사고 그 자체를 행동에서 분리시키지 않고, 도사리고 있는 위험들을 두려워하지 않으면서, 현세에 깊숙이 파고들기를 마지않는 사고 없이는 존재하지 못한다." 대화의 출발점은 상대방의 말할 권리와 평등한 권리를 인정하는 것이다. 따라서 대화는 인간들이 인간으로서 의미를 찾는 '인간화' 교육을 위한 최적의 방법론이기도 하다. 모든 곳이 이러한 교육의 장이 될 수 있다. 교실과 거리, 광장, 마을의 숲과 시장, 일터가 모두 공환(共歡, conviviality)과 공감(compathy)의 장이 될 수 있는 것이다.

프레이리에게 교육의 핵심은 선험적인 지식을 학습자들에게 강요하는 것이 아니라 대화를 일으키는 것이다. 상대방의 말 할 권리를 인정하는 것이 소극적 대화의 실천이라면 특정 집단이 다른 집단의 말할 권리를 부정하는 '독백적 세계'에 싸움을 거는 것은 적극적 대화의 실천이다. 따라서 대화는 자신들의 말할 권리만을 고집하는 기성 지배계급에 대한 도전과 저항의 의미를 획득한다. 대화는 인간화를 지향하는 실천들의 본질적 조건으로서 억압-피억압 관계, 상징적 폭력의 형태로 전달되는 기존 지식들의 독백적 소통 체계를 문제 삼는 실천으로 이해되기 때문이다.

프레이리는 세계의 모순에 저항할 수 있는 힘의 경우 주체가 자기 내면의 모순을 통찰하는 인식의 깊이에 비례한다고 강조한다. 민주적 교사는 타자들과의 대화를 통해 자신을 인간화하고 또한 타자의 인간화에 참여하는 변증법적 존재이어야 한다. 여기서 교사-학생의 관계는 위계적 관계가 아니라 상호대화적 관계이기 때문에 권위주의적 요소들은 모두 청산되어야 한다. 모름지기 민주적 교사라면 자신의 '귀 기울임 능력'을 통해 "저 깊은 심연의 침묵하는 귀 기울임의 세계로부터 말하고 싶어 할지도 모를 그 목소리를 기다리는" 윤리적·정치적 실천의 자세를 견지해야 한다. 귀 기울임의 능력은 바로 '겸손'에서 나온다는 것이 프레이리의 주장이다.

프레이리의 말처럼 우리는 현실적으로 어떤 집단들과 개인들의 인간화 노력이 힘 있고 권력 있는 자들의 간섭과 행위 때문에 벽에 부딪히고 마는 경우를 자주 본다. 프레이리가 보기에 이러한 대화의 방해나 무관심은 억압의 상황이고 비인간화이다. 하지만 프레이리의 '비판적·대화적 실천을 통한 인간화'라는 민주적 교육 프로그램은 이러한 비인간화 극복의 구체적 방법을 일러주지 않는다. 다만 교사와 학습자간의 민주적·상호작용적 대화를 통해 억압을 인식하고 그것을 극복하기 위한 참된 지식들을 구성해가라고 요구할 뿐이다. 프레이리는 억압당하는 피지배층에게(심지어 문맹자에게도) 그러한 충분한 능력이 있으며 집단적인 공동의 토론과정에서 실천적 답이 구성될 수 있다고 보는 것이다. 어찌 보면 프레이리의 이러한 견해는 당위적 낙관론으로 공격받을 여지가 있어보인다. 그러나 주입식 교육을 통한 실용적인 지식이 아니라 비위계적인 집단적 상호 대화를 통한 사회적 앎의 과정과 그것을 정치적·사회적 변화의 동력으로 삼으려는 프레이리의 태도는 관객들의 끊임없는 직접 참여와 지속적인 대화를 중시했던 아우구스토 보알의 연극작업에 지대한 영향을 준다.

아우구스토 보알은 관객을 수동적 관망자로 만들어버리는 일방적 메시지 주입의 연극을 돌파하려는 브레히트의 기획을 더욱 밀고 나가기 위해 '대화의 과정'에 주목한다. 열린 마르크스주의자이면서 연극을 통한 학습의 '과정'을 강조해온 두 사람의 연극관은 대화를 통한 교육과 휴머니즘을 중시해 온 프레이리의 교육 프로그램과 자연스럽게 만날 수 있다. 보알에 따르면 지금까지 예술은 선천적으로 정치적이며 "그 중에서도 연극은 가장 완벽한 위압적 예술 형태"였다. 고대 그리스의 비극은 그러한 위압적 예술의 대표적 형식이었다. 그리스 비극은 겉으로 보기에 일반 대중을 대상으로 공연되었다는 점에서는 민주적으로 보이지만, 평균 이상의 뛰어난 인간을 주인공으로 삼아 영웅적·비극적 감정을 전파하려 했다는 점에서 귀족적이었다. 그리스 비극에 기초하고 있는 아리스토텔레스의 『시학』은 보알이 보기에 가장 위압적인 연극이론이다. 왜냐하면 비극은 정의(正義)라는 정치적인 선(善)을 지향하는데, 여기서 정의의 기준은 실제로 권력을 쥐고 있는 지배계급의 생각에 의존하기 때문이다. 결과적으로 아리스토텔레스의 시학은 이미 현실에 존재하고 있는 불평등을 변혁할 가능성을 고려하지 않고 오히려 현존하는 불평등을 받아들이도록 한다고 비판한다. 보알에 따르면 오늘날의 연극과 영화·텔레비전 드라마는 아리스토텔레스적 원리들을 계승하는 가운데 부르주아 가치관을 전파하면서 민중을 억압하고 있다. 그것들은 다양한 피지배 관계와 억압이 여전히 존재하고 있음에도 불구하고 기술과 능력 등의 자본주의적 가치가 인생을 성공으로 이끈다고 찬양하고 있다는 것이다.

브레히트가 아리스토텔레스의 시학과 그것을 필요에 따라 아낌없이 활용해온 부르주아적 연극('아리스토텔레스적 연극')을 비판해 온 것처럼, 보알 역시 아리스토텔레스의 비극관과 그것의 계급적 본성을 해부하고 파헤치는 것으로 자신의 '억압받는 사람들을 위한 연극' 구상을 시작한다. 역사적으로 연극은 삶과 현실의 적나라한 본질을 밝히기보다는 지배계급의 가치를 전파하는 '위압의 시학'을 구사해왔다. 보알은 지배 이데올로기가 민중의 의식을 파고드는 현상을 '미적 삼투현상'으로 보았다. 이는 아리스토텔레스적인 감정이입과 카타르시스, 즉 정화 과정을 통해 지배 이데올로기가 대중들에게 의식적·무의식적으로 몸과 두뇌 속으로 자연스럽게 녹아드는 과정과 관련이 있다. 즉 연극이나 영화 등의 허구적인 가상 세계에 감정이입된 대중은 자신에게 제시되는 것을 실생활이나 현실로 받아들이면서 자기도 모르게 지배계급의 가치관에 감염된다는 것이다. 감정이입과 카타르시스를 통한 미적 삼투작용은 주로 억압 혹은 유혹에 의해 발생하는데, 단연 위험한 것은 유혹이다. 왜냐하면 정부의 억압적인 이데올로기를 날 것으로 보여주는 관변 영화와 달리, 〈러브 스토리〉와 같은 유형의 백치 같은 연애 이야기는 유혹을 통해 자본주의적 가치를 알지 못하는 사이에 주입하기 때문이다. 이런 작품은 비정치적이고 순수해 보이지만 은연중 자본주의적 가치들을 대중들에게 심어준다는 것이다.

　보알이 보기에는 '서부 영화'의 줄거리는 아리스토텔레스적이다. 거의 모든 주류 장르 영화들은 아리스토텔레스적 구성을 취하고 있기 때문이다. 오늘날 대부분의 대중서사는 지금까지 누적되어온 이야기 관습에 적극 기대고 있다. 그 결과 그 속의 이야기 패턴과 구조는 대중들에게 익숙한 인식의 틀이요 하나의 관습이 되었다. 서부 영화를 보는 멕시코 어린이들은 멋쟁이 총잡이에게 반한 나머지 멕시코인들을 몰아내는 양키 침략자의 사고방식을 무의식적으로 받아들이게 된다. 그렇게 해서 흑인 아이들이 백인의 가치에 동조하는 현상이 일어나고, 빈민가의 아이들이 대기업 자본가의 가치에 동조하는 일이 비일비재하게 나타난다. 허구세계의 달콤한 유혹에 빠진 피지배계급은 감정이입의 메커니즘을 거치면서 지배계급 영웅들과 자신을 동일시하면서 카타르시스를 맛보는 가운데 지배 이데올로기를 자신의 일부인 양 받아들이게 된다는 것이다.

　보알은 '위압적 연극'이나 지배적인 대중문화를 제대로 읽기 위해서 작품 주인공인 '좋은 녀석 good guy'의 시각이 아니라 상대편인 나쁜 사람의 시각으로 볼 것을 요구한다. 이를테면 조커와 같은 빌런의 시각으로 보면 보지 못했고 눈치채지 못했던 시야가 열리기 때문이다. 대체로 주인공 혹은 영웅이 회복하고자 하는 '균형'과 '조화'는 위기 이전의 기존 사회, 즉 지배 관계가 온존하던 시기로 그려진다. 그야말로 안전과 평화가 흐르는 '지금 여기'인 것이다. 그런데 이러한 질서와 평화를 깨트린 악한은 어찌 보면 조화로 포장된 그 지배 사회에 균열을 내려고 하는 존재이기 때문에 이른바 주인공과 그의 세계에 대한 이의제기를 통해 우리는 지금 사회와 세계질서의 문제점과 더불어 '그 너머'를 생각해낼 수도 있다고 보는 것이다. 아리스토텔레스적인 카타르시스의 시학은 강력한 배설 체계로서 사회의 '균형'을 깰 수 있는 것-여기에는 변혁이나 변화를 향한 충동도 포함된다-을 감소시키고 달래고 만족시키고 제거하는 기능을 담당해왔다. 하지만 그 '균형'이라는 것은 흔히 정치인들이나 자본가들, 혹은 주류 미디어 등의 단골 레퍼토리이다. 그들은 균형의 이름으로 불평등의 개선을 요구하는 온갖 시도들을 잠재우기 때문이다. 대부분 영화들의 '화해'로운 결말, 즉 균형의 회복은 현실의 온갖 모순들을 봉합하기 위한 이데올로기적 환상들을 만들어내는 극적 장치라고도 볼 수 있다. 따라서 보알의 요구처럼 주어진 작품의 결을 거슬러 '거꾸로 읽으려는' 노력만이 그들의 진의에 가까이 가는 방법이라고 할 수 있다.

보알이 이와 같은 연극의 정치적 오용에 맞서 창안한 것이 '억압받는 자들의 연극'이다. 이 연극적 구상은 프레이리의 '억압받는 자들의 교육론'과 브레히트 서사극의 이념과 기법들을 보알 나름대로 분석하고 수용한 것이다. 보알은 관습으로 굳어진 주류 연극의 감정이입적 유대를 끊어버리고 관객의 '무대로부터의 거리두기'를 가능하게 해줄 '생소화 효과'(Verfremdungseffekt)를 창안한 브레히트의 시도에서 출발한다. 브레히트에 따르면 서사극과 테크닉들은 "무방비 상태의 관객들"이 자본주의 사회의 "경쟁적이고 조직적이고 조리있고 강압적인 세계에 알몸으로 빠져드는 것"을 막아 줄 효과적인 방법으로 구상된 것들이다. 지배계급들이 우리를 교육하는 지배서사의 삼투작용에 맞서 서사극은 관객 스스로 무대 위의 사건이나 인물들과의 '지적' 대결을 통해 실천적 대안을 찾게끔 하기 때문이다.

보알에 따르면 아리스토텔레스적인 연극은 관객이 배우에게 권한을 완전히 위임해서 자기를 대신해서 행동하고 심지어 생각까지 할 수 있도록 한다. 관객은 수동적 주체로 머물며 그냥 편안하게 무대 위의 사건에 자신을 내맡기는 것이다. 이런 종류의 작품들에서는 카타르시스가 발생하는데 이들을 보면서 굳이 우리는 깊은 생각을 하거나 그 의미를 따질 필요가 없다. 그냥 인물들의 행동과 사고에 깊이 몰입하여 소비하고 배설하면 그만인 것이다. 어차피 대부분의 주류 문화들은 그렇게 장치되어 있다. 하지만 브레히트의 연극에서 관객은 배우에게 권한을 위임해 대신 행동을 하지만 관객이 스스로 생각할 권리는 확보하고 있다. 하지만 생소화 효과를 통한 관객의 참여는 간접적인 '지적' 참여에 불과하다. 보알의 말처럼 관객의 '지적인 각성'이 서사극의 궁극적 목표인 셈이다. 관객은 이러한 테크닉들을 통해 배우에 의해 연기되는 무대 위의 사건이 연극적 세계에 불과한 것임을 깨닫고 인물의 행동과 그것의 사회적 원인들, 인물들의 사회적 관계를 이성적으로 비판하고 분석하도록 요구받을 뿐이다. 브레히트에게 생소화 효과는 감정이입을 차단함으로써 관객들의 지적 퍼즐 맞추기를 가능하게 해주었지만, 그것은 결국 '이성에의 호소'라는 형식을 취하고 있었고 관객과 배우는 여전히 분리되어 있었던 셈이다.

반면 보알은 생소화 효과의 인지적 학습 효과에 동의를 하면서도 브레히트를 더 밀고 나간다. 그는 배우와 관객의 역할이 분리되는 연극형식을 거부하고 관객이 직접 배우가 되는 형식을 시도한다. 이른바 '억압받는 자들의 시학'(Poetics of the Oppressed)은 "민중-'관객' 즉 연극이라는 현상에서 수동적인 존재들-을 주체로, 배우로, 연극행위를 변화시키는 사람들로 바꾸는 것"이다. 이는 아리스텔레스의 시학을 넘어서고자 하는 브레히트의 비판적 계승의 프로젝트라 할 수 있다. 여기서 관객은 등장인물(배우)에게 아무 권한도 위임하지 않고 스스로 주역을 맡는다. 그 스스로 연극 행위를 변화시키고 해결방안을 모색하며 변화를 위한 계획을 토론한다. 보알이 보기에 연극 자체는 혁명적이 아니겠지만 관객이 전인(全人)으로서의 잠재성을 하나씩 풀어 놓으며 행동에 나서는 과정 자체는 대중들의 자기 학습으로서 중요한 의미를 갖는다. 이러한 학습의 결과 구체적 현실 인식과 직접적 행동의 가능성이 열릴 것이기 때문이다. 보알의 '관객-배우'(spect-actor)라는 새로운 연극적 주체는 종전까지 나뉘어 있던 '관객'(spectator)과 '배우'(actor)를 통합함으로써 '관객-배우'들인 대중들이 직접 현실을 똑바로 이해하고 그에 따른 행동을 실천할 수 있어야 한다는 보알의 비전을 가장 잘 보여준다. 보알에게도 "예술은 인식의 한 형태"로서 학습적 효과를 수반하며 그러한 학습의 과정은 무대에서 객석으로 일방적으로 전달되는 것이 아니라 사람들이 자유롭게 민주적으로 참여하고 개입하여 얻은 것이어야 한다. 이 지점에서 브레히트와 프레이리, 보알은 서로 만나고 있다.

보알의 '피억압자들을 위한 연극'은 보알이 1960년대 이후 지속적으로 입안해온 연극 테크닉들과 더불어 발전해 왔다. 그 중 대표적인 것들이 '포럼연극'(Forum Theater), '보이지 않는 연극'(Invisible Theater) 및 '욕망의 무지개'(The Rainbow of Desire), '이미지 연극' 등이다. 이러한 테크닉들은 브레히트 서사극의 '생소화 효과'처럼 보알이 자신의 연극적 이념을 실천하기 위해 창안한 것들로서 상호작용적 참여와 토론, 과정속의 현실 인식 등을 그 특징으로 한다. 특히 중요한 것은 관객으로 하여금 직접 연극행위에 간섭하고 나서도록 다양한 환경을 만드는 것인데 그럼으로써 그는 객체 혹은 구경꾼으로서의 입장을 버리고 완전한 주체로 나서게 된다. '관객-배우'는 보알 연극의 키워드라고 할 수 있다.

하지만 보알이 처음부터 '억압받는 자들의 연극'을 구상했던 것은 아니다. 그의 첫 작품들은 이상주의적이고 당위적인 좌파 연극들이었다. 이 연극들은 1980년대 우리 민중극들처럼 노동자·농민들의 혁명과 해방의 당위성과 필연성을 선전·선동하는 작품들이었다. 복잡한 현실과 인간관계들의 역동성을 간과한 이들 작품들은 정치적 선전선동에 급급한 나머지 충분한 감동을 주지 못하는 작품들이었다. 어느 날 그의 공연의 결말에서 무기를 들고 싸우러 나가자는 배우의 호소에 대해 농민 한 사람이 일어나 등장인물들에게 당장 무기를 들고 지주들을 죽이러 가자고 반응하는 일이 일어났다. 보알은 그에 대해 그들은 배우이지 전사가 아니라고 해명하는데 고생을 해야 했다. 그 일이 있고 난 후 보알은 자기 스스로 기꺼이 하지 않으려 하는 일을 다른 사람에게 하라고 요구하는 데 자기가 연극을 써먹고 있는 것은 아닌가 반성을 하게 된다. 이후 그는 관객에게 정치 구호를 날것으로 전달하는 것에 대해 깊은 반성을 한다. 그 결과 보알은 '관객-배우'들 스스로 자신들의 신념과 생각들을 제안하고 토론하는 과정에서 자기 인식의 지평을 넓힐 수 있는 연극으로 방향을 전환하게 된다.

'포럼연극'은 이러한 자기 전환의 에피소드가 있고 난 후 브라질 활동 초기에 실험한 '동시적 극작술'(simultaneous dramaturgy)을 더욱 발전시킨 테크닉이다. 동시적 극작술은 관객이 직접 무대에 등장하지 않고서도 연극 진행에 개입하는 형태를 띤다는 점에서 포럼연극과는 좀 다르다. 처음에는 배우들이 관객들 중 한 사람이 제안한 10분에서 20분 정도의 짧은 장면을 공연한다. 이 오리지널 연극을 보알은 '반모델'(anti-model)이라고 부르는데, 왜냐하면 그것은 해결을 필요로 하는 억압적 상황을 먼저 제시하기 때문이다. 게임에 비유하면 '바탕이야기' 혹은 '배경이야기'에 해당할 수도 있을 이 짧은 연극은 늘 억압적인 상황을 보여주는데, 주인공은 항상 억압의 극복을 가로막는 강력한 캐릭터들과 대결해야 한다. 가령 보알은 친구와의 외출을 허락하지 않는 남편을 둔 가정주부의 이야기를 예로 든다. 하지만 지하도에서 네 명의 남자에게 성폭행을 당한 어떤 소녀의 이야기는 억압적 상황을 날 것 그대로 보여줌에도 불구하고 포럼연극의 소재로 부적절했다. 왜냐하면 포럼연극은 억압을 그려야 하는 연극이지만 그 억압적 상황을 뒤집을 수 있어야 하기 때문이다. 억압의 전복 가능성 혹은 상황의 변화 가능성이야말로 다양한 토론을 유발할 수 있는 것이다.

포럼연극은 주로 연극의 주제를 제안한 사람이 직접 경험했던 억압의 실상에 기초하여 미리 작성된 대본으로 공연된다. 하지만 배우들은 이 대본에 근거해서 즉흥적인 연기를 펼칠 수도 있고 대본의 구성을 더욱 극적으로 변형할 수도 있다. 그 주제를 제안한 사람이 직접 객석에 자리한다면 극적 효과는 더욱 커질 것이라고 보알은 제안한다. 배우들은 연극의 주요 문제가 중대한 국면으로 전개되는 가운데 해결이 필요할 지점까지 그것을 발전시킨다. 그런 후 배우들은 공연을 중단시키고 관중들에게 해결책을 묻는다. 관객들은 무대 위의 사건들에 대해 다양한 해결책을 제안하고 다시 배우들은 관객들의 제안과 해법을 즉흥적으로 연기해서 보여준다. 처음의 억압 상황에 맞서 배우와 관객이 '협력'(co-work)하여 다양한 의견들을 나누며 모으고 그것을 또 다른 가능성으로 확정시켜나가는 '과정'은 연극으로 하는 공동 포럼이며 학습-놀이로 이해되기도 한다.

여기서 중요한 것은 처음 공연했던 짧은 억압 공연의 진행과 결론을 바

꾸려는 관객들의 다양한 의견과 제안들을 배우들에게 무대화해보라고 제안할 수 있다는 것이다. 관객이 현장에서 써내려가는 서사를 즉석에서 연극으로 표현하는 이러한 실험은 전통적인 관객/배우의 분리를 취소하려는 시도이면서 관객을 공연 안으로 끌어들이려는 보알의 첫 시도였다. 관객들은 연극에 개입해서 배우들의 행동이나 대사를 수정시켜줄 권리를 갖는다. 배우들은 관객들이 요구한 시정사항들을 엄격하게 준수해야 한다. 보알은 이를 두고 관객이 작품을 '쓰는' 동안 배우들은 그와 '동시에' 그것을 연기로 옮긴다고 설명한다. 관객들이 생각해낸 것들이 배우들의 도움을 받아서 무대에서 연극적으로 논의된다는 것이다. 그래서 포럼인 것이다. 하지만 무대에서 공연되는 다양한 문제들의 해결을 위하여 다른 행동을 제안할 수 있는 권한에도 불구하고 관객들은 무대 밖에 머물러 있어야 했다. 언젠가 연극에 묘사된 상황에 매우 당혹해했던 한 여성은 제안된 해결책들에 만족하지 못하고 무대로 올라와 그녀가 생각해낸 해결책을 직접 공연해 보여도 좋다는 허락을 받았다. 이는 관객들이 무대 안에 직접 들어와 자기 자신의 의견을 개진하는 더욱 진전된 포럼연극으로 나아가는 결정적인 계기가 된다. 이처럼 포럼연극은 일종의 생명체처럼 무대 현장에서의 다양한 경험들을 통해 다듬어지며 공진화한다.

'포럼연극'은 '억압받는 자들의 연극'에서 가장 대중적인 테크닉이다. '포럼연극'의 테크닉에서도 '관객-배우'는 중심적인 역할을 한다. 그는 이제 단순히 상황의 변화를 상상하는데 그치지 않고 짧은 반모델 연극의 억압적 상황에 대해 반성하고 '사회적 행위 social action'를 직접 촉구하고 연기할 수 있는 권한을 부여받는다. '첫 공연'에서는 배우들(직업 배우일 수도 있고 억압받는 커뮤니티에서 선출된 일반인일 수도 있다)이 미리 작성된 대본에 따라 억압적 상황을 동료 관객들에게 보여준다. 하지만 대본에서는 억압받는 인물들이 억압을 극복하는 데 실패한다. 하지만 이후 배우들이 압축된 형태로 이것을 다시 공연한다. 이 '두 번째 공연'의 어느 지점에서 관객들 중 아무나 '정지!'(stop!)라고 외치고 나서 '억압받는 개인'을 연기하는 배역의 자리를 차지하여 자신의 신념과 견해에 따라 '첫 공연'과 다른 대안적 행위를 연기한다. 이때 배우는 무대에 머무르지만 옆에 서서 자신을 대신한 '관객-배우'에게 제안을 할 뿐 직접적인 개입은 하지 않는다. 이 '관객-배우'는 배우들이 사용하지 않았던 몇몇 방법들을 이용하여 억압을 극복하려 시도한다. 이때 지금까지 억압자를 연기하던 배우들은 대본에 있던 결론대로 공연을 끝맺으려 하며 다양한 즉흥연기를 펼치면서 억압받는 자를 연기하는 '관객-배우'의 대안적 시도에 대립각을 세운다. 만일 이 관객-배우의 행동들이 현실에 적용하기에 너무 비현실적이라고 생각된다면 다른 관객들은 '마술!(magic!)'이라고 외칠 수 있고 자신들의 생각에 따라 그 행위들을 변경하고 수정할 수도 있다.

 만일 관객-배우가 억압을 무너뜨리는데 실패하게 되면 다른 관객-배우가 '정지!'를 외치고 다른 방법이 제안될 때까지 자신의 배역을 수행하고 작품을 계속 진행한다. 그리고 억압이 극복되면 작품은 다시 변경된다. 이제 관객-배우는 '억압자들'을 대신하게 되고 억압받는 캐릭터를 괴롭힐 수 있는 새로운 가능성들을 발견한다. 이를 통해 억압의 희생자이기도 한 관객들 스스로 억압에 대한 더욱 사실적인 묘사를 행할 수 있다. 이러한 포럼연극의 테크닉은 대립하는 수많은 의견들을 대결시키고 연극적 토론의 의제로 삼는 가운데 어떤 결론에 도달하게 한다는 점에서 다분히 교육적인 목표로 디자인된 연극이다. 이 연극에서 뚜렷한 결론은 없다. 보알에 따르면 "좋은 해결책을 얻는 것보다 더 중요한 것은 좋은 논쟁을 벌이는 것"이기 때문이다. 보알에게 연극은 목표가 아니라 도구이다. 포럼연극은 오락적인 혹은 감정이입적인 효과보다는 비판적 토론의 활성화를 중심에 둔다. 전통연극의 경우 어떤 행동 혹은 사건에 대한 하나의 완결된 폐쇄적 결말을 제공하지만 포럼연극은 특수한 사회적 이슈들에 대해 다양한 관점을 보여준다. 이미 '일어났던 것'이 아니라 관객들이 상상해낸 '앞으로 일어날 수 있는 것'을 보여준다는 점에서 변화의 가능성을 강조하는 연극이라 할 수 있다.

 하지만 보알 자신도 누누이 강조하고 있듯이 이러한 전 과정은 '게임'이고 '놀이'여야 한다. 즉 도덕적인 주장이 일방적으로 전달되거나 강요되지 않고 반론이나 답변의 기회를 제공하지 않는 배우들 위주의 '독재적' 혹은 독백적인 공연이 아니라는 점에서, 그리고 관객들 스스로 참여 놀이의 형태를 띠는 집단적 공연과 토론을 통해서 예기치 않은 인식과 깨달음을 얻을 수 있다는 점에서 재미있는 게임과 유사한 것이어야 한다는 것이다. 이런 점에서 보알의 토론연극 프로그램은 이른바 비판적·대안적 '에듀테인먼트'(edutainment)의 한 사례라고 할 수 있다.

보알의 다른 기법들도 크게는 '포럼연극'의 실험과정에서 발전한 것이다. 보알이 '포럼연극'의 다양한 사례들을 제시하고 있는 것처럼 그것이 어떤 곳 어떤 환경에서 이루어지는가에 따라 그 형태는 다양할 수 있다. 가령 그가 신변의 위험 때문에 브라질을 떠나 유럽으로 망명을 떠났을 때 그 곳 사람들은 그의 포럼연극을 잘 이해하지 못했다. 남미와 서구 사회의 현실과 조건이 완전 달랐기 때문이다. 남미에서 보알은 주로 프레이리의 교육론에 입각하여 노동자나 농민, 학생과 같은 동질적 집단들 내에서 일어나는 사회적이고 집단적인 문제들을 공연했다. 그곳의 문제는 본질적으로 제3세계적 상황을 반영한 것이었고 집단적 토론과 인식의 과정을 거쳐야 하는 것이었기 때문이다. 그러나 다양성과 개성이 중시되는 유럽의 경우 그곳 상황을 반영하여 이질적 개인들과 집단들이 고려되어야 했다. 그래서 보알은 스스로 '포럼연극 쇼들'(FT Shows)이라고 이름 붙인 타협적 실험을 해야 했다. 보알은 이제 서구 유럽에서 포럼연극의 테크닉을 사용하면서도 집단의 문제가 아니라 개인의 문제 혹은 집단적이지 않은 문제들을 다루기 시작한다. 유럽의 시민들이 일상적으로 경험하는 미시적 억압들이 군사독재 시절의 거시적 억압을 대신하는 것이다.

그런 점에서 '보이지 않는 연극'(invisible theatre)의 테크닉은 본격적으로 연극을 일상적 삶의 공간으로 가져오려는 노력의 표현이다. 이는 이것이 연극이라는 것을 아무도 모르는 공공 공간에서 공연되는 연극이다. 이 테크닉은 일상 속에 존재하는 다양한 억압들을 도발함으로써 논쟁과 토론을 유발해야 한다. 따라서 그 주제는 시사적이고 대중적으로 뜨거운 이슈를 선택해야 한다. 요즘 같았으면 난민 문제나 히잡의 착용 같은 민감한 문제들을 다루어볼 만했을 것이다. 보알의 경우 남미에서는 독재 하의 제3세계 국가들이 겪는 민중들의 구체적인 문제들을, 유럽에서는 소외문제나 정신적 억압들을 즐겨 다루었다. 성차별이나 인종차별, 세대 간의 갈등들도 인기 있는 테마였다. 하여튼 주제의 선정은 그룹의 문제제기와 토론을 통해 민주적으로 결정되어야 한다. 일단 완전한 대본이든 간단한 초록이든 상세하게 작성되어야 하고 갈등을 명확하게 보여주어야 하며 일어날 수 있는 다양한 우발적 가능성들까지도 염두에 두어야 했다.

'보이지 않는 연극'의 의도 역시 공연을 경험한 사람들 사이에 광범위한 논쟁을 불러일으키는 것이고 그 문제를 더욱 분명하게 하는 것이다. 배우들은 미리 쓰인 대본에 따라 완벽한 리허설을 거친 다음 공연에 임한다. 하지만 배우들만 이 상황이 연극이라는 것을 알고 지나가던 일반 시민들은 그것을 모르는 상황이기 때문에 어떤 우발적인 상황이 닥칠지 모른다. 그 때문에 임기응변과 즉흥적인 연기에 뛰어난 배우들이 투입되기 마련이다. 이 연극의 목표는 그 지역 사회의 대중들을 공연되는 이슈에 끌어들이는 것이기 때문에 자연스럽게 변화무쌍한 연기를 할 수 있는 배우들을 필요로 하는 것이다. 종종 배우들은 그저 억압자와 피억압자를 연기하는데 그치지 않고 지나가는 시민인 양 이 주제에 대해 목소리 높여 반대 목소리를 냄으로써 논쟁에 가담하고 있는 '진짜' 시민을 격앙시키기도 한다. 논쟁에 참여하는 시민들은 모두 비가시적 연극에서 '관객-배우'의 역할을 맡는 셈이지만 이것을 자각하지는 못한다. 그들에게 이것은 실제 상황이기 때문이다. 때때로 '보이지 않는 연극'을 실천하는 사람들은 '행동주의자'로 오해를 받아 경찰과 충돌하는 일도 잦다. 하지만 보알은 이 연극이 결코 폭력적이어서는 안 되고 폭력을 재생산해서도 안 되며 다만 사회 내에 존재하는 폭력을 드러내는 것이 목표임을 강조한다.

'이미지 연극 Image Theater'은 움직임을 통해 인상적인 공동의 작품들을 '조형'해내려는 연극이다. 우선 참여자들은 특수한 상황이나 감정, 그들 자신에 대한 생각들을 표현하기 위해 자신들이나 다른 사람들의 몸을 '조각해 볼 것'을 요청받는다. 참여자들은 절대 말을 하면 안 된다. 그들은 다른 참가자들의 몸만 이용하여 어떤 '이미지'를 조각해내야 한다. 그는 "마치 자신은 조각가이고 다른 사람들은 진흙으로 되어 있다는 듯이 다른 사람들의 몸을 이용할 수" 있는 것이다. 이 테크닉에 감추어진 보알의 철학은 몸이 일차적이고 원형적인 표현형식이며 말보다 몸을 사용함으로써 사유의 '바리케이드' 혹은 의식 검열의 '필터들'이 극복될 수 있다는 것이었다. 즉 이는 의식의 검열을 느슨하게 함으로써 정신적·심리적 억압을 극복하고 새로운 해방을 체험하고자 하는 기법인 것이다. 보알이 참여자들에게 오래 생각하지 말고 즉시 이미지를 만들어보라고 이야기하는 이유도 최대한 의식의 강제를 벗어나고자 하기 때문이다. 날것의 정제되지 않은 지각이나 생각 혹은 이슈들의 표현이 중요한 것이다.

'이미지 연극'도 교육적인 연극이기는 마찬가지다. 창조된 이미지를 관람하던 사람들도 이슈들에 대한 각자의 의견들을 더욱 적절하게 표현하기 위해 직접 참여자들의 몸을 '주조'(mold)하고 '조각'(sculpt)할 수 있기 때문이다. 배우들의 몸을 다듬어 모종의 이미지로 변화시켜나가는 과정은 어떤 이미지가 주어진 문제에 대한 적절한 이미지인가에 대한 공통의 합의가 있을 때까지 계속 반복된다. 만일 이견이 있으면 그것에 대해 수정을 가할 수 있다. 결국 억압의 상황이나 감정에 대한 가장 적절한 표현이 합의되면 다시 '관객-조각가' 혹은 '관객-배우'는 그가 소원하거나 욕망하는 다른 혹은 대안적인 이미지의 '조각'을 요청받는다. 두 번째로 구성된 이 이미지는 '이상적인 이미지'(ideal image)로서 억압이 극복되고 난 이후의 바람직한 상이다. 마지막으로 그는 변화 과정 혹은 이행 과정의 이미지를 보여 달라는 부탁을 받는다. 그것은 억압적 현실에서 다른 이상적 현실로 어떻게 넘어갈 수 있는가를 이미지화해서 보여 달라는 부탁이다. 결국 '이미지 연극'은 모든 사람들이 동의할 수 있는 현실적인 상황의 전형적인 이미지를 만들어내는 것으로 시작해서 각자 그 현실의 상황을 변화시킬 수 있는 방안을 제안해 보여야 하는 연극이라 할 수 있다.

이외에도 보알은 '신문연극'(Newspaper Theatre), '입법연극'(Legislative Theatre) 등 다양한 연극 테크닉들을 실험한다. '신문연극'은 신문이나 다른 문서들의 조각을 연극적 장면으로 구성하도록 도와주는 12개의 세부 기술들을 소개하고 있고 '입법연극'은 시의원으로서 정치활동을 하면서 유권자들에게 발언의 기회를 주고자 한 연극이다. 이는 '토론연극'과 비슷한 공연이지만 공연의 주제가 통과되어야 할 법을 주제로 하고 있고 관객-배우들에 의해 무대에서 표현된 의견들이 진짜 입법으로 이어진다는 점에서 다르다. 이렇게 해서 보알이 의회에 있는 동안 20여 개의 법안이 통과되었다고 한다. 이러한 기법들 역시 사회적 의제들을 연극적 공론의 대상으로 삼으려 했던 보알의 전체적인 기획의 일부로 볼 수 있을 것이다.

보알이 입안한 이러한 다양한 연극적 테크닉들은 모두 '억압받는 사람들의 연극'의 중요한 성분들이다. 최근 보알의 연극은 어떤 메시지를 강요하지 않고 다양한 상반된 관점들의 토론을 중시하기 때문에 포스트모던하다는 지적을 받기도 한다. 하지만 프라스카의 지적처럼 처음부터 보알의 연극은 비판적 사유의 촉발과 토론을 지향하고 있고 그러한 과정을 통해 사회와 개인이 바뀌어야함을 명시하고 있다. 브레히트와 프레이리의 계승자로서 보알은 인간과 현실의 변화가능성을 믿었고 연극이 그것에 기여할 수 있으리라고 생각했다. 브레히트의 말처럼 보알도 예술이 직접 변혁을 추동하는 주요한 요인일 수는 없지만 그것에 기여할 수 있다고 보았고 '억압받는 자들의 연극'은 다양한 예술적 실천들 중 하나의 길임을 분명히 했다.

이제 살펴볼 곤잘로 프라스카는 브레히트와 보알의 연극적 기법들을 나름의 방식으로 전유하는 가운데 컴퓨터, 특히 디지털게임의 사회적 가능성을 타진하고 매체의 기능전환을 시도한다. 브레히트와 보알은 그에게 디지털게임의 사회적 활용에 대한 이념적 근거와 방법적 도구들을 제공한다. 그가 추구하는 것은 컴퓨터를 사회적 문제제기와 비판의 도구로 전환시키는 것이었다. 디지털게임은 플레이어를 보알의 '관객-배우'로 만들어주고 새로운 것을 창조할 수 있는 환경을 만들 수 있는 잠재성이 있어 보였다. 그는 지금까지의 대부분 게임들이 '아리스토텔레스적 게임'으로서 이른바 강한 감정이입, 즉 '몰입'(immersion, flow)의 메커니즘을 통해 현실 인식을 가로막거나 게임의 규칙들을 통해 주류 이데올로기를 은연중에 체득하게 했다는 전제에서 출발한다. 물론 프라스카는 다양한 게임들의 공존이 필요하다는 인식의 소유자다. 그러나 주류 게임들이 판을 치는 지금의 상황은 오히려 게임의 다양성을 해치고 있다. 그래서 그는 브레히트나 보알처럼 '비아리스토텔레스적 게임', 즉 대안적인 '억압받는 자들의 비디오게임'을 구상하는 것이다. 물론 주류 게임산업이 지배하는 지금의 상황에서 프라스카의 구상은 몽상에 불과할지도 모른다. 그러나 브레히트나 보알의 구상도 당시에는 그런 취급을 받았을지도 모른다. 하지만 디지털게임은 하나의 가능성으로서 이후 오락에 교육과 사회적 효과, 치료와 대화의 플랫폼으로 그 영역과 가능성을 확장해간다. 프라스카의 논의는 이러한 노력들에 선구적 시도로 평가받으며 꾸준히 대안 게임의 실천을 위한 근거를 제시해주고 있다.

억압받는 자들의 비디오게임: 게임의 사회적 지평 확장

곤잘로 프라스카는 분명 특이한 이력의 게임학 연구자이다. 게임 개발자이며 사업가이기도 한 그는 '게임론'(ludology)의 이론적 기수로 서사로서의 게임을 고수하는 '서사론'(narratology)에 대립각을 세우기도 했다. 우르과이 출신인 그는 상업적인 게임과 실험적인 게임들을 넘나들면서 독창적인 게임들을 제작해왔다. 그의 활동에서 특이한 것은 디지털게임의 이데올로기에 대한 이론적 접근에 만족하지 않고, 꾸준히 대안적인 게임들을 제작하려 시도한다는 것이다. 『억압받는 자들의 비디오게임』이라는 학위논문을 쓰기도 한 프라스카의 관심은 현실에 존재하는 다양한 사회 문제와 비디오게임을 접속시키려는 데에 있다. 이른바 현대의 최신 오락물로 자리 잡은 주류 게임들의 이데올로기에 문제를 제기하고 게임을 현실 비판의 도구로 삼으려는 노력 속에 프라스카와 그의 협력자들의 모임인 '뉴스게이밍' 그룹은 벤야민과 브레히트의 매체기능전환의 문제의식을 실천하고자 한다. '시리어스 게임(serious games), '뉴스게이밍'(newsgaming), '교육적 게임'(educational games), '다큐게이밍'(docugaming) 같은 프라스카의 이론적·실천적 프로젝트들은 주류 '아리스토텔레스적 게임'을 넘어 대안적 '비아리스토텔레스적 게임'을 향한 원대한 목표들을 보여준다. 여기서 우리는 프라스카의 게임관과 그의 실험 모델을 살펴보는 가운데 디지털게임의 매체적 가능성들을 발견하게 될 것이다.

정치적 에듀테인먼트와 시사 게임 프로젝트

프라스카는 우선 "비디오게임이 반드시 오락적일 필요는 없다"는 논쟁적인 선언을 한다. 사실 이러한 진술은 다분히 정치적인 발언이다. 프라스카 역시 게임의 오락성과 재미를 중시하고 그의 게임들 역시 재미적 요소를 극대화하고 있다. 그렇기 때문에 그의 게임 〈Big Fat Awesome House Party〉는 1천 300만 카피를 팔 수 있었고 "역사상 가장 거대한 성공을 거둔 게임"이라는 평가를 받을 수 있었을 것이다. 그는 우선 브레히트가 그랬던 것처럼 재미라는 것이 기존 주류 대중문화의 상업적 관행들 속에만 존재하는 것이 아님을 강조한다. 중요한 것은 재미와 오락을 어떻게 정의할 것인가 하는 문제를 따져보는 것이고, 굳이 시끌벅적한 스펙터클 속에 순간적 자위행위의 쾌감이 아닌 주변 현실을 돌아보고 인식하는 가운데서도 재미와 오락을 찾을 수 있음을 모색하는 것이다. 브레히트가 말하는 '배움의 재미' 혹은 '깨달음의 재미'는 프라스카에게도 이론적·실천적 화두인 셈이다.

프라스카에 따르면 비디오게임은 비오락적인 용도로 탄생했다. 군사훈련을 위해 도입된 각종 시뮬레이터들이나 명시적으로 교육적 목표를 표방하는 게임들은 그것을 입증한다. 한때 국내는 물론이고 전 세계적으로 '디지털 에듀테인먼트'(Digital Edutainment)나 '인포테인먼트'(infotainment)가 유행어로 떠오르며 대안산업으로까지 부상한 바 있다. '에듀테인먼트'는 '교육'(education)과 '오락'(entertainment)을 결합해서 만든 신조어로서 학생들의 참여와 흥미를 유발하는 새로운 교육 방식이나 수단을 의미한다. 특히 디지털 미디어를 통해 가능해진 학습자의 능동적 상호작용과 참여 가능성은 종래의 '환원주의적' 교육 패러다임의 지양을 요구하는 사회적 분위기를 확대했다. 환원주의적 교육은 지식의 본질을 주체의 외부에 존재하는 객관적 현실로 인식하는 입장이다. 이러한 견해에 따르면 지식이란 주체에게 제시되는 대상을 과학적 탐구 방법에 의거하여 정확히 파악할 때 얻어질 수 있는 것이다. 이러한 인식론적 가정은 현상이나 대상을 원인-결과로 파악하려는 뉴턴 이래의 근대적 패러다임을 정확하게 반영하고 있다. 절대불변의 객관적 지식이 존재한다고 믿고 강제로 그것을 주입하려는 교육적 환경은 이러한 패러다임에 의존하고 있고, 그래서 이를 '패러다임적 사고'(paradigmatic mode of thought)라고 부르기도 한다. 하지만 진리의 자명성과 객관성이 의심받고 있고 현실의 불확실성과 상대성이 중시되는 최근의 상황은 이러한 학습방식의 지양을 요구하고 있다. 특히 컴퓨터라는 뉴미디어의 등장은 학습자들이 자발적 참여를 통해, 즉 직접적 경험을 통해 지식을 구성해가는 것을 새로운 과제로 제시하고 있다. 어떤 점에서 디지털 전환의 시대는 '사회적 구성주의'와 '상호적 대화주의', '융합적 관점주의'에 기초한 지식의 생성과 확장에 유리한 환경일 수 있다.

사실 절대적인 현실의 반영을 지식으로 환원시켜버리는 전통적 인식론에 대한 반대는 이미 피아제(J. Piaget)에 의해 제기된 바 있다. 학습 주체의 학습과정에서 놀이와 게임의 중요성을 간파하기도 했던 그는 지식의 기원이 외부세계에 있다는 견해를 부정한다. 그가 보기에 지식이라는 것은 개인이 경험하는 외부 환경과 그가 지금까지 지니고 있던 지식 사이의 불균등 혹은 모순을 극복하는 가운데 구성해나가는 것이다. 그야말로 '지식은 자신의 경험세계에 적응하는 과정에서 구성한 것'으로서 이는 학습자가 머릿속에 이미 가지고 있었던 개념과 배우게 될 개념의 상호작용을 전제로 한다. 이렇게 되면 지식이라는 것은 결국 학습자 스스로가 의미를 구성하는 능동적인 작용이다. 이로써 사회적 구성주의의 전단계인 구성주의의 씨앗이 뿌려진다.

컴퓨터의 상호작용성은 피아제의 구성주의적 교육론을 실현할 수 있는 유리한 기회를 제공했다. 특히 페퍼어트(Seymour Papert)는 처음으로 컴퓨터를 교육적 목적으로 활용하고자 시도한다. 피아제와 함께 연구활동을 하기도 한 수학자 페퍼어트는 디지털게임의 시뮬레이션 환경들을 이용하여 아이들에게 회화와 시, 간단한 게임들을 구성함으로써 학습할 수 있는 환경을 제공하고자 했다. 특히 그는 '마이크로월드'(Microworld), 즉 학생들 스스로 컴퓨터 고유의 법칙들을 익히고 이를 실험하는 가운데 다양한 분야의 학습 프로그래밍 과정에 직접 참여할 수 있는 컴퓨터 언어의 개발에 열중했다. 이 결과 나온 것이 '로고'(LOGO)라는 언어 프로그래밍인데 각급 학교에서 큰 인기를 끌기도 했다. 구성주의와 비디오게임을 직접 연결지어 실험한 이는 카파이(Yasmin Kafai)였다. 그는 아이들과 직접 구성주의적 환경 속에서 비디오게임을 디자인하고 프로그래밍하는 가운데 비디오게임의 교육적 효과에 주목하였다.

프라스카 역시 구성주의적 패러다임이 비디오게임의 정치적 기능전환에 유용한 준거로 기능할 수 있음을 인정한다. 하지만 그는 구성주의적 컴퓨팅 혹은 비디오게임 실험이 순전히 수학이나 과학 교육에만 관심을 두고 있음을 비판한다. 왜냐하면 프라스카의 관심은 비판적 인식의 함양을 위한 비디오게임의 디자인에 있기 때문이다. 그에게 가장 이상적인 비디오게임의 모델은 다음과 같은 셰리 터클(Sherry Turkle)의 구상에 기반한 게임이다. 터클은 컴퓨터 시뮬레이션에 대한 몇몇 반응들을 정리하면서 그것의 적극적 기능전환을 요구한다. "하지만 우리는 제3의 반응을 생각해 볼 수 있다. 이는 더욱 복잡한 사회적 비평을 계발하기 위한 하나의 도전으로서 시뮬레이션의 문화적 파급력을 이용할 수 있을 것이다. 이러한 새로운 비평이 모든 시뮬레이션들을 일괄할 수 있는 것은 아닐 것이다. 하지만 그것들 사이의 차이를 식별할 수는 있다. 이는 모델 고유의 가정들에 대한 플레이어의 도전을 실제적으로 도와주기 위한 시뮬레이션의 발전을 그 목표로 삼을 것이다. 이러한 새로운 비평은 시뮬레이션을 의식-상승의 수단으로 이용하기 위해 노력할 것이다." 프라스카가 보기에 아우구스토 보알의 연극실험은 해답이 될 만한 궁극적인 결말을 제공하기보다 억압을 보여주는 '반-모델'에 대한 끊임없는 비판과 해체를 통해 의식의 향상을 추구한다는 점에서 이러한 구상을 선취하고 있다.

우선 프라스카는 지식은 주입되는 것이 아니라 구성되는 것이라는 피아제의 구성주의적 교육이념을 비판적으로 수용한다. 그리고 학습자의 특수한 개인적 혹은 사회적 현실과 대결하며 극복하고자 했던 프레이리의 '억압받는 자들의 교육론'을 실험의 방향으로 정한다. 이는 피아제, 페퍼어트와 카파이의 비정치적 구성주의 작업들을 정치, 사회적 차원의 구성주의 실험으로 종합하려는 시도로 볼 수 있다. 특히 프라스카가 보기에 브레히트와 보알은 주체의 능동적 학습 참여와 정치적 현실 인식의 차원을 연극 혹은 놀이를 통해 선취한 대표적인 선구자들이다. 브레히트의 '비아리스토텔레스적 연극'이 프라스카의 '비아리스토텔레스적 비디오게임' 구상에 이념적 동기를 제공했다면, 보알의 '억압받는 자들의 연극' 프로그램은 그의 대안적 비디오게임 실천에 직접적인 영감을 제공한다.

프라스카의 말처럼 최근까지 대부분의 비디오게임들은 우리의 현실과 동떨어진 것이었다. 이는 대부분의 캐릭터들이 괴물이나 몬스터, 트롤들 일색이거나 인간이 등장하더라도 일상인들과 거리가 먼 캐릭터라는 사실에서 확인할 수 있다. 물론 〈심시티〉나 〈심즈〉, 〈피파〉, '타이쿤' 게임들 등 현실을 시뮬레이션하는 게임들의 등장 이후 상황이 약간 변하기는 했지만 이들 게임들의 경우에도 현실의 이데올로기적 모순들을 회피하고 '디즈니랜드 같은 방식'으로 삶을 이상화하고 있다는 비판에서 자유롭지 못하다. 프라스카가 보기에 더 심각한 문제는 로렐과 머레이같은 많은 연구자들이 게임에 대한 무비판적 동일시를 의미하는 '에이전시'와 '몰입'을 게임의 바람직한 효과들로 당연시하고 있다는 사실이다. 게임의 주체가 게임 규칙과 그 세계를 자신의 것으로 완벽하게 받아들이는 환경의 창조야 말로 게임 디자이너의 미덕이라고 보기에 게임의 이데올로기 문제는 살며시 관심 밖으로 밀려나기 때문이다. 가령 로렐에 따르면 비디오게임의 기본 규칙은 이미 2000년도 훨씬 넘은 시기에 아리스토텔레스에 의해 다 쓰여 있었다. 이러한 인식에서 출발하면서 로렐은 아리스토텔레스의 『시학』을 비디오게임 디자인에 응용할 것을 요구한다. 비슷한 맥락에서 머레이 역시 '불신의 자발적 중지'에서 시작되는 '몰입'(immersion)과 '시뮬레이션에 참여하는 컴퓨터 유저의 능력'인 '에이전시'(agency)를 디자이너들이 구현해야 할 바람직한 두 개의 효과들로 규정한다. 하지만 프라스카는 이러한 요구들 속에서 디지털게임의 무반성성 혹은 현실순응성 여지가 깃들 수 있음을 비판한다.

우리는 영화나 텔레비전 드라마를 볼 때 혹은 게임을 할 때 기꺼이 '불신'을 중지하거나 능동적으로 불신을 창조하기도 한다. 이는 영화나 게임 속의 가상 세계나 캐릭터를 진실 혹은 현실로 받아들이는 관객에게만 해당되는 말은 아니다. 전통적으로 외국의 연기학교나 우리의 연극과 연기수업들은 배우들로 하여금 그들 캐릭터에 몰입해 들어갈 것을 촉구한다. 배우들은 자신의 캐릭터들처럼 느끼고 생각하고 행동할 수 있도록 '그들의 피부 속으로' 들어가야 한다는 것이다. 스타니슬라브스키의 '내면적 사실주의' 연기론에서 요구되는 'As if~'의 법칙이 바로 그것인데 이는 '메소드 연기'로 불리며 연기론의 정석으로 자리 잡았다. '마법적 가정' 혹은 '마술적 가정'이라고도 불리는 이 법칙을 통해 배우는 "내가 저 캐릭터라면~"이라는 상상적 행위 속에 '빙의'(憑依)에 가까운 변신을 해야 하는 것이다. 예전에 배우 최민식이 〈취화선〉이라는 영화를 촬영한 후 장승업이라는 화가에 신들려 바깥 출입을 하지 못했다고 고백한 것도 그러한 맥락에서 이해될 수 있다. 모두 그렇지는 않겠지만 메소드연기에 매몰될 경우 배우들은 자기 캐릭터들에 대한 비판적 연기는 물론이고 재해석에 소홀할 수도 있다. 그리고 이러한 연기의 최종 목표는 관객들을 완전히 빨아들이는 것, 즉 비판적 거리의 소멸에 있고 완벽한 동일시에 있다. 물론 이러한 연기 방법 자체를 나쁘다 할 수 없다. 하지만 배우와 관객의 지적 능동성을 가로막고 작품의 주제와 시점 안에 그들을 가둠으로써 작가의 세계와 관점을 그대로 받아들이게 하는 수단으로 활용될 수 있는 여지는 다분하다.

비디오게임의 플레이와 연극영화의 연기나 관람은 분명 같은 경험은 아니다. 프라스카의 지적처럼 우리는 디지털게임을 하면서 라라 크로프트가 혹 신장병을 앓고 있는 것은 아닌지, 혹은 마리오가 편집증 증세를 지닌 것은 아닌지 의심을 하지 않는다. 이들 캐릭터나 게임상의 괴물들은 모두 수단이고 커서일 뿐이다. 디지털게임의 캐릭터들은 대체로 평면적 캐릭터로서 우리에게 중요한 것은 "왜 그 캐릭터가 그런 식으로 행동했을까"가 아니라 "다음에는 무슨 일이 일어날까"하는 문제이다. 디지털게임은 구조적으로 모든 현실적인 불신을 중지시키는 데서 그 효과를 생산하기 때문이다. 그리고 우리는 영화를 보면서 슈퍼맨, 스파이더맨, 제임스 본드 등의 영웅이고 싶지만 게임의 경우 그런 욕망을 가질 필요가 없다. 게임에서 우리가 바로 그 영웅들이기 때문이다. 가령 게임에서 영웅 혹은 주인공은 마리오가 아니다. 내가 바로 영웅이고 마리오는 하나의 커서에 불과하기 때문이다. 플레이어에게 자유도가 많아지면 많아질수록 게임의 캐릭터는 플레이어의 행위를 위한 커서가 되고 플레이어는 스스로를 게임의 영웅 혹은 신으로 자각한다. 자유도와 게임의 상호작용성에 수반되는 게임의 몰입은 게임 이면의 규칙에 묻어나는 이데올로기를 '자연화'(neutralization)할 가능성이 그만큼 크다.

이러한 생각들을 펼치면서 프라스카는 주류 디지털게임들의 한계를 비판적으로 반성하면서 플레이어에게 자신이 당면한 현실을 탐색하게끔 허용하는 캐릭터중심의 비디오게임, 더 나아가 게임의 행동 규칙을 플레이어 스스로 변경할 수 있는 디지털게임 등을 구상한다. 이는 일종의 자기서사의 게임, 사회적으로 선한 영향력을 끼치고자 하는 소셜 임팩트게임, 모드게임이라 할 만한 것들을 선취하고 있는 것일 수 있다. 나아가 게임화(gamification)라든지 시리어스게임의 구상에 중요한 논거와 방향을 제시하고 있는 것일 수도 있다. 프라스카는 자신의 구상을 현실화하기 위해 우선 전통적인 아리스토텔레스적 게임 디자인 관습에서 조금이라도 자유롭고자 한다. 그리고 그 대안으로 아우구스토 보알이 연극을 통해 실험했던 것을 디지털게임으로 전유해보고자 한다. 그가 구상하는 게임 모델의 목표는 "재미 경험을 유지하는 가운데서도 이데올로기적 이슈들과 사회적 갈등들에 대한 비판적 사유를 강화하는 비디오게임"의 개발이다. 이러한 인식은 〈9·12〉나 〈마드리드〉(Madrid) 같은 새로운 게임의 개발로도 이어진다. 하지만 프라스카에게 중요한 것은 기존의 게임들을 비판적으로 '재매개'하는 것이다. 대중적으로 크게 인기를 끈 게임들을 활용할 경우 그만큼 보다 광범위한 사회적 토론의 계기를 마련할 수 있을 것이기 때문이다. 일종의 '사회비판적 게임모드'의 구상이라고 할까? 프라스카의 몇몇 샘플 모델로써 그의 '억압받는 자들의 비디오게임'의 실체 가까이로 가보자.

억압받는 자들의 비디오게임

　프라스카의 '억압받는 자들의 비디오게임'은 그저 억압당하고 있는 사람들의 다양한 억압을 재현하는 것만을 목표로 삼지 않는다. 그리고 과거의 역사적 영웅과 그들의 위업이 아니라 개발자-플레이어들이 '지금 여기'에서 당면하고 있는 문제들을 게임 안으로 가져오고자 한다. 보알의 '억압받는 자들의 연극'이 그랬듯이 현재 진행되고 있는 다양한 차별과 억압들에 대한 '쟁점들을 형성하는 것'이 프라스카 게임의 목표이다. 보알의 연극실험이 그랬듯이, 자신의 작업이 '과정 속의 작업'(work-in-progress)으로서 비판적 사유와 논쟁을 위한 포럼의 역할을 할 수 있기를 바라는 것이다. 프라스카의 말처럼 모든 게임들은 늘 제한적이고 이념적으로 편향적일 수 있다. 그리고 게임들은 그 작가들도 예견하지 못하는 방식으로 해석될 수 있고 플레이될 수도 있다. 프라스카는 게임들도 훌륭한 통찰을 제공할 수 있다는 셰리 터클의 주장에 동의한다. 터클에 따르면 게임과 시뮬레이션들에 있어 "시뮬레이션의 기저에 깔린 이데올로기적 가설들에 대한 이해는 정치권력의 핵심 요소이다. 시뮬레이션들에 강요된 왜곡들을 이해하는 사람들은 더욱 직접적인 경제적·정치적 피드백과 새로운 종류의 재현, 더욱 많은 정보의 채널들을 요구할 만한 위치에 있다." 프라스카는 이러한 주체들의 능력을 개발하기 위해 대안적인 게임 디자이너들이 한데 힘을 모으고 실천적인 게임이론을 제공하거나 우리 스스로의 게임을 개발할 것을 촉구한다. 그런 의미에서 프라스카는 '몽상가'라 비판받을 수 있다. 그럼에도 늘 이러한 몽상에서 예술과 문화는 그 지평을 넓혀 왔다. 재미와 놀이성보다 다른 동기를 우선시한다는 비판을 받기도 하지만 우리가 그의 '억압받는 자들의 비디오게임'에 주목해야 할 이유이기도 하다.

　앞서 말한 것처럼 '억압받는 자들의 비디오게임'은 '억압받는 자들의 연극'의 이념과 테크닉들을 비디오게임으로 옮겨놓고자 한다. '관객-배우'가 직접 억압적 상황에 대해 개입을 하고 그에 대한 대안적 해결책들을 제안하고 연기할 수 있는 것처럼, 이 게임은 플레이어들에게 그들 자신의 게임들을 디자인하도록 허용함으로써 게임의 이데올로기적 가정들에 도전할 수 있는 도구들을 제공하는 것을 기본으로 한다. 물론 주류 게임을 이용하여 그것의 이데올로기를 문제 삼는 게임을 디자인한다는 것이 비현실적인 일로 여겨질 수 있다. 하지만 최근의 게임들은 사용자들의 유시시를 게임 속에 끌어들이고, 그것을 플레이어들 상호 간에 평가하고 다운받을 수 있는 기능들을 확대하고 있는 추세로 보아 완전 불가능한 일만도 아니다. 아예 〈로블록스〉, 〈디토랜드〉, 〈마인크래프트〉 등은 플레이어 자신들의 게임 만들기를 독려한다. 그리고 그 게임들을 가상의 시장에 내놓고 매매까지 한다. 프라스카가 이러한 아이디어를 제안하기 전인 1999년 〈하프라이프〉의 모드 게임으로 FPS 장르인 〈카운터 스트라이크〉가 나온 상황이기도 했다. 하지만 프라스카의 첫 구상은 이보다 훨씬 소박하다. 시중에 나와 있는 게임들의 기본적인 기능에 플레이어 자신의 이야기를 담아보자는 정도의 제안을 하고 있기 때문이다. 예를 들면 프라스카가 대안적 게임 디자인 툴로 제안하고 있는 〈심즈〉의 경우 캐릭터들의 '외양 Skin' 디자인 기능 외에 플레이어들 자신의 이야기를 탑재할 수 있도록 유도하고 토론의 공간을 마련하고 있다. 그가 보기에 이러한 요소들은 플레이어 각자의 문제를 모델링함으로써 그에 대한 동료 플레이어들과의 상호토론과 대화의 가능성을 가져다 줄 것이며 그러한 과정에서 현실 인식과 타자에 대한 상호 관용의 깊이가 확장될 것이다. 지금의 기술적 환경과 게임의 진화단계에서라면 불가능한 제안이 아니다. 그 이상으로 플레이어의 저작 환경은 개선되었다. '게임의 사회화'와 '게임의 민주화'가 이야기되는 시대이다. 그렇다면 문제는 게임 디자인의 방향과 비전일 것이다.

〈억압받는 자들의 심즈〉

　프라스카의 첫 실험은 게임 역사상 한 획을 그었다는 평가를 받은 윌 라이트의 〈심즈〉를 기능전환하는 것이었다. 〈심시티〉의 개발자이기도 한 윌 라이트는 〈심즈〉에서 삶과 생활을 시뮬레이트함으로써 다양한 인간관계를 경험하도록 해주고자 한다. 여기서 플레이어는 심(Sim)이라고 불리는 캐릭터를 만들어 그의 삶을 관찰하고 체험할 수 있다. 원래 윌라이트는 이 게임의 아이디어를 버클리 대학 건축학과 교수인 크리스토퍼 알렉산더의 『패턴 랭귀지』로부터 얻었다고 한다. 이 책은 건축이 인간의 생활에 어떤 영향을 주는지 256가지의 사례를 들어 설명한 책이라고 한다. 윌 라이트는 시뮬레이션을 통해 이러한 다양한 패턴을 구현할 수 있을 것이라고 생각하고 인간의 생활을 시뮬레이션하는 게임을 만든다. 〈심즈온라인〉과 〈심즈모바일〉을 거쳐 아직도 진화 중인 이 '생활 시뮬레이션' 게임에서 우리는 인간관계나 가족관계, 혹은 사회관계가 어떻게 상호반응하며 작동하는지를 입체적으로 추체험할 수 있다.
　우선 플레이어들은 스스로 디자인한 '심'들을 통해 인생을 계획하고 인생의 의미를 만들어나간다. 우리가 원하는 인생을 구현하는 심들을 보며 성취감과 만족감을 느끼고 동일시에 가까운 대리만족을 느낄 수 있는 게임이 바로 〈심즈〉인 것이다. 플레이어가 '스킨 Skin' 기능을 통해 직접 캐릭터를 디자인할 수 있다는 사실, 벽지나 가구, 바닥재 등 플레이어들 스스로 집을 꾸미고 가족의 삶을 설계하는 일은 현실에 대한 시뮬레이션의 재미를 만끽하게 해주었다. 그중 단연 즐거운 것은 각종 게임 정보, 각 플레이어들의 캐릭터들과 심들의 삶 등에 대해 공유하고 토론할 수 있는 유저 커뮤니티가 있어 게임을 사회적 활동으로 승화시킬 환경이 마련되어 있다는 점이다. 이러한 커뮤니티 기능은 게임에 쉽게 싫증내지 않도록 해주며 인간사의 다양한 우발적인 사건들을 통해 색다른 재미를 주기도 한다. 회사가 계속해서 확장 팩을 내놓으면서 게임 세계와 행동 영역을 확장하여 플레이의 가능성을 지속적으로 증가하려 노력한 점도 게임의 장기 흥행에 기여했다.
　프라스카가 〈심즈〉를 시뮬레이션의 기반으로 삼은 것은 이 게임이 플레이어의 커스터마이징을 통해 게임 변형, 즉 '모드'(mod, modification)의 자유를 부분적으로 허용하기 때문이다. 물론 요즘 기준으로 새로운 이야기는 아니다. 그리고 이 정도를 가지고 '게임 속의 게임'이라 할 수 있는 모드에 비견하는 것은 과도하다는 비판을 받을 수도 있다. 하지만 〈심즈〉의 발매 당시 이는 매우 신선한 것이었다. 프라스카 역시 〈심즈〉의 '커스터마이징'(customizing) 기능을 높이 평가한다. 그럼에도 어쨌든 캐릭터 커스트마이징을 이용한 프라스카 방식의 '모드'는 게임의 오픈 소스를 이용하여 새로운 게임을 만드는 'mod'와는 그 의미에 차이가 있다. 원래 '커스터마이징'이란 '커스터마이즈'(customize), 즉 '무엇을 주문받아서 만들다'는 동사에서 온 말이다. 이는 일종의 맞춤 서비스로서 고객이 원하는 대로 제품이나 물건을 만들어주는 것을 의미한다. 하지만 IT 산업이 발전함에 따라 이미 개발된 솔루션이나 웹사이트 등을 구입 또는 이용하고자 하는 사람이 원하는 형태로 재구성하거나 재설계하는 것을 의미하게 된다. 가령 〈싸이월드〉나 〈세컨드 라이프〉, 〈심즈〉 등에서 사용자가 좋아하는 연예인들이나 자기 모습을 게임 캐릭터로 활용하는 것은 대표적인 커스터마이징이다. 프라스카도 〈심즈〉에서 플레이어들이 선호하는 영웅이나 스타, 혹은 자신들처럼 보이도록 캐릭터를 디자인할 수 있다는 사실에서 영감을 받아 〈억압받는 자들의 심즈〉를 구상한다. 국산 메타버스 〈제페토〉는 캐릭터 디자인에 특화된 콘텐츠로서 헤어스타일, 외모, 의상까지 모두 바꿀 수 있다. 자신을 닮은 캐릭터를 예쁘게 꾸미는 MZ 세대의 욕구에 호소하는 플랫폼/콘텐츠로서 유저들은 젬과 코인이라는 가상화폐를 이용하여 자기 아바타를 성장시켜 나간다. 프라스카는 이러한 커스터마이징의 기능에 플레이어의 자기서사를 공유하고 협력하면서 대안을 찾아나가는 '공환'의 협동놀이로 전환시키고자 한다.

  물론 프라스카는 자기 실험의 템플릿으로 삼고자 하는 〈심즈〉의 치명적인 이데올로기적 약점을 지적한다. 이 게임은 가족의 삶과 인간을 시뮬레이션하고 있다는 점 때문에 게임 산업에서 분명한 약진을 보여줌에도 불구하고 미국 사회의 소비주의적 원리들을 바탕으로 하고 있기 때문이다. 가령 플레이어들의 소유가 늘면 늘수록 친구가 늘어나는 식의 규칙을 내장하고 있는 것이다. 어찌 보면 〈심시티〉처럼 이 게임 역시 도시 근교에서 살아가는 사람들의 일상을 시뮬레이트하면서 전형적인 '와스프'(WASP, White Anglo-Saxon Protestant), 즉 미국 백인중상층의 삶과 생각을 바탕에 깔고 있는지도 모른다. 더 심각한 문제는 플레이어들에게 캐릭터들의 겉모습만을 바꿀 수 있는 자유만 주어져 있다는 사실이다. 다시 말해 게임 디자이너의 이데올로기가 마음에 들지 않는다고 해서 그것을 어찌해볼 도리는 없다는 것이다. 물론 프라스카가 게임 규칙의 전면적 폐기를 요구하는 것은 아니다. 그렇게 되면 게임 자체가 성립하지 않을 것이기 때문이다. 규칙의 부재와 무제한적 자유도는 게임의 존재양식을 위태롭게 한다. 다만 〈심즈〉가 비판적 사유의 촉진을 위한 실험 장조로 되기 위해서는 게임 규칙들이 플레이어들의 다양한 접근을 허락하도록 충분히 개방적일 필요가 있다는 것이다.

프라스카의 〈억압받는 자들의 심즈〉는 캐릭터의 겉모습을 바꾸는 식의 변화가 아니라 시뮬레이션 자체의 이데올로기적 가설들에 대한 도전과 변형을 허용하는 것을 목표로 한다. 플레이어에게 디지털게임의 자질구레한 규칙들을 변형하고 보태고 토론하는 것을 가능하기 위해서는 시중에 발매된 〈심즈〉만으로는 불가능하다. 특히 캐릭터의 행동에 영향을 미치는 규칙들에는 게임 혹은 게임을 만든 디자이너의 이데올로기가 반영되기 마련이므로, 이러한 규칙에 대한 변경을 실험하도록 하는 것이 〈억압받는 자들의 심즈〉의 기본 목표이다. 우선 이를 실천하기 위해서는 기존의 '외양 Skins' 다운로드 기능에 추가로 다양한 개성의 캐릭터 디자인과 이에 대한 플레이어 상호 공유 시스템을 강화해야 할 필요가 있다. 사실 기존의 심즈는 6가지의 행동 스타일 혹은 인물 분위기에 의거해서만 게임을 진행하도록 제한함으로써 게임의 현실감을 떨어뜨렸다는 비판을 받아왔다. 반면 〈억압받는 자들의 심즈〉는 어떤 플레이어가 창조해놓은 캐릭터들을 비판하고 이에 대한 대안적 게임들을 디자인할 수 있으며, 더욱 현실감 있는 캐릭터로의 개선을 요구하고 토론할 수 있는 '디자인 툴'을 제공할 것이다. 그런 의미에서 프라스카가 제안하는 게임은 실제의 〈심즈〉를 뛰어넘는 일종의 가설적 모델인 측면이 있다.

프라스카는 〈억압받는 자들의 심즈〉가 아우구스토 보알의 포럼연극, 특히 '포럼연극 쇼'(Forum Theatre Shows)에 기초한 게임이라는 것을 분명히 한다. 브라질을 비롯한 남미의 제3세계에서 활동할 당시 보알은 주로 공동체 혹은 동질적인 집단과 작업을 하였다. 동일한 사회적 조건에서 비슷한 고통과 억압을 당하는 피억압자들이 그들이다. 하지만 서구로 망명한 뒤 그는 유럽의 상황이 제3세계와 다름을 발견한다. 왜냐하면 서구사회는 사람들 간의 공동체적 유대가 약하고 노동자·농민의 계급적 유대가 약하기 때문이다. 반면 개인주의적 성향이 강하고 계급문제보다는 성(gender), 세대 등의 문제들이 유럽 사회에서 더 많은 토론을 유발할 수 있는 주제들로 여겨졌다. 그래서 보알은 이질적인 개성을 지닌 관객들에게 돈을 받고 입장시켜 '포럼연극 쇼'를 공연한다. 물론 테크닉이야 포럼연극과 흡사한 것이었지만 서로 다른 성향의 다양한 관객층들이 입장해 있었고, 포럼연극에 참여하지 않고 구경하는 관객들도 상당수 있었다. 이는 포럼연극의 요소와 전통적인 연극이 결합된 것으로서 유럽적 상황에서 비롯된 일종의 절충물이었다. 하지만 보알이 보기에 구경하는 관객들 역시 이 포럼연극에 참여하고 있는 것이었는데 그들은 이미 '정지'를 외침으로써 연극에 참여할 수 있다는 고유의 법칙을 알 수 있었고 누구나 민주적인 방식으로 의견을 개진할 수 있다는 연극적 전제를 숙지하고 있기 때문이다. 이 연극의 제반 규칙을 인식하고 있는 한 아무 말도 하지 않기로 결정한 선택 역시 참여의 한 형식이라는 것이다.

〈억압받는 자들의 심즈〉 역시 보알의 연극처럼 '과정 속의 작업'(work-in-progress)이다. 즉 어떤 억압적 상황에 대해 해답이 될 만한 해결책을 찾아내는 것이 목표가 아니라 그 상황에 대한 훌륭한 논쟁과 토론을 만들어내는 것이 중요한 것이다. 물론 〈심즈〉에 대한 기능전환이 비디오게임 자체의 위상을 바꾸지는 않는다. 다만 이 게임이 지닌 가능성들을 극대화하기 위해 캐릭터의 외모 이외에 일정한 변형(modification)의 자유를 더 추가하자는 것이다. 우선 한 플레이어가 게임의 장치들과 재료들을 활용하여 자기만의 게임을 디자인하고 그에 대해 다른 플레이어들이 문제를 제기하거나 토론을 진행한다. 이러한 토론과정에서 플레이어들 각자의 의견이 교환되고, 어떤 이들은 원래 시뮬레이션에 자신의 생각을 보탠 게임을 디자인하여 인터넷에 탑재한다. 이러한 과정이 수 차례 반복되는 가운데 게임의 문제적 상황에 대한 생각들이 무르익을 것이고 이것이 놀이 참여자들의 사회적 의식향상에 크게 기여할 것이라는 것이 보알의 기대이다. 이는 사전에 공연된 억압적 상황에 대해 '정지!'를 외치고 그에 대해 꼬리에 꼬리를 무는 대안적 시뮬레이션들의 공연과 토론을 반복하는 '포럼 연극' 테크닉을 비디오게임이라는 매체로 옮겨 온 것이라 할 수 있다. 보알 자신의 샘플 시나리오를 보면 이러한 과정을 더 잘 이해할 수 있을 것이다.

아그네스(Agnes)는 얼마 전부터 〈심즈〉에 **빠져** 플레이를 하고 있다. 그녀는 시뮬레이션의 기본 메커니즘을 알고 있고 그것을 즐긴다. 그런데 그녀는 가족 관계가 좀 더 현실적이었으면 더 좋았을 걸이라고 생각한다. 그래서 아그네스는 '캐릭터 교환'(Character Exchange) 사이트로 가서 다양한 캐릭터들을 검색한다. 그녀는 흥미 있어 보이는 한 캐릭터를 발견한다. 이것은 '데이브의 알콜 중독 어머니 버전 0.9'(Dave's Alcholic Mother version 0.9)라고 이름 붙여져 있다. 이 게임을 설계한 플레이어는 이렇게 소개한다: "이 어머니는 많은 시간을 일로 보내고 집으로 다시 돌아왔을 때는 너무 피곤하다. 여전히 그녀는 저녁식사를 준비할 것이고 청소도 할 것이다. 직장생활과 고된 가사노동의 삶에서 잠시라도 달아나고 싶어 어머니는 다량의 위스키를 마신다. 그녀는 아이들과 애완동물 때문에 매우 화가 날 수도 있을 것이고 그래서 폭력적이 될지도 모른다."

아그네스는 이 버전의 게임을 시험해볼 생각을 하고 그녀가 플레이해오던 집들 중 한 곳에 그것을 다운로드한다. 이 가정은 부부와 세 아이들 그리고 고양이 한 마리로 구성되어 있다. 다운로드 이후 어머니는 '데이브의 알콜중독 어머니 버전 0.9'로 대체된다. 이 캐릭터는 흥미롭다. 한동안 그 캐릭터를 가지고 플레이하고 난 후 아그네스는 그 캐릭터가 어느 정도의 스트레스에 도달하면 술을 마시기 시작한다는 것을 깨닫는다. 그녀가 마시면 마실수록 가족에 대해서는 덜 관심을 가질 것이다.

아그네스는 이 캐릭터가 꽤 잘 묘사되어 있다고 생각은 하지만 동의할 수 없는 디테일들이 있음을 느낀다. 이를테면 이 캐릭터의 배경은 낮은 교육적 수준을 가진 것으로 설정되어 있다. 이에 덧붙여 이 캐릭터의 직업은 형편없다. 그리고 일들을 더 나쁘게 만들기 위해 '알콜 중독 어머니'는 거실의 작은 바에서 계속해서 퍼마신다. 아그네스의 생각에 알콜 중독에 걸린 사람은 빈약한 교육을 받았고 형편없는 직업을 가진 것으로 묘사되어서는 안 된다. 또한 아그네스는 일반적으로 알콜 중독자는 집 주위에 술병을 감추지 공개적으로 마시려 하지 않음을 안다. 그래서 그녀는 다시 '캐릭터 교환' 사이트로 가서 다른 알콜 중독 어머니를 찾아본다. 그녀는 유망해 보이는 '도로시의 알콜 중독 감리교도 어머니 버전 3.2'(Dorothy's Alcholic Methodist Mother version 3.2)를 발견한다. 이 버전을 실험한 후 그녀는 이 캐릭터의 행동이 이전 버전보다 훨씬 더 좋아졌다고 생각한다. 그녀는 엄마가 감리교도일 수 있다고 하는 사실을 이 버전의 디자이너가 고집한 이유에 매료된다. 그녀의 종교는 엄마의 알콜 중독에 별 영향을 주지 않는 것처럼 보이기 때문이다. 그녀는 다시 캐릭터 디자이너의 웹 페이지를 체크하고, 이 캐릭터가 감리교도였던 어떤 실제 인물에게 일어났던 실화에 근거해서 창조한 것임을 말해주는 짧은 소개글을 발견했다. 아그네스는 이 스토리를 흥미롭게 생각하고 알콜 중독의 사건 부분이 훌륭하다고 생각한다. 그럼에도 불구하고 아그네스에게 감리교도 부분은 도무지 이해가 되지 않는다. 그래서 그녀는 캐릭터의 코드를 변경하기 위해 '에디터'(editor) 기능을 이용하여 종교와 관련된 언급들을 제거한다. 그녀는 또한 몇몇 소소한 디테일들을 추가한다. 가령 엄마가 특정 브랜드의 위스키를 좋아한다는 사실을 덧붙이기도 한다. 그런 후 그녀는 그것을 '아그네스의 알콜 중독 어머니 1.0-도로시의 알콜 중독 감리교도 어머니 버전 3.0에 의거함'(Agnes' Alcholic Mother 1.0-Based on Dorothy's Alcholic Methodist Mother version 3.2')이라는 제목으로 온라인에 탑재하고 주요 행동 규칙에 대한 짧은 설명을 덧붙인다.

몇 주 후 아그네스는 알콜 중독 어머니의 플레이에 약간 싫증을 느끼고 그녀에게 약간 더 많은 개성을 부여하기를 원한다. 그래서 그녀는 엄마가 생태론자(ecologist)가 되면 더욱 좋아질 것이라고 판단한다. 아그네스는 '피터의 급진 그린피스 활동가 버전 9.1'(Peter's Radical Greenpeace activist version 9.1)을 다운로드한다. 그녀는 자신의 알콜 중독 어머니 버전에 약간의 추가적인 변형들과 더불어 피터 버전의 코드를 편집하고 그것을 카피하고 짜깁기한다. 이제 어머니는 식물들을 더욱 조심스럽게 다루고 술에 취했을 때도 고양이를 차거나 하지 않는다.

이렇게 이러저러한 고민과 여러 번 변형을 거친 후 아그네스는 스스로 설계한 게임을 사이트에 탑재한다. 그녀의 게임에 대해 다른 플레이어들의 비평과 토론이 이어진다. 어떤 이들은 아그네스 버전의 게임을 변형하여 새로운 게임을 제작하고 탑재한다. 다른 플레이어도 자신의 정치적 견해 혹은 세계관에 따라 아그네스의 작업을 반복할 수 있다. 처음 올린 시뮬레이션의 크고 작은 규칙들을 변경하고 보태고 토론하는 과정은 보알의 '포럼연극'처럼 어떤 억압적 상황에 대해 참여자들 각자의 견해들을 피력하는 가운데 있을 수 있는 다른 사건 경로들을 상상하며 대안적 선택지들을 모색하는 것이다. 플레이어들은 크고 작은 정치·사회적 억압들을 반영한 새로운 게임들을 디자인할 수도 있고, 다른 사람들의 게임에 비판적인 자기 의견을 반영하여 변경을 가할 수도 있다. 여기서 억압에 대한 해결책이나 합의의 도출은 중요하지 않다. 그리고 최근의 공정과 능력주의, 젠더 담론과 같은 대개의 민감한 사회적 문제는 어떤 궁극적인 해결에 도달하지 못하는 경우가 많다. 보알과 프라스카는 그러한 어려움을 의식해서 그런 것은 아니겠지만 포럼연극과 실험적 게임을 통해 활발한 토론을 촉발하고 그러한 과정을 통해 참여자들의 상호학습이 활발해지기를 원했던 것 같다. 이는 브레히트나 보알, 프라스카의 실험을 이어주는 예술적 자세라 할 수 있다.

프라스카는 〈심즈〉를 템플릿으로 이용한 아그네스와 동료 플레이어들의 게임 시뮬레이션을 '메타-시뮬레이션'(meta-simulation)이라고 부른다. 이는 적극적이건 소극적이건 다양한 사람들의 다채로운 참여와 게임 변형을 도와주는 시뮬레이션 창조 지원 시스템을 지칭하기 위해 제안한 개념이다. 물론 프라스카가 제안한 '너 자신의 행동을 디자인해라'라는 기능이 당시의 〈심즈〉에는 존재하지 않았다. 다만 캐릭터를 디자인하는 정도의 커스터마이징 기능만을 허용할 뿐이었다. 플레이어들의 행동 폭 역시 무척 제한적인데, 그의 캐릭터는 '단정', '사교적', '활동적', '쾌활', '섬세한'이라는 주어진 성격 안에서만 활동하였다. 인간의 삶을 시뮬레이션하고 있음에도 불구하고 삶의 복잡한 결들과 인간관계의 다층적 갈등들을 담아내고 있지 못하다는 것이다. 〈심즈〉는 다른 게임들에 비해 상대적으로 높은 자유도에도 불구하고 이 게임 역시 규칙의 제한에 갇혀 있는 게임이고, 부자가 더 많은 친구를 갖는 자본주의적 이데올로기에 포획되어 있는 게임이다. 프라스카가 제안하는 게임 실험은 캐릭터의 부분적인 변경 이외에 게임 규칙 혹은 행동 규칙의 변경을 요구하는 듯하다. 물론 이는 10여년전도 그랬지만 지금도 그렇다. 하지만 이러한 아이디어는 가까운 미래이다. 빠른 속도로 발전하는 기술과 광폭으로 분기하는 게임의 갈래들이 도래할 미래를 가리키고 있다.

'PMO' 프로젝트: 나의 억압을 플레이하라!

'억압받는 자들의 비디오게임'의 두 번째 모델로 프라스카는 '나의 억압을 플레이하기'(Play my Oppression, PMO)를 제안한다. 이 디지털게임 프로젝트 역시 보알의 연극 테크닉인 '이미지 연극'(Image Theatre)에 바탕을 둔 실험이다. 이미지 연극에서 '관객-배우'들은 특수한 억압적 상황이나 감정, 그들 자신에 대한 생각들을 표현하기 위해 자신들이나 다른 사람들의 몸 혹은 간단한 소품들을 '빚고' '조각하여' 하나의 이미지로 표현해 볼 것을 요청받는다. 이 실험에서 '관객-배우'들은 절대로 말을 하면 안 된다. 그들은 다른 참가자들의 몸만을 이용하여 어떤 '이미지'를 조각해내야 한다. 보알이 보기에 몸이야말로 일차적이며 원형적인 표현형식이고 몸을 사용함으로써 의식적 사유의 '바리케이드' 혹은 '필터들'인 의식의 검열 메커니즘을 극복할 수 있기 때문이다. 이처럼 어떤 이상적인 이미지에 도달할 때까지 계속 반복해서 이미지를 수정하는 '이미지 연극'의 작업은 '몸으로 하는 포럼연극'이라 할 수 있을 것이다. 이 연극의 목표는 우리의 일상적이고 관습적인 행위와 몸짓들을 통해 불합리한 지배와 불평등이 어떻게 관철되고 있는지를 인식하고 해결책을 모색하는 것이다. 우리의 가장 기본적인 육체의 수준에서 지배 이데올로기가 어떻게 침투하여 작동하고 있는지를 같이 보여주고 공동으로 탈출구를 고민하는 과정이라고도 볼 수 있다. 참여자들 상호 간의 집단적인 이미지 수정과 변경 작업은 현실의 억압을 진단하고 그 억압의 '너머'를 지향한다.

프라스카의 지적처럼 'PMO' 비디오게임은 몸이 아니라 마우스와 자판, 조이스틱을 가지고 하는 작업이다. 그는 몸이 아니더라도 비디오게임의 특별한 기능을 활용하면 동일한 효과를 거둘 수 있다고 자신한다. 이번에는 〈심즈〉의 '포토 앨범' 기능에서 그 해법을 찾는다. 물론 '포토 앨범' 기능 역시 한계가 있다. 그것은 게임 규칙의 설계까지 허용하는 것은 아니고 플레이어 자신의 선형적인 내레이션의 창작만 허용하기 때문이다. 이 기능을 이용하여 플레이어는 손수 캡쳐한 플레이 사진들을 활용하여 그것에 주석을 달고 '가족 앨범'을 설계할 수 있다. 그리고 그 스스로 재구성한 이 앨범은 인터넷에 마련된 사이트에 올릴 수 있고 다른 플레이어들과 공유할 수 있다. 실제로 많은 사람들이 이 기능을 자신만의 스토리 창작의 도구로 활용해오고 있기도 하다. 물론 〈심즈〉를 플레이하는 주된 이유는 그래픽 이미지를 통해 게임 상황을 연출하기 위한 것이기는 하다. 하지만 주요한 장면을 캡쳐하고 거기에 주석을 붙임으로써 자기만의 이야기를 창작할 수도 있다. 〈심즈〉 관련 사이트에 올라온 글들을 보면 아직은 대체로 통속적인 멜로드라마의 서사가 주를 이루지만 몇몇 흥미로운 이야기가 올라오기도 한다. 이들 중에는 스토리 창작자 자신의 자기서사라 할 만한 사연들도 있다.

〈심즈〉의 디자이너 윌 라이트가 소개한 포토앨범 중에는 폭력남편과 살았던 여성의 동생이 올린 글이 있었다. 인터넷 심즈 사이트에 올라온 이 콘텐츠에는 언니와 동생의 관계, 언니가 폭력 남편과 결혼하게 된 과정, 남편이 더욱 폭력적으로 되어가면서 파경에 이르게 된 사연 등을 실감나게 들려준다. 물론 이러한 스토리가 허구적인 창작물일 수도 있겠지만 무척 현실감이 있는 것이었고 다른 플레이어들의 활발한 토론을 이끌어냈다. 윌 라이트는 게임의 토론 유발과 공감대 형성 과정에 주목하면서 스토리텔링의 기능을 강화한다. 프라스카 역시 이러한 이야기가 대부분의 통속적인 스토리들과 확연히 다른 점에 깊은 인상을 받고 이를 기반으로 삼아 새로운 게임 프로젝트를 구상한다.

하지만 이번에도 프라스카가 생각하는 〈PMO〉 프로젝트의 이행을 위해서는 〈심즈〉의 '포토앨범' 기능이 더욱 보강될 필요가 있었다. 왜냐하면 그에게 중요한 것은 만화나 영화 같은 정적인 내러티브 시퀀스를 생산하는 것이 아니라 다른 플레이어들이 경험할 수 있는 시뮬레이션, 즉 게임을 창조하는 것이 중요하기 때문이다. 하지만 〈심즈〉의 '포토앨범' 기능에서 플레이어는 어떤 '완결적' 사건을 묘사할 수밖에 없다. 즉 그가 작성한 스토리는 고정된 것이고 닫힌 결말로 끝나기 때문에 다른 플레이어에 의한 이야기 변경은 불가능한 것이다. 이 스토리를 경험한 다른 플레이어들은 그저 이에 대해 댓글만 올릴 뿐 상황 자체의 변경을 통한 대안의 제시로까지 나아가는 데는 한계가 있다. 그래서 프라스카는 '폭력남편'의 작가가 진짜 의도한 것이 시뮬레이션의 창조였다는 가정 하에서 게임의 또 다른 기능전환 가능성을 타진한다. 그렇게 되면 다른 플레이어들은 자신들의 다양한 관점에서 이 사건을 경험하고 다른 가능한 행동 모델들을 실험할 수 있게 될 것이기 때문이다. 그럼으로써 플레이어들은 다양한 인간관계들과 물질적 관계들을 직접 체험할 수 있고 상호토론을 통해 인간과 현실에 대한 이해의 폭을 넓힐 수 있으며 자신들이 직면해 있는 억압적 현실에 대한 반성과 사회적 인식의 강화로 나아갈 수 있으리라는 것이다.

'나의 억압을 플레이하라', 즉 'PMO'의 이행을 위해 한 참여자가 이겨내기 어려운 개인적 고민과 문제를 모델화한 시뮬레이션을 창조할 수 있다. 그러면 다른 참여자들은 그 게임을 플레이해보고 그에 대한 의견을 개진할 수 있다. 심지어 어떤 플레이어들은 그 문제에 대한 개인적 생각을 담은 새로운 버전의 게임을 창조할 수도 있다. 이 시뮬레이션 게임에 대한 플레이와 토론, 수정은 모두에게 열려 있다. 이 과정에서 개인 차원의 문제는 사회·정치적 의제로까지 발전될 수 있다. 물론 플레이어들 스스로 시뮬레이션 게임을 만드는 것이 어려운 일일 수 있다. 하지만 최근에는 많은 게임들이 플레이어의 제2창작을 도와주는 다양한 툴과 공간을 제공하고 있으며 비교적 쉽게 게임을 변경하거나 디자인할 수 있는 방편들이 주어지고 있다. 프라스카 역시 이미 10년 전에 디지털게임이 더욱 대중화될수록 플레이어들의 '시뮬레이션의 처리능력'(simulation literacy) 역시 더욱 상승할 것이라고 전망하고 있다. 인터넷을 검색해보더라도 게임 자체에 대한 변경이나 디자인 등에 대한 정보가 공유되고 있고 실제로 사용자에 의한 다양한 수준의 게임들이 만들어지고 있다. 그리고 〈로블록스〉와 〈디토랜드〉는 '누구나 게임을 만든다.'는 게임의 민주화를 예고하고 있다.

　오래 전에 프라스카는 시뮬레이션 디자인에 걸리는 시간이나 노력을 줄여줄 특별한 게임 프로그래밍 언어가 필요할 것이라고 지적한다. 요즘에야 그에 필요한 툴들을 구하는 것이 어렵지 않지만 당시 프라스카는 유명한 고전 게임들을 시뮬레이션 창조의 '템플릿'(template)으로 활용할 것을 제안한다. 이른바 고전게임들에는 비디오게임의 기본적인 요소들 혹은 '원형들'이 모두 담겨 있기 때문이다. 어찌 보면 지금의 많은 게임들도 게임의 그래픽이나 스펙터클, 스토리 등을 발전시켜왔을 뿐 게임의 기본적인 미학과 문법은 그대로 유지하고 있는지도 모른다. 그도 그럴 것이 당시의 게임들은 기술적인 제한 때문에 꼭 필요한 가장 본질적인 행동 디자인에만 작업의 초점을 맞추었기 때문이다. 프라스카는 게임 디자인을 도와 줄 기본 도구로서 12개 정도의 디자인 템플릿을 제안하고 있다. 만일 플레이어가 격투 혹은 대전을 포함하는 게임의 창조를 원한다면 〈스트리트 파이트〉 템플릿을 사용하면 될 것이고, 도망 혹은 탈주를 넣고 싶으면 자동차 그래픽을 사람 이미지로 바꿔 레이싱 게임을 이용하면 될 것이라고 한다.

　앞서 말한 것처럼 프라스카의 '억압받는 자들의 비디오게임'의 모든 테크닉의 궁극적 목표는 집단적인 게임 체험과 커뮤니케이션을 통해 현실 인식의 폭을 넓히는 것이다. 이러한 공환(共歡, conviviality)의 놀이-학습을 위해서는 온라인의 활용이 요긴하다. 프라스카는 '나의 억압을 플레이하기' 테크닉의 경우에도 온라인 커뮤니티에서의 접속과 연결이 유리한 상황을 조성할 것이라고 생각한다. 여기서는 그 어느 참여자라도 '주인공'(protagonist)이 될 수 있고 자기 상황에 대한 스토리보드를 작성하거나 시뮬레이션을 제작해 놓을 수 있다. 시뮬레이션에 첨부된 짧은 설명을 보고 커뮤니티 구성원 중 관심이 있다면 누구나 참여 신청을 할 수 있다. 실제 필요한 참여자의 수는 '중재자'(moderator)가 결정할 사항이다. 그는 보알 연극의 '조커'(joker) 혹은 MUD의 '던전 마스터'(DM, Dungeon Master)와 유사한 역할을 하는 사람으로 게임 혹은 토론의 원활한 진행을 위한 중재자 혹은 조정자를 맡는다.

가장 이상적인 경우는 주인공이 자신의 상황을 시뮬레이션으로 작성해 놓는 것이다. 하지만 이 게임에는 최종적인 해답이 있을 수 없고 승리와 패배의 규칙도 존재하지 않을 것이다. 왜냐하면 주인공 스스로도 이러한 억압적 상황의 해결책을 모르기 때문에 커뮤니티와의 집단놀이를 원하는 것이고 그래야 다른 플레이어들도 자유롭게 자신의 조언이나 견해를 담은 게임을 제안할 수 있을 것이기 때문이다. 프라스카가 보기에 주인공의 시뮬레이션 디자인도 물론이지만 다른 플레이어들의 시뮬레이션이나 게임도 고전게임들을 템플릿으로 활용하면 더욱 간단하게 작업을 수행할 수 있다. 어느 누구도 문제적 상황에 대한 완전한 해결책을 모른다. 이번에도 중요한 것은 좋은 토론을 하는 것이고 그 과정에서 새로운 의식 상승과 배움의 가능성을 확대해 나가는 것이기 때문이다. 다른 플레이어들은 주인공 플레이어의 게임이나 혹은 문제가 되는 억압적 상황 등에 대해 비판적 견해를 밝힐 수 있고 주인공의 오리지널 게임에 대해 새로운 형식 혹은 대안적 해결책을 담은 게임 수정 버전을 내놓을 수도 있을 것이다.

일단 누구나 주제를 제출할 수 있지만 주제는 분명하게 제한되어야 하고 많은 문제보다는 한 문제에만 포커스를 맞추어야 한다. 가령 프라스카의 말처럼 '10대가 부모와 겪는 문제들'보다는 '남자 친구와 밤늦게까지 집에서 노는 것을 반대하는 부모'라는 구체적인 주제가 더 적절한 토픽이다. 조정자는 주인공이 보내온 문제에 대한 내러티브를 읽어보고 분명한 논점을 형성하도록 다듬고 조정한다. 일단 그렇게 해서 주제가 승인되고 나면 주인공은 '새로운 주제들'(New Topics) 방에 그것을 올린다. 주제에 대해 모든 참여자는 의견을 개진할 수 있고 그렇게 해서 더 구체적으로 논점이 조정될 수 있다. 이는 누구나 참여할 수 있고 실시간이 아닌 1~2주일에 걸쳐 비동시적으로 행해질 것이다.

처음 주제를 제안한 사람이 이 포럼 게임 세션에서 주도적인 역할을 한다. 프라스카는 자신이 동성애자라는 사실을 부모나 주변에 '커밍아웃'하는 데 어려움을 겪고 있는 피터(Peter)라는 주인공을 가정하여 샘플 모델을 구성한다. 일단 주제가 승인되고 나면 그는 이 문제를 토론하려고 하는 방에 게임을 만들어 놓는다. 프라스카는 이를 '옵 게임'(op-games, oppressive games), 즉 억압을 시뮬레이션 해놓은 게임으로 부른다. 이 게임에는 피터의 주요 문제를 해결하기 위해 극복할 필요가 있는 특수한 문제들이 재현되어 있다. 'PMO'의 틀로 쓰일 고전 아케이드 게임들의 경우 엔딩은 없고 점점 더 난이도가 상승하는 구조를 취하고 있다. 따라서 '옵-게임들'의 경우에도 구체적인 해결책을 제시할 필요는 없다. 중요한 것은 보알의 연극처럼 문제를 시뮬레이션으로 만들고 그것을 사유와 토론의 대상으로 활용하는 것이기 때문이다. 피터의 경우에도 부모에게 자신의 동성애적 취향을 밝히는 데 있어서 겪는 어려움을 점점 더 어렵게 만들면 될 일이다. 여기서 피터는 자신이 대결해야 할 세 가지 과제, 혹은 꼭 극복해야 할 세 개의 난제를 비디오게임으로 시뮬레이션하고 각각의 게임에 〈모욕〉, 〈나는 누구인가?〉, 〈사회〉라는 제목을 달아주었다. 이들 각각의 시뮬레이션에서 문제해결의 난이도는 점점 더 상승할 것이다.

〈모욕〉은 이상한 놈 취급을 당하는 주인공 피터가 주변 사람들, 특히 학교 친구들에게 어떻게 집단 따돌림과 구타를 당하는지를 보여준다. 피터는 우선 이 문제의 시뮬레이션에 적당한 고전 비디오게임을 선택한다. 피터는 손수 제작한 콘텐츠를 업로드하거나 이전에 누군가 제작해 올려놓은 버전을 수정하여 사용할 수 있을 것이다. 물론 비디오게임의 기능 향상을 위해 몇몇 기능들을 추가하는 것도 좋을 것이다. 일단 고전 게임들에 기반하여 다양한

VI. 디지털게임의 사회적 상상력

모드(mod)들을 창조해보고 그중 피터의 사건을 재현하는 데 유용한 것들을 선별하여 게임으로 만드는 것이 중요하다. 중요한 것은 하나의 사건에 대해 다른 플레이어들로 하여금 다양한 가능성들을 체험하도록 하는 것이다. 게임 경험이 풍부하고 플레이에 능숙한 스킬의 플레이어들에게는 피터의 버전에 대해 더욱 정교하게 개선하거나 수정하는 것을 허용할 수 있다. 프라스카의 피터는 다음과 같은 일러스트로써 자신의 첫 번째 게임을 표현한다.

이 일러스트에서 알 수 있듯이 피터는 〈스페이스 인베이더〉를 디자인 템플릿으로 선택했는데 외계인의 우주선 그래픽을 자신을 괴롭히는 동료 학생들의 모습으로 커스트마이즈해 놓았다. 하지만 피터의 게임에서 플레이어는 총을 발사할 수 없다. 피터가 지금 겪고 있는 곤란은 동료학생들의 집단 이지매에 대해 어떻게 반응할지 모른다는 것이기 때문이다. 만약 그가 〈스페이스 인베이더〉에서처럼 외계인의 공격에 대해 대응사격을 하는 식으로 사태를 해결해버린다면 다른 플레이어들도 그저 게임을 진행하면 그만일 뿐 그 이상의 토론과 작업은 불가능할 것이다. 피터는 시뮬레이션에 첨부해 놓은 '디자인 노트'에 이러한 사정을 밝혀 놓았고 이 문제에 대해 다른 플레이어들은 집단 토론과 참여를 통해 사태에 대한 해결책이나 대안을 제시할 수 있다. 물론 몇몇 플레이어들은 피터의 게임을 수정하여 다른 버전의 게임을 디자인함으로써 문제에 대한 나름의 해결책을 제시한다. 다음 그림은 플레이어들이 제안한 또 다른 해결책을 보여주는 게임 그래픽들이다.

여기서 플레이어는 동성애자 피터의 처지에 대한 토론과 대화를 촉진할 수 있는 예술작품(가령 노래나 시)을 창조하고 반 아이들과 이를 공유함으로써 진지하게 의견을 나누다보면 이 문제가 해결될 수 있을 것이라고 제안하고 있다. 또 다른 플레이어는 귀를 막고 있는 캐릭터를 통해 주변 학생들의 모욕스러운 공격들을 무시해버리라고 제안한다.

피터의 게임들에 대한 다른 플레이어들의 변형은 무척 간단한 것이지만 플레이어의 능력에 따라 다양한 수준의 작업이 가능하다. 플레이어들은 '다중 선택'(multiple-choice) 매뉴얼을 활용함으로써 소스 게임의 모든 그래픽을 변경할 수 있고 자신의 사진이나 UCC 그래픽들을 업로드할 수도 있을

것이기 때문이다. 인터넷에 탑재된 게임들을 매개로 오고 가는 다양한 의견들은 개인적 수준의 소박한 해결책부터 동성애나 소수자, 왕따 문제 등에 대한 사회·정치적 구조에 대한 진단에 이르기까지 다양한 결들을 지닐 것이다. 프라스카는 이 과정에 참여하면서 플레이어들의 사회적 인식이 상승 확장될 수 있을 것이라 기대한다.

〈나는 누구인가?〉라는 게임의 다음 모형은 대전격투게임의 고전인 〈스트리트 파이터〉에 바탕을 두고 있다.

여기서 피터는 거울에 비친 자신의 모습을 반영하여 게임을 디자인해 놓았다. 그는 거울에 반사된 자기를 볼 때마다 '괴물'을 본다. 동성애 성향과 이성애 중심적인 사회적 시선이 충돌하는 가운데 성적 정체성의 혼란을 겪고 있는 자신의 모습을 기괴한 '괴물'의 모습으로 나타낸 것이다. '디자인 노트'에 피터는 이러한 일이 가끔 일어나는 일이며 그때마다 '나는 전혀 다른 두 사람이다'는 느낌을 받는다고 고백한다. 이 게임에서도 승리는 존재하지 않는다. 그저 둘이 계속해서 치고박는 싸움을 벌이는 일이 전부다. 여기서도 플레이어들은 이러한 피터의 문제를 둘러싸고 다양한 의견을 개진할 수 있을 것이다. 물론 그들에게도 해결책은 있을 수 없을 것이다. 이 문제는 여전히 우리 사회의 쟁점이기도 하고, 중요한 것은 게임들을 통해 이 문제에 대해 치열한 토론을 하는 것이기 때문이다.

마지막 게임인 〈사회〉의 실물 모형은 〈테트리스〉를 바탕으로 만든 게임이다.

　이 게임에서 플레이어는 소년-소녀, 소년과 소년, 소녀와 소녀 커플을 짝 지을 수 있다. 만일 플레이어가 소녀-소년 커플로 짝을 지우게 되면 그 커플은 계속 재생산되거나 복제되도록 되어 있다. 이 게임에서도 어떤 커플이 가장 이상적인 커플인지를 찾아내는 것은 중요하지 않다. 그에 대해서는 플레이어들마다 의견이 다를 수 있기도 하고 게임의 목표는 엔딩을 맛보는 것이 아니기 때문이다. 여기서 제시되는 게임들은 모두 '열린 게임'이고 이는 참여자들의 토론과 참여를 활성화시키기 위한 장치이기도 하다. 이 게임을 플레이하면서 플레이어는 성적 취향이라는 것이 지니는 다양한 사회적 의미들을 토론할 것이고, 모든 커플의 차이는 그저 차이에 불과한 것일 뿐 차별의 대상이 되어서는 안 되는 것임을 깨달을 수도 있다.

　일단 세 게임이 모두 온라인에 탑재되면 참여자들은 이 게임을 플레이하는 동안 다양한 참여를 할 수 있다. 그저 게임만 플레이해 볼 수도 있고 자신의 게임 소감부터 피터의 사태에 대한 다양한 의견과 해결책들을 댓글의 형태로 올려놓을 수도 있다. 어떤 참여자들은 피터의 세 게임들에 자극을 받아 게임을 변경함으로써 수정된 버전의 게임을 탑재할 수 있을 것이다. 다음 그림은 〈팩맨〉을 템플릿으로 활용하여 다른 플레이어가 디자인한 대안적 게임이다. 물론 '포럼'은 피터의 게임들을 중심으로 전개되겠지만 다른 플레이어들의 게임들이 토론의 대상으로 추가되면서 더욱 많은 크고 작은 토론들이 가능할 것이다.

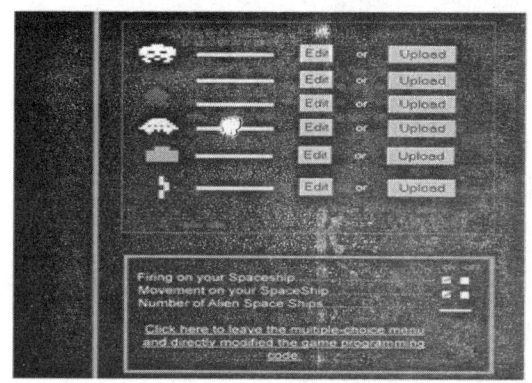

　가령 캐시(Cathy)라는 여성은 〈사이먼이 말하기를〉이라는 게임을 소스 모델로 삼아 몬스터 게임을 디자인한다. 이 게임을 하는 플레이어는 몬스터를 때려잡는 것이 아니라 그의 움직임을 그대로 따라해야 한다. 우리나라의 〈1등 따라하기〉 놀이처럼 말이다. 플레이어가 그것을 성공적으로 수행하면 그 이미지는 서서히 변할 것이다. 캐시는 예전에 피터와 동일한 경험을 했고 자신에 대한 수많은 이미지들과 대결을 해야 했던 경험을 밝히며 이 게임에 그러한 경험을 반영했음을 밝혀 놓았다. 그리고 시간이 어느 정도 흐르고 난 후 그녀는 친구의 도움으로 이 문제에 대처하는 법을 배울 수 있었다는 것도 고백했는데 이는 그녀 게임의 테마로 이야기할 수 있을 것이다. 결국 게임의 플레이와 토론과정을 통해 이 문제 해결을 위해서는 사회 구성원들의 성적 소수자에 대한 연대의 마인드가 중요하다는 의견이 제기될 것이고 경우에 따라서는 연대의 방안들에 대한 다양한 견해들이 개진될 수 있을 것이다.
　주인공이 먼저 억압적 상황을 이미지로 재연하고 그에 대해 참여자들이 계속 이 이미지를 변경하고 수정하여 이상적인 이미지로 나아가는 과정은 프라스카가 보알의 '이미지 연극'을 수용하고 있음을 보여준다. 보알의 연극이 그런 것처럼, 비디오게임 역시 억압적 현실을 재현할 수 있을 뿐만 아니라 현실을 설계할 수 있는 능력을 지니고 있다고 프라스카는 믿는다. 보알의 연극 테크닉들은 관객들로 하여금 연기자가 되게 함으로써 개인적·사회적 문제들에 대한 해결책들을 이미지로 표현하게 한다. 프라스카는 지금도 계속 시리즈로 발매되는 고전게임을 도구로 활용하여 어떤 공감할 만한 게임을 만들어낼 수 있다고 본다. 물론 이렇게 찾아낸 '이상적 이미지' 혹은 '이상적 게임'이라는 것도 궁극적인 해결책은 아닐 수 있다. 프라스카에게 주류 비디오게임들의 당연시되는 규범들을 해체하고 게임을 사회적 의제(agenda)에 대한 토론의 공간으로 만드는 것이 목표이기 때문이다. 즉 사태에 대한 광범위한 심층 토론의 기회를 제공하는 것이 중요한 것이고 각각의 해결책은 플레이어들 스스로 찾아내는 것이 중요하다. 그런 점에서 프라스카의 게임 프로젝트는 구체적 행동과 실천의 전 단계인 반성과 인식의 과정을 경험하게 하는 데 의미가 있다. 개인적·사회적 억압으로부터의 해방은 플레이어들이 이러한 과정을 거치며 생각을 성숙시키고 각자 할 일을 숙고하는 데서 시작될 것이기 때문이다.

프라스카는 아리스토텔레스적 재현의 규칙 아래 디자인된 대부분 게임들이 동일시적 몰입을 강화하는 장치로 기능한다는 비판을 한다. 물론 몰입의 경험을 겨냥한 디지털게임 자체가 나쁘다고는 할 수 없을 것이다. 연극에서도 브레히트나 보알이 동일시 경험 그 자체를 비판한 것은 아닌 것처럼 말이다. 그러나 디지털게임이 현실을 잊기 위한 혹은 현실로부터 달아나기 위한 오락적 수단으로만 활용되는 상황은 생각해 볼 만한 여지가 있다. 게임이라는 매체의 무한한 잠재력을 제한하는 시장의 상황은 미래의 매체로서 게임이 가질 수 있는 힘(puissance)을 위축시킬 수 있기 때문이다. 프라스카가 몬스터, 트롤, 외계인 등 비현실적 캐릭터가 등장하는 게임을 싫어하고 현실 속의 인간이 등장하는 게임을 선호한다고 고백하는 데에는 주류 게임들이 현실 밖에서 현실의 문제를 외면하고 비현실적인 세계관 설계에 골몰하는 계임업계의 편향에 우려가 숨어 있다. 하지만 그는 게임들에서 당연시되는 아리스토텔레스적 동일시의 원리와 비현실적 가상공간의 이데올로기를 의심하는데 그치지 않는다. 오히려 시뮬레이션이라는 게임의 특성은 소설이나 영화 등의 선형적 매체와 다른 방식으로 우리를 둘러싼 현실이 어떠한 지배 관계들에 노출되어 있고 과연 인간적인 사회란 무엇인지를 이해하는 데 도움을 줄 수 있다고 믿으며 구체적인 현실 모순에 대한 대안적 사유 실험 모델들을 구상한다. 물론 자본의 이해관계에 날로 종속이 심화되고 있는 지금의 게임 산업 속에서 그의 이러한 비전들은 '몽상'에 가까운 것일 수 있다. 그러나 점점 더 발전하고 있는 플레이의 확장 기능들과 다양한 '다른' 게임들에 대한 수요는 프라스카의 실험이 허황된 것만은 아님을 말해주고 있다. 그리고 AAA 게임을 개발자의 의도와 '다르게' 플레이하며 그것을 다양한 사건들을 생산하는 놀이의 장으로 기능전환하는 플레이어들도 의외로 많다. 아마 '게임하기'가 게임 플레이를 넘어 게임보기와 파생 콘텐츠의 생산으로 확장되며 게임창작과 그 게임의 물질적 교환을 목표로 하는 플랫폼의 등장으로 프라스카의 꿈은 현실이 되고 있다. 그렇다면 문제는 게임 사용자들의 인식전환이고 이러한 사고의 전환은 게임의 매체 기능전환을 더욱 가속화할 것이다. 그런 점에서 어쩌면 프라스카는 '디지털 게임 리터러시'(digital game literacy)의 선구자였을 수도 있겠다.

아우슈비츠 이후의 비디오게임: '오스곤' 프로젝트

프라스카는 지금의 디지털게임 산업을 통틀어 '진지한'(serious) 디지털게임을 좀처럼 찾아볼 수 없다고 갈파한다. 왜냐하면 자본 친화적인 게임 산업 내부에는 '진지함'에 대한 고민 자체가 절대적으로 부족하기 때문이다. 그가 보기에 주류 디지털게임들은 러시아의 극작가 체홉(Anton Chekhov)보다 톨킨에 더 가깝다. 게임은 누벨바그의 기수이자 〈400번의 구타〉를 만든 트뤼포보다 〈스타워즈〉를 만든 조지 루카스에게 더 많은 영향을 받고 있다. 추측건대 이러한 현상의 원인은 주로 경제적인 것인데 대개 게임들은 이윤을 창출하기 위해 주요 고객층의 원초적 욕구와 탈현실적 욕망 해소의 공간을 제공하는 데에 주된 관심이 있기 때문이다. 절체절명의 위기에 처한 공주, 트롤들과 몬스터들, 칼과 던전, 마법사, 레이저 건을 쏘아대는 우주선 등의 스테레오타입과 클리셰들은 최근 게임들에서도 되풀이되는 관행이다. 프라스카는 판타지나 SF 등에 이골이 난 게임 플레이어를 위한 게임의 부족을 질타한다. 문화다양성에 반하는 게임업계의 관행과 주류 게임들의 이데올로기적 틀에 대한 비판은 프라스카 게임 철학의 중핵이라 할 수 있다.

하지만 프라스카는 주류 디지털게임의 진지하고 지적인 콘텐츠의 부족이 마케팅상의 이유들에만 그 원인이 있는 것은 아니라고 지적한다. 오히려 게임 디자인 관습들이 진지한 디지털게임의 등장을 가로막고 있는 것처럼 보이기 때문이다. 디지털게임 자체의 구조적 제약 요인이 게임 콘텐츠의 획일성을 강요하고 있고 게임의 다양성을 해치고 있다는 것이다. 그는 「아우슈비츠 이후 비디오게임을 디자인하는 것은 야만이다」라는 논문에서 '홀로코스트'라는 주제를 통해 기존 디지털게임의 한계와 이에 대한 대안을 제안한다. 이 논문의 제목은 아도르노(Theodor Wiesengrund Adorno)의 "아우슈비츠 이후 시를 쓴다는 것은 야만이다"라는 유명한 발언을 전용한 것이다. 아도르노의 이러한 말은 아직 그 해석을 둘러싸고 논란이 분분하다. 어찌 보면 아우슈비츠 대량학살 자체의 야만성에 대한 언급인 것도 같고 이러한 야만성을 통해 드러난 인간 이성이라는 것의 허약성을 고발하는 것 같기도 하다. 혹은 아우슈비츠 같은 엄청난 사건이 과연 그 어떤 언어로 표현될 수 있겠는가 하는 회의의 표현일 것도 같다. 그 사건이 예술적으로 재현되자마자 왜곡될 가능성이 크기 때문이다. 해석이야 어떻든 그 불가능성에도 불구하고 예술은 전대미문의 이 범죄를 증언하려고 끝없이 노력해야 한다는 언명으로 받아들여지기도 한다. 아도르노의 이 짧은 문장은 울림도 크지만 다양한 해석 가능성으로 인해 여전히 문학적 화두로 인기가 높다. 인간에 대한 대량학살(genocide)은 안타깝게도 지금도 계속되고 있기 때문이다.

프라스카의 말처럼 홀로코스트 같은 주제는 〈인생은 아름다워〉같은 코미디로 만들어지더라도 신중하고 진지한 시도로 평가받기 마련이다. 2차대전 당시 유대인 게토를 영화화한 〈제이콥의 거짓말〉의 경우 홀로코스트 현장을 직접 보여주지 않으면서도 홀로코스트를 통해 드리워진 죽음의 무게를 잘 보여주었다. 슈피겔만의 만화 『쥐: 한 생존자의 이야기』는 홀로코스트 자체에 대한 훌륭한 감동적 성과물이다. 물론 2차대전을 배경으로 한 디지털게임은 다수 있어왔고 앞으로도 그럴 것이다. 불후의 PC게임인 〈울펜슈타인〉, 〈1941〉, 〈배틀필드 1942〉, 〈메달 오브 아너〉 등은 대표적인 2차대전 배경의 게임들이다. 하지만 이 게임들은 전쟁 행위 자체의 스릴을 맛보도록 디자인되었을 뿐 전쟁 자체에 대한 질문을 제기하지 않는다. 게임 회사들에게 전쟁터는 현실의 불만을 게임을 통해 배설하려하는 주체들을 유혹할 수 있는 장소이고 황금알을 낳는 거위이다. 할리우드에서도 전쟁은 스펙터클의 공간이지 반성과 성찰의 공간은 아니었다. 그러나 〈영광의 길〉, 〈지옥의 묵시록〉, 〈아버지의 깃발〉 같은 전쟁의 이면을 추적하는 영화들이 있었고 이는 우리에게 전쟁의 의미를 다시금 따져 묻게 만드는 측면이 있었다. 하지만 상호작용적 실제 체험과 몰입을 근간으로 삼는 디지털게임의 구조상 진지한 사색과 성찰은 금물일지 모른다. 게임에서의 머뭇거림은 곧 죽음을 의미하는 것이고 게임에서의 패배를 의미하는 것이기 때문이다. 그러나 이러한 관행에 대한 묵인과 인정이 계속된다면 디지털게임이라는 매체가 오락물에 불과하다는 오명을 씻기는 어려울 것이다. 프라스카의 말처럼 이는 게임이 지니는 매체적 잠재성을 제약하는 것일 터이다.

프라스카에 따르면 '홀로코스트'를 다룬 게임들은 지하에서 암약하고 있는 네오 나치 게임들이 거의 전부다. 최근 친 나치 운동과 극우정당이 상승세를 보이면서 드문드문 이러한 게임들이 온라인에 나타나고 있다. 〈인종청소〉(Ethnic Cleansing), 〈친위대원〉(SA-Mann) 같은 게임은 그러한 경향을 보여주는 대표적인 게임들이다. 특히 〈친위대원〉의 경우 〈팩맨〉을 변형시킨 게임으로 고전게임들을 수정할 경우 이러한 게임들을 디자인하기가 그다지 어렵지 않음을 보여주는 사례이기도 하다. 최근에는 인디게임을 창작하고 발매하기 쉬운 환경이 만들어지고 있다. 하지만 이러한 조건은 이른바 '혐오 게임'이나 극우파 게임이 생겨나기 좋은 조건이기도 하다. 위의 게임들 말고도 인터넷을 통해 유사한 게임들이 출몰하기도 한다. 프라스카가 예로 들고 있는 어떤 게임의 경우 플레이어는 강제수용소의 감독관을 맡아 홀로코스트, 즉 대량학살을 비롯한 다양한 수용소 업무를 성공적(?)으로 수행해야 하는 게임도 있다.

프라스카는 우선 게임이라는 매체가 홀로코스트 같은 주제를 다룰 만큼 충분히 진지하게 고려된 적이 없었음을 지적한다. 하지만 더 본질적인 이유는 슈피겔만의 만화 『쥐』처럼 홀로코스트 희생자가 되어 디지털게임을 플레이하는 것이 친나치 게임보다 더 그로테스크하기 때문이다. 만화나 영화와 달리 직접 체험에 가까운 디지털게임의 '에르고딕'(ergodic)한 특성상 홀로코스트 게임은 재미보다는 고통을 안겨줄 가능성이 크기 때문이다. 그리고 프라스카에 따르면 디지털게임의 '이원적'(binary) 행위들과 삶과 죽음에 대한 관습도 이러한 진지한 게임들의 창조를 가로막는 요인들이다. 어쩌면 1990년대 보스니아 전쟁을 배경으로 전쟁의 뒤편에서 고통받았던 민간인들의 생존을 그린 게임 〈디스 워 오브 마인〉이나 나치의 레벤스보른 프로젝트를 다룬 〈마이 차일드 레벤스보른〉은 게임이 할 수 있는 최고의 성취일 수도 있겠다. 이들 게임은 직접 전쟁을 배경으로 하지 않으면서 다시는 그러한 야만이 반복되지 않아야함을 여타 게임들보다 더 강력하게 호소하기 때문이다.

 하여튼 디지털게임은 그 구조상 죽음의 재현에 이질적인 매체나 콘텐츠로 여겨진다. 굳이 FPS 장르가 아니더라도 게임은 전쟁과 죽음을 필수적인 소재로 취하면서도 그것을 거의 진지하게 다루지 않는 경향이 있다. 프라스카는 그 이유를 디지털게임의 속성과 연관지으며 나름의 대안을 찾아보고자 한다. 그가 보기에 다수의 많은 게임들은 승리냐 패배냐 라는 이원적인 결과에 의해 규정된다. 하지만 우리는 게임 결과에 그다지 집착하거나 걱정하지 않는다. 왜냐하면 언제든 다시 시작(restart)할 수 있고 자신들의 실력이나 운을 여러 차례 반복해서 테스트해 볼 수 있기 때문이다. 대부분의 게임들은 '목표지향적'이다. 즉 게임에는 승/패를 규정하고 플레이가 정상적으로 진행되고 있는지를 알려주는 특수한 규칙들을 가지고 있는 것이다. 게임에서 우리가 어떤 짓을 하건 상관없다. 우리는 계속 반복해서 플레이를 할 수도 있고 정반대의 행동도 해볼 수 있기 때문이다. 플레이가 다 끝나지 않더라도 그리고 패배가 확정되지 않을지라도 플레이어는 언제든 다시 시작할 수 있다. 어떤 경우에는 지금까지의 게임 상황을 세이브할 수 있으며 바로 거기서부터 다시 시작할 수도 있다. 괴물과 싸우거나 전투에서 죽더라도 이전에 저장했던 게임들을 다시 불러와서 다른 전략으로 플레이를 할 수 있다. 비디오게임에서 게임의 방식과 규칙을 숙지하기 위해 수 차례의 시행착오를 거치는 것은 일반적이다. 하지만 프라스카의 말처럼 이것은 행위라기보다 '실험'에 가깝다. 왜냐하면 플레이어는 자기 행동의 결과를 대면하지 않고서도, 즉 어떤 실제 위험을 무릅쓰지 않고서도 '~을 해보면 어떨까 what if~'를 자유롭게 탐색할 수 있다.

하지만 소설이나 영화 등의 선형적인 매체들의 경우 플레이어들의 상호작용적 참여는 물론이고 리스타트와 리플레이, 세이브 같은 기능이 없다. 프라스카에 따르면 이러한 제약이 다른 서사예술에서 진지한 주제의 취급을 가능하게 한 장치이다. 게임에서 '죽느냐 사느냐'는 햄릿의 딜레마는 중요하지 않다. 죽는 것도 해보고 사는 것도 해보면 그만이기 때문이다. 게임에서의 행위들은 취소가능한, 즉 마음에 안 들면 몇 번이고 물릴 수 있는 것들이다. 행복한 결말에 도달할 때까지 계속 다시 돌아가 플레이하는 것이 가능하기 때문이다. 그래서 프라스카는 게임에 운명이나 비극의 여지가 없다고 비판한다. 이는 독립운동가 최재형을 다룬 〈페치카〉나 위안부를 소재로한 〈웬즈데이〉, 대만에서의 백색테러를 게임화한 〈반교〉 등의 인디게임들을 프라스카의 주장에 대한 반론으로 제기할 수도 있겠다. 하지만 이들 게임은 역사의 추체험을 통해 역사적 진실과 그에 대한 교훈을 우리 스스로 찾아보는 것을 목적으로 한 작품이다. 프라스카는 말 그대로 소설이나 영화, 연극에서 가능했던 주제와 문제들이 왜 게임에서는 불가능한지, 그리고 그것은 애초에 불가능한 것인지를 묻고 있을 뿐이다. 어쨌든 프라스카가 보기에 디지털게임은 운명이나 비극, 특히 죽음을 다루는 데 인색할 수밖에 없는 매체/콘텐츠로 여겨지고 있다.

곤잘로 프라스카에 따르면 이러한 특성은 '죽음'에 대한 게임의 재현방식 혹은 그에 대한 플레이어의 태도에서 가장 잘 드러난다. 디지털게임은 그야말로 죽음을 먹고 산다고 표현할 수 있을 만큼 죽음투성이다. 영웅의 성공적인 공간여행을 위해서는 인간이나 몬스터 캐릭터, 여타 생명체의 죽음이 필요하다. 하지만 현실에서의 죽음과 달리 게임에서의 죽음은 공포의 대상도 아니고 지금까지의 삶을 되돌아보게 하는 온갖 회한의 순간도 아니다. 게임 캐릭터의 죽음은 그저 스코어를 올리거나 승리를 위한 소품에 불과하다. 물론 〈리니지〉나 〈파이널판타지〉 등의 게임에서 정성껏 키워왔던 자기 캐릭터의 죽음에 슬퍼하기도 하고 PK당한 캐릭터의 복수를 위해 상대 플레이어에게 물리적인 폭력을 가하는 경우도 있지만 그가 슬퍼하거나 안타까워하는 것은 지금까지 정성을 기울였던 시간이나 모아놓은 아이템 때문이라고 하는 것이 더 적절할 것이다. 게임은 그야말로 죽음을 상대화하고 죽음에 대한 책임으로부터 플레이어를 면제한다. 상대를 죽여야만 게임이 진행되고 승리를 얻을 수 있다는 관습은 죽음의 의미를 사소한 것으로 만들어 버리는 것이다.

프라스카는 피터 위어의 영화 〈공포탈출〉을 통해 이를 설명한다. 영화에서 주인공은 비행기 사고에서 살아남게 되는데 이 경험은 그의 삶을 변화시킨다. 가장 중요한 장면에서 그는 "네가 실제 세계에서 죽어버리면 다른 삶을 얻을 수는 없는 법이란다"고 하면서 아들의 비디오게임 콘솔 이용을 금지시킨다. 그의 아들은 "이건 정말 죽는 게 아니에요"라고 항변하면서 아버지를 설득하려 하지만 실패한다. 프라스카에 따르면 이 두 사람은 모두 옳은 말을 하고 있다. 그들은 다만 전혀 다른 관점에서 문제에 접근하고 있을 뿐이다. 아들에게 죽음은 그저 게임상의 관습에 불과하다. 게임 플레이어들은 죽음에 책임질 필요가 없도록 되어 있고 죽음에 대한 부담으로부터 면제되어 있다. 다시 시작하면 그만이고 죽기 전까지의 상황을 저장해놓으면 될 일이다. 하지만 아버지가 보기에 게임의 시뮬레이션은 삶의 성스러운 가치들을 사소한 것으로 만든다. 이러한 게임들을 가지고서 죽음과 같은 진지한 주제를 다루기란 어려운 일이다. '죽음학'(Thanatology)은 그동안 소홀히 취급되어온 죽음을 통해 삶을 비추어보고자 한다. 하지만 이러한 주제는 게임에서 도무지 불가능하다. 하지만 프라스카는 거의 불문율에 가까운 이러한 문제를 수면으로 올린다. 거의 울림 없는 반향이겠지만 디지털게임이 보편적인 소통/오락의 매체로 부상하는 시기에 디지털게임의 지평과 외연을 넓히는데 의미 있는 문제제기일 수 있다는 평가를 줄 수는 있을 것이다.

당연한 사실이지만 우리의 삶이나 현실은 이원적 혹은 이항적 논리로 재단할 수 있을 만큼 단순하지 않다. 게임에서와 달리 별별 일들이 다 일어날 수 있기 때문이다. '승/패'라는 이원적 규칙을 전적으로 버린 것은 아니지만 다양한 플레이가능성을 열어 놓는 오픈월드게임이나 MMORPG는 달리 봐줄 부분이 있기는 하다. 하지만 MMORPG가 아무리 현실을 닮아간다고 해도 우리의 현실은 더욱 복잡하고 미묘하다. 우리의 삶을 시뮬레이트하고 있는 〈심즈〉의 경우에도 그렇다. "당신이 소유한 사이버 가구 가격이 값나가는 것일수록 더 많은 친구를 가질 수 있다"는 식의 단순한 규칙만으로 설명될 수 없는 인간관계가 즐비하기 때문이다. 그럼에도 〈심즈〉가 획기적인 것은 바로 인간을 다루고 있다는 점이다. 우리는 외계인 캐릭터가 레이저총에 맞아 죽더라도 죄책감에 시달리지 않는다. 인간이 등장하는 전쟁 게임에서도 그들의 죽음은 당연한 것이다. 게임 진행을 위해 필요한 소모품에 불과한 존재들이기 때문이다. 하지만 인간 캐릭터인 심들을 굶겨 죽이거나 아이들을 학대하는 것은 일정한 죄책감을 수반할 것이다. 그렇게 된다면 예전에 〈다마고치〉에서 캐릭터를 굶겨 죽여 눈물보를 터뜨렸던 것 이상의 슬픔을 야기할 것이다. 하지만 그도 잠시일 뿐 플레이어는 이전에 저장했던 먹을 것과 은행 잔고가 넉넉한 행복한 시절을 다시 불러올 수 있기 때문에 그런 일을 미리 예방할 수 있고 그런 일이 있더라도 도덕적·사회적 책임에서 자유로울 수 있다.

프라스카는 이러한 상황과 관습들을 종합적으로 판단하여 홀로코스트 게임을 디자인하는 것이 불가능하다는 판단을 내린다. 아우슈비츠 수감자인 주인공 캐릭터를 시뮬레이트한 게임이 있다면 우리는 우선 그의 눈과 행동을 통해 그곳에서의 극단적인 삶을 느낄 것이다. 물론 어떻게 해서든 홀로코스트를 통해 윤리, 증오, 연대, 고통, 정의 등의 개념들을 탐색할 수 있는 게임을 만들 수는 있을 것이다. 하지만 역사 소재의 게임들이 경험했듯이 디지털게임의 그러한 게임은 관습상 많은 비판에 직면하게 될 것이다. 우선 디지털게임은 도덕적 책임들로부터 플레이어를 벗어나게 할 수 있다. 플레이어는 동료 수감자들을 배신할 수도 있고 간수들로 하여금 그를 쏘아 죽이게 만들 수도 있다. 하지만 아무도 그것에 대해 책임지지 않아도 된다. 원할 때마다 다시 시작할 수 있고 자기 행위의 결과들을 대면하지 않아도 되는 게임의 특성 때문이다. 플레이어는 자신의 범죄에 대해 아무런 처벌도 받지 않고 이전에 저장된 버전을 다시 불러오면 그만이다. 승/패의 이항적 논리 역시 홀로코스트라는 문제를 부차적인 문제로 주변화시켜버릴 우려가 있다. 우리는 이항적 논리에 충실하게 죽음으로부터 안네 프랑크를 구해낼 수 있다. 하지만 도중에 그녀가 죽어버린다고 해도 크게 문제되지 않는다. 다음 플레이를 할 때 그녀는 살 것이기 때문이다. 이런 관습 하에서 삶이니 죽음이니 하는 개념들은 고유의 윤리적·사회적·역사적 가치를 잃어버리고 말 것이라는 것이 프라스카의 주장이다.

프라스카에 따르면 홀로코스트와 같은 비극적 사건을 시뮬레이트하려 할 경우 관습적인 게임의 논리를 벗어날 수밖에 없다. 특히 플레이어의 선택과 행위를 되돌릴 수 없는 불가역적 환경으로 게임을 디자인한다면 '진지한' 디지털게임 디자인의 몇몇 방해 요인들이 해결될 수 있을 것이다. 이미 머드 게임이나 〈울티마 온라인〉 같은 MMORPG 게임들의 영속적 세계에는 그런 환경이 존재하고 있거니와 여기서 플레이어들은 자신의 행위들을 물리거나 취소할 수 없다. 물론 그는 게임을 다시 시작할 수는 있겠지만 지금까지의 게임을 저장할 수 없다. MMORPG에서 플레이어는 자신이 행한 행동들의 결과를 신중하게 예측하고 행동해야 한다. 왜냐하면 게임 커뮤니티에서 그의 행동들은 명예와 직결될 것이기 때문이다. 다른 플레이어를 PK하고 아이템을 모두 강탈한 플레이어라는 사실이 알려지면 그는 따돌림을 당하거나 혈맹에서 퇴출되며 그 역시 희생될 가능성이 커진다.

하지만 프라스카는 MMORPG 게임의 취소불가능성 혹은 불가역성이 장점일 수 있겠지만 홀로코스트 프로젝트에는 적당한 환경이 될 수 없을 것임을 분명히 한다. 온라인게임에서 캐릭터의 죽음이 안타깝기는 하지만 그것 역시 상대적인 것이기 때문이다. 플레이어들은 늘 다른 아바타를 가지고서 다시 로그인할 수 있다. 또한 MMORPG는 네오 나치 그룹에 의해 사보타주의 대상이 될 수도 있고 게임 서버 자체를 망가뜨릴 위험도 있다. 이러한 이유로 프라스카는 MMORPG의 취소불가능성만 받아들이고 다자 플레이어 게임이 아닌 싱글 플레이어 게임의 형태가 홀로코스트 게임으로 적당할 것이라고 이야기한다. 만약 가능하다면 말이다. 프라스카가 제안한 '오스곤'(OSGON, one-session game of narration)은 바로 플레이어의 행동들을 되돌릴 수 없는 게임이기 때문에 '저장과 복구' 기능을 갖지 않는다. 물론 그 기능 외에도 지금까지의 플레이를 삭제하는 것은 물론 게임 자체를 다시 시작할 수 없는 게임이기도 하다. '오스곤' 환경에 기반한 홀로코스트 게임은 그야말로 딱 한 번만 플레이할 수 있는 '하루살이와 같은'(ephemeral) 게임이다. 취소 혹은 철회 불가능한 행위들로 이루어지는 싱글 플레이어 게임을 하기 위해 우리는 '싱글 유저 티켓'을 구입하여 일련번호를 부여받게 될 것이다. 그런 다음 티켓 넘버를 입력하고 게임에 접속하여 게임을 플레이한다.

'오스곤' 시스템에 기반한 게임에는 저장 기능이 존재하지 않는다. 물론 로그아웃하고 난 뒤 다시 접속을 하더라도 이전에 플레이했던 상황과 동일한 상태로 남아 있을 것이다. 많은 플레이어들이 동시에 접속할 수 있겠지만 그들 사이에 인터랙션은 전혀 존재하지 않는다. 모든 일들은 단일 유저 게임 혹은 싱글 플레이어 게임을 즐기고 있는 것이기 때문이다. 물론 이전의 싱글 플레이어 게임들이 그랬던 것처럼 여기에도 플레이어들이 많은 게임 티켓을 구입하여 다시 시작할 여지가 있다. 이러한 가능성을 차단할 유일한 해결책으로 프라스카는 게임을 하나의 일회적 해프닝(happening)으로 만드는 것이다. 이를테면 특정한 시간으로 이 게임의 플레이 시간을 정하고 게임을 하고자 하는 플레이어는 그 시간에 로그인하여 게임을 하게 될 것이다. 이후 어느 누구도 그 게임을 플레이할 수 없을 것인데 이는 그때 못 보면 그만인 해프닝 연극과 동일한 이치라고 할 수 있다.

'오스곤' 게임은 취소 불가능하기 때문에, 즉 딱 한 번만 플레이할 수 있기 때문에 플레이어는 자신의 행동과 선택들을 함에 있어 실제 삶에서처럼 신중해야 하고 자기 행동의 결과를 대면해야 한다. 게임을 하다 당신 캐릭터가 죽어버리면 두 번째 기회란 없다. 요즘 게임들은 죽기가 너무 쉽다. 게임 디자이너는 죽음의 기회를 최소화해야 하고 그것에 대해 리얼리즘적인 태도로 접근을 해야 한다. 그 게임이 어느 장르에 속하느냐에 따라 죽음의 가능성은 모두 다르겠지만, 그렇다 하더라도 구성상 혹은 콘텍스트상 일관성이 있어야 한다. 느닷없는 죽음, 맥락과 전혀 상관없는 죽음은 금물이다. 플레이어가 정말 멍청한 행동이나 선택을 하지 않는 한 얼마 후에 죽어버리는 일은 없어야 한다는 말이다. 오스곤 게임은 또한 한 번만 이용가능하기 때문에 시간제한을 가져야 한다. 내러티브가 종결되든 말든 한 두 시간 게임을 경험하고나면 그대로 끝나버릴 것이다.

프라스카의 말처럼 '오스곤' 시스템의 게임들은 우리에게 무척 낯선 게임들이다. 상업적인 기준으로 보았을 때 큰 인기를 끌 것 같지도 않다. 그의 다른 모델들보다 더 몽상적이고 그런 점에서 더욱 가정법적이다. 이러한 단발적 하루살이 게임들은 대중에게 너무 낯선 게임들인데 그만큼 반복 플레이 가능성은 견고한 디지털게임의 관습이 되었기 때문이다. 하지만 게임 산업이 더욱 발전하고 게임 콘텐츠가 다양해지면 이러한 게임에 대한 요구가 없으리라는 법도 없다. 프라스카 역시 오스곤 게임이 지금의 단일 플레이어 게임들을 대체할 것이라고 보지 않고 그 자체의 특징을 지닌 별개의 게임 장르로 본다. 오스곤 게임은 철학적 쟁점을 만들거나 예술가의 현실감각을 공유하기 위해 게임 미디어를 활용하는 경우가 거의 없는 상황을 극복하기 위한 프라스카의 대안적 실험이다. '진지한' 게임들의 등장을 가로막음으로써 게임 다양성을 해치는 요인은 이윤을 창출해야하는 게임 업계의 경제적인 이유도 있지만 디지털게임 내부의 관습적인 규칙 역시 또 다른 이유일 수 있다. '오스곤'은 바로 게임 관습을 해체함으로써 게임을 현실 반성의 매체로 기능전환하려는 시도이다. 프라스카의 말처럼 홀로코스트 같은 주제들의 게임을 디자인하기란 쉬운 일이 아니다. 5G 통신망, 상상적 현실도 실사 이상으로 구현하는 영상, 게임을 구독할 수 있는 플랫폼 등의 기술적인 혁신만으로 게임들은 개선되지 않는다. 오히려 중요한 것은 게임을 하나의 매체로 이해하려는 끊임없는 노력일 것이다. '오스곤'은 수많은 가능성들 중 하나에 불과하고 게임의 진화 과정에서 어떤 게임들이 나올지는 예측하기 어렵다.

VII. 디지털 퍼포머로서의 플레이어와 그의 세계

디지털 퍼포먼스와 관계의 미학
게임의 규칙성과 리미널 세계
플레이어의 수행적 실천 사례들

대개 게임 연구의 역사는 아케이드에서 시작된 게임이 가정으로 들어온 1970년대 중반 이후 시작된 것으로 본다. 이후 비디오게임, 디지털게임, 온라인게임, 스마트게임, VR·AR 게임의 시대를 지나 우리는 클라우드 게임과 크로스 게임의 시대로 들어서고 있다. 컴퓨터의 성능과 소프트웨어 저장 장치의 용량, 디스플레이와 영상 해상도, 컨트롤러와 인터페이스 등에서의 획기적인 기술 발전과 더불어 게임의 다양한 장르 분화가 진행되고 사회적 영향력도 급상승하고 있다. 네트워크의 획기적 발전에 힘입은 5G 초연결사회로의 진입, AI기술의 급속한 일상화 등은 이른바 '게임의 민주화'와 '게임의 사회화'를 불가역적 현실로 만들고 있다. 그런 점에서 게임의 역사는 뉴테크놀로지와 게임콘텐츠의 공진화 과정을 분명하게 증언한다. 이처럼 60여 년의 시간을 거치면서 게임은 "공간과 기능이 여러 층위로 분화되고 중첩되는 가운데 주체들의 다층적인 플레이에 의해 의미화 사건들을 양산하는" 플랫폼으로 자리를 잡았다.

산업계와 학계를 비롯하여 전 사회적으로 관심을 끌고 있는 최근 관심으로 중심으로 떠오른 '메타버스'(metaverse)의 시작과 중심에도 〈세컨드 라이프〉와 〈포트나이트〉, 〈로블록스〉 같은 디지털 게임이 자리한다. 그 전에는 MUD로 시작한 MMORPG가 있었다. 실제로 게임은 메타버스의 프로토타입이었다. 나아가 크로스플레이(cross-play)와 서드라이프(third-life), 게임구독과 게임경제는 게임이 선도하는 '디지털 전환'(digital transformation)을 압축하는 키워드이다. 이처럼 디지털게임은 지난 반세기 넘게 최신 과학기술의 발전과 상용화를 위한 테스터(tester)였고 그 성과를 자기 발전의 기반으로 삼아오고 있다. '메타버스'는 게임이 아니고 더 광범위한 세계라는 게임물관리위원회의 주장에도 불구하고 "다중의 사용자가 소셜 네트워킹과 가상경제 활동을 통해 저마다의 상상을 실현할 수 있는 현실세계와 연결된 실험형 가상세계"라는 점에서 디지털게임과 밀접한 관련을 가지고 있다고 볼 수 있다. 급기야 '현질'로 대표되는 비즈니스 모델(Pay to Win, P2W)를 넘어 플레이어가 게임을 플레이하며 획득한 재화를 암호화폐로 거래해 수익을 얻는 'P2E'(Play to Earn)까지 현실화되는 상황이다. 사행성 게임의 대명사인 〈바다이야기〉의 트라우마가 남아 있는 국내의 경우 시기상조라는 진단이 우세하지만 외국의 사례로 비추어볼 때 게임을 통한 경제활동은 곧 가시화될 것이다. 이쯤되면 영화 〈레디플레이어원〉의 2045년이 몇 년 안으로 도래할 수 있고, 마냥 반길 수는 없겠지만 노동과 놀이의 경계 역시 모호해질 수도 있다.

하지만 첨단 테크놀로지의 발전과 상용화, 여가의 다양화를 향한 게임의 기여에도 불구하고, 올셋(Espen Aarseth)이 "게임 연구의 원년"으로 삼자고 제안한 20여 년 이전까지는 게임에 대한 인문사회학적 접근은 거의 전무했다. 지금은 많은 해외저널이 생기고 계급, 성, 인종, 젠더 등 다양한 시각에서 연구되고 있지만 다른 매체나 대중문화에 비해 게임 담론과 비평은 크게 부족한 편이다. 하지만 디지털 게임은 전 세계 29억 여 명이 즐기고 200조원이 넘는 시장 규모를 가진 대중매체이자 놀이문화이다. 국내만 하더라도 전 국민의 70%가 게임(남성 73.6% 여성 67.3%)을 즐기고 있고 그 중 다수가 20대~40대이며, 여성 게이머들의 숫자가 급성장하는 상황에다 아케이드게임과 더불어 태어나고 성장한 '그레이 게이머'(grey-gamer)가 구체적인 문화 소비자로 자리를 잡아가고 있다. 하지만 그럼에도 게임에 대한 사회적 시선은 여전히 차갑기만 하다.

이러한 어려운 상황 속에서도 국내의 경우로 좁혀보면 지난 10여 년간 인문/사회과학적 시각에서 게임의 문화적 의미와 플레이어의 실천을 조명하고자 하는 다양한 시도들이 이어졌다. 하지만 컴퓨터 알고리즘이나 디스플레이 기술 등과 관련한 공학자들의 연구를 제외하면 여전히 교육학자나 심리학자, 몇몇 의학자들의 부정적인 게임 담론이 지배적이다. 폭력성과 선정성, 중독성과 사행성과 같은, '문화전쟁'(culture war) 때마다 제기되는 신생 매체들에 대한 부정적인 프레임은 디지털 게임에 와서 더욱 강력한 형태로 반복된다. 2019년 5월 세계보건기구(WHO)는 국제질병분류 11차 개정판(ICD-11)을 발표함으로써 이러한 부정적 인식에 날개를 달아주었다. 올해 2021년 폐지된 국내의 '강제적 게임셧다운제'로부터 '게임중독법' 제정 논란(2013)을 거쳐, 2019년 WHO의 이른바 '게임이용장애'(Gaming Disorder)

의 공식 질병코드 등록에서 정점에 이른 '게임 포비아'(game phobia) 현상은 게임산업뿐만 아니라 게임연구에도 질곡으로 기능할 가능성이 크다.

그러한 점을 고려한다면 지난 20년간 게임산업과 게임연구가 헤쳐온 사회적 성장의 역사는 경이롭다. 상호작용성(interactivity)이라는 고유의 강력한 속성을 무기로 여러 번의 경제위기와 불황 속에서도 디지털 게임은 첨단과학기술을 선도하며 사회적 영향력을 확장해왔다. 국내외의 보수 정치인들과 언론이 대중의 '게임 공포증'을 포퓰리즘적으로 악용할 때에도 국내의 게임 유저들은 여가 향유를 위해 조이스틱과 마우스를 놓지 않았다. 비대면 '온-택트'(On-tact)가 일상이 된 코로나-19의 상황에서도 게임은 20%에 가까운 성장세를 보이며 비대면경제와 구독경제를 선도하고 있다. 컴퓨터 기술이 발달하고 저장 용량이 커짐에 따라 게임 공간은 '또 하나의 사회'라 할 정도로 넓어졌고, 게임 속 가상현실에 터를 잡은 플레이어들은 개발자가 제공한 콘텐츠를 초과하는 '향유-실천'(joissance-practices)을 보여주고 있다. 이러한 현상에 주목한 인문사회학자들은 게임이라는 미디어와 거기에 담긴 콘텐츠, 나아가 그것을 즐기며 서사와 사건을 생성하는 주체들에 주목하기 시작한다.

이러한 현실을 반영하듯 '게임하기'(gaming)의 범주 역시 확장되고 있다. 디지털 게임 플레이어는 어떤 게임에 참여하여 캐릭터를 조종하거나 게임 공간을 탐험하는 행위를 하는 사람이다. 하지만 게임을 경유하여 이루어지는 모든 문화적 실천으로 '게임하기'의 의미가 확장된다면 '게임-보기'(game-seeing & looking) 역시 '게임-하기'의 범주에 포함될 수 있다. 게임산업이 시작된 이래로 게임의 플레이는 보기의 과정과 연동되어왔고 최근의 인터넷 1인방송이나 지상파 게임전문방송, e-sports의 흥행은 이제 비즈니스의 뗄 수 없는 한 영역이 되었다. 물론 상호작용 미디어로서 경쟁하며 참여와 공유, 협력을 통해 재미를 추구하는 직접적인 플레이에 게임의 미디어성(mediality)의 핵심이 있을 것이다. 하지만 기존의 아날로그 영상미디어로 수렴되지 않는 놀이성과 그것을 초과하는 의미들이 '게임-보기'에 있음을 감안할 필요가 있다. e-sports의 경우처럼 현장에서 게임 경기를 보든 아니면 방송이나 1인 미디어를 통해 플레이 과정을 보든 그것은 아날로그 미디어 소비를 넘어서는 색다른 경험을 제공한다. 우리는 그것을 '게임 퍼포먼스'(game performance)로 정의할 수 있다. 여기에 게임을 매개로 한 창작 행위들인 모드(mod, modification)와 머시니마(machinima), 데모씬까지 포함하면 '게임하기'의 실천은 한층 더 확장될 수 있을 것이다.

영화가 스튜디오 시스템으로 자리잡으면서 그랬던 것처럼, 산업과 자본으로의 포획 이후 게임의 세계관은 더욱 광대해지고 시청각적으로도 그 핍진성(verisimilitude)을 강화해오고 있다. 우리는 21세기 게임산업의 현기증나는 진화 과정을 보면서 규모와 환경의 비약적 전환을 확인할 수 있다. 이로써 게임을 만드는 일과 게임을 즐기는 일이 수렴되었던 좋은 시절은 추억 혹은 신화로 남게 되었다. 게임의 생태계에도 '물신화'와 '소외'는 다양한 모습으로 번진다. '중독', '현피', '현거래'의 문제나 여전히 논쟁거리로 남아있는 '확률형 아이템'이나 '강화형 시스템' 등의 문제 역시 과대평가된 측면이 있지만 그냥 무시할 사안은 아닌 것으로 보인다. 여기에 '놀이다움' 혹은 '게임성'과 관련하여 고개를 갸웃거리게 하는 'P2E'를 둘러싼 사회적 논란 역시 가볍지 않다. 폭력성과 중독성, 사행성 때문에 게임을 매도하는 것도 문제지만 게임의 속성에 대해 낭만화하거나 신화화하는 것도 큰 문제이다.

그럼에도 게임이라는 것이 문화적 실천으로서 의미를 가질 수 있는 것은 플레이어들의 구체적인 실천 덕분이라 할 수 있겠다. 그들은 디지털 퍼포머(digital performer)로서 주어진 게임들을 소비하며 사건을 생성하는 수행적 행위를 하고 있는 중이다. 이러한 실천의 계기, 매개, 장으로서의 게임에 주목한다면 결국 게임연구는 텍스트에 대한 관심에서 게임하는 사람으로 그 중심을 옮길 수밖에 없다. 게임 텍스트는 '게임하기'의 장이면서 작용점일 수 있지만 거기서의 사건 유발자는 사람이기 때문이다. 게임하기의 실천은 무척이나 다양한 모습으로 나타나기에 서사, 놀이성, 게임하기 등 다양하고 입체적인 관점과 방법으로 조명할 필요가 있다. '디지털 정보계'(digital infosphere)로서 게임이 갖는 복잡성만큼이나 할 이야기가 많은 것이 게임이지만 어쨌든 그 중심에는 사람이 있다.

지난 20여 년간의 게임 연구를 복기해보면 학문적 성장을 촉진한 다양한 국면들과 토론 쟁점들이 있어왔다. 그 중 '놀이'(play)와 '서사'(narrative)를 둘러싼 논쟁과 대화는 게임연구에 특히 뚜렷한 족적을 남겼다. 이는 '게임학'(game studies)의 주요한 패러다임으로서 인문학적 게임연구가 방향을 잡는데 나름의 기여를 한 것으로 평가된다. 우선 문학과 영화학, 공연학 등의 분야에서 성장한 학자들은 디지털 게임에서 공연이나 소설, 만화나 영화 등을 잇는 새로운 유형의 스토리텔링 매체의 출현을 보았다. 이들은 '서사론자'(narratologists)라 불린다. 하지만 게임은 규칙과 목적이 뚜렷한 놀이 그 자체이므로 우선적으로는 게임을 구성하는 그 자체의 메커닉과 플레이어의 게임하기 과정에 우선적으로 관심을 두어야 한다는 '게임론자'(ludologists)들의 반론도 거셌다.

사실 '놀이냐 서사냐?'라는 물음에 뚜렷한 답을 찾기는 쉽지 않았다. 대화의 과정에서 서로의 한계를 인식하고 좀 더 전진할 수 있는 상보적인 결과를 내어올 수도 있었겠지만 기대한 만큼 진도가 나아가지는 못했다. 그럼에도 최근에는 서사와 놀이를 대립항으로 보지도 않고 그 둘을 동시대 게임문화의 두 가지 구성요소로 전제하는 주장들이 자리를 잡아가는 듯하다. 최근 몇몇 연구들은 게임 콘텐츠에 대해 놀이와 서사를 통합적으로 소비하려는 플레이어-주체의 '게임하기'(gaming) 안에서 놀이-서사의 이중적 구조를 변증법적으로 종합할 수 있는 가능성을 찾으려 한다. '놀이서사학'(ludo-narratology), '놀이심리학'(ludo-psychology) 등의 틀 안에서 이루어진 작업들은 그러한 노력들로 볼 수 있을 것이다.

'놀이/서사'를 통합적으로 연결하고자 하는 이러한 시도들은 결국 '수행성'(performativity)이라는 개념을 채택하고 플레이어들의 '수행적 실천'(performative practices)에 주목하고자 한다. 이러한 실천은 넓은 의미에서 '게임하기'로 바꿔불러도 무방할 것 같다. 이들은 공통적으로 '놀이/서사'의 틀에 갇히기보다는 디지털 게임을 둘러싼 다양한 행위자들의 '게임하기'에서 출발하는 것이 게임의 풍요로움을 설명하는 데 유익하다고 주장한다. 그들이 보기에 수행적 실천으로서의 게임 플레이는 플레이어라는 행위자가 게임 세계 안에서 활동하는 조력자와 적대자들과의 수행적 상호작용을 통해, 그리고 세계관을 구성하는 대상들과의 관계맺기를 통해 의미들을 생산하는 과정이다. 누군가에게 이 과정은 규칙에 따른 플레이어의 능동적인 놀이 그 자체일 것이고, 누군가에게는 서사의 생성 과정으로 비칠 수도 있을 것이다. 서사성과 놀이성 역시 보다 복잡하고 다면적인 플레이어-주체들의 실천 결과라는 점에서, 플레이어의 퍼포먼스에서 출발하는 게임 연구는 기존의 '내러톨로지'(narratology)와 '루돌로지'(ludology)의 성과를 포월(包越)하려는 시도로 평가할 수 있다.

게임 플레이어의 '다중주체성'(multi-subjectivity), 즉 person, player, performer, co-producer 등으로서 그가 수행하는 다층적 역할들은 '한-방향 커뮤니케이션'(one-way communication)이라 할 수 있는 문학이나 공연, 영화 등에서는 찾아볼 수 없는 상호작용성, 즉 '쌍-방향' 미디어인 게임의 속성에서 나온 자연스러운 결과이다. 나아가 게임 텍스트를 구성하는 다양한 요소들과 장치들, 플레이어-주체와 조력자 및 반대자들이 게임 속 대상들과 관계를 맺는 방식과 양태들은 특정한 양태로 고정되어 있지 않고 상황에 따라 시시각각 변형되는 모습으로 나타난다. 플레이어의 적극적인 참여에 의해 놀이 상황에서 발생하는 사건들이 계절마다 달라지는 일종의 '별자리'(星座)에 비견될 수 있는 것도 그 때문이다. 게임연구자 로터리는 이를 게임의 '공백'(void)이라는 속성으로 설명하기도 한다. 그에 따르면 다른 매체와 달리 게임에는 공백이 곳곳에 존재한다. 그러한 공백은 플레이어를 향한 놀이-세계로의 초대장이면서 영웅의 여정에 동참하라는 유혹이자 미끼이다. 이후 게임 세계로의 참여와 개입을 통해 새로운 미래가 열리면서 그 결과의 불확실성에도 불구하고 여백들로부터 새로운 가능성들이 생겨난다. 올셋(E. Aarseth)이 '에르고딕'(ergodic)이라고 표현한 이러한 과정은 긴장과 불안의 연속이지만, 이러한 '다가성'(multi-valence)이야말로 재미와 스릴의 원천이다. 게임 안에는 늘 미래의 상태로 남겨둔 의미와 기능, 형식들이 제공된다. 이러한 미결적 공백이야말로 게임의 힘(force)이며 게임의 세계관은 플레이어를 위한 잠재성과 가능성의 공간이 된다.

게임 플레이어의 자율·참여·협동의 행위를 통해 규칙-서사와 우연-서사가 생겨나는 과정 역시 흥미로운 연구대상으로 주목받고 있다. 이른바 미디어 퍼포먼스학(media performance studies)의 진영에서 시작된 이러한 연구들은 게임을 매개로 생겨나는 현상들을 퍼포먼스의 확장으로 해석한다. 미디어 퍼포먼스 연구자들은 미리 정해지지 않은 방향 속에서 참여자들의 역동적인 참여에 의해 만들어지는 역동적인 사회적 대화에 주목한다. 이들은 게임 플레이어가 실천하는 수행적 플레이를 주목한다. 다른 말로 게임이라는 텍스트 구성에 있어 게임 개발자와 플레이어 각각의 역할에 주목하는 가운데 특히 행위자가 놀이를 위해 어떻게 게임 장치들을 전유하고 그 가능성을 극대화하는지를 탐색하고자 한다.

이처럼 수행적 행위에 의해 생성되는 텍스트라는 게임의 특수성에 대한 강조는 서사(재현)와 놀이(시뮬레이션)를 융합하고자 하는 노력이기도 하다. 우선 「게임과 서사의 충돌」(A Clash between Game and Narrative), 『하프-리얼』(Half-Real)과 같은 율(Jesper Juul)의 작업들과 프라스카(Gonzalo Frasca)의 이론적 작업들에서도 서사론과 게임론의 소통 가능성을 읽어낼 수 있다. 이들은 게임 규칙의 메커닉 안에서 이루어지는 플레이어의 행위를 강조한다는 공통점을 지닌다. 시카트(Miguel Sicart)의 『컴퓨터게임의 윤리』(The Ethics of Computer Games), 쉬랭크(Brian Schrank)의 『아방가르드 게임』(Avantgarde Videogames), 「놀이, 퍼포먼스, 정체성: 어떻게 제도들은 놀이 공간을 구성하는가」(Play, Performance, and Identity: How Institutions Structure Ludic Spaces) 등의 연구들 역시 플레이어의 수행적 행위를 통해 종전의 제한적인 게임 연구의 프레임을 넘어서고자 하는 시도를 한다. 이들은 특히 게임의 수행성(performativity)과 '게임하기'라는 플레이어-주체의 실천적 과정들을 중심으로 기존 텍스트 중심 연구와 서사-놀이 논쟁의 문제를 극복하려고 노력한다. 이처럼 게임을 퍼포먼스로 이해하려는 작업은 "통일되기보다 파편화되고, 중심화되기보다 탈중심화되며, 실제적인 만큼 가상적인" 수행적 주체(performative subject)인 플레이어와 "고정되기보다 불안정하고, 리얼하기보다 시뮬레이트된" 수행적 객체(performative object)인 게임 속 세계-대상 사이의 역동적 상호작용을 포착하려는 시도라 할 수 있다.
〈Game Studies〉를 비롯한 세계적인 게임저널들에 실린 논문들을 보면 계급과 젠더, 정신분석이나 탈식민주의 등의 이론적 성과를 바탕으로 게임-주체의 수행 행위를 문화정치적으로 읽어내려는 다수의 시도들이 보인다. 이들은 특정한 사례에 집중한 나머지 그 결과를 게임 일반의 속성인 양 일반화하는 것에 대해 경계하려는 태도를 견지한다. 이는 게임 생태계가 게임의 장르마다 그리고 게임이 생산되고 수행되는 지형과 맥락에 따라 그 실천과 양태가 달라지는 것과 관련이 있다. 나아가 게임의 플랫폼과 장치가 중시되고 IP(지적 재산)와 트랜스미디어가 게임산업의 미래로 부상하는 요즘의 상황을 고려한 것이기도 하다. 또한 게임이라는 복합적이고 중층적이며 지속적인 변이와 생성의 과정에 있는 '과정적' 매체를 단선적인 관점과 프레임으로 예단하는 것에 신중하려는 태도로 읽을 수 있을 것이다. '의미화하는 실천'(signifying practices)으로서의 '게임하기'를 게임연구의 출발점으로 재설정하려는 일련의 노력 속에서 박근서의 다음 진술은 많은 것을 시사한다. "비디오게임 전체를 관통하는 하나의 본질을 찾아내는 일은 불가능하겠지만, 어쨌든 이들은 사슬처럼 한데 엮여 있다. 그것은 사람의 욕망을 충족시키기 위한 테크놀로지이다. 그리고 그 욕망은 일차적으로 물질적 욕망이라기보다는 문화적 욕망이며, 생산에 걸쳐 있다기보다는 여가와 놀이에 걸쳐있다."

'게임하기'를 기호학적으로 설명하려는 보어히(Gerald Vorhee)의 작업 역시 게임의 수행성과 관련하여 참조할 만하다. 그는 〈월드오브워크래프트 WoW〉라는 온라인 게임을 분석하기 위해 그레마스(Greimas)의 행위자 모델이나 퍼스의 기호모델을 전용하고자 한다. 그의 행위자-모델에 따르면 WoW의 플레이어는 게임(AI)이나 게임 속의 대상, 동료 플레이어 등과 복잡한 환류-관계 속에서 능동적으로 놀이행위에 참여하는 행위자이다. 그는 게임 공간 속의 다양한 서사 기호들과 관계 맺는 방식들을 '놀이행위'(ludic activities)들로 구조화하려는 플레이어들의 실천들이라고 주장한다. 전통적인 '저자/독자'의 구분을 뛰어넘는 '다중주체'로서 게임 플레이어들은 디지털 게임 콘텐츠 내부의 이야기 재료들과 대상들, 동료 플레이어들과 NPC들과 같은 기호들 조합함으로써 의미들을 생산한다. 그런 점에서 게임하기는 '의미화 실천들'이기도 하면서 무수한 서사를 생산하는 '미디어 엑티비즘'(media activism)이라 할 수도 있다. 가령 게임 안에서 발신자와 대상 및 수신자, 게임 서사에서의 조력자와 주체 및 반대자가 맺는 일종의 '성좌' 관계는 고정된 텍스트를 분석하는 기존의 방법으로는 설명할 수 없다. 따라서 디지털 게임의 상호작용성과 놀이로서의 수행성을 선명하게 보여줄 수 있는 보어히의 모델은 게임 개발자와 플레이어 각각의 역할을 훼손하지 않으면서 각각의 행위자가 의미형성 과정에서 어떻게 협력하고 '공환'(共歡, conviviality)하는지를 보여줄 수 있다. 이러한 작업은 수용자의 능동성을 강조하는 '전유', '밀렵', '브리콜라주'(Bricolage) 등의 문화연구 개념들과도 통하는 부분이기도 하다. 능동적인 플레이어들에게 디지털 게임의 우주는 놀이 규칙과의 다양한 관계맺기와 적극적 구성행위를 통해 만족과 즐거움을 얻으려는 원심적 실천들을 촉발하기 때문이다.

디지털 퍼포먼스와 관계의 미학

율(Jesper Juul)은 플레이어-주체의 게임하기가 4가지 벡터 사이에서 다양한 양태들을 보인다고 주장한다. 그에 따르면 놀이는 광범위한 자유로운 형식의 자발적 활동과 연관되지만 게임의 경우 규칙 구조를 전제로 한다. 여기서 강조점은 놀이와 게임의 구분에 있지 않다. 중요한 것은 디지털 게임 텍스트가 하루하루 다양하게 그 갈래와 장르를 확장하고 섞어가고 있지만 그것을 플레이하는 '사람들' 역시도 놀이의 자유로움을 훼손하지 않으며 규칙을 가지고 논다는 점이다. '게임하기'는 오락 혹은 재미를 주목적으로 하는 자발적 행위이다. 그리고 게임의 규칙과 관계 맺는 플레이어의 태도와 전략은 순응(submission)-제한된 자유(constrained freedom)-전복(subversion)-창조(creation)라는 4개의 기본적인 실천들 사이에서 다양하게 이루어진다. 프라스카의 말처럼 플레이어는 '파이디아'(paidia)와 '루두스'(ludus) 사이에서 게임 규칙과 관계 맺으며 저마다의 재미를 창출할 수 있는 것이다.

'게임하기'를 통해 게임에서의 서사와 놀이의 관계를 재설정하려는 노력과 관련하여 일찍이 율이 제시한 '게임-중심적' 실천과 '플레이어-중심적'인 실천의 구분 역시 시사하는 바가 크다. 규칙 안에서의 실천과 사건-과정을 중시한다는 점에서 '퍼포먼스' 개념은 게임을 통해 이루어지는 실천들의 중층성을 설명하는 데 유용하다. 특히 페르난데즈-베라(Clara Fernandez-Vara)는 게임을 퍼포먼스의 관점에서 연구할 수 있는 프레임을 제공함으로써 통합적 게임 연구를 위한 중요한 시사점을 제공한다. 그는 인간 행위의 맥락, 퍼포머로서 플레이어와 관객이 함께 하는 의미화 실천의 과정을 연구해온 퍼포먼스학(performance studies)의 용어들을 소프트웨어(게임 콘텐츠)인 동시에 게임(미디어)인 수행적 매체(performative medium), 즉 디지털게임에 적용하고자 한다. 그가 창안한 용어인 '놀이퍼포먼스'(playperformance) 개념은 게임 플레이가 여타 퍼포먼스 활동들(의례, 놀이, 연극, 비-디지털게임, 스포츠)과 어떤 관계를 맺는지, 그리고 게임하기가 어떻게 미리 구조화되고 규정된 경험이면서 경계들을 넘나들 수 있는지를 설명하고 있다.

페르난데즈-베라가 보기에 공연학적 의미의 퍼포먼스는 특히 '게임하기' 활동과 많은 공통점을 가지고 있다. 플레이어는 퍼포머와 관객의 이중적 역할을 중첩적으로 수행하고 있기 때문이다. 셰크너(Richard Schechner)의 말처럼 퍼포먼스는 활동 그 자체이기도 하고 '행위를 보여주는 것'까지 포함한다. 그는 '매직서클'(magic circle) 안에서 이루어지는 놀이와 게임, 연극, 스포츠를 퍼포먼스의 대표적인 사례로 강조하는데 이들은 디지털게임의 주요 장르에 강력한 흔적을 남기고 있기도 하다. 페르난데즈-베라의 시선은 '게임하기'가 '게임보기'를 포함함으로써 디지털게임의 영역을 넓혀가는 상황을 설명하는 데 중요한 근거를 제공한다. 이는 다음과 같은 이정엽의 진술과도 공명한다. "'게이밍'이란 실제 게임을 플레이하는 행위이기도 하지만 게임 플레이 주변에 전유되는 다양한 활동들 즉, 유튜브나 트위치로 게임 방송보기, 게임 웹진에서 게임과 관련한 정보와 소감 나누기 활동 등을 포괄하는 개념이다. 다시 말해 게임은 그 자체로 일정한 가치를 지닌 문화상품이며, 게이밍 과정을 통해서 비로소 문화적인 행동양식이 된다."

반면 스티브 딕슨(Steve Dixon)의 논의는 페르난데즈-베라의 디지털 수행성 연구를 '같으면서도 새로운' 차원으로 발전시키고자 한다. 이는 놀이-서사 프레임의 확장으로 평가할 수 있는 '놀이-퍼포먼스'(ludo-performance) 모델을 최근의 게임 동향에 적용하려는 시도이기도 하다. 딕슨의 연구에서는 기술적 변화가 게임의 영상이나 조작, 세계관의 장대함과 스펙터클의 진화에만 기여한 것이 아니라는 점이 강조된다. 4차산업혁명을 가져온 주요한 기술은 플레이어들의 자유로운 실험과 기발한 커뮤니케이션 창안에 기여한 점을 기억해야 한다는 것이다. 딕슨은 컴퓨터 테크놀로지, 인터넷, 모션캡처 기술, 로봇, 가상현실 기술 등을 활용하는 공연예술 실험이 90년 이후 크게 증가하고 있음을 강조하면서 MUD, MOO, 온라인 게임 등에서의 수행적 활동을 디지털 퍼포먼스의 주요한 성과로 강조한다. 특히 그는 "21세기의 글로벌 네트워킹 사회 속에서 인터넷이나 각종 텔레커뮤니케이션 기술을 이용해 서로 다른 공간을 원격으로 동시적으로 연결하는 공연"을 '텔레마틱 인터미디어 시노그래피'로 정의한다. 나아가 공간과 라이브니스(liveness), 디지털 연극과 스펙터클, 가상현실, 텔레마틱스 등의 키워드로써 게임과 플레이어의 특성을 설명하고자 하는데 이는 코로나-19의 현실에서 그 진가를 발휘한 네트워크 기반의 게임이나 메타버스와 관련하여 흥미로운 설명 도구로 활용할 수도 있다.

이상의 연구들에 비추어 볼 때 네트워크를 적극 게임 요소로 받아들인 최근의 콘솔 게임, MMORPG, 위치기반시스템과 역할수행게임을 결합한 이머시브 게임, 증강현실과 스트리밍, 엣지컴퓨터를 통해 게임의 일상화를 이끌고 있는 클라우드 게이밍 시스템 등은 행위자와 관객의 구분을 지우는 새로운 수행성의 장치라 할 수 있다. 현실과 놀이의 중첩을 의미하는 '서드라이프'(third life)의 기술 환경 속에서 '게임하기'는 포스트-디지털 퍼포먼스의 차원에서 재정의되기도 한다. 게임의 인터랙티브 구조, 텔레 비주얼 환경 속에서의 멀티 플랫폼 및 웹-네트워크, 가상 생활 공동체 안에서 '함께 노는' 플레이어들은 다중적, 비동기적, 동시적 '공환'으로 연결되어 있기 때문이다. 시간과 공간, 확장된 자아의 감각이 결합한 혼종적 놀이터인 디지털 게임 속에서 플레이어는 재현과 시뮬레이션, 놀이와 서사를 하나로 구현하는 혼종적 주체이다.

퍼포먼스 연구자 필립 아우스랜더(Philip Auslander) 역시 퍼포먼스 이론에 기대어 게임과 플레이어의 관계에 대한 앞선 논의들을 보충한다. 그는 테크놀로지의 변화에 따라 '라이브니스'(liveness) 개념 또한 변하게 되었음을 강조한다. 특히 디지털 시대의 '라이브니스' 개념은 시간적, 공간적 동시성을 함축한다. 초연결시대의 게임은 수십만 플레이어의 '동접'을 통해 공환(共歡, conviviality)의 공간을 창출하며 다양한 우발적 서사를 연출한다. 나아가 플레이어들의 플레이는 가상현실을 탐색과 전투의 공간, 생활과 표현 공간을 오가며 가상적 공간을 구체적 장소로 변모시킨다. 이때 게임의 공간은 비장소나 무장소가 아니라, 장소의 확대임이 드러난다. 사용자의 경험과 플레이어-서사의 구성은 추상적 공간을 구체적 장소로 변화시킨다. 퍼포머와 (시)청취자가 시간만 공유하는 라디오나 텔레비전의 라이브 방송과 달리, 게임에서 퍼포머-플레이어들이 시간과 공간을 공유한다는 점에서 디지털 라이브니스의 특이성을 찾아볼 수 있다. 특히 온라인과 모바일 기반 게임의 '라이브니스'는 '공존'과 '연결'을 근본적인 놀이소로 삼으며 플레이어-주체에게 연결의 감각과 정동을 선사하면서 그에게 주어진 규칙을 넘어서는 놀이-서사(ludonarratives)의 '저자-향유자'의 이중적 정체성을 부여한다.

앞서 말한 것처럼 게임하기의 지평이 플레이하기, 게임보기, 게임과 파생콘텐츠의 생산으로 확장되고 연결되면서 플레이어는 사용자(플레이어 개인)-플레이어-관객-공동-생산자(user(person)-player-spectator-co·producer)로서 가상현실의 놀이 퍼포먼스를 주도하는 디지털 퍼포머로 위상을 부여받게 된다. 우리는 '플랫폼 예술'로서의 게임이 갖는 다양한 속성과 플레이어의 수행적 서사들을 '관계미학'(Relational Aesthetics)이라는 프레임을 통해서도 간명하게 정리해볼 수 있다. 디지털 게임이 관계를 맺는 방식과 범위를 확대하고 다양하게 성취해온 기술적 성과들을 수용하고 혁신해 온 점에서도 그렇다. 게임에 '네트워크' 기술이 접속된 이래로 '관계성'은 게임 연구의 주요 의제이기도 했다. '게임장'(gaming field) 혹은 '게임 정보계'(game infosphere) 구성원들의 관계들은 날로 확장되고 미시화되어 가는데 초연결 사회로까지 진화한 최근의 게임 환경은 게임을 관계들의 향연으로 만들어가고 있다는 점도 기억할 필요가 있다.

플레이어와 게임, 플레이어와 플레이어, 플레이어와 대상 및 환경의 중층 복합적 상호작용은 관람자들과 작가 및 작품 사이의 상호작용과 소통, 그리고 작품 도구와 기능이 열어준 예술가의 시선과 관람객의 만남 혹은 마주침에 주목하는 부리오의 '관계미학' 개념을 통해 설명될 수 있다. 작가와 관객이 구분을 허물고 함께 행위하고 만나면서 작품을 만들어가는 '관계의 예술'은 '또 다른 현실'(alternative reality)인 '마주침의 가상공간' 안에서 플레이어들이 벌이는 충돌과 마찰, 접속과 연결을 통해 사건들을 발현해나가는 게임과 무척 닮아있기 때문이기도 하다. 부리오에게 예술 활동은 "시대와 사회적 맥락에 따라 형태와 양상이 변화하고 가능성이 확장되는 게임"이고 "예술은 우발적 만남의 상태"라는 점에서도 관계미학은 게임을 설명하는 개념적 도구 중 하나일 수 있다.

최근 디지털 게임은 고유의 '매직서클' 안에서 벌어지는 놀이이면서도 '모빌리티 사회'의 디지털 플랫폼 경제를 주도하며 놀이와 예술, 예술과 비예술의 경계를 해체하는 방향으로 나아가고 있다. 네트워크로 연결된 가상의 현실 속에서 플레이어들은 각자의 다양한 생각과 욕망을 투사하며 공동의 내러티브를 구축하는 과정에서 놀이성에 근거한 유대감을 형성한다. 이른바 게임은 '놀이 커먼즈'(ludic commons)로서 공유자원을 통해 복합과 혼종의 서사(mixed narratives, hybrid narratives)를 생성하는 플랫폼이 되는 것이다. 그것은 '현전'(presence)의 질서에 반하는 '우연'(chance), 사건(event), 해프닝(happening), 비정형성(informality), 과정(process), 불안정성(precariousness)을 '놀이소'로 갖는다. 놀이 커뮤니티의 시민으로서 플레이어-주체들은 놀이의 '활동지대'(zone of activities)에서 생겨나는 여러 가지 계기들을 놀이의 긍정적 자산으로 활용한다. 그들은 시스템과 게임 규칙 안에서의 다양한 해석가능성을 모색하며 다양한 질문을 통해 서로 지식과 경험을 공유한다. 이러한 상호성은 플레이어 서로 간의 수행력을 촉진하며 잠재적 서사의 일부를 현실화한다. 일종의 사회적 대화와 상호주체적 놀이 속에서 게임 규칙은 갱신되며 확장된다. 이 모든 것들이 '관계 속에서' 그리고 '관계를 통해서' 진행된다.

그렇다면 다중적이며 복합적인, 호혜적인 플레이어 중심의 수행적 플랫폼으로서 게임은 어떤 방향으로 진화해 나갈 것인가? 이러한 질문은 플레이어-주체의 윤리 문제로 우리를 이끈다. 게임의 선험적 순기능성은 상상된 미망일 뿐이며 결국 게임하기의 역동적 잠재성은 '이상적 플레이어'(ideal player)의 수준을 넘어선다. 물리적 현실에서의 놀이가 그렇듯이 게임은 비루하고 고단한 일상과 현실에서 벗어나고자 하는 행위이다. 어떤 플레이에 대해 선악의 잣대로 판단하는 것은 성급한 일이다. 게임의 던전(dungeon)은 가정법적 상상의 세계이며 직설법적 현실에 대한 '반-구조'(anti-structure)로서의 희망의 세계이기도 하다. 그런 의미에서 게임은 우리가 살아가는 현실에 대한 반성의 의미를 가지며 적극적인 표현성을 통해 '지금 여기'와 다른 삶과 사유를 촉발한다. 사실 게임을 포함한 모든 미디어들은 재현을 넘어서는 표현의 가치를 갖는데 게임의 경우 그것을 플레이하는 주체들에 의해 사건의 계열들이 생성된다는 점에 특이성(singularity)이 있다.

게임의 규칙성과 리미널 세계

초연결사회의 게임은 하나의 사회이다. '크로스플레이'(cross-play)의 게임 환경 속에서 게임을 삶의 상수로 삼는 세대는 그것을 통해 공동체적 결속을 느끼고 커뮤니케이션을 한다. 플레이어는 게임의 '놀이 상태'(ludic state) 안에서 나름의 사회문화적 기능을 수행하는 셈이다. 다성성(polyphony)의 매체인 게임은 본질적으로 사람-컴퓨터, 사람-사람, 집단-집단 등의 경쟁과 쟁투 과정에서 유발되는 긴장을 기본으로 삼는다. 불확실한 상황이 요구하는 다양한 선택의 과정을 넘어 사회적 커뮤니케이션의 플랫폼으로 성장해온 게임의 역사는 게임 장치의 역사, 콘텐츠의 역사, 영상적 핍진성의 역사 등 다양한 기준으로 다시 서술될 수 있을 것이다.

 오늘날에도 참여와 공생을 위한 가상환경 안에서의 갈등과 경쟁, 협력은 게임 서사의 핵심이다. 게임과 플레이어 간의 상호작용은 그 이전의 아날로그 미디어와 디지털게임을 변별해주는 본질적 속성이다. 플레이어와 환경(PvE), 플레이어와 플레이어(PvP) 사이의 역동적 상호작용의 과정에서 플레이어는 다중주체성을 체현한다. 때문에 게임 텍스트에 대한 문화적 담론의 생성과 활성화를 위해 게임의 사회문화적 역할과 게임-인간의 상호 교류에 대한 관심이 커질 수 밖에 없다. 이는 결국 콘텐츠 그 자체보다 플레이어의 '게임하기'가 디지털 게임 연구의 중핵이어야 한다는 주장이기도 하다. 콘잭(Lars Konzack) 역시 게임비평의 대상으로 문자, 소리, 그림, 영상과 게임 규칙, 알고리즘, 시스템을 제시하면서도 플레이어의 참여에 대한 존중이 우선이고 놀이 잠재성이 '게임성' 평가의 핵심 잣대임을 강조한 바 있다. 이에 덧붙여 그는 '놀이적 공동체'(ludic communities)로서 게임 커뮤니티와 게임의 규칙에 대한 플레이어-주체들의 능동적 해석 양태들에 주목할 것을 주문하고 있다.

 놀이학과 문화연구의 공통된 주장처럼, 놀이와 게임은 다양한 사회적 활동과 관련이 있다. 그리고 그것들은 특정한 문화적 활동과 관련될 수도 있다. 우리가 놀이와 게임을 정의할 때 의미와 맥락을 중시해야 하는 이유이다. 가령 놀이의 '무관심성'이나 '비생산성'에 대한 고전적인 규정만으로 소비 자본주의 시대의 놀이인 게임을 재단할 수는 없는 법이다. 다수의 디지털 게임들은 자본과의 관계 속에서 생산-제작-유통-소비된다. 따라서 '게임하기' 역시 이러한 상황과 조건에 영향을 받는 가운데 거기서 벗어나려는 경향과 운동 양태를 보인다. 구심적 운동과 원심적 운동의 변증법이 작동하는 셈이고 이러한 운동의 한 가운데 '플레이어' 즉 사람이 있다. 메타버스와 'P2E'로까지 진호한 게임 속 가상경제는 앞으로 놀이와 비놀이를 가르는 기준이 될 수도 있고 아예 놀이 자체를 재정의해야 하는 원인이 될 수도 있다.

하지만 그것 역시 플레이어가 그것을 어떻게 받아들이며 전유할 것인가에 따라 연구자의 상상을 초월해버릴 수도 있다. 그만큼 디지털게임의 진화와 플레이어들의 게임 행위는 역동적이라 할 수 있다.

플레이어들의 역동적 게임 수용은 규칙에 대한 그들의 태도에서도 확인할 수 있다. 카이와에 따르면 모든 놀이에는 빠듯하든 느슨하든 '고유한' 규칙이 있다. 하지만 놀이에서 규칙이 구속이 아니라 창조성의 조건일 수 있듯이 플레이어들은 "놀고 싶을 때 자발적으로 제약(규칙성)을 받아들이고 그 제약을 즐기는 가운데 창조할 수 있는 능력"의 소유자들이다. 게임 규칙은 현실의 그것을 닮더라도 그 시공간 안에서는 다른 효용성을 갖는다. 플레이어-주체들은 재미를 위해 끊임없이 게임의 현실과 규칙을 다듬기 마련이다. 그런 점에서 '게임하기'는 규칙과 관계 맺는 플레이어들 각각의 실천 결과들이다.

앱트(Abt) 역시 게임의 규칙을 행위의 맥락에서 접근한 바 있다. 이는 규칙을 핵심 요소로 삼는 게임 메커닉과 플레이어의 역동적 관계에 대한 카이와의 주장과 연결될 수 있다. 그에 따르면 게임이란 행위를 직접 통제하고 규정하는 행위 지침 그 이상을 의미한다. 그것은 특정한 행위들이 이루어지는 규범적 상황 전체를 의미한다. 앱트에 따르면 규칙은 반드시 지켜야 하는 것은 아니다. 위반가능성을 그는 열어놓는다. 게임의 규칙은 해석을 요구하며 그 결과에 따라 플레이어는 독립적인 결정과 선택을 할 수 있기 때문이다. 이는 『놀이의 모호성』(Ambiguity of Play)에서 놀이를 '경계적인 것'(liminal, limen)으로 정의한 서튼-스미스(Sutton-Smith), 놀이의 패러독스를 이야기한 베이트슨(Gregory Bateson)의 주장과도 일맥상통하는 대목이다. 놀이는 이처럼 단일한 경험이 아니라 규칙과 놀이 세계 및 대상들에 대한 복잡하고 역동적인 해석 및 의미화 실천의 과정이다. 그리고 그 중심에 플레이어가 있다. 놀이의 규칙은 준수를 강제하는 현실의 법적 규범과 달리 재미를 위해 '정향된'(oreiented) 해석과 전유의 여지를 남겨놓고 있는 것이다. 이를 놀이의 '양가성'(Ambivalenz) 혹은 놀이 규칙의 '역설'로도 이야기할 수 있을 것이다.

슈츠(Bernard Suits)에게 있어서도 '게임하기'는 특정한 상태를 발생시키려는 지향적 활동으로서 이는 규칙이 허용한 수단을 통해서만 가능하다. 그에 따르면 게임은 "효율적이지 못한 수단을 위해 효율적인 수단을 금지"한다. 이를테면 골프공을 손으로 홀에 갖다 넣는 것이 효율적이지만 규칙이 이를 금지하는 것처럼 말이다. 이처럼 게임 규칙은 효율성을 위해서가 아니라 게임이 정한 특정한 활동을 가능하게 해주기에 받아들여진다. '실용성'과 '효율성'의 논리를 벗어나는 지점과 그러한 운동이 펼쳐지는 과정에 놀이가 있는 셈이다. 물론 규칙 안에서 효율성을 추구하는 것은 경쟁에서의 승리를 위해 필요한 것이기도 하고 놀이가 권장하는 것이기도 하다. 하지만 그것은 일상의 효율성과 다른 놀이의 효율성이다. 놀이의 규칙은 일상의 규칙과 다른 것이기 때문이다. 놀이는 재미와 긴장, 선택의 권능을 즐기는 것임을 다시 기억하자.

이처럼 게임은 그 수행 행위(performance, playing)와 그 행위를 가능하게 해주는 규칙의 총체이자 하나의 시스템이다. 게임의 세계는 복잡성의 심화, 시공간의 방대한 확장의 방향으로 진화를 해왔다. 그리고 게임의 규칙과 시스템을 통해 작동하는 세계관은 공간적 깊이와 넓이만을 지칭하는 것은 아니다. 거기에는 플레이어-주체가 갖고 놀 수 있는 대상과 질료-가령, 사물이나 아이템, NPC, 캐릭터, 몬스터, 크리처 등-가 포함된다. 훌륭한 게임의 조건은 이러한 대상들이 아무런 관련 없이 편재해 있는 것이 아니라 나름의 질서와 구조 속에 정돈되어 있다는 점이다. 나아가 '오픈 월드'(open world)를 지향하는 게임일수록 이분법적 선악 대결로 구조화되어 있지 않다는 것 역시 강조될 필요가 있다. 우리가 게임의 세계관을 스토리나 내러티브만으로 평가하지 않는 것도 그 때문이다. 게임의 규칙과 물리적 엔진, 게임의 AI, 개별적 퀘스트와 이들 사이의 관계, 게임의 목표와 그러한 퀘스트들이 맺는 상보적 관계 등은 플레이어-주체의 놀이를 풍부하게 해주는 상수들이다. 디지털 게임의 지난 역사는 재미와 정동(affect)을 목표로 플레이어의 플레이 경험을 풍부하게 해줄 수 있는 조건들을 갖추어 나가려는 노력들을 증언하고 있다.

디지털 게임은 지속적인 선택과 결단을 요구하며 그것을 수행하는 과정에서 일련의 사건들을 전시한다. 그것은 게임하는 주체(player)와 그에 반응하는 게임 그 자체의 상호작용의 결과물이다. 게임은 플레이어 행위의 조건이며 그 조건은 규칙으로 제시되면서도 그것을 둘러싼 환경의 외피를 띤다. 세계관이 그것이다. 게임의 세계관은 게임 규칙보다 상위 개념이고 플레이가 이루어지는 시공간적 환경과 상호작용의 대상을 아우르는 중요한 개념인 것이다. 가령 플레이어는 주어진 규칙 하에서 게임 생태계의 질료들에 작용함으로써 의미 있는 변화를 일으킨다. 물론 이는 일방적인 것은 아니다. 게임의 규칙을 포함하는 게임 플레이의 조건이자 게임의 기본원리인 세계관 안에서 게임이라는 시스템이 주체의 행위에 반응하고 반작용함으로써 그 이후의 추가적인 행위를 요청하기 때문이다. 그야말로 게임의 생태계는 주체와 게임의 세계관 사이의 상호작용을 통해 나날이 사건들을 축적해가며 입체적인 동시에 다층적인 서사를 생성한다.

그런 의미에서 이제 게임론(ludology)와 서사론(narratology)의 이항대립은 게임 연구의 카테고리로 시효를 다하지 않았나 하는 생각이 든다. 오히려 게임공간과 게임역학(game dynamics), 게임 스토리텔링의 복합적 착종 관계를 동시에 보려는 태도가 필요한 것으로 보인다. 이 세 항에 접근할 수 있는 고리가 플레이어의 수행성, 즉 '게임하기'이다. 왜냐하면 결국 게임은 상호작용성에 최적화된 미디어이고 정도 차이가 있겠지만 '자유도'야말로 게임 미디어를 특징짓는 속성이기 때문이다.

우선 게임공간은 플레이어가 직접 탐험하거나 조작할 수 있는 환경이다. 플레이어는 게임공간에서 다른 플레이어, 혹은 게임 시스템과 상호작용한다. 이곳은 플레이어가 직접 행동하고 탐험하는 공간이다. PC MMORPG든 모바일 MMORPG든 게임 공간은 크고 작은 퀘스트를 수행하며 미션을 해결하는 곳일 뿐만 아니라 개인의 일상생활과 사회생활이 이루어지는 공간이다. 플레이어는 게임 공간에서 생활형 콘텐츠를 비롯한 게임 요소와 상호작용하며 규칙을 체득한다. 게임 플레이 과정에서 생성되는 서사를 끌어낸다는 점에서 게임의 공간 디자인이 중요하며 그렇기에 게임을 '공간의 서사'

라고 부르기도 한다. 게임은 플레이어의 공간 확장을 통해 사건이 진행되기도 하기 때문이다. 그래서 MMORPG에서는 새로운 대륙과 영토를 업데이트하는 등 공간의 확장을 통해 서사를 지속하는 전략을 활용하기도 한다.

그리고 게임역학(game dynamics)은 게임의 프로그래밍과 알고리듬으로 구현되는 기본적인 규칙이다. 이것은 게임의 형식적 규칙 및 시스템적 요소인데 플레이어에게 제대로 된 놀이행위를 가능하게 한다는 점에서 게임성 평가의 핵심적인 기준으로 간주된다. 게임역학은 공간에서 플레이어의 역할 수행과 행위를 통해서만 구체적인 작동 양태를 드러낸다. 그런 점에서 게임역학은 공간-역학으로 달리 표현할 수 있는데, 이것은 플레이어가 느끼는 감정적 반응과 정동(affect)의 중요한 원천이다. 간명하고 회피 불가능한 게임 규칙 안에서 일어날 수 있는 무수한 우발적 사건들, 예측할 수 없는 진행과 결과로 인한 긴장과 그에 맞서 문제를 해결하는 과정에서의 재미가 모두 게임역학을 경유하여 표현된다. 그래서 게임의 '지각학' 혹은 '감각학'(aesthetics)은 게임역학에 대한 연구와 그에 입각한 게임 디자인에 있어 필수적인 고려사항이다.

마지막으로 게임의 스토리텔링은 게임을 통해 전달되는 이야기의 내용과 서사 생성의 방식이다. 게임은 게임 배경과 동기화의 장치로서 배경 이야기나 컷신(cutscene)과 같은 '이야기 장치'를 활용한다. 나아가 게임 고유의 '이야기하기'(game storytelling)는 게임의 조작, 즉 플레이 하기(playing)와 동일한 실천으로 이해할 수 있다. 게임 서사는 콘솔 기반의 〈갓오브워〉나 〈페르소나〉 시리즈처럼 캠벨의 '영웅의 여정'의 형식을 취하기도 하지만 훨씬 개방적이고 광대한 온라인 게임의 경우 플레이어들 간의 상호작용으로 무수한 서사 생성에 우호적인 조건을 제공하기도 한다. 개발자 스토리텔링에서 벗어나는 다양한 사용자 스토리텔링은 '게임하기'의 역동적 서사의 생성 과정을 다각적으로 보여준다.

이러한 게임 요소들이 유기적으로 작용하여 현실 저편의 이계(異界), 즉 게임의 '매직서클'을 구성한다. 이는 현실과 구분되는-혹은 현실과 이어진-게임의 가상현실이다. 게임하기의 실천이 일상과 무관하지 않은 놀이 공간에서 벌어지는 하나의 실천으로 볼 수 있다면 그 퍼포먼스를 한정된 시공간과 거기서 통용될 수 있는 규칙으로 묶어 둘 필요가 있다. 하위징아와 카이와는 이를 '매직서클'로 부른 바 있다. 이는 터너(Victor Turner)의 '리미널리티'(liminality) 개념을 통해서도 설명할 수 있다. 터너는 현실과 그 너머를 위치 짓는 경계적 위치(문지방, limen)에 제의의 특징이 있음을 설명하기 위해 이 개념을 사용하고 있지만 종교 의례가 사라진 현대에도 다양한 문화 양식에 그것이 계승되고 있다고 본다.

디지털 게임은 하나의 놀이로서 현실 세계의 규범과 규칙으로부터 자유롭지만 그럼에도 전혀 다른 세계에 별개로 존재하는 것은 아니다. 게임은 우리 시대의 '영매'로서 이 세계에서 저 세계로 옮겨가는 전이의 세계이며 중간계로 가는 입구이다. 상상으로 전취된 세계이지만 그 안에 우리가 거주하고 생활할 수 있다는 점에서 게임의 시공간은 리미널(liminal)한 특징을 갖는다. 특히 서드 라이프 시대의 게임은 우리에게 불안정적이고 유동적인 상황을 안겨줌에도 불구하고 변이와 전환을 위한 '문지방'을 낮추고 있다. 〈포켓몬고〉는 그 시작을 알려주고 있고, 영화 〈레디 플레이어 원〉과 드라마 〈알함브라 궁전의 추억〉은 게임의 미래를 알레고리적으로 선취하고 있다.

게임 세계로의 입문 과정은 플레이어가 특정한 존재로 옮겨감[轉移]을 전제로 한다. 박근서의 말처럼 게임은 현실로부터 분리된 특수한 시공간, 즉 magic circle 안에서 전개되지만 그 시공간이 현실과 완전히 무관한 것은 아니다. 우리는 늘 여기서 새로운 경험을 하는데 그 과정에서 새로운 삶을 배치하고 욕망을 표출한다. '플레이어'와 '게이머'는 우리가 획득한 새로운 주체의 이름들이다. 그들은 시행착오에 겁내지 않고 과감하게 일련의 선택과 즐거운 실험을 통해 '지금 여기'에 대한 다양한 가능성들을 창안하는 퍼포머들이다. 놀이와 놀이하기를 '변화를 향한 힘'(force for change)으로 읽어내는 서튼-스미스(Brian Sutton-Smith)의 다음 진술은 오늘날의 디지털 게임에도 원용할 수 있을 것이다. "놀이는 애초에 활동의 재구성이다. 무언가 놀이한다는 것은, 고려하고 선택하기 위해 기회를 주는 것이다. 놀이는 생각을 개방한다. 그것이 진행됨에 따라, 놀이는 새로운 생각 혹은 생각의 새로운 조합들을 구성한다." '게임은 선택의 연속'이라 한 시드 마이어(Sid Meier)의 말처럼, 선택에 따른 구성의 가능성은 퍼포먼스와 게임이 공유하는 가정법적 특성(subjunctivity)에서 기인한다.

플레이어의 수행적 실천 사례들

디지털 미디어가 우리에게 가져다 준 변화에 대한 논의, 즉 컴퓨팅(computing) 기반의 소통과 놀이 행위에 대한 본격적인 연구가 시작된 지 30여 년의 시간이 지났다. 그전에도 폭력과 중독 등의 문제들을 제시함으로써 게임을 문제시하려는 교육학과 심리학 분야의 연구가 있긴 했다. 하지만 2000년대에 들면서 철학, 매체학, 미학, 문학 등의 분과학문들에서는 디지털 미디어의 특성들을 통해 자기 학문 영역의 지평을 넓히려 노력해왔다. 연극학과 공연학 분야에서도 이론과 실천은 물론 디지털 미디어를 플랫폼으로 다양한 퍼포먼스를 실험하고 담론화하려는 노력을 해오고 있다. 이는 게임의 영역에서도 확인할 수 있는 바이다. 자넷 머레이(Janet Murray), 브렌다 로렐(Brenda Laurel), 리차드 셰크너(Richard Schechner) 등은 드라마 혹은 공연학 연구자들로 게임연구에 중요한 기여를 한 바 있다. 그도 그럴 것이 디지털 놀이라는 것은 '몸-주체'인 플레이어들이 아바타나 플레이어 캐릭터라는 '가면' 즉 '페르소나'를 통해 '사건'을 생성함으로써 공연적 수행을 하는 것이기 때문이다.

그러한 성과들이 모여 이제 참여, 상호작용, 지각, 탈기호화, 미디어 퍼포먼스, 수행성, 상호주관성, 상호매체성, 탈재현성 등의 주요 퍼포먼스학 개념들이 디지털 게임 연구에 자주 원용되고 있다. 그 결과 완결적(폐쇄적, closed) 선형 서사와 단선적 재현의 차원을 벗어난 게임 서사의 특징을 강조하는 차원을 넘어 플레이어-주체의 '표현'과 '구성'을 가능하게 하는 '행위'의 새로운 잠재성과 가능성을 통해 게임의 특이성을 설명하려는 시도도 이루어지고 있다. 이를테면 현상학적 몸 개념이나 벤야민의 '촉각적 지각'

의 개념들은 디지털 퍼포머의 직접적인 조작과 수행을 통해 의미를 산출하는 과정과 실천을 설명하는데 유의미한 이론적 도구로 활용될 수 있다. 왜냐하면 '게임하기'는 "신체의 경험과 조화를 이루며 게이머들의 신체에 각인되는 총체적 감성과 지성이 작동하는 행위"이기 때문이다.

앞서 말한 것처럼 '초연결사회'를 놀이 환경으로 삼는 최근의 게임들은 가상의 현실을 하나의 사회로 만들어 간다. 공간 탐색과 게임 오브제를 활용한 조형 행위 등의 육체적 놀이행위는 주체들 사이의 연결과 접속을 통해 물리적 삶(first life)을 구성하는 사회, 경제, 문화, 정치에 대한 시뮬레이션이 되기도 한다. '세컨드 라이프'(second life)의 가상현실에서 생겨나는 우발적 내러티브들은 플레이어의 행동을 유도하는 규칙 안에서 발생하지만 수시로 그 규칙을 넘어서기도 한다. 이제는 너무나 유명한 전설적 과거가 되어버린 〈리니지 2〉의 '바츠해방전쟁'만이 아니라 MMO 기반 게임들의 수많은 우발적 서사와 사건들이 이를 증언한다. 게임의 공간은 자신이 원하는 일들을 하며 다른 플레이어들과 교류하는 생활 공간이기도 하기에 광범위한 맵을 놀이터로 삼는 네트워크 기반의 게임들은 모험과 투쟁, 전쟁을 넘어서는 각기 다양한 실천들을 만들어내고 있다. 사냥과 전투 공간 밖 생활 공간에 존재하는 무수한 생활콘텐츠들은 교류와 거래를 통한 사회활동과 경제활동의 매개가 되어주고 있다. 디지털게임에 온라인 네트워크 환경이 장착되면서 커뮤니티들이 형성되고 실시간 사회적 커뮤니케이션이 벌어지고 있다. 게임을 통한 사회적 활동은 스마트폰 기반의 모빌리티 환경이 일반화되면서 일과 놀이의 경계를 흐리게 하는 단계로까지 진화한다.

예를 들면 코로나-19 상황에서 언론과 학계 등이 다시 주목하고 있는 〈월드오브워크래프트 WoW〉의 '피의 학카르 사건', 즉 '오염된 피'(Corrupted Blood Incident) 사건은 일종의 '복합적 정보계'(complex infosphere)로서 게임-세계의 사회적 역동성을 잘 보여준 사건이다. 이 사건은 2005년 9월 북미의 와우 서버에서 발생한 대규모 전염병에서 시작한다. '줄구룹'(Zul' Grub) 레이드 던전의 파이널 보스 학카르가 사용하는 기술 '오염된 피'에서 시작된 팬데믹이다. 학카르의 오염된 피가 주변의 플레이어들에게 전염되었는데 이는 치명적인 피해를 유발한다. 대개의 디버프(de-buff)는 해당 던전 안에서만 영향을 주기 때문에 그곳에서 빠져나가면 자동적으로 사라져야 했다. 하지만 문제는 이 던전에서 플레이어들이 데리고 다니는 펫(Pet)에게 전염병이 감염될 수 있다는 것이 문제였다. 그런데 학카르 던전에서 오염된 펫을 다른 던전에서 소환했는데 그곳의 사냥꾼이나 펫, 심지어 NPC들까지 오염되고 마는 심각한 사태가 발생한다. 치명적인 버그가 있던 것이다. 자연과 인간의 경계가 없어지면서 야생동물의 바이러스가 인간에게 침범하듯이 줄구룹 던전에 있어야 할 오염된 피가 게임 서버 곳곳으로 확산된다. NPC가 슈퍼보균자가 되면서 전염병은 게임 서버의 존립을 위태롭게 한다. 도시마다 쌓이는 시첸더미에 게임 매니저까지 감염되자 개발사인 블리자드가 서버를 리셋함으로써 사태는 일단락된다.

'오염된 피' 사건이 학계와 보건 당국들의 큰 관심을 끌었던 것은 팬데믹 상황에서 플레이어들이 취한 다양한 행동 패턴이 2019년 처음 코로나가 생겼을 때 사람들이 취한 태도와 유사했기 때문이다. 이는 또한 율이 제시한 플레이 모델들 중 게임 규칙에 대한 가장 적극적인 해석, 나아가 규칙의 결에 대항하는 적극적인 플레이 유형들과도 연관지을 수 있는 사건으로 볼 수도 있다. 가령 오염된 피에 전염된 플레이어들을 치료하는 힐러들, 다른 사람들에게 피해를 주지 않기 위해 오염된 스스로를 자발적으로 격리하며 죽어가는 플레이어들, 감염의 확산을 막기 위해 안전한 곳으로 유도하는 민병대들. 반면에 고의로 전염병을 퍼뜨리는 감염자들, 전염병을 낳게 해준다며 엉터리 약을 파는 사기꾼들 등 미담과 '악의적 장난'(trolling)을 오가는 수많은 행태들은 놀이와 현실의 중첩을 보여주었다. 그래서 BBC나 의학저널은 크게 늘어나는 '전염병 확산의 예시'로서 이 사건을 중요하게 다루기도 하고 160여 편의 관련 논문들이 발표되기도 한다. 심지어 미국질병통제예방센터는 블리자드에 통계자료를 요청했는데 이는 현실을 가상공간 그대로 시뮬레이션하여 예상되는 문제를 해결하기 위한 '디지털 트윈'(Digital Twin)의 한 사례로 평가되기도 한다. 이러한 예에서 알 수 있듯이 네트워크 게임들은 사람들 사이의 다양한 관계맺기를 도와주면서 플레이어들이 더불어 즐길 수 있고 다양한 역할들을 수행하도록 하는 '또 하나의 사회'(alternative society)라 할 만하다.

　온라인게임이나 메타버스와 같은 가상공간은 '사이버스페이스 독립선언문'의 작성자 페리 발로(John Perry Barlow)의 말처럼 유저들의 자율적 공간임과 동시에 '살덩이와 쇳덩이'로 이루어진 현실만큼이나 다양한 사건들이 일어나는 사회이다. 게임 속 또 다른 현실에서는 다양한 미담들이 연출되면서 선행이 선행을 부르는 촉매 역할을 하는 사례가 다수 생겨난다. 다시 'WoW'의 또 다른 이벤트에 주목해보자. '북미 진흥 십자군' 서버에서는 1년에 한 번 많은 '분홍 머리 노움(Gnome) 캐릭터'들이 출전하여 일사분란하게 달리기 경주를 벌여왔다. 이른바 '노움 달리기' 대회는 한 유저와 길드원들의 작은 이벤트로 시작되었다. 그들은 유방암 예방의 달인 10월 한 달 동안 핑크색으로 캐릭터의 의상을 바꿔 입는 캠페인을 벌이곤 했는데 누군가 '이왕 좋은 일 하는 거 더 좋은 일을 해보자'고 제안하여 이 행사를 마련한다. 플레이어들은 '유방암 예방 캠페인'에 동참한다는 의미로 '노움 달리기'의 코드를 '핑크색'으로 바꾸고 달리기 대회를 개최하였다. 달리기 대회에는 유방암 환자, 그의 가족과 지인들도 함께 했고 응원하는 사람들까지 모금에 동참하였다. 이렇게 모인 후원금은 유암암 백신 센터에 기부되었다.

　이러한 자발적 선행은 '호드 진영'으로 확산되어 '트롤 달리기 대회'가 열린다. 색색의 머리를 한 다양한 성별의 트롤들이 달리기 이벤트를 통해 후원금을 모금하여 '성소수자 및 성정체성 혼란을 겪는 청소년들의 자살 방지를 위한 비영리단체'에 기부를 하였다. 급기야 플레이어들의 자발적 이벤트에 주목해오던 블리자드는 '노움 달리기'를 '놈리건 대경주'라는 공식 이벤트로 추가를 한다. 이 사례에서 게임을 즐기며 적극적으로 이야기를 만들어가는 플레이어들과 거기에 귀를 기울이고 그것을 게임에 담고자 하는 개발자 사이의 이상적인 관계를 확인할 수 있다. 연극을 하는 동호인들이 〈마비노기〉에서 셰익스피어의 〈한여름 밤의 꿈〉을 공연하여 호응을 얻자 게임회사가 이를 정식 이벤트로 포함시킨 일도 있다.

　하지만 디지털 게임의 세계 역시 하나의 사회인만큼 이상적 공간으로만 존재하는 것은 아니다. 이른바 '〈로스트아크〉 대량 이주 사태'는 한국 게임 산업의 고질적인 사업모델(BM)에 대한 플레이어들의 도전적인 문제제기이 자 '저항적/ 결을 거스르는' 플레이의 사례로 기억할 만하다. 이는 '양산형 게임', '방치형게임', '작업장' 등으로 대표되는 한국 게임산업의 과도한 과금 구조, 즉 'BM'(business model)에 대한 문제제기로 읽을 수 있다. 2021년은 국내 게임생태계에서 유료 아이템의 불투명한 확률 매커니즘을 둘러싸고 다양한 논쟁들이 있었다. '가챠금지법'으로 국회에까지 법안이 제출될 정도 로 지금까지도 사회적으로도 큰 이슈가 되고 있다. 심지어 〈리니지 2〉이후 표준화된 이러한 과금모델은 모바일 〈블레이드 & 소울 2〉에서도 크게 개선 되지 않자 플레이어들의 분노를 불러왔고 오프라인 트럭 시위로 이어지기 도 했다.

이러한 상황에서 〈메이플스토리〉나 〈마비노기〉와 같은 유명 MMORPG의 플레이어들이 해당 게임들의 부당한 유료 아이템 운용에 저항하는 의미로 대거 〈로스트아크〉(혹자는 〈검은사막〉)로 이동했다. 이들은 '메난민'(메이플 스토리 난민), '마난민'(마비노기 난민)으로 불리며 새로운 역사를 써나갔다. 특히 아바타 꾸미기에 장인급인 마난민들은 새로 이주한 〈로스트아크〉의 염색 시스템을 이용하여 전례 없는 꾸미기 놀이를 전시함으로써 이주해간 게임에 또 다른 대안적 플레이 가능성을 전파했다. 이들은 "단순히 유입된 신규 유저가 아니라 적극적인 혼종 플레이어 유발자"라고 할 수 있는데 "기 존에 〈로스트 아크〉가 가지고 있는 다양한 잠재적 플레이를 극대화시켜, 해 당 게임의 게임성을 풍부하게 만든" '혼종적 플레이'의 퍼포먼스를 보여주 었기 때문이다.

마지막으로 게임 세계의 룰을 벗어나는 것을 선택한 하나의 적극적 실천 으로 오영진이 기획한 이벤트 역시 게임 특유의 수행적 실천으로 기억할 만하다. 그의 〈에란겔: 다크 투어〉 프로젝트는 실제 주어진 게임 세계의 룰 을 전유하여 '매체전환'이라 할 만한 실험을 행한다. 유튜브(youtube)에서 그 과정을 확인할 수 있는 이 작업은 세계적인 인기 AAA급 '배틀로얄' 게임 〈배틀그라운드〉의 규칙에 "스스로 불가능한 우연성을 기입"한 일회적인 퍼포먼스로서 게임의 맵 중 하나인 에란겔을 배경으로 한다. 세 곳(스쿨, 갓카, 밀타파워)에서 세 개의 섹션으로 나뉘어 수행된 다크투어는 미리 신청을 받은 각기 20명의 관객들과 함께 각 섹션의 리드 퍼포머의 안내로 진행된다. 그들은 서로 죽고 죽이는 전장(戰場)에서 최후의 1인만이 생존한다는 서바이벌 슈팅 게임의 규칙을 거부하고 원래 게임에 마련되지 않은 방식으로 플레이함으로써 주체적인 수행성을 보여준다. 스쿨에서 진행된 다음 스크립트는 이 퍼포먼스의 의도를 구체적으로 보여준다. "플레이어란 현실과 가상 그 사이에서 끊임없이 플레이하고 접속하면서 자기 존재를 증명해요. 나는 그것을 착각이라고 생각하지 않아요. 나도 〈배틀그라운드〉가 전쟁게임이고 내가 살아남으려면 서로가 서로를 죽이는 놀이를 해야한다는 것은 알고 왔어요. 하지만 내가 동숲러 '뽀'로서 이곳에 왔다는 사실은 내가 누군가를 죽이러 선택해 온 것이 아니라는 뜻이에요. 나는 이곳 〈배틀그라운드〉에 내가 좋아하는 것이 많이 있다고 들었어요. 그래서 여기 와보고 싶었죠. 아름다운 자연, 멋진 건물, 신기한 아이템. 그리고 귀여운 춤도 마음껏 출 수 있다고요. 〈배틀그라운드〉에서는 총에 맞아 죽는 것만 빼면 내가 동물의 숲에서부터 좋아했던 것들을 다 할 수 있고 즐길 수 있어요." 이처럼 자발적으로 〈배틀그라운드〉의 싸움터를 찾은 〈동물의숲〉의 유저는 유일 생존자로 등극하도록 설계된 게임을 획기적으로 바꿈으로써 대안적 게임하기를 실천한다.

글을 마치며.....

　게임은 하나의 상품이다. 거기에는 자본주의적 규칙과 삶의 방식이 권장된다. 사회적 생산의 결과이지만 사회적으로 소유되지 않는 다수의 게임 상품은 자본주의적 논리를 기반으로 한다. 〈심즈〉와 같은 '비판적 거리'를 추동한다고 하는 게임의 경우에도 개발자의 비판적 의도가 잘 구현될 수 있을지는 의심스럽다. 그럼에도 디지털 게임은 일종의 '모래상자'와 같다. 그 샌드박스에서 무엇을 짓고 만들지는 플레이어의 몫이다. 자신의 멋대로, 그리고 자신의 소망과 신념대로 즐기는 플레이어의 잠재성을 믿는다. 물론 제대로 즐기기 위한 '역능'을 갖추려는 노력이 동시에 이루어져야 할 것이다. 어쩌면 세르토(Michel de Certeau)의 '밀렵'(poaching), 홀(Stuart Hall)의 '저항적 해독'(resistant decoding), 햅디지(Dick Hebdige)의 '브리콜라주'(bricolage)처럼 능동적인 문화 수용 행위를 강조하는 개념들은 요즘의 디지털 게임에서 가장 잘 설명될 수 있을지도 모른다. 물론 다수의 플레이어들이 가정법적 상상과 욕망의 공간으로 게임을 이용하지만, 그것이 지배적인 플레이 관습에의 순응이 될지 아니면 저항과 자유를 위한 탈주의 촉매가 될지는 예단할 수 없다. 하지만 작금의 상황에서는 플레이어의 책임성이 더 커 보인다. 가능한 행위를 지시하는 냉혹한 규칙의 세계에서 플레이어의 완전 자유로운 플레이를 수행하기란 불가능하다. 플레이어들은 그러한 현실을 잘 알고 있다. 하지만 그들은 종종 그 한계를 초과하는 시도를 함으로써 디지털 게임을 헤테로토피아(Heterotopia)의 공간으로 만든다. 플레이어들이 게임의 시공간을 이질적이며 전복적인, 나아가 해방의 정념이 순간적이나마 넘쳐나는 시공간으로 만든다고 단정짓는 것은 시기상조라 하더라도 말이다.
　물론 "플레이어의 행위만큼은 결코 패턴화할 수 없는 우연성을 품고 있으며 그와 같은 게임적 존재론의 조건을 위반"하는 사례들은 무척 드물다. 이른바 '이상적 플레이'가 게임하기의 우세종은 아닌 것이다. 그럼에도 '망

겜' 〈일랜시아〉의 길드마스터 출신 박윤진 감독이 만든 〈내언니전지현과 나〉라는 다큐멘터리 영화는 이 게임을 매개로 한 다양한 경험과 온라인 및 오프라인 실천들을 보고한다. 1999년 출시된 넥슨의 MMORPG 〈일랜시아〉는 한때 최대 이용자 수를 자랑한 게임으로 당장의 이윤을 추구하기보다 자유와 즐거움을 위한 세계를 모토로 개발되었다. 레벨업이나 퀘스트 수행에 얽매이기보다 직설법적 현실에 대비되는 가정법적 자유의 공간을 제공해준 게임인 것이다. 하지만 이후 사업성과 수익성이라는 산업 논리가 게임 업계를 지배하면서 넥슨은 운영진 없이 10년 동안 게임을 업데이트하지 않고 방치하고 있다. 영화에서 넥슨의 노조 지회장은 이윤이 없는 게임은 업데이트되지 않으며 폭발력이 있는 게임도 서비스를 종료할 수 있는 것이 업계의 현실이라고 토로한다. 영화 〈내언니전지현과 나〉가 의미 있는 것은 운영진이 없는 무법천지에서 도박게임으로의 오용, 매크로의 성행, 악성 유저의 버그 이식 등 밸런스가 무너지고 플레이어 간 불평등을 유발하고 있음에도 인내심을 가지고 게임의 가치와 미덕을 지키고자 노력하는 플레이어들의 적극적인 실천을 보여주기 때문이다. 이들은 게임 안에서 행복했던 기억과 커뮤니티에 대한 추억을 가진 이들이다. 이들은 "내가 직접 바꾸지 않으면 바뀌지 않는다."는 마음으로 "우리는 쓰고 버리는 아이템이 아니라 사람입니다."라며 넥슨을 찾아가 문제를 제기하고 운영진 배치를 요구하기까지 한다.

〈내언니전지현과 나〉는 게임 세계에 새로운 공동체를 형성하며 즐기는 일련의 풍성한 과정을 담은 일종의 '영상 민족지'(cinematic ethnography)라 할 만하다. 이들은 높은 자유도를 자랑하는 〈일랜시아〉의 길드 공동체를 통해 서로 만나고 교감하며 즐기는 가운데 현실에서 좌절된 소망들을 실현한다. 이들은 그림 그리기 재능을 살려 게임 안에서 캐릭터 관리 아르바이트를 하거나 실제로 내성적인 성격임에도 게임 속에서 노래 부르기 퍼포먼스를 하는 등 하고 싶은 것들을 맘껏 즐긴다. 영화는 우리 시대 청년들로서 유저들이 경험하고 있는 고단한 현실과 '지상낙원'의 공동체로서 게임 속 가상현실을 대비하며 플레이어들의 정체성 형성에 게임이 끼친 영향을 잘 잔하게 묘사한다. 게다가 게임에서 만나 연인으로 발전한 커플, 오프라인 동호회에서의 다양한 이벤트들, 〈일랜시아〉 20주년 생일파티 등의 사건들은 온라인의 '세컨드 라이프'의 놀이가 오프라인의 '퍼스트 라이프'(first life)의 놀이로 순환되는 특이한 과정을 보여준다. 개발자가 숨겨놓은 이스터애그를 통해 메시지를 발견하고 해독하는 놀이는 이른바 '공환'(共歡)의 공동체가 어디로까지 확장될 수 있는지를 시위하고 있는 것으로 생각된다. 아마 영화 속 〈일랜시아〉의 플레이어들이 보여주는 것처럼, 개발사의 전향적인 입장 변화가 없더라도 그리고 다수의 플레이어들이 '트롤링'과 '비-놀이적 플레잉'(non-ludic playing)을 멈추지 않아도 모든 순간을 피하지 않고 자신의 놀이를 창안하는 게이머들은 존재할 것이다.

앞에서 살펴본 여러 사례들은 디지털게임의 관행에서 예외적인 것일 수 있다. 게임 그 자체는 순수하지도 않고 플레이어들의 수행적 플레이 역시 늘 이상적이지 않다. 사실 위와 같은 사례들이 보고되고 연구되는 것 자체가 비순응적이며 적극적인 '게임하기'의 특이한 순간들이 얼마나 드문지를 증언하는 것일 수 있다. 하지만 게임은 분명 '드문 순간들'을 위한 장소이며 규칙에 대한 '존재론적 비틀기'(ontological torsion)을 유혹하는 매개자일 수 있다. '게임하기'는 규칙과의 지속적인 교섭의 과정이다. 게임의 규칙과 게임 상황에 대한 순응과 교섭(타협)의 태도가 우세한 것이 지금의 상황이지만, 플레이어들은 간혹 규칙과 '함께' 규칙에 '대항하여' 또는 대개는 규칙과 '더불어' 나름의 사건들을 만들어나가기도 한다. 지금의 게임 생태계 안에서 게임이 노동이나 작업의 영역이 아닌 행위의 영역(a sphere of action)이라고 자신 있게 말하지는 못하겠다. 플레이어들 다수는 자유보다 '주어진 것'에 대한 순응에 익숙한 것도 사실이다. 물론 플레이어들이 자기 의지로 맘껏 하고 싶은 모든 것을 할 수는 없다. 게임에 대한 새로운 조작과 전환의 실천은 '주어진 것'(what is given)을 출발점으로 삼아야 하기 때문이다. 그렇다면 중요한 것은 게임의 이중성과 '게임하기'의 양가성을 인식하면서, 그리고 '게임하기'의 대세와 우세종이 '순응적 플레잉'인 현실을 자각하면서 자기만의 재미와 즐거움을 위한 '조우의 장'(the field of encounter)을 만들어나갈 수 있는 플레이어의 실천적 역능일 것이다. 그렇다면 이제 '우리는 어떻게 게임하기의 수행적 실천을 재발명할 것인가'라는 질문에서 새로이 시작할 필요가 있다.

〈참고문헌〉

강신규(2017): 현실로 들어온 놀이 서드 라이프 시대의 디지털 게임,『문화과학』92. 174-197.
김겸섭(2007): 뉴미디어 시대의 인터랙티브 드라마」, 브레히트와 현대연극 16집, 한국브레히트학회. 489-514.
김겸섭(2008): '놀이학'의 선구자, 하위징아와 카이와의 놀이담론 연구, 인문연구 54호, 영남대학교 인문과학연구소. 147-190.
김겸섭(2008): 공감과 소통의 게임학, 대구대출판부.
김겸섭(2011): 디지털 시대의 퍼포먼스, 독일어문학 19집, 한국독일어문학회. 1-29.
김겸섭(2012): 디지털 게임의 재발견, 들녘.
김겸섭(2021): 디지털게임 텍스트와 '게임하기'의 수행성, 문화와융합 제43권 9호, 한국문화융합학회. 101-122.
김상균(2021): 메타버스, 동아시아사이언스: 서울.
박근서(2003): 디지털게임 텍스트의 문화적 특성에 관한 연구: RPG의 내러티브 구성을 중심으로,『한국언론학보』, 47-3, 223-250.
박근서(2009): 게임하기, 서울: 커뮤니케이션북스.
박상우(2009): 디지털게임의 일반문법, 서울: 커뮤니케이션북스.
셰리 터클, 최유식 역(2003): 스크린 위의 삶: 인터넷과 컴퓨터 시대의 인간, 민음사.
안준형(2021): 플레이어가 npc가 될 때_자유의 의지, 자동 사냥의 의지, Game Generation2, https://20200726.tistory.com/24?category=933584(검색일:2021년12월8일)
안진경(2021): 디지털게임의 장르이론, 커뮤니케이션북스.
연세대학교산학협력단(2018): "게임과몰입 연구에 대한 메타분석", 한국콘텐츠진흥원.
오영진(2021): 게이머는 난민이 될 수 있는가? - 〈로스트아크〉 대량이주 사태와 난민의 정체성, Game Generation1, https://gamegeneration.or.kr/board/post/view?pageNum=1&match=id:16(검색일 2021년12월7일).
윤태진(2015): 디지털게임문화연구, 커뮤니케이션북스.
이동연 외(2019): 게임의 이론, 문화과학사.
이동은(2022): 스토리유니버스, 사회평론아카데미.

이인화(2021): 메타버스란 무엇인가, 스토리프렌즈.
이인화 외(2003): 디지털 스토리텔.링, 황금가지.
전경란(2009): 디지털게임 게이머 게임문화, 살림.
전은기(2021): "전자오락, 게이머, 인터페이스의 공진화", Game Generration 2, https://gamegeneration.or.kr/board/lastPost/list?ho=5 (검색일: 2021년 11월 29일)
조셉 켐벨, 이윤기 역(1999): 천의 얼굴을 가진 영웅, 민음사.
최유찬(2008): 문학과 게임의 상상력, 서정시학.
한콘진(2018): "2018년 대한민국 게임백서"
한콘진(2019): "게임 문화 매개자에 대한 연구(게임문화 융합연구9)"
한콘진(2019): "게임 질병코드 도입으로 인한 사회변화 연구(게임문화 융합연구2)"
한콘진(2019): "게임의 예술성 연구(게임문화 융합연구6)"
한콘진(2019): "게임의 트랜스미디어 현상 연구(게임문화 융합연구8)"
한혜원(2005): 디지털 게임 스토리텔링, 살림.

Aarseth, E.(1997). Cybertext: Perspective on Ergodic Literature, Baltimore and London: Johns Hopkins University Press.
Aarseth, E.(2001). "Computer game studies, year one," The International Journal of Computer Game Research, 1-1.
http://www.gamestudies.org/0101/editorial.html
Agnetha Mortensen(2018): The art of the game - how game aesthetics and visual perception affect the player involvement in videogames, International Journal of Advanced Computer Science and Applications,Vol. 9, No. 12.
Aki Nakamura(2017): Ludo and Narreme: Fundamental Relationship between Game Mechanics and Interactive Narrative, International Japan Game Studies 2013 Ritsumeikan University.
Bakhtin, M.(1981). "Discourse in the Novel", The Dialogic Imagination, ed. Michael Holquist, Caryl Emerson and Michael Holquist, Austin Text: University of Texas Press.
Campbell, J.(1995). "Adding a spark to videogames", Electronics World+Wireless

World, June.
Clara Fernandez-Vara(2009): Play's the Thing: A Framework to Study Videogames as Performance, Proceedings of DiGRA 2009.
Csikzentmihalyi, M.(1990). Flow, the psychology of optimal experience, New York, Harper Perennial.
Fraska, G.(1999). "Ludology meets narratology," Parnasso #3, Helsinki, http://www.ludology.org
Fraska, G.(2003). "Ludologists love stories, too: notes from a debate that never took place," Digital Games Research Conference 2003 Proceedings, http://www.digra.org/
Fraska, G.(2003). "Simulation versus narrative: introduction to ludology," The Video Game Theory Reader, London: Routledge.
Fraska, G.(2003): "Simulation versus narrative: introduction to ludology," The Video Game Theory Reader, London: Routledge, available at http://ludology.org/articles/VGT_final.pdf
Fraska, G.(2003): Ludologists love stories, too: notes from a debate that never took place, Digital Games Research Conference 2003 Proceedings, http://www.digra.org/
Gareth Schott(2019): Role-Playing and Social Performance in Computergames, Communication and Media, 3(2), 6-9, Lisbon: Cogitatio.
Huizinga, J.(1950). Homo Ludens, London: Beacon Press.
Jenkins, H.(2000). "Video games shape our culture. It's time we took them seriously," Technology Review. available at http://www.geociies.cm/lgartclass/handouts/ArtfortheDigtalAge.html
Jenkins, H.(2000): "Video games shape our culture. It's time we took them seriously," Technology Review. available at http://www.geociies.cm/lgartclass/handouts/ArtfortheDigtalAge.html
John Perry Barlow(1996): A Cyberspace Indepencence Declaration, Electronic Frontier Foundation | Defending your rights in the digital world (eff.org) (검색일: 2021년 12월 2일)

Lars Konzack(2002): Computer Game Criticism: A Method for Computer Game Analysis
Murray, J.(1997). Hamlet on the Holodeck: The Future of the Narrative in Cyberspace, Boston: The MIT Press.
Newman, J.(2004): Video Games. London: Routledge.
Ruth Pagès(2017): Game pleasures and game practices, Journal of Gaming & Virtual WorldsVolume 9 Number 3.
Steve Dixon(2007): Digital Performance: A History of New Media in Theater, Dance, Performance Art, and Installation, Cambridege, MA: The MIT Press.
Sutton-Smith, Brian(1979): 'Epilogue: Play as Performance', in Brian Sutton-Smith (ed.) Play and Learning, New York:Gardiner Press.
Tampere: Tampere University Press, 2002.
Voorhees, Gerald(2012): Discursive Games and Gamic Discourses, Volume Ⅰ Futures of Communication,
https://scholarworks.umass.edu/cpo/vol1/iss1/3(20211212 검색)

〈동영상〉
https://www.youtube.com/watch?v=bxVCJVKH11o
(에란겔: 다크 투어 #1.원주민(이경혁))
https://www.youtube.com/watch?v=NZUGs-uYmMA
(에란겔: 다크 투어〉#2.이주민(권보연)/삼선동 주민(장병호))
https://www.youtube.com/watch?v=FJlCwKj0kEo
(에란겔: 다크 투어〉#3.이방인(이영준))
https://www.youtube.com/watch?v=PbCuISCvDlM
(에란겔: 다크 투어 토크)